U0613566

中華大藏經

續編 12

漢傳注疏部（一） 第六册

中華書局

第二二册目録

○二五六

金剛經如是解 [一]

王覺斯先生閱定

無是道人手録

石經山原板

板藏閶門鎮海寺

金剛經如是解序

《金剛》一經，解者充棟，莫不各抒所見，開示來學。要如五百弟子，悉陳身因，俱以正語見許如來也。曹溪不立文字，獨指是經，用傳心印。苟標指徒繁，金屑着眼，雖借口道用，宗旨奚歸焉？余自童年持誦，間叅諸解，迺開卷則疑者信，釋牘則信者疑，悵望岐津，傾渴筏喻，心之未安，蓋二十年如故也。客冬于惘忠遇張坦公先生，出所著《解》相示，以如是二字直括全經，以夢幻末偈擬定四句，不避執見。所謂于此扼住，則古澗寒泉；于此放行，則千紅萬紫者。遂令一經大義，躍躍浮楮墨間。心耶，目耶，文字實相耶？無所不如，遂無所不是耶？先生究心宗乘，覃懷玄説，世出世法，閲歷殆盡，其于《般若》大指，殆于躬而有之，非文字之緣也。今世宗教相非，岐于水火，以《如是解》，解如是經，眼光爍破，當體全呈。《般若》春也，《解》則花也，如春在花，全花是春，如花在春，全春是花，《解》與《般若》又且有岐乎哉？先生虛襟相質，且命爲序。予不敢辭，乃搦管喟肰曰：先生如是，諸佛衆生無不如是，予又安能以如是序，序先生之《解》？青陽司令，淑影撩人，將以俟破顔者。

順治辛卯立春之吉佛弟子張端和南序

校勘記

〔一〕底本據清順治八年虞世瓔刻本《金剛經如是解》，經尾偈頌、序跋據《卍續藏》本補。

序

如是道人註《金剛經》成，函一帙示余，且命序之。余平昔未讀佛氏書，闇昧其理，烏能妄置一辭。然因是而有感也。奚感乎？蓋感夫道人生平屢變，而乃卒歸于如是也。憶道人初當釋褐，余與觀政同曹，晨夕晤對，靜如處女。及至揚扢古今，則洋洋灑灑，鈎玄聆要，如列眉，如指掌，吾知其爲多聞。出尹荒徼，戈鋋滿地，道人茹雪餐冰，半菽不飽，日與鶉結之民扶傷吊死，共相存活，吾知其爲廉慈。入佐度支，尋遷翰苑，繼掌樞垣，條畫之疏日凡數上。及守制歸里，時事大非，猝俾重任。甫及兩月，柄臣議論紛紜，諸竪罔主作姦。讀道人縋賊一疏，猶堪髮立，吾知其爲忠藎。身爲賊執，欲挾而西，計脱間走，馳身西南，號召艸澤，血口而盟者數萬人，冀得逆賊而甘心焉。此何異橋下劍、博浪椎，吾知其爲俠烈。至大憝就殲，天命有定，道人散徒黨，解鞢韐，布袍芒履，投首轅門，僑居轂下，蕭然四壁，口不言貧。日尋黄冠師，商確服餌吐納之術，又取佛氏經，㠯儒者名理分章闡釋，超玄著有，如郭之註《莊》。讀者止知其真實妙義，而不知舉世間一切聲華勛伐，名根理障，糾結而不可解者，咸歸於是而破除焉。世宙有壞，金剛不壞。金剛不壞，此註亦不壞。㠯如是理，説如是法，吾今而後不能知道人也。

北海老人孫承澤書

金剛經如是解説

余一生與病作緣，多方調不痊。入山静坐，學睡夢法、醉夢法，暨導引守中轉輪灋，時獲小効，弃輙昏散，茫無是處。後夜夢伽藍教余誦《金剛經》，間一繙閲，不得義意所在。偶習止觀，骨骨兀兀，前念不起，後念不生，亦究竟無有是處。一日，如是道人以《如是解》示余，曰：知茫無是處，得《如是解》了。余乃矐耳而睨，又數重須彌山，數重流沙鰐水耶？故觀其分次法忍，總歸妙有，不倚八正，譬諸月自皎虚，羣峯寂然，不住究竟，如如不動，謂之正灋象數，三明十力，不在斯編耶？馬鳴悟道，寶光手中花，非落思搆組撰之藩，認取太無，坦公有焉。諸公刻此覺律論儀，則《評唱》《宗鏡》下，以此燈照之，今後珊瑚池諸大衆，聞十三昧，始知西來意，神幢在此，金剛定耳。予論與坦公合，不涉於子影孫響二諱，何分宗教真詮，若謂十二部不基于此，吾不信矣。

順治庚寅冬眷年社弟王鐸撰

序

說佛法者，動借提唱影響焉，伸指屈拳，以爲盡西來意。噫，教宗一而已。瞽師避柱疾觸杙，不岌岌舉十二部付一炬乎？予見坦公《金剛經註》，始無齟齬不合也。金剛乃爲佛根基，堅定不壞，虛實有無相圓，即至涅槃亦無首尾，豈非衆經之軌則，而必以伸指屈拳，頑空雲霧兒説閂結，不榻耳而語，曰千聞盧舍那身、丈六身、徧瀍界身、入微塵身，是色是空。樹林說，花鳥說，虛空說，牆壁說，無間說，是真是權。堯嵬嵬而大茂名，舜玄焉不獵聞，西伯毖沕而不色聲，尸甫縮不吐淵不齬而鬆若，古來佛祖聖賢總茫無是處。道人合掌捧腹曰：如是如是。

東海如如居士和南

金剛經如是解自述

金剛者，性喻也。性無形似，落言即非。天竺先生不得已而有言，於是名之以般若，名之以阿耨多羅三藐三菩提，猶謂文字日繁，本來不多，故於經首拈出如是兩字。如是者，性體也。不變不異，何容解，何容不解？遇慧命人如須菩提者，深機相觸，秘義盡宣，曰如是住，如是降伏。又曰如是生清淨心。其言布施也，曰應如是布施。其言果報也，曰福德亦復如是。其需解人也，曰如是知、如是見、如是信解。是以深明佛法，擔荷如來，則曰如是人等，無異人也。讃嘆世尊，則曰如是世尊，無異物也。其感極涕零，則曰得聞如是之經，無異法也。三十二分實相妙智不可思議者，語盡忘言，兀坐説偈，不過曰作如是觀而已。故知金剛本體，古佛、聖賢如是，歌利、凡夫亦如是。祇舍王城，恒沙塔廟如是，五百世以前，五百世以後，阿僧祇世界亦無不如是。

自黄梅首宣經旨，解者八百餘家。肰親切道者，惟六祖一言了之，曰：法非有無謂如，皆是佛法謂是。揆其旨，不過以如是心，演如是經，成如是佛耳。余持此經二十年，口頭薄業，苦無證入。迨遭劫灰，桎梏刀鋸，投荒沉獄，一袱隨身，夢寐護念。迄于生還，寓京師者又五年，乃取誦本，與素所與默疑和尚閉關九年，商量語及黄蘗山中所得西影禪師遺偈。入都來間，於長春寺，聽御生説法，復入西山叩一齋，識其漫談，皆若得若失。乃掩卷靜對，覺經上白文如如本體，躍躍紙上，特爲向來業識迷覆不見耳。信手隨録，久遂成帙。雖與如是本體未必脗合，肰八百家解者不如是，而我欲盡歸之如是。此亦如如本性活活在我身中，不能自異於如來與凡夫者，寧我作如是解哉。名以般若，名以阿耨多羅三藐三菩提，佛説已多，而况無住、無相、無得、無説之法，以如是覓如是，以如是解如是乎。故如而還之無如，是而還之無是，解而還之無解。余以此自悔自懺，因號無是道人焉。

寓跡石經山中無是道人自記

順治辛卯春王正月吉旦

讀經四則

一不分限

此經原是一理渾成，不落言詮，豈涉分際？雖前後語句重疊，義致各别，或前淺後深，或前窄後廣，問答起止，了然可見。昭明三十二分，世久沿之。每分各命名目，於本義多不甚合，而所析分中，不無可疑。或一分可分爲二，或二分可合爲一。至天親二十七斷疑，合數分於一疑之中，亦是難解。今聊從昭明所定，因節分以别章句，其妙理脈絡自在其中。一分各分段落，意義相通。明經旨者，全經當作一分讀，更當作一句讀。

一不泥經

説經者逐章逐句，取其易曉，糟粕雖在，古佛過去久矣。故註者但期明性，不貴摭拾。或儒或老，其理不異，旁引曲通，妙致互出。但使受持薰修，得見本來面目，龍華剎竿可以截却，葱嶺厓岸可以掀倒。得其全句，不執一句，得其活句，不執死句也。

一不佞佛

儒者多不信佛，然謗佛病淺，佞佛病深。昔宋祁公每嘲張文定爲佞佛，後病召醫，醫以誦《楞嚴》遲至，宋怒，取所誦經視之，詫爲奇書，不覺卷盡，因咎文定不蚤告。文定曰：譬如失物，既已得之，不必詰其遲也。宋自是若有得。夫謗佛者，必具過人之才識，特未入眼耳。篇中逆逗機鋒，旁出理致，如博山别古，要以拂拭性光，雖不敢謗，實不敢佞也。

一不索解

是經妙義無上，一句可以括全旨，一解可以串全經。六祖以無所住一句悟入，是也。微言奧趣，散在各分。萬川一月，處處成圓。若句櫛字比，數黄道黑，則恒沙須彌是誑語不？微塵世界是異語不？故牽文拘墨則所不敢，以理使事，不以事礙理，在可解不可解問。解連環者，以不解解之，所以爲解也。知此意者，閱於無言無字之中，余焚鈔矣。

侄欲含蘿月謹述

淨口業真言

脩唎脩唎　摩訶脩唎　脩脩唎　薩婆訶

淨三業真言

唵　娑嚩婆嚩秫馱　娑嚩達摩　婆嚩婆嚩秫度憾

安土地真言
南無三滿多　母馱喃　唵　度嚕度
嚕　地尾薩婆訶
虛空藏菩薩普供養真言
唵　哦哦曩　三婆縛　韈日囉斛
請八金剛
奉請青除災金剛
奉請辟毒金剛
奉請黃隨求金剛
奉請白淨水金剛
奉請赤聲火金剛
奉請定持災金剛
奉請紫賢金剛
奉請大神金剛
請四菩薩
奉請金剛眷菩薩
奉請金剛索菩薩
奉請金剛愛菩薩

奉請金剛語菩薩
般若無盡藏真言
此陀羅尼亦名般若心，亦名般若眼，若
誦一遍，如誦十二部一千遍。
納謨薄伽伐帝　鉢唎二合若惹　波羅密多
曳　怛姪他　唵　紇唎二合他唎二合上剔室唎二合
戍嚕二合樹魯知底　三密栗知底　佛斛社曳莎訶
金剛心陀羅尼
唵烏倫尼　娑婆訶
補闕真言
南謨喝囉怛那哆囉夜耶　佉囉佉囉　俱
住俱住　摩囉摩囉　虎囉　吽　賀賀　蘇怛
拏　吽　潑抹囉　娑婆訶
普回向真言
唵　娑摩囉　娑摩囉　弭摩曩　薩嚩
訶　摩訶斫迦羅嚩吽
發願文
稽首三界尊　皈命十方佛

我今發弘願　持此金剛經
上報四重恩　下濟三途苦
若有見聞者　悉發菩提心
盡此一報身　同生極樂國

云何梵

云何得長壽　金剛不壞身
復以何因緣　得大堅固力
云何以此經　究竟到彼岸
願佛開微密　廣爲衆生説

開經偈

無上甚深微妙法　百千萬劫難遭遇
我今見聞得受持　願解如來真實義

金剛菩薩解

經内有八金剛、四菩薩者，乃八識、四智所轉而成也。金剛之性，人人皆具，真如本體，變現成相。曰青除災，木性能仁之義也。曰黄隨求，黄中通理空中之義也。曰赤聲火，智火烹煉諸陰淨盡之義也。金與水相生，而堅瑩之體成，是名白淨水，水中金也。黑與赤相雜，而紫金之色見，是名紫賢，水火交也。一切煩惱邪道有如毒藥，能降伏之，曰辟毒。鍊性既成，有入定之功，故曰定持災。有出神之機，故曰大神。至金剛曰眷曰愛，從破貪而名也。金剛曰索，從破嗔而名也。金剛曰語，從舌根入慧而名也。故八金剛、四菩薩者，謂一佛應化可也，謂四果證諦可也，謂凡夫本性爲根塵掩没，一悟則種種現相可也。持經者所當護念在此，所當付囑亦在此。

金剛經如是解

寓石經山河北無是道人註解
都察院右都御史吏部右侍郎孫北海承澤
都察院右都御史兵部左侍郎李五絃化熙
順天府府丞前國子監祭酒薛行屋所蘊
大理寺少卿張天石若麒同閲

金剛般若波羅蜜經

五金皆謂之金。金剛者，如刀劍之有剛鐵，剛在金中，百鍊不消，取其堅利，能斷萬物，有如智慧能絕貪嗔癡一切顛倒之見。般若，梵語，唐言智慧。波羅蜜，梵語，唐言到彼岸。欲到彼岸，須憑般若。經者，徑也，載最上乘，上菩提路。大鑑禪師《金剛序》云：金在山中，山不知是寶，寶亦不知是山，由無性故。人則有性，取其寶，用得見，金師破山取礦，用火烹鍊，得成精金。四大身中性亦云爾，世界中有人我山，人我山中有煩惱礦，煩惱礦中有佛性寶，佛性寶中有智慧匠，用覺悟火烹鍊，見自性金剛，了肰明淨，是故以金剛爲喻也。《圓覺經》曰：譬如銷金鑛，金非銷故有。雖復本來金，終以銷成就。可知金剛不落空虛，煆煉原有功用。此經亦名《小般若》，乃《大部》六百卷中第五百七十七卷。名《小般若》者，謂一卷能涵《大部》之義，非般若有大小也。此經盛行於世，自黄梅五祖始。達磨西來，傳印於二祖，且云：吾有《楞伽》四卷，亦用付汝。至五祖易以《金剛經》名。譯者有秦、魏二本，此則秦譯也。

王世貞《宛委餘編》載，秦穆公時，扶風獲一石佛，公不識，棄污穢中，後染疾，夢天譴責。問由余，對曰：周穆王時，有化人來，云是佛神，王爲造中天臺。公乃命由余視之，曰：真佛神也。公以三牲祀之，由余曰：佛法清淨，所有供養，燒香而已。《譯經圖記》云：明帝感異夢，敕郎中蔡愔等，迎摩騰、法蘭，用白馬馱經。此後來事。謂佛法至漢始入中國，非也。

法會因由分第一

如是我聞：一時，佛在舍衛國祇樹給孤獨園，與大比丘衆千二百五十人俱。爾時，世尊食時，著衣持鉢，入舍衛大城乞食。於其城中，次第乞已，還至本處，飯食訖，收衣鉢，洗足已，敷座而坐。

如是我聞者，如來涅槃時示阿難，一切經首皆安如是我聞。佛言覺也，自覺覺他，覺圓滿故。舍衛國，波斯匿王所居。祇樹者，祇陀太子所施。給孤獨園者，給孤獨長者之園，即布金滿地處。比丘，梵語，華言乞士，上乞法於諸佛，下乞食於人間也。千二百五十人，三迦葉、目犍連、舍利弗五人弟子，共合此數。如是二字，即爲全經之髓。六祖云：法非有無謂之如，皆是佛法謂之是。故住曰如是住，降伏曰如是降伏，布施曰如是布施，福德曰福德亦復如是，清淨曰如是生清淨心。又曰如是知、如是見、如是信解，又曰如如不動，又曰作如是觀。每每機鋒相投，則曰如是如是。孔曰：一言終身，其恕乎。恕者，如心也。故曾悟一貫，亦曰忠恕。子思之未發，孟軻之不動，總無二義。故經云諸法如義。我聞者，固聞之於佛，亦聞之於我也。阿難現身聞相，何所聞，何所不聞。夫子之文章可得聞也。一時者，在衛之時。爾時者，入城之時。時，長老須菩提乃問法説法之時。佛法隨時示現，即所謂聖之時者，不拘一時也，一切時中，無時不在。道也者，不可須臾離也。舉舍衛國祇樹園，以見微塵剎土，草木樓觀，頭頭皆是真如，不獨我有，諸大比丘衆，一切人天，并及異類，俱是共有。孔云：吾無行而不與二三子者，是丘也。故千二百五十人俱此性，俱此般若，即俱此佛體。世尊傳心諭衆，相喻不言，政在穿衣吃飯處討個下落。故著衣吃食，了不異於人，折我憍心，生彼施福也。還至本處，乃影借語，本地可還，即吾之本來亦可還也。飯食已畢，收衣鉢者，所以狀佛之脱粘染而歸於無也。洗足者，亦以狀空塵也。敷座而坐，寧靜登禪，入於化矣。

蓋菩提實性無出入相，無往復相，祇舍王城，不即不離，次第乞內與還至本處，原無二見。到敷座而坐，則住心、降心俱在此中，爲第二分預示機關，須在解人自悟。

有僧叅忠國師，師問：蘊何事業？曰：講《金剛經》。師曰：最初兩字是甚麼？曰：如是。師曰：是甚麼？僧無對。師曰：咄哉，將甚麼講經？僧問趙州，乞指示。州曰：吃粥了也未？僧云：吃粥了。州云：洗鉢盂去。僧大悟。六祖曰：心念不起，是爲坐。故收鉢、洗足、敷座，要向這裏叅始得。

按，是經以無相爲宗，前人以無我相四句當四句偈。此分首章曰我聞，是我相也。乞食城中，是人相也。大比丘衆，是衆生相也。曰佛，曰世尊，是壽者相也。不應執著如此。余曰：此種種諸相，俱在還至本處後掃之。不舉其地其人，則落斷見，舉而不掃，則落常見。

余常序林任先《叅詳註》云：無我相者，非無我也。無人相者，非無人也。無衆生相、壽者相者，非無衆生與壽者也。不可以身相得見如來者，非無身也。不住相布施者，非無布施也。無定法可說者，非無法也。過去未來見在心不可得者，非無心也。無所住者，非無住也。皆從有說到無，蓋不著有，便是無了。達摩曰廓肰無聖，梁武不省，乃曰：對朕者誰。若了此義，則三十二相俱消化于敷座而坐中矣。

善現起請分第二

時，長老須菩提在大衆中，即從座起，偏袒右肩，右膝著地，合掌恭敬而白佛言：希有，世尊，如來善護念諸菩薩，善付囑諸菩薩。

梵語須菩提，此言善吉、善現、空生。

尊者雲庵僧了性曰：須菩提，人人有之。若人頓悟空寂之性，故名解空。全空之性，真是菩提，故名須菩提。空性生出萬法，故名空生。空性隨緣應現，利人利物，亦名善現。萬行吉祥，亦名善吉。言偏袒者，此土謝過請罪則肉袒，西土興敬禮儀則偏袒。言右肩者，作用取便。言右膝者，佛法尚右。世尊，佛號也。空生開言便歎希有，作何見解？蓋金輪王子一旦舍黄屋，入雪山，此事甚爲希有。弟子雲從，隨緣乞食，了不動情，此道更爲希有。如來者，真性謂之如，明則照無量世界而無所蔽，慧則通無量劫而無所碍，能變現爲一切衆生而無所不可，是能自如者也。自如則無去來而謂之來者，蓋以應現於此而謂之來也。肰則言如者，乃真性之本體，言來者，乃真性之應用。如來二字，兼佛之體用而言之矣。菩薩者，梵語，本云菩提薩埵，此云覺有情。有情則衆生也。一切衆生具佛性者，皆有生而有情，惟菩薩在有情之中而能覺者，故謂之覺有情也。菩薩未能盡絶情想，惟修至佛地，則絶情矣。護者護持，念者憶念，俾不退轉也。付者付託，囑者訂囑，俾不斷絶也。諸菩薩，指大衆而言。

世尊，善男子、善女人發阿耨多羅三藐三菩提心，云何應住，云何降伏其心？

善男子者，正定心也。善女人者，正慧心也。菩薩是善因成熟者，男女是善因初發者。梵語阿，此云無。梵語耨多羅，此云上。梵語三，此云正。梵語藐，此云等。梵語菩提，此云覺。阿耨多羅三藐三菩提，乃無上正等正覺也，謂真性也，真性即佛也。略言之則謂之覺，詳言之則謂之無上正等正覺也。真性無得而上之，故云無上。肰佛不獨上，衆生不獨下，正相平等，故云正等。佛不獨悟，衆生不獨迷，其覺公普，故云正覺也。初發心時，先求安心，故有此問。人天住有，二乘住空，故曰如何應住。降者，化逆從順，煩惱即菩提也。伏者遏抑妄心，轉識成智也。十住中第一發心住，先言住後言降伏者，住是進修著脚之處，降伏二字只到如來地位方了盡也。

佛言：善哉，善哉，須菩提，如汝所説，如來善護念諸菩薩，善付囑諸菩薩。汝今諦聽，當爲汝説。善男子、善女人發阿耨多羅三藐三菩提心，應如是住，如是降伏其心。唯然，世尊，願樂欲聞。

諦，審也。唯者諾其言，肰者是其言。

佛因須菩提所問最契於心，故首肯曰：善哉，善哉。仍牒其言而約之曰：發菩提心者，即當如是住，如是降伏其心。如是者，即開首如是二字，如如不動之意也。謂所發欲善護念、善付囑之心，原無別法，即此心如是，便已是住，是降伏矣，此外非更有安住、降伏之法也。黄蘗云，凡夫多被境礙心，事礙理，不知乃是心礙境，理礙事，但令心空境自空，理寂事自寂，勿倒用心也。可知如是即是住，如是即是降伏。

孔子曰：吾道一以貫之。曾子曰：唯。及門弟子皆所不解。世尊曰如是住、如是降伏其心，須菩提曰唯肰，亦非千二百五十人所解。解之云何。亦曰中心如心，中心即如心，如如不動而已。

大乘正宗分第三

佛告須菩提：諸菩薩摩訶薩，應如是降伏其心，所有一切衆生之類，若卵生，若胎生，若濕生，若化生，若有色，若無色，若有想，若無想，若非有想，若非無想。

空生問佛，先言應住。佛告空生，先言降伏其心，以降伏者進修之極則，而無住者降伏之要旨。如是降伏，即如是便是降伏了，直指秘密，更無別義。到底無四相，無滅度，總要降伏此有我度衆生之心而已。上言善男、信女，此言菩薩摩訶薩，可見佛與衆生總如是心，總如是降伏也。摩訶言大，心量廣大，不可測量。卵生者，貪著無明，迷暗包裹也。胎生者，食色輪廻，煩惱成聚也。濕生者，愛水浸淫貪嗔癡，因此而得也。化生者，一切煩惱本自無根，起妄想心，忽肰而有也。起心着相，妄見是非，名爲有色。執著空相，不修福慧，名爲無色。窮智極慧，思之思之，鬼神通之，名爲有想。頑空坐禪，不學慈悲，猶如木石，無有作用，名爲無想。不著偏見，亦不了中道，有如象罔，故名若非有想。求理心在，故名若非無想。

我皆令入無餘涅槃而滅度之。如是滅度無量、無數、無邊衆生，實無衆生得滅度者。

涅槃者，即不生滅也。涅而不生，槃而不滅，即脱生死也。無餘涅槃者，大涅槃也，謂此涅槃之外更無其餘，故名無餘涅槃。蓋盡諸世界所有九類衆生，皆化之成佛也。一切衆生，皆自業緣中現。若爲人之業緣，則生而爲人。修天上之業緣，則生於天上。作畜生之業緣，則生爲畜生。造地獄之業緣，則生於地獄。九類衆生無非自業緣而生者，是本來無此衆生也。菩薩既已覺悟，無邊煩惱轉爲妙用，又豈更有一衆生得滅度處？若見衆生可度，即是生滅，即是我相，而四相熾肰矣。良由一切衆生本來是佛，何生可度。故曰：平等真法界，佛不度衆生。衆生自性自度，我何功哉。《壇經》云：自性自度，名爲真度。《淨名經》云：一切衆生，本性常滅，不復更滅。又佛告清淨慧菩薩言：於實相中，實無菩薩及諸衆生。菩薩、衆生皆是幻化，幻化滅故，無取證者。凡經内所云衆生非衆生，凡夫非凡夫等語，皆是無佛無衆生之義。

何以故？須菩提，若菩薩有我相、人相、衆

生相、壽者相，即非菩薩。

四相者，貪嗔癡愛所影現而成。貪則自私，自私是我相。嗔則分別尒汝，是人相。癡則頑傲不靈，是衆生相。愛則希覬長年，是壽者相。如來不以度衆生爲功而了無所得，以其四相盡化也。《圓覺經》云：未除四種相，不得成菩提。設若有一於此，則必起能度衆生之心，便是衆生之見，非菩薩矣。四相中，一我字是緊要的窟穴。有我則尊我卑人，因有人相。欲度人，又欲盡乎人，因有衆生相。盡滅度之力，還而證我，成壽者相，遂妄認壽者爲涅槃而牢不可化矣。故我相是四相病根也。佛每言衆生者，非言衆生，而實言衆生之我也。無我則無衆生，亦無壽者矣。

朱晦翁曰：所謂降伏者，非謂遏伏此心，謂盡降伏衆生之心，入無餘涅槃中，教他都無心了方是。

脉望曰：鬼神有性無命，草木有命無性，禽獸性少命多，惟人能全之，可知四生六道之義。

妙行無住分第四

復次，須菩提，菩薩於法應無所住行於布施。所謂不住色布施，不住聲、香、味、觸、法布施。須菩提，菩薩應如是布施，不住於相。何以故？若菩薩不住相布施，其福德不可思量。須菩提，於意云何，東方虚空可思量不？不也，世尊。須菩提，南西北方、四維上下虚空可思量不？不也，世尊。須菩提，菩薩無住相布施，福德亦復如是不可思量。須菩提，菩薩但應如所教住。

上言度生無相，此即言布施無住。行於布施，不落空見，布施無住，亦不落有見。如此則布施即是般若，故曰應如是布施。如此則福德亦是般若，故曰福德亦復如是。總就如何應住而詳言之，以明如是之性，其布施，其效應，無不如是也。聲、色、香、味、觸、法六者，謂之六塵。眼貪色，耳貪聲，鼻貪香，舌貪味，身境相接謂觸，意事相拘謂法。人性清淨，本無六根，六塵又向何處安頓？東西南北及四維上下，總謂之十方。菩薩不住相布施，是能施之體空也。一切諸相即是非相，是所施之法其體空也。又説一切衆生即非衆生，即所施之人其體空也。玄奘譯經云：不住於色，不住非色，是故無空可取，無有可捨。空有同如，一體平等，施心廣大，猶若空虚，所獲功德，亦復如是。《楞嚴》云：汝觀世間可作之法，誰爲不壞？肰終不聞爛壞虚空。此云不可思量，以廣大言而無盡無壞，其意皆備。如來教菩薩法，不過住無所住。菩薩受如來教，但當知其所教者以爲住。不住有故，入塵勞而不落生死，不住無故，居涅槃而不屬斷滅，如如不動而已。

如所教住，明乎有住者在。《大學》曰：有所好樂，則不得其正，心不在焉故也。故無在則無不在，無住則無不住。

如理實見分第五

須菩提，於意云何，可以身相見如來不？不也，世尊，不可以身相得見如來。何以故？如來所説身相，即非身相。佛告須菩提：凡所有相，皆是虚妄。若見諸相非相，即見如來。

此如來乃謂真性之佛，與下身相之如來異。自布施説到法身，言之愈切，自法身説到諸相，言之愈廣，皆以明無相之旨。佛有三身，法身、報身、化身也。如來係自性真如，豈有身相？四大色身，皆由妄念而生。若執著身相而欲見如來之性，譬如認賊爲子，終無是處。惟見諸相非相，則見如來者，非盡除諸相也。見諸相者，病爲執有，除諸相者，病爲執空，惟就諸相見非相，乃爲中道。蓋了妄即真，非別於妄外有真耳。故能就幻相以見實相，則四相者相也，法相者亦相也，非法相者亦相也。《楞嚴經》云：不取一切法相，則得聖智究竟相也。

俱胝和尚凡有所問，只竪一指。博山曰：人人一箇指頭，他因甚這等會用。人人有個身相，如來偏恁會用。凡夫爭盡氣力，落得肉臭軀殼。

正信希有分第六

須菩提白佛言：世尊，頗有衆生得聞如是言説章句，生實信不？佛告須菩提，莫作是說。如來滅後，後五百歲，有持戒修福者於此章句能生信心，以此爲實，當知是人不於一佛二佛，三四五佛而種善根，已於無量千萬佛所種諸善根。聞是章句，乃至一念生淨信者，須菩提，如來悉知悉見，是諸衆生得如是無量福德。

上言若見諸相非相，即見如來。恐人謂得見如來爲希有之法，狐疑轉生，故問生實信否。不知此實信一念，可以歷千百年而不渝，可以統千萬佛而同根。不獨我能見如來，而如來亦悉知悉見於我之一念。必如是而後爲能生實信。《法輪預記》云：初五百歲，解脱居多。二五百歲，禪定居多。三五百歲，或務多聞。四五百歲，或營塔寺。五五百歲，多聞鬭諍。蓋天道五百年一大變，君子之澤久而愈斬，屬望後人，自爾如是。持戒者，不着諸相即是持戒，持戒即是修福。善根者，萬善從生，爲衆善之根本也。生淨信上有乃至二字，當從生信心以此爲實來。上二句是全體之信，而乃至以下則頓悟之信也。一念者，心空境寂，萬慮消亡，不作有爲見，不作無爲解。出四相，越三空，是名一念淨信，便與如來心心相印。故曰：悉知悉見。淨信心便是如是心，如是心便是最上第一希有之法。十方無盡之虛空，皆在如是福德中矣。

何以故？是諸衆生無復我相、人相、衆生相、壽者相，無法相，亦無非法相。何以故？是諸衆生若心取相，則爲著我、人、衆生、壽者。若取法相，即著我、人、衆生、壽者。何以故？若取非法相，即著我、人、衆生、壽者。是故，不應取法，不應取非法。以是義故，如來常説，汝等比丘知我説法如筏喻者，法尚應捨，何况非法？

實信之心，至於清淨，豈復有四相可見哉？既無四相，又豈有法相可見哉，又豈有非法相可見哉？無四相，是人空也。無法相、無非法相，是法空也。如是所生淨信，豈曰容易。故將若心取相，次第深言，而歸之於法空，曰不應取法、不應取非法，皆以明法空也。至於不取非法，不但證法空，亦脱法空之障矣。以四相爲相者，乃心取相也。知四相之非相而離之，即是法相。知離相之亦非而復離之，即是非法相。甚矣，取之病根深矣。如筏喻者，筏所以渡河也，既渡則不須用筏矣，何必言筏非筏。法所以破相也，既破則不須用法矣，何必言法非法。此筏不住此岸，不住彼岸，不住中流，以不應取故。《楞嚴經》云：不取無非幻，非幻尚不生，幻法云何立。即此分大意。

維摩詰問文殊師利：如何是不二法門？殊云：於一切法，無説無言，無示無識，離諸問答，是爲入不二法門。文殊復問維摩：仁者如何説？維摩默肰。若再加一語，是落第二義。

老子曰：善行無轍迹，善言無瑕謫。是以聖人善救人，無棄人，善救物，無棄物。如來説法，爲救人救物而設，其轍迹瑕謫如何可尋？

無得無説分第七

須菩提，於意云何，如來得阿耨多羅三藐三菩提耶，如來有所説法耶？須菩提言：如我解佛所説義，無有定法名阿耨多羅三藐三菩提，亦無有定法如來可説。何以故？如來所説法，皆不可取，不可說，非法，非非法。所以者何？一切賢聖皆以無爲法而有差别。

無上菩提乃第一義，深妙難名，或持戒忍辱而得之，或精進禪空而得之，或聚沙爲塔，或稱南無，皆可得之，豈可以拘以空法而名之哉？如來憫衆生之未悟，安得嘿肰而無言。或爲志求勝法者說，或爲求無上慧者說，或爲求聲聞者說，或爲求辟支佛者說，應機四酬，隨叩而荅，寧無說哉？肰妙性平等，云何有得？若有所得，佛從外來。道本無言，何云有說？若有所說，是爲謗佛。謝云：非法則不有，非非法則不無。有無並無，理之極也。《金剛標》云：空生自云解佛所說義，只解其無定法可說，尚未解其爲無得無說也。如謂不可取、不可說，即是無得無說，何後第十分中，如來重問于法有所得否，而空生始荅無所得也？十三分中，佛又重問如來有所說法不，而空生始答如來無所說也？則無定法之與無得無說，又隔一間矣。以者，用也。無爲者，自肰覺性，無假人爲。故一切賢聖皆用此無爲之法。肰法本無爲，而一切法未必盡是佛法，遂生差别。或安而行之，或勉而行之，及成功則一也。以無爲法釋上非法，賢聖差别釋非非法。道川云：江北成枳江南橘，春來都放一般花。

藥山陞座，良久，便下座。院主請云：云何不垂一言？山曰：經有經師，論有論師，爭怪得老僧。孔子曰：四時行焉，百物生焉，予何言哉？其機甚深，學者不從禪靜入耳。

依法出生分第八

須菩提，於意云何，若人滿三千大千世界七寶以用布施，是人所得福德寧爲多不？須菩提言：甚多，世尊。何以故？是福德，即非福德性，是故如來說福德多。若復有人於此經中受持，乃至四句偈等，爲他人説，其福勝彼。何以故？須菩提，一切諸佛及諸佛阿耨多羅三藐三菩提法，皆從此經出。須菩提，所謂佛法者，即非佛法。

此以財施有漏之因，以較無爲之福。三千大千者，一佛化境也。七寶雖多，心有能所，即非福德性。能所心滅，是名福德性。福德性直到成佛地位，超肰數量之外。自此經出者，此經是《金剛般若》，而實相、觀照、文字三般若皆在其中。若非文字，將何者爲他人説乎。肰法從經出，而經非即法，恐人執法爲經，執經爲法，故隨言即非佛法以遣之。四句偈者，中峰云：經中凡言四句偈，必上有乃至二字，下有等字，未嘗單言四句，則全經皆是，不必指定色見我、一切有爲、無我相等句也。傅大士云：若論四句偈，應當不離身。以是而觀，則四句偈者初不假外求而在吾心地，明矣。六祖偈云：人我俱盡，妄想既除，言下成佛。向使此偈可以言傳面命，我佛乃天人之師，住世七十九年，廣爲衆生説法三百五十度，而于此經凡一十四處舉四句偈，而終不明明指示端的，豈吝其辭而不爲説破耶？蓋恐人執指爲月而徒泥紙上之糼句，而不能返觀自己之活句也。佛法非佛法者，隨説隨剗也。即心是佛，更無別佛，即心是法，更無別法。黄蘗云：欲要真實會，一切總不是。萬松云：端的委細會，一切無不是。可以互叅。

世尊一日陞座，文殊云：諦觀法王法，法王法如是。博山别曰：世尊未陞座，法王法在甚處。這裏如叅透，乃知梵鈔竪拂，總非釋氏之法，御氣燒丹，總非老氏之法，多學默識，總非孔子之法。

一相無相分第九

須菩提，於意云何，須陀洹能作是念我得須陀洹果不？須菩提言：不也，世尊。何以故？須陀洹名爲入流，而無所入，不入色、聲、香、味、觸、法，是名須陀洹。須菩提，於意云何，斯陀含能作是念我得斯陀含果不？須菩提言：不也，世尊。何以故？斯陀含名一往來，而實無往來，是名斯陀含。須菩提，於意云何，阿那含能作是念我得阿那含果不？須菩提言：不也，世尊。何以故？阿那含名爲不來，而實無不來，是故名阿那含。須菩提，於意云何，阿羅漢能作是念我得阿羅漢道不？須菩提言：不也，世尊。何以故？實無有法名阿羅漢。世尊，若阿羅漢作是念我得阿羅漢道，即爲著我、人、衆生、壽者。

上言一切賢聖皆以無爲法而有差別，不但賢與聖有差別，而就賢人中亦各有差別，肰其於無爲一也，於無得亦一也。須陀洹名爲入流者，欲入無爲之理，舍凡入聖，初入聖流也。而無所入者，本性自空，不假緣入，即鑽之彌堅也。斯陀含名一往來者，色身雖有來去而法身湛肰不動，不見操存舍亡也。阿那含名爲不來者，迎之不見其首。而實無不來者，隨之不見其後也。阿羅漢，能作是念而得道者。前三果人，居有學位，故立果義以酬因。阿羅漢，不事學問人也，乃立道名以顯證極，故不曰阿羅漢果，而曰阿羅漢道。《法華經》曰：諸法不受，亦得阿羅漢。若萌一得念，即落人我四相，尊己輕人，慢視衆生，期壽長久，種種見前，是凡人之見，非聖人之徒矣。

世尊，佛説我得無諍三昧，人中最爲第一，是第一離欲阿羅漢。世尊，我不作是念我是離欲阿羅漢。世尊，我若作是念我得阿羅漢道，世尊則不説須菩提是樂阿蘭那行者。以須菩提實無所行，而名須菩提，是樂阿蘭那行。

梵語三昧，此云正定，亦云正受，乃謂入定思慧法也，非謂玄妙之意。佛恐衆不知去所得心，故引己作證。無諍者，即解脱義也。諍是勝負心，無諍則無我無人，無高無下，無聖無凡，一相平等。蓋凡有對待，即成諍端，長繫夙生，何由能脫。故《涅槃經》曰：須菩提住虛空地，若有衆生嫌我立者，我當終日端坐不起。嫌我坐者，我當終日立不移處。如此不起一煩惱，謂之無諍。無諍則正定，正定則離欲，離欲即解脱。阿羅漢即般若也。樂者，好也。阿蘭那，梵語無諍也。樂阿蘭那行，猶云好無諍人也。夫萌之於心者曰念，見於修爲者曰行。有所念則必有所行，有取行則必有取得。須菩提得無諍三昧，有是行也，且曰無所行者，以心無所得也。有是行而心無所得，故世尊以樂阿蘭那名之。蓋無爲法中，本無一法生，本無一法滅，無煩惱可斷，無涅槃可證，但是一念不生而已。《心地觀》云：若不捨離我、我所執，不應安住阿蘭若中。若心調柔，無有諍論，故當安住阿蘭若中。後人本此，遂以蘭若名佛住處云。

四果皆曰能作是念。作行病淺，作念病深。無所入，無往來，無不來，無有法，皆四果之不作念處。佛之有四果，即儒之有四配也。顏欲從末由，參以魯得之，思不覩不聞，孟勿忘勿助，何嘗作念？若顏到屢空處，即阿羅漢到無所得道處，其于空空如也，本體一間耳。

莊嚴淨土分第十

佛告須菩提，於意云何，如來昔在然燈佛所，於法有所得不？不也，世尊。如來在然燈佛所，於法實無所得。須菩提，於意云何，菩薩莊嚴佛土不？不也，世尊。何以故？莊嚴佛土者，即非莊嚴，是名莊嚴。

上言四果無所得，正欲明佛果無所得也。故此即明言之云，不獨汝等見我無法可得，即我見肰燈佛，亦無法可得也。然燈佛，釋迦牟尼佛授記之師。如來於佛法既無所得，故菩薩於佛土即非莊嚴。蓋一大世界必有一佛設化，皆謂之佛土。而菩薩於佛土之中，作種種善事，以變易其世界，如黃金爲地，七寶爲樹林樓臺，故謂之莊嚴。然真性中，豈有此莊嚴哉？其莊嚴非莊嚴也，惟真性爲真莊嚴也。《維摩經》云：隨其心清淨，則佛土淨。蓋此心清淨，即是莊嚴佛土，奚外飾爲莊嚴佛土。三句，第一句莊嚴佛土者，是假觀，是俗諦，屬相宗。第二句即非莊嚴，是空觀，是真諦，屬空宗。第三句是名莊嚴，是空假俱融，真俗無碍，是中道觀、中道諦，屬性宗。

是故，須菩提，諸菩薩摩訶薩，應如是生清淨心：不應住色生心，不應住聲、香、味、觸、法生心，應無所住而生其心。須菩提，譬如有人，身如須彌山王，於意云何，是身爲大不？須菩提言：甚大，世尊。何以故？佛説非身，是名大身。

梵語菩薩摩訶薩，此云覺衆生。菩薩莊嚴，既不在於外飾，則當反而求之於心。心能如是，自肰清淨，不必更求清淨，故云應如是生清淨心。凡住六塵而生其心者，皆非清淨心也。惟無所住而生其心者，乃清淨心也。無所住之心，便是不生，如是生清淨心，便是不滅。無生之生，何碍於生？知不滅即是生，不必更求生相矣。佛言六塵之苦，每以色爲先，而繼之以聲、香、味、觸、法。蓋以見色者，人情之所易入，故觀照爲先。經中凡言觀者，皆從見起也。須彌山在四天下中爲極大，故名山王。須彌雖大，有爲生滅，劫燒不免，縱使身如須彌，亦非清淨本體，乃業力相持，非不壞也，何如無所住之爲大哉？故言佛土即非莊嚴者，是真土無形。非身是名大身者，是法身無相。身土皆空，心境雙絶，始是般若極則。非土之土，常寂光也。非身之身，大法身也。

林兆恩曰：身之極樂國也，如來禪定於其中矣，而釋流則西方之。身之蓬萊島也，神仙逍遥於其中矣，而道流則海外之。

列禦寇曰：橫心之所念，而後眼如耳，耳如鼻，鼻如口，無不同也。不住色、聲、香、味生心，其理如是。

無爲福勝分第十一

須菩提，如恒河中所有沙數，如是沙等恒河，於意云何，是諸恒河沙寧爲多不？須菩提言：甚多，世尊，但諸恒河尚多無數，何况其沙？

雪山有四洲，其東牛口磽伽河，即恒河也。佛以此河沙爲喻者，蓋説法時常近此河耳。一沙即爲一河，河尚無數，何况其沙？此喻最爲微妙，爲世人没大愛河，隨順欲流，漂没瀰漫，甚爲可愍，此中政當尋筏到岸。

須菩提，我今實言告汝，若有善男子、善女人以七寶滿爾所恒河沙數三千大千世界，以用布施，得福多不？須菩提言：甚多，世尊。佛告須菩提，若善男子、善女人於此經中，乃至受持四句偈等，爲他人説，而此福德勝前福德。

天地間河沙無盡，人亦無盡，古往今來，生生不息，小德川流，豈但河沙耶？爲人解説，三千大千世界皆獲法施，皆悟無住相布施，豈河沙可數與？受持四句偈，不爲惡業所縛，可以悟明真性。爲人解説，而人亦得聞此理而悟明真性，脱離輪廻，永超生死，萬劫無有盡期，故其福德殊勝也。佛嘗言財施有盡，法施無窮。財施不出欲界，法施能出三界。《華嚴》云：譬如暗中寶，無燈不可見。佛法無人説，雖慧不能了。是則解説之功，與受持相輔而大矣。《楞伽》云：譬如恒沙，是地自性，經劫火燒，地性不壞，如來法身，亦復如是。譬如恒河，人獸踐踏，不生分别，如來解脱，亦復如是。譬如恒沙，不增不減，如來智慧，亦復如是。此章讚般若最勝處，發衆生信受之心。

此福德勝前福德者，所謂智慧寶洲，

求則得之，求有益於得也。七寶恒沙，得之有命。熟讀《孟子》便得。

尊重正教分第十二

復次，須菩提，隨説是經，乃至四句偈等，當知此處，一切世間天、人、阿修羅皆應供養，如佛塔廟，何况有人盡能受持、讀誦。須菩提，當知是人，成就最上第一希有之法。若是經典所在之處，則爲有佛，若尊重弟子。

六祖云：隨説者，逢凡説凡，逢聖説聖也。謝云：封殯法身謂之塔，樹像虛空謂之廟。所在之處，見人即説是經。常行無所得心、無所住心，令諸聽者生清淨心，是名真供養。即此身中，有如來全身全舍利，故言如佛塔廟。果禪師云：即心是佛，更無別佛，即佛是心，更無別心。如拳作掌，似水成波，波即是水，掌即是拳也。弟子者，學居師後故稱弟，解從師生故稱子。尊重弟子，謂弟子之可尊重者，乃大弟子菩薩之流也。

東印國王請二十七祖般若多羅齋，王曰：何不看經。祖云：貧道入息不居陰界，出息不涉衆緣，常轉如是經，百千萬億卷。要知經典所不在，亦爲有佛。

如法受持分第十三

爾時，須菩提白佛言：世尊，當何名此經，我等云何奉持？佛告須菩提：是經名爲《金剛般若波羅蜜》，以是名字，汝當奉持。所以者何？須菩提，佛説般若波羅密，即非般若波羅蜜，是名般若波羅蜜。須菩提，於意云何，如來有所説法不？須菩提白佛言：世尊，如來無所説。

如來前云一切佛法皆從此經出，故空生請名此經，並問云何奉持。夫妙明本性，湛若太虛，何處得名？如來恐人生斷滅見，不得已而强安是名也。蓋人性如金之剛利，故能斷除一切煩惱，直至彼岸，故曰般若波羅蜜。

肰能觀無所觀，照無所照，空無所空，到無所到，故曰即非般若波羅蜜。惟是不觀而觀，不照而照，不空而空，不到而到，故曰是名般若波羅蜜。從前問荅，都是因相破相，此則立名遣名。夫般若既無可名之名，又豈有所説之法？故重申問荅，而云如來無所説也。無所説者，直下無開口處，所以世尊臨入涅槃，文殊請佛再轉法輪，世尊咄云：吾住世七十九年，未甞説著一字。

須菩提，於意云何，三千大千世界所有微塵是爲多不？須菩提言：甚多，世尊。須菩提，諸微塵，如來説非微塵，是名微塵。如來説世界，非世界，是名世界。須菩提，於意云何，可以三十二相見如來不？不也，世尊，不可以三十二相得見如來。何以故？如來説三十二相，即是非相，是名三十二相。

《華嚴經》云，三千大千世界，以無量因緣，乃成一切衆生。豈此外而別有世界？悟者處此，迷者亦處此。悟者之心，清淨心也，以此心處此世界，即清淨世界。迷者之心，塵垢心也，以此心處此世界，即微塵世界。諸微塵者，一切衆生心上微塵也。佛分身於微塵世界中，示現無邊法力，開闡清淨無垢之法，使一切衆生皆生清淨心，非微塵所可污，故云非微塵。得出世界法，非世界所得囿，故云非世界。世尊荅文殊曰：在世離世，在塵離塵，是爲究竟法。《楞嚴》中，於一毛端現寶王刹，坐微塵裏轉大法輪，皆是離世離塵之意。三十二相，始從足下安平，終至頂肉髻相，皆屬修成。肰如如真佛，何相之有？恐人疑前説塵性空、界性空，遂執有佛身根性，殊不知佛身根性亦空也。此分大意，謂細而微塵，大而世界，妙而佛之色身，皆爲虚妄。惟真性爲真實，是以自古及今無變無壞，彼三者則有變壞故也。

須菩提，若有善男子、善女人以恒河沙等身

命布施，若復有人於此經中，乃至受持四句偈等，爲他人説，其福甚多。

以恒河沙等身命布施，衆受頑福，畢竟不明本性，所謂住相布施也。若受持四句，一念見性，人法俱空，即名正見，所得淨妙無相無爲功德，豈有限量可名？

《中庸》一撮土之多，微塵意也。及其廣厚，萬物載焉，世界也。微塵積而爲世界，世界析而爲微塵，皆誠之不可已處。《中庸》無實非虚，佛法無虚非實。

此分總言所以名經與所以持經功夫，可以貫穿全經，自爲一部。故與前後語多重復，不覺其煩。謂爲先後聽經者説，非是。

離相寂滅分第十四

爾時，須菩提聞説是經，深解義趣，涕淚悲泣而白佛言：希有，世尊，佛説如是甚深經典。我從昔來，所得慧眼，未曾得聞如是之經。世尊，若復有人得聞是經，信心清淨，即生實相，當知是人成就第一希有功德。世尊，是實相者，即是非相，是故如來説名實相。世尊，我今得聞如是經典，信解受持，不足爲難。若當來世，後五百歲，其有衆生得聞是經，信解受持，是人即爲第一希有。何以故？此人無我相，無人相，無衆生相，無壽者相。所以者何？我相即是非相，人相、衆生相、壽者相即是非相。何以故？離一切諸相，即名諸佛。

空生在前解悟空理，是於有中見空，止得人空，今聞般若非般若，是名般若，並得法空，故深解義趣，感極涕零。若非佛恩撥我慧眼，安能聞如是二字便是真諦。此如是性中，具如來法身，即是實相。人法俱空，善惡諸相自肰寂滅，故曰實相非實相也。生者以是人之信解爲生，而實相畢竟無生耳。

《圓覺》云：一切實相，性清淨故。功德者，即成就法身，便是莫大功德，第一希有。經以福兼德言者屢矣，而此獨單言功德不及福者，是功成果滿之時，其福爲不足道也。所以《壇經》有功德在法身中，非在于福之句。此段文義三疊。上言我未曾聞如是之經，隨言若復有人得聞是經，繼言來世衆生得聞是經，言人則可大，言來世則可久。蓋佛在時，爲正法之世。佛滅度後，爲像法之世。若當來世後五百歲，爲末法之世，衆生能信解受持，亦見四相非相，即契般若。同此實相，即同此無相耳。悟則是佛，迷則是衆生，佛與衆生，性豈有異。離相者，即相以空相，非除相以即空也。

佛告須菩提：如是，如是，若復有人得聞是經，不驚、不怖、不畏，當知是人甚爲希有。何以故？須菩提，如來説第一波羅蜜，即非第一波羅蜜，是名第一波羅蜜。須菩提，忍辱波羅蜜，如來説非忍辱波羅蜜，是名忍辱波羅密。

空生悟到此，將清淨心滿盤托出，直指如是本體。佛又何言，故嘆曰：如是，如是。不驚者聞慧也，不怖者思慧也，不畏者修慧也。第一波羅蜜者，有十種：一、布施，二、持戒，三、忍辱，四、精進，五、禪定，六、智慧，七、慈，八、悲，九、方便，十、不退。今言第一波羅蜜者，獨言布施爲第一。曰布施者通攝萬行，直至菩提，尚行法施也。言非者，行無住相布施也。佛于第四分説無住，便説行於布施，故于此分足之。一説第一波羅蜜實以般若爲第一。《楞嚴》説第一波羅蜜，亦指般若。六祖説摩訶般若波羅蜜最尊最上最第一是也。悟諸相非相，即達彼岸，故名第一。既悟人法俱空，即無生死可度，無彼岸可到，故非第一。忍辱波羅蜜者，即十度中第三也。能忍辱，方不起嗔心以昏亂真性，故能到諸佛菩薩彼岸。佛有時自稱如來，自稱佛，謂己與諸佛菩薩無異性也。若了悟人法俱空，亦掃忍辱之相。般若體中原無辱可忍，亦無忍可見。忍無可忍，能所俱無，方成于忍，是名爲忍也。

何以故？須菩提，如我昔爲歌利王割截身體，我於爾時無我相，無人相，無衆生相，無壽者相。何以故？我於往昔節節支解時，若有我相、人相、衆生相、壽者相，應生瞋恨。須菩提，又念過去於五百世作忍辱仙人，於爾所世無我相，無人相，無衆生相，無壽者相。

歌利王，梵語，此云無道極惡。如來因地修行，在山中宴坐，遇歌利王遊獵。以宮女禮拜仙人，王大怒，遂支解仙人。仙人無嗔恨，體復如故。憍陳如以此得度。五百世，是於釋迦成道世中逆數向前説到五百世也。遇歌利時，是作忍辱仙世中一世之事。重言之者，言修忍非一世事，益見忍於歌利者非容易也。忍辱即是法施，六度萬行，其實以布施爲大。因割截而歌利得度，豈徒忍辱乎？故曰法施也。夫自心邪見，如歌利王，殘害法身，如截身體。黄檗大師云：纔起心向外求者，名爲歌利王愛遊獵。心不外馳，名忍辱仙人。身心俱無，即是佛道。肇法師云：五蘊身非有，四大本來空。將頭臨白刃，一似斬春風。應生嗔恨者，謂色身與法身即有不同也。割截之時，不見有身相，即不見有我、人、衆生、壽者四相，何處更著嗔恨？

是故，須菩提，菩薩應離一切相發阿耨多羅三藐三菩提心。不應住色生心，不應住聲、香、味、觸、法生心，應生無所住心。若心有住，即爲非住。

就忍辱而推之，一切俱應離相，蓋心常空寂，不生起滅，我相捐而一切之相俱捐。肰離相所發之心，正覺心也。正覺現前，邪妄自伏，更將何法以降其心？所發之心即正等心也。諸法唯心，即是實相，復將何地爲求應住？先言色，後言聲、香、味、觸、法者，我見等見，法眼等眼，皆從色遇。《心經》亦云，無眼界，乃至無意識界，亦同此意。佛法不離色、聲、香、味、觸、法，葢因衆生根器，假六塵而設化。若住著六塵，則心已夙。唯即六塵而不住六塵，則心常生。生則發生，心體本空，既空諸有，心地了自如，何常不生？故住於法，即爲非住。凡夫執心以除事，智者空心不空事。

是故，佛説菩薩心不應住色布施。須菩提，菩薩爲利益一切衆生故，應如是布施。如來説一切諸相，即是非相。又説一切衆生，即非衆生。

又即一切之中，摘出布施言之。以菩薩爲利益一切衆生故，應以如是之心布施，不住於相。若不如是布施，則是誣衆生爲著色，一切有相，反陷溺此衆生矣。以色字統六根，觀照之心從見而入，爲證性之機竅也。七寶雖滿大千界，等須彌山，亦有時而盡，惟無諸欲之求，無能施之心，亦無所施之物，以如是相喻，則含靈抱識，均被其澤。布施之心，但應如是。《華嚴經》云：不爲自身求快樂，但爲救護諸衆生。諸相非相者，畢竟可破壞，非真實體也。衆生非衆生者，若離妄心，即無衆生可得也。真性之中，佛與衆生俱泯，何容菩薩住相化求？

須菩提，如來是真語者、實語者、如語者、不誑語者、不異語者。須菩提，如來所得法，此法無實無虛。

真語者，一切含生皆有佛性也。實語者，一切法空本無所有也。如語者，一切萬法如如不動也。不誑語者，聞如是法皆得解脱也。不異語者，一切萬法本來空寂，於何而異也。此心本體，不可言有，不可言無，有而不有，無而不無，言辭不及，其唯聖人乎！故曰：無實無虛。諸相非相故無實，即見如來故無虛。

須菩提，若菩薩心住於法而行布施，如人入

闇，即無所見。若菩薩心不住法而行布施，如人有目，日光明照，見種種色。

布施謂法施。天之神聚於日，故爲光，人之神聚於目，故爲見。住法而行布施者，二乘之人不見色而住色，譬如不見坑穽而墜坑穽。不住法而行布施者，菩薩見色而不住色，譬如見坑穽則不墜坑穽矣。

須菩提，當來之世，若有善男子、善女人能於此經受持讀誦，即爲如來以佛智慧，悉知是人，悉見是人，皆得成就無量無邊功德。

迷則爲男女，悟則爲如來。佛之智慧，即人之智慧也。佛之功德，即人之功德也。無量無邊功德，又超功德而言，蓋成就無上菩提，功德莫大於是。六祖云：見性是功，平等是德。念念無滯，常見本性。真實妙用，名爲功德。

往於碧峰山下，叅一齋和尚，問佛實相。和尚云：三國關漢侯，便是古來大佛祖。余曰：關夫子大節殉身，如何便是佛祖？僧曰：即心是佛。關侯生平事心之道，無絲毫遺憾。古今人心，各各有關聖，便是割截身體，體復如故處。余是其言，附記於此。

僧問西影禪師：或有聞佛正法，不能了悟，更待來生，還得聞否？師曰：有甚來生？要了此時即了，有何欠缺更待來生？是謂無志氣，改頭換面，千刓萬刓。

按，無我相等句，至此三見。第三分是就菩薩說，第六分是就衆生說，此分是就來世衆生說，熟讀自見。諸解皆言爲續到聽法者重說，失之遠矣。

持經功德分第十五

須菩提，若有善男子、善女人，初日分以恒河沙等身布施，中日分復以恒河沙等身布施，後日分亦以恒河沙等身布施，如是無量百千萬億劫以身布施，若復有人聞此經典，信心不逆，其福勝彼，何況書寫、受持、讀誦、爲人解説？須菩提，以要言之，是經有不可思議、不可稱量、無邊功德。

初日分謂晨，中日分謂午，後日分謂暝。於此三時，以恒河沙等身命布施，百千萬億劫，無量無數，雖受無量福報，乃世間福耳。受世間福者，即染煩惱之因。聞此經典，信心不疑，則見自性矣。見自性則深明實相，人法二空，乃是大悟人，爲出世間福。佛恐世人執著如來忍辱之説，徒以身布施，而於自己性與他人性無少利益，故於十三分言之。至此復言謂不可思議者，不可以心思，不可以言議。不可稱量者，謂不可以秤稱，不可以器量。無邊功德者，若著人法，則落有無二邊際，惟深明實相，即同佛心，無有邊際。既無邊際可按，即無思議稱量可施。《壇經》云：諸三乘人不能測佛智者，患在度量也。饒伊盡思共推，轉加懸遠。御生云：書寫屬身業，受持屬意業，解説屬口業。三業氷清，其福豈有倫匹哉？

蘇軾《跋金剛經》云：昔有人受持此經，常以手指作捉筆狀，于虚空中寫諸經法。是人去後，此寫經處，雨不能濕。亦不可思議處。

如來爲發大乘者説，爲發最上乘者説。若有人能受持、讀誦、廣爲人説，如來悉知是人，悉見是人皆得成就不可量、不可稱、無有邊、不可思議功德。如是人等，即爲荷擔如來阿耨多羅三藐三菩提。何以故？須菩提，若樂小法者，著我見、人見、衆生見、壽者見，即於此經不能聽受讀誦、爲人解説。須菩提，在在處處，若有此經，一切世間天、人、阿修羅所應供養。當知此處，即爲是塔，皆應恭敬，作禮圍繞，以諸華香而散其處。

乘者，車乘之乘。大乘謂菩薩乘。阿羅

漢獨了生死，不度衆生，故云小乘，唯能自載而已。緣覺之人爲中乘，如車乘之適中者也。菩薩爲大乘，謂如車乘之大者，普能載度一切衆生也。此經欲普度衆生故，爲發菩薩大乘者說。發乃起發，謂起發此以濟度衆生也。最上乘者，佛乘也。佛又能兼菩薩而載度之，則在大乘之上，故爲最上乘。然此經爲大根者說，豈拒絶於小哉？孔子云：夫婦之愚不肖，可以與知與能。故又云皆得成就，謂諸凡小皆載此乘，共登佛頂耳。如來無上菩提，智悲無量功德，只在擔荷二字。擔荷者，不屬別人，即是如是人等。如如不動，便能擔荷得起。若生種種諸見，謂我有智慧，照破煩惱，便落二乘見解，羊鹿等機。上智大根，決不如是。小法者，小乘法，便是有餘涅槃，安得《法華》授記也。人、我、衆生、壽者，不曰相而曰見，由粗入細。見分屬内，相分屬外，有粗細之別。若有此經，譬如摩尼寶珠，瑞光輝焕，即此處即是如來真身舍利寶塔，非重此經也，重此聽受誦讀也。此持經者，所當自有聞思修慧，缺一不可，文字云乎哉？解脱之性，巍巍高顯，故云是塔。花香散處，開敷知見，熏植萬行，即法界性，自然顯見於其間耳。書寫是手具般若，屬身根，受持是心具般若，屬意根，誦讀是口具般若，屬舌根，皆自利事。爲人解說，是利人事。到利人則法施極，則爲擔荷如來之大事。

《列子》：周穆王時，西極有化人來，王與同遊。及化人之宫，若屯雲焉，視王宫榭如累塊積蘇。此雖寓言，與佛莊嚴塔廟，其理不異。西極化人，非古佛乎？記之備考。

肅宗問忠國師：百年後須何物？師云：與老僧作箇無縫塔。帝不會。天童頌曰：孤迥迥，圓陀陀，眼力盡處高峩峩。可知即爲是塔，不是七級浮屠。

能淨業障分第十六

復次，須菩提，善男子、善女人受持讀誦此經，若爲人輕賤，是人先世罪業，應墮惡道，以今世人輕賤故，先世罪業即爲銷滅，當得阿耨多羅三藐三菩提。

此分經中專爲破罪而言。先世罪業應墮惡道，何以今世尚能持誦？政第六分中能生信心、種諸善根者，故能生淨信，持誦此經也。持經即見清淨本心，達罪由心造，罪性本空，心滅罪亡，宿業何有？蓋先世罪業即前念妄心，今世輕賤即後念覺心，故當得無上正等正覺也。爲人輕賤，先世罪業即爲消除，則輕賤亦是便益。此所以割截身體，亦不瞋恨。

須菩提，我念過去無量阿僧祇劫，於然燈佛前，得值八百四千萬億那由他諸佛，悉皆供養承事，無空過者。若復有人於後末世，能受持讀誦此經，所得功德，於我所供養諸佛功德，百分不及一，千萬億分、乃至算數、譬喻所不能及。

阿僧祇、那由他，梵語，皆無數之謂。歷無數劫，供無數佛，求福而已，不若持此真經，見我本性，永離輪迴。五祖云：終日供養，只求福田，不求出離生死苦海。自性若迷，福何可救。是故供佛功德，雖百分，百千萬億分，乃至算數之多，皆不及持經功德之一分也。所比功德，不以他人所得之功德比之，即以如來自己供養諸佛之功德比之，乃愈見其親切。梁武帝造寺布施，供佛設齋，問祖師達磨：有何功德。答曰：實無功德。後人不了此意。韶州韋使尹因問六祖，六祖曰：造寺、布施、供佛、設齋名爲修福，不可將福以爲功德。功德在法身中，非在修福。

須菩提，若善男子、善女人於後末世有受持讀誦此經，所得功德，我若具説者，或有人聞，心即狂亂，狐疑不信。須菩提，當知是經義不可思議，果報亦不可思議。

具，盡也。我若盡説其功德，人則狂亂

狐疑不信，以其極大，不免驚怪，無上醍醐翻成毒藥。不可思議者，心無所住，豈容思，無法可說，豈容議。思議有盡境，不可思議無盡境也。經義不可思議，所爲如是之經，果報不可思議，所爲福德亦復如是也。如如之體，稍涉擬議，便落第二義，稍涉因果，便落有爲福。即如梁武、苻堅捨身迎佛，無救于亡，而歌利割截身體，體復如故，此中可著絫解哉？蓋阿含教中，罪福熾然，般若教中，罪福皆空。

　　博山異和尚曰：此段經文，縛殺多少人。若以因果評之，入地獄如箭射。

　　今世輕賤是見在，先世罪業是過去，於後末世是未來。受持讀誦，則三心俱不可得，業障于何處見？

究竟無我分第十七

爾時，須菩提白佛言：世尊，善男子、善女人發阿耨多羅三藐三菩提心，云何應住，云何降伏其心？佛告須菩提，善男子、善女人發阿耨多羅三藐三菩提心者，當生如是心：我應滅度一切衆生，滅度一切衆生已，而無有一衆生實滅度者。何以故？須菩提，若菩薩有我相、人相、衆生相、壽者相，即非菩薩。所以者何？須菩提，實無有法發阿耨多羅三藐三菩提心者。

　應無所住，應如是降伏其心，第三、四分已言之。至此再舉者，蓋前從菩薩身上說，此從善男女發心說，此接引苦心也。蓋既開示降、住之法，恐人謂我能住，我能降伏，我能發心，猶是眼中金屑，故此再問云何降心、應住。此發心者，比前轉深義，謂前教於法應無所住，是則佛果菩薩亦不可住矣。發阿耨多羅三藐三菩提心者，當生如是心，即如如不動之心，即佛法無二之心也。生如是心，則是法矣。此又言實無有法發阿耨多羅三藐三菩提心，何也？蓋當生如是心者，以無所住而生也。若有生之之心，便非如是之心，故如是心亦應除遣。蓋能度、所度，能滅、所滅，能降、所降，能住、所住，皆落法執。佛恐誤認所謂生如是心者，故此説破。然則非徒無滅度衆生一切相，而并此發求真性之心者亦本無也。求性之心，尚有微細四相。但少有悟心，是我相見。有智慧能降伏煩惱，是人相見。降伏煩惱竟，是衆生相見。清淨心可得，是壽〔二〕者相見。不除此念，皆是有法。故云實無有法發菩提心，豈易究竟？

須菩提，於意云何，如來於然燈佛所，有法得阿耨多羅三藐三菩提不？不也，世尊，如我解佛所説義，佛於然燈佛所，無有法得阿耨多羅三藐三菩提。佛言：如是，如是，須菩提，實無有法如來得阿耨多羅三藐三菩提。

此法字，比前問又深。前云于法，義屬于他，是心外之見。此云有法，義屬于自，乃内心之障。既發菩提心，則無脩無證，何法可得？如是如是者，兩心善契，佛與然燈佛、須菩提總在無法無得中矣。此如字即如來之如，亦即法如之如，又即此經如如不動之如也。佛與空生相對，又復何言？

須菩提，若有法如來得阿耨多羅三藐三菩提者，然燈佛即不與我授記：汝於來世，當得作佛，號釋迦牟尼。以實無有法得阿耨多羅三藐三菩提，是故然燈佛與我授記，作是言：汝於來世，當得作佛，號釋迦牟尼。何以故？如來者，即諸法如義。

與我授記當得作佛者，因智慧而得見本性也。若有能所之心，即是有法可得，性同凡夫，如何得授記？釋迦之義，此云能仁。牟尼之義，此云寂嘿。能仁者，心量無邊，合容一切。寂嘿者，心體本寂，動静不生也。如來者，謂真性佛。蓋如者，謂真性徧虚空世界而常自如，又隨所感而來現，故名如來。詳言之則爲阿耨多羅三藐三菩提，畧言之則爲如來，又畧言之則爲佛。《淨名》云：如者不二不異，一切法如也。一切衆生、衆聖賢乃至彌勒亦如也，諸佛菩提涅槃亦如也。來亦如也，去亦如也。如如之中，何容一法？真性妙明，中天杲日，於諸法上都無取捨，是諸法如義。

若有人言如來得阿耨多羅三藐三菩提，須菩提，實無有法佛得阿耨多羅三藐三菩提。須菩提，如來所得阿耨多羅三藐三菩提，於是中無實無虛。是故，如來説一切法皆是佛法。須菩提，所言一切法者，即非一切法，是故名一切法。須菩提，譬如人身長大。須菩提言：世尊，如來説人身長大，即爲非大身，是名大身。

凡言得者，皆自外而得，此真性豈有自外而得哉。故言得者，則爲不實語也。無實者，以菩提無色相故。無虛者，色相空處即是菩提。如來所證菩提之法，不空不有，故曰無實無虛。諸法皆是用之以修行而成佛之名也。佛即是法，法即是佛。馬祖云：一切衆生，從無量劫來，不出法性三昧。若能一念迴光返照，全體聖心，何處不是佛法。故言一切法皆是佛法。然佛恐人泥於法，隨又掃去，謂諸法實無所得，故云即非一切法。古德云：用即知而常寂，不用即寂而常知也。皆是佛法，故無虛。即非一切法，故無實。色身有相，即非大身。法身無相，廣大無邊，故爲大身。恐人不識法身真理，故舉此譬之。

御生云：一切法皆是佛法者，如青青翠竹，咸是真如法身，鬱鬱黄花，無非自性般若。言一切法即非一切法者，如海慧云：黄花若是般若，般若即同無情。翠竹若是法身，法身即同草木。如人喫筍，喫着法身。以是即非俱不可説，故如來于勝義般若中巧施法句，曰：假名一切法，皆是法王身。

須菩提，菩薩亦如是，若作是言我當滅度無量衆生，即不名菩薩。何以故？須菩提，實無有法名爲菩薩。

梵語菩薩，此云覺衆生。菩薩亦如是者，法性本如，不變不異，不礙隨緣。佛性本如，不變不異，不礙隨緣，非于如是外菩薩有最上希有之法也。佛外無法，故如來無菩薩可得。法外無佛，故無法爲如來所得。《淨名經》云：色性自空，非色滅空。如病眼人，見空中花，無有是處。惟無有法，不見有生𣦼，不見有善惡，不見有凡聖，不見一切法，是名見法。正見之時，了無可見耳。經中有云作是念，有云作是言。言者，從聽法説，欲其廣也。念者，從内心説，欲其細也。

是故，佛説一切法無我、無人、無衆生、無壽者。須菩提，若菩薩作是言我當莊嚴佛土，是不名菩薩。何以故？如來説莊嚴佛土者，即非莊嚴，是名莊嚴。須菩提，若菩薩通達無我法者，如來説名真是菩薩。

佛説一切法，並無我人諸相。是法本無我，安得纖毫有我？莊嚴佛土便是心有能所，便是罣礙，皆不通達無我、法也。鈔云：佛土者，心土也。以定、慧之寶莊嚴心内佛土者，菩薩也，不言其功而人莫見其跡。以金珠之寶莊嚴世間佛土者，凡夫也，自言其功而常急於人。《文殊般若經》云，爲一切衆生發大莊嚴之心，不見莊嚴之相是也。無我、法者，即《楞伽經》所云二無我，謂人無我與法無我也。人無我者，謂人無本體，因業而生。法無我者，謂法無本體，因事而立。若作富貴之業，則生於富貴中，作貧賤之業，則生於貧賤中，是人本無體也。若因欲渡水，則爲舟楫之法，因欲行陸，則爲車輿之法，是法本無體也。馬祖云：自性本來具足，但於善惡事上不滯，方唤作修道人。取善捨惡，觀空入定，皆屬造作。一念妄想，便是三界生死根本。但無一念，是除生死根本，即得法王無上珍寶，故曰真是菩薩。

《莊子》云：黄帝遺珠，惟象罔得之。

若有法能得菩提，便是無象中着象。故惟無所得，乃爲真得。故老子曰：失者同于失，同于失者，失亦樂得之。知失之爲得，永得矣。

一體同觀分第十八

須菩提，於意云何，如來有肉眼不？如是，世尊，如來有肉眼。須菩提，於意云何，如來有天眼不？如是，世尊，如來有天眼。須菩提，於意云何，如來有慧眼不？如是，世尊，如來有慧眼。須菩提，於意云何，如來有法眼不？如是，世尊，如來有法眼。須菩提，於意云何，如來有佛眼不？如是，世尊，如來有佛眼。

十七分中，所言菩薩亦如是，言菩薩當學如來也，故節節言如來分上事。如是世尊極其讚美，亦不能於如是上别添毫末。五眼皆如是所變現而成。《華嚴經》云：肉眼見一切色故，天眼見一切衆心故，慧眼見一切衆生諸根境界故，法眼見一切法如實相故，佛眼見如來十方故。《般若經》所謂清淨五眼是也。一切凡夫皆具五眼，而被迷心葢覆，不能自見。如無迷心妄念，則翳障退滅，五眼開明，見一切色也。有僧問尊宿云：觀音菩薩用許多手眼作甚麼？尊宿云：通身是手眼。若人於這裏睜得一眼也無。

須菩提，於意云何，如恒河中所有沙，佛説是沙不？如是，世尊，如來説是沙。須菩提，於意云何，如一恒河中所有沙，有如是沙等恒河，是諸恒河所有沙數佛世界，如是寧爲多不？甚多，世尊。

如來説法，常指恒河爲喻。有如是沙等恒河者，謂一粒沙爲一恒河也。佛世界者，謂一凡夫世界必有一佛設化，故凡夫世界皆謂之佛世界。黄檗云：佛説是沙，諸佛菩薩、釋梵諸天步履而過，沙亦不喜；牛羊螻蟻踏踐，沙亦不怒；珍寶馨香，沙亦不貪；糞泥臭味，沙亦不惡。此心即無心之心，衆生與佛，更無分別。

佛告須菩提，爾所國土中所有衆生，若干種心，如來悉知。何以故？如來説諸心，皆爲非心，是名爲心。

若干種心如來悉知，以此心起念時，便屬妄根，自佛觀之，則有形相矣。有形相故，可得而知也。若寂然如虛空，則無得而知矣。且所謂他心通者，謂彼既起心念，則可得而知也。昔有人把碁子於手中，令他心通者觀之，則知其爲碁子，以己知爲碁子故也。然己則不知其數之多寡，使彼言之，則亦不知其數，以己不知其數故也。如佛者，豈止他心通而已哉？故無量衆生一起心念，皆悉知已。妄心即非心，覺妄之心亦爲非心。本無妄念，不起妄心，是自性本心，故云是名爲心。

所以者何？須菩提，過去心不可得，現在心不可得，未來心不可得。

心意搆逗，隨時流轉，故有三世。若悟真一之心，即無過去、現在、未來。若有過去心可滅，即是自滅。若有未來心可生，即是自生。既有生有滅，即非常住真心，即成六十二種邪見，九百種煩惱。過去、未來、現在三心皆不可得，即此是爲非心，亦即此是名爲心。種心之心屬妄，非心之心屬真，爲心之心則真妄混一，即中道也。二祖云：覓心了不可得。初祖云：與汝安心竟。此能覓之心，即了不可得之心也。與安心，豈非是名爲心乎？可以知心之義矣。

昔妙吉祥菩薩見一人云：我造殺業，決墮地獄，如何救度？菩薩教之謁佛，佛曰：汝造殺業，從何心而起，爲過去耶，未來耶，現在耶？若起過去心者，過去已滅。若起未來心者，未來未生。若起現在心者，現在不住。三心俱不可得故，即無越作，無起作，於其罪相何所見耶？

心之自性即諸法性，諸法性空即真實性，汝不應妄生怖畏。是人聞佛説法，即悟罪業性空，不生怖畏。

羅山問巖頭：起滅不停時如何？頭咄云：是誰起滅？天童頌云：紛紛起滅是何物？過去、未來、見在，皆心起滅而成。但識是誰起滅，即便心空境寂。

法界通化分第十九

須菩提，於意云何，若有人滿三千大千世界七寶以用布施，是人以是因緣得福多不？如是，世尊，此人以是因緣得福甚多。須菩提，若福德有實，如來不説得福德多。以福德無故，如來説得福德多。

此再發明無住相布施，以明福德，亦歸無相之意。《疏鈔》云：若據捨大千珍寶布施，其福極多。若執着希望福德，有爲則有盡，故不爲多。福德無故者，無希望心也，是名無爲福。正如空谷來風，谷不與風期而風自至，又如深山産木，山不與木期而木自生，故福德爲多。因緣二字是眼。此分爲佛因，下二十分色身諸相爲佛果。因無相，果亦無相，故次第明之。

潙山問仰山：一切衆生但有業識茫茫，無本可據。博山别曰：業識茫茫，與諸佛不動智相去幾何？譬夫貧者握金成土，富者握土成金，其變動一也。福德有無之義明矣。

蘇軾《阿羅漢頌》曰：爾以捨來，我以慈受。各獲其心，寶則誰有？

離色離相分第二十

須菩提，於意云何，佛可以具足色身見不？不也，世尊，如來不應以具足色身見。何以故？如來説具足色身，即非具足色身，是名具足色身。須菩提，於意云何，如來可以具足諸相見不？不也，世尊，如來不應以具足諸相見。何以故？如來説諸相具足，即非具足，是名諸相具足。

十九分之福德，因無相也。二十分之具足，果無相也。具足色身，三十二相。具足諸相，八十種好。《壇經》云：皮肉是色身。《華嚴經》云：色身非是佛。觀此則知肉身無如來，殊不知有真如來存焉。知色身非法身，殊不知有妙色身存焉。《華嚴經》云：清淨妙色身，神力故顯現。曰妙色身，則現一切色身三昧，便是法身，非别有神力以顯法身也。凡夫見説諸相不可得，恐著於空，謂觀空莫非見色，見色莫不皆空，則失之枯寂矣。殊不知空色一如，有無不異，能於無身而見一切身，無相而見一切相，則色身諸相，何嘗欠缺哉？具足諸相，便有住相意。諸相具足，便是無我相作用。

東坡居士曰：衆生剛狠自用，莫肯信入，故諸賢聖皆隱不見。獨峨眉、五臺、廬山、天台，猶出光景變異，蓋慈悲深重，急于接物，具足諸相，其應現亦然。故有頌曰：願解此相，是誰縛爾？具足諸相，是急于接物處。即非具足，是解相縛處。

《大悲閣記》云：牽一髮而頭爲之動，拔一毛而身爲之變。然則髮皆吾頭，而毛孔皆吾身也。彼皆吾頭而不能爲頭之用，皆吾身而不能具身之智，則物有以亂之矣。又云：非無身，無以舉千萬億身之衆，非千萬億身，無以示無心之至。

非説所説分第二十一

須菩提，汝勿謂如來作是念我當有所説法。莫作是念。何以故？若人言如來有所説法，即爲謗佛，不能解我所説故。須菩提，説法者無法可説，是名説法。

前云無定法可説，但隨宜所説，而所説

皆不可取，是猶有説。至此則徹底掃去，直云無法可説，莫作是念，乃決言之。不惟無其説，并無其念也。《楞伽》云：若不説一切法者，教化則壞。故知無説非杜默不言，但以無所住心而説。此説遍天下，無乖法之過也。顔曰：終日喫飯，不曾喫着一粒米，終日着衣，不曾掛着一莖絲。是以我佛横説直説，四十九年未曾道着一字。若言如來有所説法，便不能解會我所説。直饒説得天花亂墜，也落在第二著。唯能坐斷十方，打成一片，非言語可到，是名真説法也。孔云：予欲無言。老云：知者不言。要知無言、不言是所以言，便知無説處是所以説矣。

爾時，慧命須菩提白佛言：世尊，頗有衆生於未來世聞説是法，生信心不？佛言：須菩提，彼非衆生，非不衆生。何以故？須菩提，衆生衆生者，如來説非衆生，是名衆生。

慧命者，善現達佛智海，入深悟門，慧悟無生，覺本原之命，非去非來，故曰慧命。生信心，則著佛見，故曰非衆生。不信，則著凡夫見，故曰非不衆生。此二見者，皆須掃除，聖凡同盡，不隔二界，故曰：衆生衆生者，如來説非衆生，是名衆生。

有人問：如何是大地衆生同成佛？

西影曰：他見得衆生是佛，纔是自信自佛。你若不信，還是衆生。

《道德經》云：絶聖棄智，民利百倍。又云：常使民無知無欲。孔子曰：民可使由之。此衆生本來面目，三教聖人别無法門。

無法可得分第二十二

須菩提白佛言：世尊，佛得阿耨多羅三藐三菩提，爲無所得耶？佛言：如是，如是，須菩提，我於阿耨多羅三藐三菩提，乃至無有少法可得，是名阿耨多羅三藐三菩提。

須菩提恐聽法者雖屢聞無得，尚未能生實信之心，或仍謂如來於菩提爲有所得，故復問以決明之。佛言如是如是，則無復可言矣。又申言無有少法可得，此不但空有二法不可得也，即中道亦不可得。故隨説是法平等，三諦俱圓矣。

阿難問迦葉尊者云：世尊傳金襴袈裟外，別傳箇甚麽？迦葉云：倒却門前刹竿着。阿難言下大悟。方知此道只在當人分上，本無傳受。

西影示衆云：學道求明白的心，是最痛的病根。世人貪愛情境，便落苦海。你今貪戀佛法，亦名苦海。

淨心行善分第二十三

復次，須菩提，是法平等，無有高下，是名阿耨多羅三藐三菩提。以無我、無人、無衆生、無壽者，脩一切善法，即得阿耨多羅三藐三菩提。須菩提，所言善法者，如來説即非善法，是名善法。

如是本體，在六道中心亦不減，在諸佛中心亦不增，是名平等。《報父母恩重經》云：物不能平物，惟水不動則可以平物。物不能等物，惟權衡則可以等物。平則無高無下，等則無重無輕，此可謂法之至善者矣。雖然佛、凡同是一法，豈有所謂善法者爲佛偏得哉？故曰即非善法。因上言無少法可得，此即言是法平等，則得與無得總平等也。

平等者，正覺本體。若一切聖賢皆以無爲法而有差別，如何得平等？故所謂善法者即非善法。蓋求佛、求菩提涅槃便屬貪病，故曰佛病最難治。

福智無比分第二十四

須菩提，若三千大千世界中所有諸須彌山王，如是等七寶聚，有人持用布施，若人以此《般若波羅蜜經》，乃至四句偈等，受持讀誦，爲他人說，於前福德百分不及一，百、千、萬、億分，乃至算數、譬喻所不能及。

此示脩一切善法者勿離無我等觀而墮有漏之因也。佛以性上福德爲最上，以身中七寶爲希有。須彌雖大，七寶雖多，若誦真經并四句偈說與他人，是脩自性上福德。煩惱生死各人自了，是何等觀照，何等持行，故曰算數、譬喻所不能及。六祖曰：乘船永世求珠，不知身是七寶。

湯若望曰：欲明地球之廣，當論經緯一度爲幾何里。今約二百五十里爲一度，乘以周地之數得九萬里。佛氏乃云：須彌山上至忉利天，下至崑崙際。又云：四天下皆有一須彌山，則塞滿地球不能容也。此理極是。然儒曰：共工氏頭觸不周山，又曰女媧補天。釋與儒皆寓言耳，未偏廢也。

化無所化分第二十五

須菩提，於意云何？汝等勿謂如來作是念我當度衆生。須菩提，莫作是念。何以故？實無有衆生如來度者。若有衆生如來度者，如來即有我、人、衆生、壽者。

實無衆生得滅度，前已兩見，皆在菩薩分上說。至此專在如來分上，所以示菩薩也。衆生本來寂滅，實無有待如來滅度。若如來欲滅度衆生，是於本寂滅之衆生上添出我、人等相而曰我當度衆生，豈其然乎！

作念字，最是病根。墨子曰：兼者大利之所生也，別者大害之所生也。有利兼愛之心，便是作念度衆生處。此未達一間之論，世儒不知，以墨爲佛，取笑孟軻氏矣。

須菩提，如來說有我者，即非有我。而凡夫之人以爲有我。須菩提，凡夫者，如來說即非凡夫，是名凡夫。

如來既無我、人等相，云何有時稱我，又有時稱凡夫。此所謂隨舉隨掃也。上言我與凡夫是謂舉，下言我與凡夫是謂掃。與其掃之，曷若不舉？蓋不舉則無以明其理，譬如過渡而不用筏者也。不掃則恐人泥其説，譬如到岸而不登，乃住於筏上者也。此所以必舉之而又必掃之。凡夫着我相，故有我，如來不着我相，故無我。着四相即是凡夫，離四相即非凡夫。

孔子得力曰毋我，釋氏得力亦曰無我。我之爲病，不特以色、聲求者爲有我，即説斷滅者亦爲有我。比之孟子求在我者深矣。

法身非相分第二十六

須菩提，於意云何，可以三十二相觀如來不？須菩提言：如是，如是，以三十二相觀如來。佛言，須菩提，若以三十二相觀如來者，轉輪聖王即是如來。須菩提白佛言：世尊，如我解佛所説義，不應以三十二相觀如來。

第五分已言此意矣，恐須菩提執相之病未除，故又作此問。且欲明無斷滅相，先從有相者徵之。空生疑謂肉相非真，固不可以三十二相見如來。然法、化非二，似欲觀如來者，亦不必離三十二相也。以無實無虚，即如是之心，如是之法，此固大阿羅漢之解也。佛恐衆生不達空生之解，但執應身相好以觀如來，故又以轉輪聖王即是如來難之。而空生即悟，復云不可以三十二相觀如來也。轉輪者，如輪之轉，以照四天下，故名轉輪聖王。其色身亦具足三十二相。雖脩好衆相，即是心有生滅。生滅心多，終不是清淨本心，佛乃説偈以證之。

爾時世尊，而説偈言：

若以色見我　以音聲求我

是人行邪道　不能見如來

音聲、色相本自心生，分別之心皆落邪道。若能見無所見，聞無所聞，知無所知，證無所證，邪正都寘，方見如來。上言有我者即非有我，而凡夫之人以爲有我，故我相者不可著也。我相每從色、聲而入，即是邪道，非觀自在菩薩之道也，故曰不能見如來。《華嚴經》云：色相非是佛，音聲亦復然。亦不離色聲，見佛神通力。佛法不離處，便是不即處。若離却色聲，又于何地覔如來？

此偈不能見如來，與後偈作如是觀同意。《陰符經》曰：心生於物死於物，機在目。老子曰：不見可欲。孔子答回問仁，以視爲首。朱氏云：求於心，須目在。佛氏之學以觀門爲最，故屢及之。

此偈反言以見性，葢道之微妙者，非言説可及。佛之所謂禪，即儒之所謂仁，道之所謂丹，皆不可説也。孔子終日言仁，曰爲仁，曰不違仁，曰好仁，曰近仁，曰鮮矣仁，終未言仁是何物，故曰子罕言仁。道家玄牝守中，終未言丹是何物。此偈曰以色見，以音聲求，不能見如來，終不能言如來在何處。後偈言有爲法如夢、幻、泡、影，終不能言無爲是何法。微乎微乎，非顔回、莊周、須菩提不能解此。

無斷無滅分第二十七

須菩提，汝若作是念，如來不以具足相故得阿耨多羅三藐三菩提。須菩提，莫作是念，如來不以具足相故得阿耨多羅三藐三菩提。須菩提，汝若作是念，發阿耨多羅三藐三菩提心者，説諸法斷滅，莫作是念。何以故？發阿耨多羅三藐三菩提心者，於法不説斷滅相。

二十分中，言如來不應以具足色身見，恐人過執，反墮頑空，故又深一層，説如來雖不着色身，然不可作離色身一念。若作是念，便落斷滅之見。斷滅者，槁木死灰豈有相？但作是念，則有是相，故作有相觀固是一邊見，不作有相觀即是斷滅見。真如法性，不是有，不是無，湛然不動，觀與不觀，皆是生滅，故云莫作是念也。學者不可墮於常見，亦不可墮於斷見。常見則即相見佛，緣相發心，非也。斷見則離相覓佛，相外發心，亦非也。

昔張拙秀才參西堂藏禪師，問三世諸佛是有是無。藏答云：有。拙不解。藏云：曾參見什麼人來？拙云：參見徑山來。某甲問徑山，皆言無。藏云：居士有何骨肉？曰：有一妻二僕。藏云：徑山有何骨肉？曰：無。藏云：待先輩得似徑山時，便可一切皆無。大凡未見性人，如何便説一切皆無？

此一分是全經中鐵門限，前後俱以無相、無得、無説、無法爲宗，非此一分定執空矣。往訪黄檗，經卓吾中郎參禪處，得壁上無念和尚偈云：三十年來不住功，窮來窮去都無蹤。而今窮得無依倚，不是真空定執空。無念不識文字，經師王瓜茄子一語點破，遂大悟。

不受不貪分第二十八

須菩提，若菩薩以滿恒河沙等世界七寶，持用布施，若復有人知一切法無我，得成於忍，此菩薩勝前菩薩所得功德。何以故？須菩提，以諸菩薩不受福德故。須菩提白佛言：世尊，云何菩薩不受福德？須菩提，菩薩所作福德，不應貪着，是故説不受福德。

通達一切法，無能所心，是名爲忍。《大般若》有安受忍、觀察忍。脩此二忍，便得無生法忍。此處知字便是觀察忍，成字便是安受忍，合之便得無生法忍。菩薩了悟真性同於太虛，不曾生滅。凡夫隨六塵轉，即有生滅，故塵起即心起，塵滅即心滅，不知所起滅心皆非心也。若見起滅不生，功德有何著處？天親菩薩云：無我即無作者，無作者亦無受者。諸法清淨，是名順忍。由一事以至事事忍力成就，自得無生樂。故云得成於忍，福德自然隨之，如人行日中，本不爲日影而日影自然隨之，非爲作福德而度衆生也。雖受而不貪著其受，故説不受不是説斷滅相，取於非法，不脩諸度也。

忍字，刃在心上，非大力不能。老子曰：勇於敢則殺，勇於不敢則活。孔子云：小不忍則亂大謀，然非徒恃忍力也。《淮南子》曰：萬物有所生而知守，其根藏于不敢，行于不能。唯知無我法，則觀察所至，不忍者誰，忍者又誰，此佛所以爲大雄氏也。

威儀寂靜分第二十九

須菩提，若有人言如來若來若去，若坐若卧，是人不解我所説義。何以故？如來者，無所從來，亦無所去，故名如來。

妙性中原無來去坐卧，衆生亦如是，如來亦如是。行、住、坐、卧四威儀中，非動非静，上合諸佛，下等羣生，一性平等，故號如來。此分三言如來，皆謂真性佛也。無所從來者，不生也，亦無所去者，不滅也。色、聲起時，從何而起？色、聲滅時，從何而滅？色、聲自有起滅，我心湛然，豈有來去？寂而常照，照而常寂，行、住、坐、卧無不清淨也。

昔肅宗皇帝詔國一禪師入内道場。師見帝起身，帝曰：禪師何必見寡人起身？師曰：檀越何得以四威儀中見貧道？

要知來、去、坐、臥中無不是如來。

一合理相分第三十

須菩提，若善男子、善女人以三千大千世界碎爲微塵，於意云何，是微塵衆寧爲多不？須菩提言：甚多，世尊。何以故？若是微塵衆實有者，佛即不説是微塵衆。所以者何？佛説微塵衆，即非微塵衆，是名微塵衆。世尊，如來所説三千大千世界，即非世界，是名世界。

世界碎而爲微塵，微塵積而爲世界，皆是因果相生，愈出愈多。自己真性，非因非果，能與六道衆生爲因果。故世界起於微塵，輪迴由於一念。因果原是妄心，自作自受，一念悟來，即無微塵，世界何有？空生因佛問塵界二字，深悟佛旨，遂發明塵界俱非實有。佛亦不煩再示，故言一合相不可説以答之。

何以故？若世界實有者，即是一合相。如來説一合相，即非一合相，是名一合相。須菩提，一合相者，即是不可説，但凡夫之人貪著其事。

真形徧虚空，世界又無形相，故一而不可分之以爲二，合而不可析之以爲離，非有相也，但强名爲一合相而已。六祖云：一合相者，眼見色愛色，即與色合。耳聞聲愛聲，即與聲合。至於六塵皆然。合即是凡夫，散即非凡夫。凡夫之人於一切法皆合相，若菩薩於一切法皆不合而散。何以故？合即是繫縛生滅處，即是凡夫，所以經云貪著其事。顔曰：微塵雖多，未足爲多，世界幻成，終無實義。若説實有微塵，實有世界，即是彼此著相。彼既是相，我又著相，兩相相合，謂一合相。圓悟禪師云：你但上不見有諸佛，下不見有衆生，外不見有山河大地，内不見有見聞覺知，好惡長短，打成一片，一一拈出，更無異見。

地藏問脩山主：近日南方佛法如何？争如我這裏種田博飯喫。脩云：如三界何？藏云：你喚甚麼處作三界？微塵世界，亦如是觀。

知見不生分第三十一

須菩提，若人言佛説我見、人見、衆生見、壽者見，須菩提，於意云何，是人解我所説義不？不也，世尊，是人不解如來所説義。何以故？世尊説，我見、人見、衆生見、壽者見，即非我見、人見、衆生見、壽者見，是名我見、人見、衆生見、壽者見。

心生則種種法生，相之爲病，皆起於見也。佛言此四相，只見其性，不見其相。疊前三遍再説者，是佛分别棄身見性之義也。始即令諸學人先除粗重四相，如大乘正宗分所説也。次即令見自性之後，復除微細四相，如究竟無我分中説也。此二分中，即皆顯出理中清净四相。若於自心無求無得，湛然常住，是清淨我見。若見自性本自具足，是清淨人見。於自心中無煩惱可斷，是清淨衆生見。自性無變無異，不生不滅，是清淨壽者見。

須菩提，發阿耨多羅三藐三菩提心者，於一切法，應如是知，如是見，如是信解，不生法相。須菩提，所言法相者，如來説即非法相，是名法相。

如是二字，直指法身實際，以所見之妄相既空，則能見之妄見亦泯。知見信解，總應如是。此真實般若，究竟極則，不必另求法相。然初入道時，不假法相，故無入頭處。既見性了，亦當遠離此相，所謂得魚忘却筌，到岸不須船之説。所以末後爲汝剗却云：即非法相，是名法相。學佛者不但形相不可著，法相亦不可著也。

百丈禪師云：法身即虚空，虚空即法身。虚空與法身無異相，佛與衆生無異相，生死與涅槃無異相，煩惱與菩提無異相。離一切相即是佛。

應化非真分第三十二

須菩提，若有人以滿無量阿僧祇世界七寶持用布施，若有善男子、善女人發菩提心者，持於此經，乃至四句偈等，受持讀誦，爲人演説，其福勝彼。

前言恒河沙等世界七寶尚屬有量，此則言無量阿僧祇世界七寶，是極言其多也。以是布施，尚不及受持演説得福爲多。蓋發菩提心者，是大乘最上乘人也。凡夫四大色身，豈能説法聽法。是他本來孤明、通徹十方的，解説解聽。如此持經，其心自是不生不滅，無掛無碍，其福可知。

云何爲人演説。不取於相，如如不動。何以故？

一切有爲法　如夢幻泡影
如露亦如電　應作如是觀

如何爲人演説，可見不是口吻邊話説。不取於相，如如不動，心體本空，相亦是空，人法俱空，是真演説也。真如之性不生不滅，不斷不常，不來不去，無顛倒，無變異，是真如如。上如字是體，下如字是用。心境一如，本無動摇。譬如鏡中現影，無如不可。有爲法者，一落于法，皆有爲也。經云一切法皆是佛法，佛豈離法者哉？但着于法，則爲法所泥，故有夢、幻、泡、影、露、電之喻，以見所謂佛法者即非佛法也。如夢者，心之所想而非本心也。如幻者，謂假此以設教，非可挑燈更覔火也。如泡者，水聚成泡，泡散復爲水。如影者，形生影見，形消即影滅。如露者，滋潤草木之長，草木自有性也。如電者，光燭陰黑之際，光去還成空也。夢、幻、泡、影四喻喻法本空，露、電二喻喻法不常。本空則無常，無常則歸空，故法法本無法也。如是觀者，不動不靜，不生不滅，無爲無不爲，定觀、止觀，更無異法。

佛鑑和尚示衆，舉僧問法眼不取於相，如如不動如何？法眼云：日出東方夜落西。其僧有省。若也於此見得，方知道旋風偃岳，本來常靜，江河競注，元自不流。

憨山曰：琴瑟雖有妙音，非妙指不能發。衆生雖具妙心，非妙觀不能顯。故示三觀門，曰空觀，曰不空觀，曰中道觀。觀至中道，非寂非照，如如平等。

佛說是經已，長老須菩提，及諸比丘、比丘尼，優婆塞、優婆夷，一切世間天、人、阿修羅，聞佛所說，皆大歡喜，信受奉行。

僧謂之比丘，尼姑謂之比丘尼。居士謂之優婆塞，道姑謂之優婆夷。一切世間之人，及天上之人、阿修羅神，乃六道中之三道也。此照應首章與大比丘衆等語。聞佛所說，具聞慧也。皆大歡喜，具思慧也。信受奉行，具修慧也。至理無言，真空無相，說是經已，仍歸無言。諸色天人，終歸無相。《金剛》之義盡矣。

皆大歡喜，是佛法普度廣大結願處。凡人有得則歡喜，佛法無得故爲大歡喜。凡人具足則歡喜，佛法具足非具足故爲大歡喜。皆大歡喜，則人人菩提，人人彼岸，人人涅槃也。不獨摩頂受記爲歡喜，即爲人輕賤亦歡喜。不獨福德不可思量爲歡喜，即割截身體亦歡喜。道川頌曰：如客歸鄉，如子見孃。是爲如是大道場。

按，是經開首便說如是兩字，中間節節皆詮如是義，故總結全經，則曰作如是觀。如是觀者，比如是知、如是見、如是信解更爲了徹。禪之正諦不過觀照而已。《心經》開首即曰觀自在菩薩。《易》曰：觀盥而不薦。《道德經》曰：內觀其心，心無其心。《陰符經》曰：觀天之道。又曰：機在目。孔子曰：觀其所由。顏曰：瞻之在前。孟曰：莫良於眸子。莊曰：冥冥之中能見曉焉。觀之一法，原爲入禪機竅，故本經人我等見皆曰見，佛法等眼皆曰眼。如是觀，則以不觀爲觀而無不觀。如如不動，諸法如義，即其所爲觀也。故曰作如是觀，乃妙智正覺，《金剛般若》全經之宗旨也。每見詮道之書皆以起首爲結證，如《中庸》天命之謂性，末則曰上天之載。上《論》曰時習，末則曰時哉時哉。《大學》曰明德，通篇總是明德於天下。孟軻曰仁義而已矣，通篇皆是仁義。又何疑此經如是起首，不如是結束乎？由此言之，則四句偈即以此當之，何嘗不是自此偈出？佛再無言，阿難再不問，皆大歡喜。佛與凡夫皆如是人，全經皆如是說。

長白山樵李化熙閱註經即說偈曰：

瞥爾無明　或業蔓延
于真空中　諸法熾然
轉大法輪　塵霾盡掃
妙高峰頭　紅日杲杲
釋迦饒舌　聒絮空生
此大居士　再添葛藤
蛇足婆心　原無文字
不住法門　如是如是

校勘記

〔一〕「壽」，底本作「詩」，據文意改。

刻如是解緣起

生居炎徼，幼從師讀，罔事佛老。家父祖持《金剛經》，間於庭下聽，至如是應住，如是降伏其心，及應作如是觀之文，心竊聞之。辛巳馳招衛源，歲大饑饉，人皆相食，中原烽阻。甲申流賊犯京，驚渡啚歸，土寇肆刦，僅存殘喘。乙酉循乞，過汝光僧舍，讀忠孝乃佛祖根基，禪寂是英雄退步之語，於顛沛生死之中豁肰一甦。知大司馬脱執讎賊，義旗振至，汝淮山間，烟消烏合，澤活流離，苟且餘生，倏忽數年。庚寅之秋，□麥都市，大司馬自應詔燕居京邸，感澤一見。船逢旨廿年來佩帶《金剛註解》，重爲訂删，示之草藁，捧誦，似覺此經在釋名《般若金剛》，亦儒之智仁勇也，寔如來傳授心法直指，解黏釋縛、明心見性之旨趣，爲之一筆闡明，非大雄力，何百經煆煉而不離如是，乃記住、降、觀句，是尋自心，於忠孝地步上尋去，直到得無所得處而已。夫讀聖人書，了聖人義，如釋氏經典，雖不同途，而同其理。惟不惑佛老，自不溺行，若佞與謗，皆寔不敢。於是喜謄成册，以請閲正，顏曰《如是解》，藏石經山，都門一時競傳。適得一帙，負笥還南，至吴門遇普陀老僧，塵言及此，乞以是《解》留之新建鎮海禪寺，如創山帶，永鎮山門，遂許捨之。恐其久而差也，復證居士汪度、僧海印、海寬對正，壽之梓人。敬公淨信，願無量淨信，乃至一切不信不聞，盡生歡喜，同證阿耨多羅三藐三菩提。旹順治辛卯浴佛日滇南佛弟子虞山虞世瓔謹記。

一齋和尚頌讚〔一〕

言之似有究來無　真個金剛髓裡居

迷時憑燈光曉夜　蚤承願力示神珠

校勘記

〔一〕以下據《卍續藏》補。

蘧菴道人金之俊頌

如是如是，三藏十二部，無不如是，一千七百則公案，無不如是。雖然認作如是，無有是處。無是道人，何故絮絮？咄，不聞晨市雞聲擾，萬户千門處處曉。

又偈：

若説有法則謗法　若説有佛則謗佛

若説無法併無佛　無是道人又叫屈

金剛經如是解序

初祖達摩西來，特稱《楞伽》四卷可以印心，究不若《金剛》一卷常爲心印。是以黄梅五祖首行倡導，宣其經旨，從而作解者八百餘家。曹溪六祖，初既因文悟入，後復以之啓口。作《壇經》，更了以一言曰：法非有無謂如，皆是佛法謂是。應知此經，佛與須菩提，一句一棒，一字一喝，語言文字，剗盡無餘，的的教外别傳，西來第一義，爲佛祖慧命所統，于群經中尊勝稱王，信也。其文藏有三譯，元魏留支、陳天竺真諦二譯，要不如姚秦鳩摩羅什所譯，辭特簡明，義無脱誤，是以震旦誦習，日月爭光。而註釋多門，意見差别。愚自弱冠志學，即知三教會通。丙辰歲，以梁生奇緣，皈依憨山大師，于東遊之日，得受《金剛決疑》，以爲指歸。其大意謂，佛説法三十年，上首弟子猶是懷疑，此經隨空生所疑處即便逐破，所謂疑悔永已〔一〕盡，安住實智中。憨師現示肉身于曹溪，稱七祖，與六祖覿面，是能不隨分演説，真契佛祖心印，并契宣尼一貫無言之大旨者。即南嶽之得金剛無礙智，中峰之能用世語入佛知見，不過是也。越今四十餘載，其間所聞演説，所見著述，描抹此經面目者不知幾何。而乃得見坦公先生《如是解》，是直以鏡照鏡，諸相不立，以光接光，衆塵消隕。只提如是我聞四字，便攝全經，并攝全藏，若水入乳，若芥投針，梵語華言，拈來即合，引申觸類，無境不融。以至孔孟精微，和盤托出，老莊玄妙，徹底掀翻。頭頭盡獲家珍，無假揉和窠臼。自非降大任而投險巇，出自困衡動忍，安能與箕疇岐易同放光明？更非宗教全彰，福慧兩足，從入泥入水中，履道坦坦，安得具金剛眼，得金剛心，代佛口宣無上甚深妙諦，現長者宰官身而爲説法。具眼者，謂是無垢再來，覆按時節因緣，當益信也。此《解》早已壽梓于吴門鎮海古刹。兹重梓藏册，流通于楞嚴經坊，將紫栢、憨山兩尊者同向寂光首肯，真歷劫勝因也。古德有云：見聞爲種，八難超十地之堦，解行在躬，一生圓曠劫之果。則以無是翁作《如是解》，即謂如如六如，悉歸剩義，如之一字，亦不喜聞可也。是萬法俱來，絲毫不掛之第一義也。

順治丁酉臘八日携李道一居士譚貞默槩談謹撰。

校勘记

〔一〕「己」，底本作「巳」，據文意改。

金剛如是解序

神功不可以碑記，溟渤不可以蠡測，無上妙道不可詮註。唯其詮註不及也，雖終日言而無言，終日跡而無跡。故迦文曰：我四十九年，不曾説著一字。又曰：但有言説，都無實義。譬之彈者意在雀，獲雀而彈斯委；餌者意在魚，得魚而餌自棄。若夫執餌彈爲魚雀，非作者咎，乃時人自昧耳。

無是張公，究心《金剛》有得，不肯獨擅其妙，欲以公之天下。于致君澤民之餘，鈎索深賾而箋釋之，命曰《如是解》。歲在丁酉，以方伯涖武林，出全秩屬序焉。余披讀已，顧謂二三子曰：全經妙旨，爲如是二字一口道盡矣。他如品第文句，雖有數千餘言，不過二字之訓詁耳。後來循行下註者，華竺亡慮千人，要之如析空立界，各封己私，雖空性非離而用力勞矣。惟天親、無著立義明宗，破疑斷執，差達佛意，然猶不能離句絶非，直指第一義諦。斯解也，得之于心，不借舌於玄旨，形之于辭，匪寄意于私緣。冥中著彩，水面雕紋，有是事，無是理，隨人所得而見之，其裨補于拘學也，厥功大哉。山野不能文，抑亦法不換機，以致鋪錦之贊。但曰世尊如是説，無是公如是解，山野如是序，只此三箇如是，猶塗毒鼓，嚮不容接，似太阿劍，鋒不可攖，又如雲端鶴唳，石竅風鳴，既未可以理通，亦不許以意解。讀是經者，便如是將去，直與説者解者同一金剛體性，同一無住三昧，詎必數盡行墨名言，始信無我、人、衆生、壽者相哉？雖然，認餌彈爲魚雀者固謬矣，苟得一魚一雀，遂欲使天下人盡棄餌彈而勿用，吾知斯人亦不足以語道也。前哲不云乎，實際理地，不受一塵，佛事門中，不捨一法。夫然則雖家喻此經，户傳此解，正金剛種子之光明顯發處也，庸何傷山野恁麼序引。是真實語，是不誑不妄語，具眼者薦取。

靈隱道人弘禮題

跋語

萬曆間，紫栢尊者以藏册梵本繁重，難以流通，更於攜李楞嚴禪刹創置側理輕編，使佛祖慧命得緇白交參，其功並於日月。琮謬膺衆推，不揣綿力，擔荷此重寄者，三十餘載於兹矣。所見《金剛經》註釋，種類非一，中有《釋論》三卷，乃天親得之無著，無著得十行偈於日光定中，出定而授者。嗣後謝靈運、曇琛、慧淨，以至圭峯、中峯，各有發明，未有現宰官身，作《如是解》，朗同懸鏡，辯解連環，能令義虎禪龍揮麈高談者，且拱手韜翰，如此其希有奇特者！從今附藏而行，將天壤有盡，利益無窮，豈止排衆苦、永福壽而已哉。

主般若堂八十三歲老僧性琮和南謹識

（李勁整理）

○二五七

金剛經疏記科會（一）

唐宗密疏
宋子璿記
明大璸科會

佛藏奥衍閎博，至汗牛充棟，靡可殫究，奚非三乘之妙諦，五蘊之覺緣矣。《金剛經》者，廣敷般若，顯示波羅。自姚秦譯後，而唐有圭峯之疏，宋有長水之記，逮明僧大璸，彙爲科會，於是辭義宛然，喻陳惟遠，顧以無多流布，未廣津梁，衆善人等每以不及偏睹爲恨。友人吉川朱君，爰出所獲雲棲舊本，發願重刊，普施大衆，暢佛慧之宏略，開發請之教源，俾苾芻中，睹指知歸，有同棒喝，由是超悟禪旨，洞明心鏡，微玅不可思議功德，亦不可思議。丞[二]於經首，敘而辨之，以證世之受持是經者。

乾隆壬寅浴佛日滄浪居士孫效曾

二乘菩薩，學佛度生，初則人我之見未除，繼則我法之執尚在。故空生于般若會上，兩以如何應住，叩請如來。如來以金剛實智，重重指破，決斷羣疑，使知真空本體不涉二邊，爲入道之初門，實成佛之究竟。宗門諸祖，曾以此經印心，與《楞伽》等。至于緇白之流，讀誦此經，著有靈驗，不可勝記。蓋《摩訶般若》爲諸經第一，而此《金剛般若》又爲八部中第一。自無著菩薩之十八住，天親菩薩之二十七疑，依偈成解，無異親承佛旨。嗣是而後，青龍、大雲、智度之類，各有譔述，文詞灝瀚，有同淵海。其最顯者，有唐圭峰大師《疏論纂要》，依文衍義，統會諸家。又得長水大師刊定，重爲作記。至明雲棲沙門大璸，輒復科會，釐爲十卷，雖條件繁多，觀者望洋，而此經微言大義，要稱具在。夫儒者之學，有十三經注疏，雖後人崇尚宋儒，而鄭孔之言，歷久不廢，今此之經，或者類是。歷年未久，經版殘缺，有密雲師，教中龍象，嘗欲募刻此經，懷願未界[三]。今了修師，廣植善緣，繼續前志，請于居士孫君效曾、朱君玉擎等，徵材集工，不日而成。竣事刻成，問序于余，余惟毗耶杜口，摩竭掩室，不二之門，不在語言文字，然末法既遠，義學尤珍，經之存亡，教將焉繫？况諸君由此一經，了悟自心，斷疑生信，直使般若現前，是爲諸佛種子，如所教住者，豈直爲前三大師功臣而已。是經凡七譯，此則專依秦譯。科會之文，各有義門，惟觀者能自領之。

訶泉居士顧光

大清乾隆四十七年巧月吉旦

校勘記

〔一〕底本據《卍續藏》。

〔二〕「丞」，疑爲「亟」。

〔三〕「界」，底本原校疑爲「果」。

金剛經疏記科會卷第一

唐圭峰大師疏

宋長水大師記

後學雲棲寺沙門大璸科會

記　金剛經纂要刊定記并序

釋氏教《金剛經》，世所由來尚矣。自秦至今，凡幾百載，諷誦無卑高，感應盈簡牘，利及幽壤而達乎神明，蓋趣大之坦途，破小之宏略也。故補處頌以爲本，二論釋而有貫，諸疏互解，或依或違。圭山大師，撮掇精英，黜逐浮僞，命曰《纂要》。蓋取中庸，復申紀略，用備傳習。石壁師仍貫義意，別爲《廣録》，美則美矣，辭或繁長，後學多不便用。今更刊定，剪利煩亂，俾流而無滯，學而思講，庶吾道無墜地之患也已。大宋天聖紀號之明年季冬月甲子日序云。

記 金剛經纂要刊定記　長水沙門子璿録

△釋《金剛經纂要》疏分三，初、標題目，二、序宗旨，三、解本文。初、標題目，二。初、經疏名題，二、作者嘉號。

初、經疏名題。

疏 金剛般若經疏論纂要并序

記 疏文分三。初、標題目，二。初、經疏名題。

記 《金剛般若經疏論纂要》者，此題九字，從寬至狹，能所六重。一、能所釋，謂金剛等五字是所，疏論下四字屬能。二、能所詮，謂經疏屬能，金剛等四字是所。三、能所簡，有二。一簡通，謂經通一代時教，般若唯局當部。二簡别，般若猶通八部，金剛但屬一經。五、能所喻，金剛是能，般若屬所。六、能所纂，纂字屬能，謂疏主也，要字是所，謂正義也。若著并序二字，復加一重，二字是能，上皆所攝。然此七重，不出教、行、人、理，謂經及疏論、并序五字是教，謂能詮、能釋、能序也。般若通行，謂觀照也。纂字屬人，疏主也。金剛、要字屬理，金剛喻實相，即真理，要字是正義，即道理。

記 既知一題能所去著，須知題内義理淺深。金剛有三義，謂堅、利、明也。般若亦三義，謂實相、觀照、文字也。經有三義，謂常、貫、攝也。疏亦三義，謂疎、決、布也。論者議也，亦三義，謂議理、議智、議行也。纂要亦三義，謂要義、要行、要文也。

記 且金剛三義者，以萬物不能壞，能壞於萬物，復能有照用，可喻三種般若矣。堅喻實相，以其雖經多劫，流迸六道，未嘗生滅，未嘗虧缺，故云堅也。故《心經》云，是諸法空相，不生不滅，不垢不淨，不增不滅等。利喻觀照般若，謂此顯時，照諸法空，故言利也。故《心經》云，觀自在菩薩，行深般若波羅蜜多時，照見五蘊皆空，度一切苦厄，乃至云，無智亦無得等。明喻文字般若，以文字能詮顯彰明實相觀照，令顯現故。由斯三義，似彼金剛，故舉金剛以喻般若。然此般若，諸佛、衆生悉皆有之，由彼在纏，故不能利用，苟能聞教解悟，内外熏力，則能斷煩惱，出生死，理智相冥，能起大用，與佛無異。其猶金在鑛中，不能隨用，苟能出鑛，必能成器斷物。故知此慧無不有之，故知此慧能建大義。今云般若，蓋大慧之梵音也。金剛，即般若之正喻也。法喻雙彰，故曰金剛般若也。

記　若準經題，具足合云波羅蜜，即歎慧之功也。唐言彼岸到，此猶西域之風。若順此方，合云到彼岸。彼岸者，即是涅槃，爲對生死之此，故號涅槃爲彼，意明般若是到彼岸慧，斯則慧之別相也。然到彼岸慧，略有二意，所謂頓、漸也。頓者，此慧顯時，一刹那間，照諸法空，即是到彼岸，故名到彼岸慧。以不歷多時，乃名爲頓。漸者，雖則頓照法空，且習以性成，任運計執，所以策彼頓悟之慧，觀察妄情，損之又損之，以至於無爲。此則究竟到於彼岸，亦名到彼岸慧。以歷多時，故名爲漸。漸之與頓，遲速雖殊，一種得名到彼岸慧。所以具足合云金剛般若波羅蜜，今略不言也。

記　次明經字，具三義者，然準諸家解釋，共有多義，謂湧泉、出生、繩墨、結鬘之類。若《佛地論》中，唯説二義，謂貫也，攝也，貫穿所應説義，攝持所化衆生。且如來入滅二千餘年，遺風若存，得聞正法者，斯皆經之貫穿之義也。衆生流浪，莫知所從，得佛教門，咸歸正趣者，斯皆經之攝持之義也。具此二義，故名爲經。今以此二，復加常義，以對三種般若，謂實相常，觀照貫，文字攝也。然此一經，羅什所譯，句偈清潤，令人樂聞，至今長幼高卑，盈於寰宇，靡不受持此經也。

記　疏論纂要者，即此一卷疏文也。疏即青龍、大雲、資聖、塵外等疏。疏謂疎通理趣，決擇義相，布致文言也。論即天親、無著、智度、金剛仙、功德施等論。一一論中，任運議於理智行也。問：既有疏論釋經，何必更製斯疏？答：以纂要故，即是纂他疏論之要義而成此疏也。然纂要之設，總有兩意，一則上符聖旨，二則下叶人心，意顯諸說有不符聖旨、不叶人心者。且初意者，只如此經是空無有宗，有以法相行位廣列而釋，此則不符聖旨，失於宗故。故序云，或配入名相，著事乖宗。有人聞是空宗，便作一味無相道理解釋，此亦不符聖旨。以宗雖無相，義乃千端，既以一味解釋，此則迷於末也。故序云，或但云一真，望源迷派。前則乖宗不迷派，此則迷派不乖宗，互有得失，俱未圓暢。復有縱於僻見，以之注釋，宗派俱失，不足評量。故序云，其餘胸談臆注，不足論矣。然其諸説，雖各有舛的，以未兼暢，故皆判云不符聖旨也。今製此疏，不添法相，免乖於宗，隨文釋之，不迷於派，離前二過，宛乎得中，此則超然獨符聖旨。然今疏内皆用聖言，故序云，故今所述，不攻異端，疏是論文，乳非城内，況二菩薩師補處尊，補處如來師釋迦佛，展轉推本，佛佛相承，降及無著、天親，更無異説，故知此疏便是佛言，謗此疏者，即同謗佛也。故序云，且天親、無著師補處尊，後學何疑，或添或棄。次下叶人心者，且諸家章疏，在理未當，於文且繁，致令學人少敢措意，故轉念者廣，通會者稀。故序云，致使口諷牛毛，心通麟角。然今此疏，撮其樞要，直下銷經，經疏相兼，盈五十紙，不問緇侶塵俗，可以留心，不唯上中下根，可以學習。有斯兩意，所以述之。此則前智後悲，自他兼利也，故云《金剛般若經疏論纂要》。

記　并序者，并謂共、兼、及也，序者敘也，敘述經疏之意故。又，序者緒也，謂頭緒也，意明此半紙之言，是入疏述作之頭緒也。

△二、作者嘉號。

疏　京大興福寺沙門宗密述

記　二、作者嘉號。京者，都也，大也，即士庶貴賤都會之大處也。然是西京，非謂東北，以有大興福寺闍揀，故不言西也。沙門，梵語，此云勤息，即釋衆之通號，謂勤修諸行，息煩惱故。述者，明非製作，符上纂要之言，但是敘述先聖之旨，非別製作故也。例如夫子云，述而不作，信而好古，竊比於我老彭。

疏　長水沙門子璿治定

△二、序宗旨，二。初、序讚經旨，二、述造疏意。初、序讚經旨，二。初、通明起教之緣，二、別明說教之意。初、通明起教之緣，二。初、明迷真起妄，二、明習妄流轉。初、明迷真起妄，二。初、真空，二、妄有。

初、真空。

疏　鏡心本淨，像色元空。

記　二、序宗旨，二。一、序讚經旨，二。一、通明起教之緣，二。一、明迷真起妄，二。一、真空。

記　言鏡心等者，以要言之，上句即真性離緣，下句即緣無自性。大約如此，若其委明，應先略配，後當廣釋。

記　略配者，此兩句中，鏡像是喻，心色是法。本淨元空，通於法喻，以鏡喻於心，以像喻於色。像是鏡之所現，如色是心之所現。鏡雖現像，其像元空，即顯鏡本淨也。心雖現色，其色元空，即顯心本淨也。言本淨者，即是性淨，通因果凡聖故。故《華嚴》云，非識所能識，亦非心境界，其性本清淨，開示諸群生。此略指配也。

記　若廣釋者，鏡即人間所用之鏡，然有塵翳不堪用者，有雖淨而在匣者，有淨無塵垢，挂之高臺，萬像斯鑒者，今取後者爲喻。○心者，性、相二宗所説各異。相宗説者，或以集起爲心，唯第八識，集諸種子，起現行故。或以緣慮爲心，通於八識，俱能緣慮自分境故。然此所説，但是有爲生滅，非今所喻。性宗説者，即如來藏，本源自性清淨心也。然今所明，正是此心，以是迷悟根本，凡聖通依，世出世間皆不離此。所以《起信論》中，立爲大乘法體。故論云：摩訶衍者，一法二義。所言法者，謂衆生心，是心則攝一切世間出世間法，依於此心，顯示摩訶衍義。又云，依一心法，有二種門，一者心真如門，二者心生滅門。是二種門，皆各總攝一切法。此義云何？以是二門不相離故。以真如門是通相，故攝一切。生滅門雖是別相，以是即真如之生滅，亦攝一切。以此二門，同依一心爲源，則知萬法不出此心。又如《華嚴》是圓極一乘，亦以此心爲一真法界之體，故彼疏説，統四法界爲一真法界。謂寂寥虛曠，沖深包博，總該萬有，即是一心，體絶有無，相非生滅。乃至云，諸佛證此，妙覺圓明，現成菩提，爲物開示等。然此一心，有性有相。相則凡聖、迷悟、因果、染淨等異，性則靈靈不昧，了了常知。然此性相，不即不離。以相不離性故，只向同處異，性不離相故，只於異處同。性不即相故，未始有差別，相不即性故，未嘗不殊異。蓋緣性相一味，所以同異兩存，其猶一水波溼，性相同異可知。然此靈心，本非一切，能爲一切。心之名字，亦由此立。今云淨者，但約畢竟空義，非是揀染名淨，以但唯一心，貫通染淨。故荷澤云，知之一字，衆妙之門。一切諸法，依此建立。既爲得失之秘府，乃是昇降之玄樞，稱衆妙門，實爲至矣。今所辨者，即是此心。然前所説相宗二種，乃是此心之内生滅一門，對辨淺深，故須料揀，和會通攝，則實無所遺。〇本淨者，喻則可知。法中有二意。一則此心從本已來，性畢竟空故。二則現爲煩惱所纏，而無染故。此當《起信論》中真如門也。故《大集經》云，善男子，一切衆生心性本淨，心本淨故，煩惱諸結不能染著，猶如虚空不可玷汙，心性空性，等無有二等。〇像，即鏡中所現萬像。〇色，即本淨之心所現諸法。然所現法不出色心，今唯言色而不言心者，一爲文句窄故，二爲影在下故，三爲以初攝後故。前二可知。後意者，一切諸法不出五藴，色之一字，貫五之初，今言色者，舉初攝後也。故《大般若》中，每例諸法，皆以色字爲初。如云，善現，般若波羅蜜多清淨故色清淨，色清淨故一切智智清淨等。由是文雖標色，而意兼於心。色心既彰，萬法備矣。〇元空者，喻則可知。

法中有二意，一即本來是空。論云，一切諸法，唯依妄念而有差别，若離心念，則無一切境界之相。二即現見空故。色等諸法，本來自空，迷人不知，妄執爲有，雖然執有，未始不空。故《中論》云，諸法若不空，即無道無果。又云，以有空義故，一切法得成。〇然此一句，亦是釋疑，恐人聞説心性本淨，復見論云是心則攝世間法等，便謂本具染等，不合言淨，故下句釋云，像色元空也。意云，色等若實，則汙淨心，色等既空，憑何汙心？如鏡現穢像，穢像元空，似有實無，云何染汙？故云鏡心本淨，像色元空也。《無上依經》云，清淨有二義，一者自性清淨，是其通相，二者離垢清淨，是其别相。《寶性論》中，亦有二義，一自性清淨，謂性淨解脱，二離垢清淨，謂障盡解脱。魏譯《唯識論》云，心有二種，一者相應心，所謂一切煩惱，受、想、行等，二者不相應心，所謂第一義諦常住不變自性清淨心也。今所明者，即自性清淨及第一義諦心，故云本淨。〇復次，兩句更互釋成。以上句釋下句，成色空義。以下句釋上句，成心淨義。色若不空，心則不淨。心若不淨，色即不空。由心淨故色空，由色空故心淨，以色、心二法，不相離故。當知由心淨故，方能現色，如鏡淨故，方能現像，染則不能。又由色空故，不能染心，如像空故，不能汙鏡，實則汙也。上句下句，法喻對明，反覆相成，故云互釋。

△二、妄有。

疏 夢識無初，物境成有。

記 疏夢識下，二明妄有，即正當《起信論》中心生滅門。然此亦具法喻，以夢喻識，以夢中所現之物喻境，如人睡後作夢，於無物處見物，喻心迷成識，於無境處見境，然雖物依夢現，而夢物皆虛，雖境從識生，而識境俱妄也。

記 夢者，如常人被睡蓋所覆，心識昧略，恍忽成夢。準《切韻》中，夢者心亂之貌，亦云寐見曰夢，意明心識昏亂，見於異事，名之爲夢。〇識者，本淨一心，忽然不覺，不覺是妄，心性乃真，真妄和合，目之爲識，即是第八阿梨耶識也。故《起信》云，依如來藏故有生滅心，所謂不生不滅，與生滅和合，非一非異，名阿梨耶識。〇無初者，初，始也，意明此識無前際故。然真心妄識，雖虛實有殊，若究其源，俱無初際。然有兩意。一則如《佛頂經》說，煩惱、菩提，二俱無始，謂自有此真心已來，便有此妄識，非謂真先妄後，亦非妄先真後。若言真先妄後，即應諸佛更起無明。若言妄先真後，何有無真之妄，居然獨立。由是故知二俱無始。此則夢喻不齊，却似金之與鑛，若言鑛先金後，即合所棄之鑛鍊之得金，若言金先鑛後，應可純淨金器重生於鑛。由是二物俱無初際，於法可知。問：如論云依如來藏故，有生滅心，既言依真有妄，則是妄後真先，何得説云二俱無始？答：不然，所言依者，明妄無自體，依真而成，顯本末之義，非先後之義。故《起信》云，以如來藏無前際故，無明之相，亦無有始，若説三界外更有衆生始起者，即是外道經説。二者，謂妄體全空，都無生起之蹤跡，故言妄無始也。故《起信》云，覺心初起，心無初相，即斯義也。若據此意，夢喻正同，以夢生時無縱跡故。有茲兩意，故云妄無初也。然上夢、鑛二喻之中，各取少分，共況一識無初之義，方盡其理。夢則喻無初法，鑛則喻無初時。若單用鑛喻，則妄識有實，若唯取夢喻，則妄識有始。今既分取相似之處，理極成矣。○物者，即夢中所現之物也。○境者，即是識中所變我法等境。成有者，且如夢中所見自他境界，覺來反想即定是無，正在夢時決定爲有，若不然者，何有讚喜、謗嗔、厭苦、欣樂等事耶？故知有也。如《莊子》中説，莊周夢爲蝴蝶，都來忘却莊周，及乎睡覺夢除，何曾更有蝴蝶？爲莊周時既不羨蝴蝶，爲蝴蝶時亦不羨莊周，彼此各行，互不相識。然準彼書，意以顯生死齊平，今之所引，意明執實之義，謂依於妄識，變起我法等相，悟來了達，則誠知是空，若正迷時，定執爲有，若不然者，何有貪瞋、愛惡、取捨等事耶？故知是有。故《成唯識論》云，依識所變，妄見我法，猶如幻夢，幻夢力故，心似種種外境相現，緣此執爲實有外境。○然雖夢中見種種事，推其根本，唯一夢心，以夢心滅時，夢事皆滅。法中亦爾，境雖無量，原其根本，唯一識心，識心滅時，境界隨滅。故《起信論》云，一切諸法，唯依妄念而有差別，若離心念，即無一切境界之相。則知三界唯心，萬法唯識，諒不虚哉。由是三界世間一切有漏染法，皆從妄識而生，故名此識以爲妄本。〇然一切有漏染法生起，微著次第，總有兩重，一、無始根本，二、展轉枝末。展轉枝末，即後逐妄科中所明。無始根本，正當此段。言根本者，即根本無明。言無明者，謂無妙覺之明故。以就通相言之，故當此識。然根本無明，其有二義，所謂迷真、執妄也。迷真者，即真心本不生滅，德相業用，量過塵沙，日用不知，如狂如醉，若貧女宅中寶藏，窮子衣内明珠，雖有如無，枉受艱苦。故《華嚴》云，於第一義不了，名曰無明。執妄者，妄即五蘊。色之與心，如幻如化，本無實體，衆生認此爲自身心，計虚爲實，故名執妄。故《圓覺經》云，妄認四大爲自身相，六塵緣影爲自心相，乃至結云，由此妄有輪轉生死，故名無明。然此二義遞互相成，舉一則兼，未嘗獨立，但若執妄，必須迷真，但若迷真，必須執妄。譬如有人，迷東必執西，亦互相成立，思之可見。

△二、明習妄流轉。

疏　由是惑業襲習，報應綸輪，塵沙劫波，莫之遏絶。

記　疏由是下，二明習妄流轉，即當妄法生起第二門展轉枝末也。〇由是等者，由，因也，是，此也。因此迷真成識，現起世間一切境界，緣此境界，起惑造業，受報無窮。〇此中惑業報應四字，但是三道。然此三法，諸教之中，有名三障，障聖道故。或名三道，引心邐迤，至業報故。或名三雜染，以性不清淨故。又此三障，更相由藉，由煩惱故起惡業，由惡業因緣故得苦果。〇初言惑者，即煩惱也，品類即根本及隨。根本有六，謂貪、瞋、癡、慢、疑、惡見。隨煩惱有二十，謂忿、恨、覆、惱、嫉、慳，乃至散亂、不正知等。若以要言之，不出根本中三，謂貪、瞋、癡。即此三種，便能成就三界世間。故《華嚴》云，由貪、瞋、癡，發身、口、意，作諸惡業，無量無邊等。此惑因起，由前無明，迷平等理，妄認五蘊身心，即此身心，是過患根本。故肇公云，約天地爲高下，約日月爲東西，約身爲彼此，約心爲是非。老子亦云，吾有大患，爲吾有身，及吾無身，吾有何患？故知此身是一切過患根本。既執之爲有，遂分自他。依此身心，起諸煩惱，於一切順情境上，起於貪心，於一切違情境上，起於瞋心，以護自身，將爲主宰也。於此二中，不知是妄，任運而起，乃名爲癡。此等煩惱，究其所因，皆從根本無明而有也。〇次云業者，然業雖無量，統唯有三，謂善、惡、不動也。由前貪、瞋熾盛，發動身、口，作諸惡業，即身三、口四、意三等十惡業也。或有稍知因果，貪來生榮樂之事，即翻惡爲善。持不殺等五八十戒，即善業也。或厭下苦麤障，欣上淨妙離，脩有漏禪定，名不動業。然此三種業，雖勝劣不同，皆由迷心所造，俱有漏攝。故《圓覺經》中，結三業云，皆輪迴故，不成聖道。由是則知前之三業，皆依煩惱所成也。〇言報應者，應即是報。既有業種，蘊在藏識，因緣會時，必須受報。《涅槃經》云，非空非海中，非入山石間，無有地方所，脱之不受報。《尚書》云，天作孽，猶可違，自作孽，不可逭。由是有業，必有報應。然若推諸業，體相都無，及受報時，未嘗差錯，惡因苦果，善因樂果，如影如響，的無差謬。然泛論果報，六道不同，以類收之，但唯三種，謂苦、樂、捨。由前惡業爲因，則感三塗苦報，謂地獄、餓鬼、畜生也。由前善業爲因，即感人天樂報，謂四洲六欲也。由前不動業爲因，即感上界差别之報，即色無色界也。然於三界之中，所受苦樂之身，是别業正報。所居勝劣器界，即共業依報。正報有生、老、病、死，依報有成、住、壞、空。器界空而復成，有情死而還生，無始至今，聯緜不絶，迷惑耽戀，誠可悲夫。故《法華》云，三界無安，猶如火宅。由是報因業感，業由惑成，惑因無明，無明無始，一念妄有也。則知三界六道有情無情，究其所從，皆因夢識而有。○襲習綸輪者，襲謂承襲，即相續義，由惑發業，業能招苦，次第相續故。習謂熏習，即相斅義，意明惑業念念斅學，念念熏習故。《唯識》云，由諸業習氣，二取習氣俱，故名爲習。然此二義，必互相資，謂相續故相斅，相斅故相續，故云襲習。故《唯識》云，前異熟已盡，復生餘異熟也。譬如有人，習儒學文，由承襲於儒故，方能學習於文，又由學習於文故，方能承襲於儒也，相資之義，豈不昭然？綸即綸緒也，謂衆生業種雖復無邊，終不一時受六道報，報有次緒，故名綸緒也。然有兩意。一、如人負債，强者先牽故。二、如人種物，潤者先生故。輪謂輪轉，謂生已復死，死已還生，生死不停，故名輪轉。或天上死，人間生，人間死，畜生生等。故《無常經》云，循環三界内，猶如汲井輪。然此二義，亦互相資，由綸緒故輪轉，由輪轉故綸緒也。其猶繰繭抽絲，由彼絲輪轉而不止，故使絲緒起之不絶，亦由絲緒起之不絶，故使絲輪轉而不止。或可淪子，其義亦通，即没溺義也，謂於生死大河，長受没溺，故云淪。《涅槃經》云，若有衆生，樂諸有爲，造作諸業，是人迷失真常，是名暫出還没。疏中且用輪字，如向所説。惑業則言其襲習，報應則言其綸輪。然二二對辨，亦互相資，謂由惑業襲習，故使報應綸輪，實由報應綸輪，故令惑業襲習。斯則乘因感果，依果造因，因果相資，以之不絶。此即十二因緣前前爲因、後後爲果之義。故《唯識》頌云，由諸業習氣，二取習氣俱，前異熟已盡，復生餘異熟。○或曰：如是起惑造業，受報輪轉，時劫長短耶。故次云，塵沙劫波，莫之遏絶也。塵即碎十方世界之微塵。沙即殑伽河中如麵之沙，謂此河周四十里，沙細如麵。劫波者，梵音，此云時分。大劫小劫，長時短時，延促雖殊，通名時分。莫之者，猶不能也。遏絶者，止滅也。意言六道衆生起惑造業，受生輪轉已來，將一沙爲一劫波，沙盡而劫波不盡，又將一塵爲一劫波，塵盡而劫波無盡。塵沙有限，劫波無窮，相續至今，不能止之滅之，故云莫之遏絶也。

記　然此二段，字句雖多，若論實事，不過五字，謂心、識、惑、業、報，其餘並是顯敘真妄、成立輪迴之辭。意謂本是一心，不覺成識，起惑造業，生死無窮，是故如來現身説教，故大科云起教緣也。

△二、别明説教之意，二。初、敘説《阿含》之意，二、敘説《般若》之意。初、敘説《阿含》之意，二。初、正敘，二、結判。初、正敘，二。初、現身，二、設教。

初、現身。

疏　故我滿淨覺者，現相人中。

記　疏故我下，二别明説教之意。如《法華經》云，我以佛眼觀，見六道衆生，貧窮無福慧，入生死嶮道，相續苦不斷，乃至爲是衆生故，而起大悲心等。文二。一、敘説《阿含》之意，二。一、正敘。今初兩句，標佛現身也。○故者，所以義。我，即指佛也。言滿淨者，揀異分淨，以佛無明永盡，無念之極故。覺即覺悟，者即指人，謂佛是覺悟之人也。若梵語菩提，此翻爲覺，斯則約法。梵語佛陀，此云覺者，斯則約人。今此辨人，故言覺者。亦可滿字是總，淨覺爲别，者字屬人，即明如來是滿淨滿覺之者，揀諸聖人覺淨未滿，唯佛如來，三障都盡，三覺俱圓，故號如來爲滿淨覺者。若以此二，望衆生、二乘菩薩、諸佛及本性料揀，有兩種四句。一者，衆生不淨，二乘菩薩分淨，諸佛滿淨，本性但淨。二者，衆生不覺，二乘菩薩分覺，諸佛滿覺，本性但覺。今於此二四句中，皆當第三也。○現相者，即化身相也。人中者，即現化之處也。唯向人中示相者，天上著樂，無由發心，三塗極苦，正當難處，唯於人中，苦樂相兼，對苦必能發心，所以佛出現化。天上如病未發，豈須針艾？三塗似膏肓之病，不足醫治。人中如小瘵所縈，堪可與藥，故佛出現。然如來現相，總有四種，謂他受用報身，大化小化，隨類化身等。今明説此教者，即小化身也。然有八相，謂：一、從兜率天退。二、入胎。三、住胎。四、出胎。五、出家。年十九。六、道成。年二十五。七、轉法輪。經五十五年。八、入涅槃。年八十。此論現身，但明成道之相。次明説法，即轉法輪相。佛成道之相，身長丈六，紫磨金容，項佩圓光，胸題卍字，三十二相，八十種好，八部擁衛，四衆欽崇，巍巍峨峨，光映日月，德相繁廣，不可具陳。此小化身，其相劣弱，若望受用，即雲泥有殊。故《法華經》説，長者脱珍御服，著弊垢衣。珍御之服，以喻受用之身，弊垢之衣，即況紫磨金體。蓋以衆生垢重，不堪見勝妙之身。既不能見，亦無所聞，則於衆生都無利益，大悲接物，故現小化。亦如《法華經》説，窮子見父，踞師子牀，寶几承足，富貴殊勝，威德特尊，窮子見之，竊作是念，此或是王，或是王等，非我傭力得物之處。長者見子，默而識之，乃至云，即脱瓔珞細軟上服嚴飾之具，更著麤弊垢膩之衣，右手執持除糞之器，以此方便，得近窮子。此喻如來隱彼勝身，現於劣相也。

△二、設教。

疏　先説生滅因緣，令悟苦、集、滅、道。

記　疏先説下，正明設教。以此方佛事藉以音聲，若無言教，現相何益？○教先設小，後方説大。或曰：此明般若，何論小乘？

答：雖同佛言，有深有淺，若不對辯，安知淺深？〇然一代佛教不出大乘小乘，乃至圓宗亦大乘攝，其所宗者皆宗因緣。雖則同宗因緣，於中淺深有異，小乘即生滅因緣，大乘即無性因緣。無性因緣者，如《中論》云，因緣所生法，我説即是空，空即無性義也。今明小乘，故云生滅因緣。生滅因緣者，諸法緣會即生，緣離即滅。既生既滅，足知無常，然則不無生滅之法，以有法執故也。然佛出世，先説小者，有二對治故。説生滅，對治凡夫外道執我。我是主宰義，既言生滅，則知無主，無主無宰，則無我也。説因緣，對治外道自然之計。外道所執，多執神我有作受故，兼執自然，既言因緣，則非神我自然也。爲治此二，是故先説生滅因緣。即佛初成道，始從鹿苑，度五俱輪，次度舍利弗、目連、迦葉三兄弟等，於十二年間所説，即諸部《阿含》等經是也。〇令悟等者，佛説此法，意令衆生悟四真諦也。此有兩種因果，謂集是世間因，苦是世間果，道是出世因，滅是出世果也。苦即三苦、八苦。三苦謂苦苦、壞苦、行苦。八苦謂生、老、病、死、求不得、五陰盛、愛别離、怨憎會。集即業惑，如逐妄中説。滅即有餘、無餘二種涅槃，入經可見。道即八正道，謂正見、正思惟、正語、正業、正命、正精進、正念、正定也。諦者，誠實義，如世間苦集，逼迫和合，事無虚謬，名爲實義，非謂不生不滅名實，即説苦定苦、集定集等。以是義故，四皆實也。故《遺教經》云，日可令冷，月可令熱，佛説苦諦實苦，不可令樂。即如佛於鹿苑，爲五比丘三轉四諦法輪之例也。三轉者：一、示相轉，示謂顯示苦行相等，令其悟解，云此是苦，此是集等。二、勸修轉，勸謂誡勸，令其修斷，云此是苦，汝須知，此是集，汝須斷等。三、作證轉，作證謂引己所作，令其信受，云此是苦，我已知，此是集，我已斷等。意言我已知、已斷、已修、已證，汝等斆我，當知、當斷、當修、當證。如是説已，一類小根之人，如言啟悟，厭生死苦，樂求涅槃，發心進修，作五停心等七種方便，斷三界四諦下分別麤惑，得初果證，乃至進修，漸斷三界俱生細惑，證餘三果，得阿羅漢，則令世間因亡果喪，出世間因生果證。《法華》云，爲求聲聞者，説應四諦法，度生老病死，究竟涅槃。是故疏云，先説生滅因緣，令悟苦、集、滅、道。

△二、結判。

疏 既除我執，未達法空。

記 疏既除下，二、結判。〇我執者，即於五蘊總相，計有主宰，名爲我執。若一一推求，色等性中，不見我體，名爲我空。〇若見五蘊之法，實有體性，名爲法執。若了五蘊，如幻如化，從緣無性，名爲法空。既除者，已盡也。以小乘人聞説生滅因緣，不執於我，故云既除我執。〇未達者，以未聞説無性因緣，猶計蘊法爲實，故云未達法空。〇若具言之，合云，既除我執，已達我空，未達法空，未除法執。今則上執下空，文影略故。又除我執，便是已達我空，未達法空，便是未除法執故也。

△三、敘説般若之意，二。初、總示大部，二、別示今經。初、總示大部，二。初、敘教釋意，二、顯瑞彰會。初、敘教釋意，二。初、敘教，二、釋意。

初、敘教。

疏 欲盡病根，方談般若。

記 疏欲盡下，二、敘説般若意，二。一、總示大部，二。一、敘教釋意。〇病根者，喻法執也。如人有病，令人不安，如木有根，能生枝葉。意云，二執如病，令諸衆生不得安樂。若取法執爲病，病即是根，持業釋也。若取我執爲病，是病之根，即依主釋。今則病通二執，根喻法執，以能所依二體異故，我是能依，法是所依，以能從所生，故能非根，根唯局所也。由是凡夫有我執，必兼有法執，二乘有法執，不必具我執。又二乘無我執，則未必無法執，菩薩無法執，則必無我執，如因迷杌，方可見人等。〇般若即慧也。爲顯此法故，遺言成教，教即文字。般若即觀照、實相二般若也。今約佛論，故通法教，俱名般若也。此中意云，如來意欲盡衆生有執之病根，方談空宗之般若。然大乘教法無量無邊，何故此中唯談般若，謂正能破執。大乘初門，二執若除，真性自現，故唯談此，除其病也。故古德云，《華嚴經》如治國之法，養性之藥，《般若》教如定亂之將，治病之藥。二經既爾，餘可例知。

△二、釋意。

疏　心境齊泯，即是真心，垢淨雙亡，一切清淨。

記　心境等者，然佛初説小乘，心境俱有，説大乘法相，即境空心有，説般若教，即心境俱空，今正明此，故云齊泯。心即心心所法，境即諸識相分，心通能變能緣，境通本質影像，心境等亡，故云齊泯。謂約徧計，則都無所有，如繩上蛇。約依他，則緣無自性，如麻上繩。由心故境，由境故心，境滅心空，心如境謝。然諸法雖多，不出心境，心境既泯，則一切皆泯也。《心經》亦云，無眼耳鼻舌身意，無色聲香味觸法，無眼界，乃至無意識界等，故云齊泯。〇即是真心者，顯非斷滅。恐聞一切諸法泯之皆無，諸法既無，應成斷滅，故此顯云即是真心。然此心與上心字不同，上是緣生妄心，即前夢識也，此是常住真心，即前鏡心也。爲揀別故，故特言真。以一切諸法，皆依此心，若離此心，無別有法。故經云，一切世界因果微塵，因心成體。心之所現，名曰依他。執之爲實，乃名徧計。依計既泯，即是圓成。如繩依麻有，蛇託繩生，繩蛇既亡，則麻著矣。〇此是疏主出般若之密意。若據經文，即但言諸法皆空，不言即是真心。故下文云，離一切相，即名諸佛。文雖不彰，義實如此。若法性宗，即直於諸法空處顯出真心。故《圓覺經》云，種種幻化，皆生如來圓覺妙心，猶如空華，從空而有，乃至云諸幻盡滅，覺心不動，故云即是真心也。〇垢淨雙亡者，上言心境，染淨已含，文未顯彰，故重明也。意云，非但無諸有漏心境之法，若於法中，染淨之法，亦復不有。爲對治垢染，方彰淨法之名，所治之垢既亡，能治之淨何立。如無慳貪，布施亦遣等。則知若理若智，若因若果，一切行位諸對治門，悉皆不有，垢淨並無，故曰雙亡。故《心經》云，無無明，亦無無明盡等。〇一切清淨者，此淨與上淨字不同，上即對染之淨，此名真空曰淨。以聲聞怖空，故言清淨，清淨即空義也。《大般若》中，或則云空，或言清淨。然萬法雖多，不出心境，恐收不盡，又約垢淨重明，斯則是法皆攝，竟無所遺，故言一切也。故《大般若》云，善現，般若波羅蜜多清淨故色清淨，乃至諸佛無上菩提，悉皆清淨。又，非謂泯却心境，顯真心了，然後亡垢淨，顯真空，此乃文家成隔句對。若欲順義，應云，心境齊泯，垢淨雙亡，一切清淨，即是真心，理則明矣。謂真心之中，本無心境垢淨等法，名之爲空，非謂無於心法，成於斷滅。故《唯識頌》云，初即相無性，次無自然性，後由遠離前，所執我法性，此諸法勝義，亦即是真如，常如其性故，即唯識實性。然此與前迷真習妄，正爲翻對，若無前意，焉起此文。

△二、顯瑞彰會，二。初、顯瑞，二、彰會。

初、顯瑞。

疏　三千瑞煥。

記　疏三千下，二、顯瑞彰會。

○三千，即三千大千世界，如下所明。瑞即祥瑞。焕，明也。佛説此經之時，放大光明，照三千界，靡不焕然，復現種種奇異之事，有此祥瑞，故云三千瑞焕。故《大般若經》第一云，爾時，世尊於師子座上，自敷尼師壇，結加趺坐，入等持王三昧，安詳而起，一一身分各放六十百千俱胝那庾多光，各照三千大千世界。乃至云，令此世界六種變動，盲者得視，聾者得聞等。又云，其諸天人，佛神力故，各見於佛，正坐其前，咸謂如來獨爲説法。

△二、彰會。

疏　十六會彰。

記　十六會彰者，然般若類有八部，謂《大品》《小品》《放光》《光讚》《道行》《勝天王》《文殊問》《金剛》。唐譯六百卷，二百七十五品。總一十六分，前五無名，後十一分有名。前六分品，後十不分品。即初分七十九品，第二分八十五品，第三三十一品，第四二十九品，第五二十四品，第六勝天王般若分一十七品，第七曼殊室利分，第八那伽室利分，第九能斷金剛分，第十般若理趣分，第十一施波羅蜜多分，十二淨戒，十三安忍，十四精進，十五靜慮，十六般若。即《大明度無極經》四卷同前五分，《濡首菩薩無上清淨分衛經》二卷即第九分，《實相般若》即第十分，《道行》《小品》各十卷同第四分。《光讚》十卷，《放光》三十卷，《大品》三十卷，皆同第二分。然上諸本開合，大部文勢次緒事理，一一皆同，但廣略之異，唯《仁王》一本，不在八部之中。

△二、別示今經，二。初、略標指，二、廣序讚。

初、略標指。

疏　今之所傳，即第九分。

記　疏今之下，二、別示今經，二。初、略標指，如文。

△二、廣序讚，二。初、序歎幽玄，二、引文結顯。初、序歎幽玄，二。初、具序一經詮旨，二、結歎四法幽玄。初、具序一經詮旨，三。初、正敘，二、反顯，三、順結。初、正敘，二。初、就本經以敘歎，二、約二論以敘歎。初、就本經以敘歎，二。初、敘詮旨以歎經，二、舉慧福以彰相。

初、敘詮旨以歎經。

疏 句偈隱略，旨趣深微。

記 二、廣序讚，二。一、序歎幽玄，二。一、具序一經詮旨，三。句偈下，一、正序。○句有文句、義句，今通此二。偈謂積句所成，亦通此二。隱謂潛隱，即現在無文，如經中多無所斷之疑文及其住名。略謂少也，即現雖有文而不廣故，如經中唯有能斷之文及有住義。○旨謂意旨，趣謂旨之所歸。徹理曰深，難覺曰微。難覺有二意，一爲文隱略故，義趣難覺，二爲徹理故，甚深難覺。○然隱略深微之相，即下所云。

△二、舉慧福以彰相。

疏 慧徹三空，檀含萬行。

記 慧即返流淨用，約斷執觀空得名。般若，正翻云慧，不云智也。下釋題中，廣辯體相。三空者，即我空、法空、俱空也。如下經云無我相、人相等，即我空也。我相即是非相等，即法空也。離一切相，即名諸佛，是俱空也。二空可知。俱空有三説。一、別觀人法，名二空，同一刹那雙觀人法，曰俱空。二、即二執既遣，二空亦遣，名俱空。三、即能所遣時，慧亦無住，即與本性相應，此時自無人法二相及非法相等，名俱空。徹謂透徹，慧是能徹，三空是所徹。般若照時，透過三空之表，即與本源相應。以本心源，非空非有，爲對人執，方説人空，爲對法執，方説法空，爲對二執，方説俱空。即空是能對，執爲所對。所對之執既遣，能對之空亦除，空執兩亡，方契本性。若住空境，未曰相應。所以疏中特言慧徹，由是四加行位菩薩，爲取空相，不名見道。故《唯識》偈云，現前立少物，謂是唯識性，以有所得故，非真住唯識。今既徹於空相，能所兼亡，即同《唯識》見道頌云，若時於所緣，智都無所得，爾時住唯識，離二取相故。○檀含萬行者，梵音檀那，此云布施。含謂含攝。萬行即菩薩所行之行，不唯於萬，今舉大數耳。以布施含於三施，三施該於六度，六度包於萬行，以本望末，故曰檀含萬行也。所以佛答脩行，唯言布施。故彌勒頌云，檀義攝於六，資生無畏法，此中一二三，是名脩行住。

△二、約二論以敘歎，二。初、約無著論顯位，二、約天親論斷疑。

初、約無著論顯位。

疏　住一十八處，密示階差。

記　住一十八下，約二論以敘歎。○準無著論中，從佛正説已下，乃至經終，分爲十八住處，謂第一發心住，乃至第十八上求佛地住，即是脩大乘行人，從因至果安住之處。○密示階差者，謂隱密示現行人脩行入位階降差別之相。以經中都無十八住名，含有十八住義，以不顯配故云密示，前後淺深不同故云階差也。然階差之相，在下正宗文前疏文具明。

△二、約天親論斷疑。

疏　斷二十七疑，潛通血脉。

記　斷二十七疑者，準天親論，從佛答三問畢，便躡跡斷疑，乃至經終，二十七段，謂第一求佛行施住相疑，乃至第二十七入寂如何説法疑。○潛通血脉者，潛謂潛闇，通謂通流。血脉者，喻也。以經中多分唯有能斷之語，而無所斷之言，由是文起孤然，勢意斷絶，及尋經旨，皆有所因，文雖不彰，理且連貫，以不明顯，故曰潛通。其猶人身血脉，外雖不彰，内宛流注，約喻顯法，故曰潛通血脉也。此意見於逐段敘疑之文。

△二、反顯。

疏　不先遣遣，曷契如如。

記　疏不先下，二、反顯。〇不先遣遣者，即反顯慧徹三空之義，謂二執爲所遣，二空爲能遣，又二空爲所遣，俱空爲能遣，以俱空遣二空，空病亦空，故云遣遣。如《圓覺》云，應當遠離一切幻化虚妄境界，由堅執持遠離心故。心如幻者，亦復遠離，遠離爲幻，亦復遠離，離遠離幻，亦復遠離。〇曷契如如者，曷，何也。契，合也。如如者，即上三空之表本源真性也。二空破執，執喪空明，空病亦空，方契本源真性也。意云，若不先遣遣，即滯有滯空，何能契合真如本性。〇然此語勢，亦是《御注序》文。彼云，咸歸遣遣之旨，盡入如如之妙。

△三、順結。

疏　故雖策修，始終無相。

記　疏故雖下，三、順結。〇如經中，度四生即是策脩，無生可度即是無相，行六度即是策修，不住相布施等即是無相。如是類例，徧於經中。然度生脩行，合是有相，今以無生可度，無住布施，無法可說，無我修善，故順經宗無相之義。〇一經前後，無不談此，故曰始終。又因心、果心，咸皆如是，斯則正策脩時無相，正無相處策脩，非謂前後，始終皆爾。

△二、結歎四法幽玄，三。初、正結歎，二、示難了，三、彰謬解。

初、正結歎。

疏　由斯教理皆密，行果俱玄。

記　疏由斯下，二、結歎四法幽玄，三。一、正結歎。若據前正敘歎中，約教義分能詮、所詮，今於所詮之中，別開行果，即四法足矣。

○然教密如前句偈隱略，理密如前旨趣深微。行、果二玄，前文未顯，故宜别明。○行玄者，夫菩薩行不出二種，謂隨相行、離相行也。隨相即同前策修，離相即同前無相。玄者，妙也。若二行抗行，或先或後，不名爲玄，二行同時，不相妨閡，乃名爲玄。若唯隨相，即同凡夫，若唯離相，即同二乘。二行相資，宛符中道，即觀空而萬行沸騰，涉有而一道清淨，是菩薩行矣。○果玄者，果即佛果也。此中佛果，總有二種，所謂真身、應身。應身有相，真身無相。玄者，若二身各異，相無相殊，不名爲玄。以相即無相，無相即相，真應無閡，故曰玄也。所以經中若以相觀佛，則是人行邪道，不以具足相發心，則墮斷滅，以此真身、應身不一不二，故使然也。○由斯者，因此也，即正指説此一卷經是密是玄也。此則結指前文之所明，標爲後説之所以也。

△二、示難了。

疏　致使口諷牛毛，心通麟角。

記　疏致使下，二、示難了。○致，遂也。使，令也。由前四法幽玄之故，遂令諷誦甚多而解者極少。口諷，即讀誦其文也。牛毛，喻其多也。妙解經意，乃名心通。麟者，瑞獸，君聖則現。角者，麟唯一角，喻悟者少也。此有兩重相望以論多少，謂麟比牛而已少，角比毛而又少，意謂讀誦者多中之多，通悟者少中之少。

△三、彰謬解，二。初、不符聖旨，二、正是邪謬。

記　疏或配下，三、彰謬解。前四句，即但不符聖旨，别作意度，不得圓暢，雖非邪僻，亦名謬解。後二句，胸談臆注，正是邪謬。前言心通者少，不通者多。此之三類，即是不通之相也。

△初、不符聖旨，二。初、乖宗，二、迷派。

記　此前兩家，皆先敘因，然後結過。

△初、乖宗，二。初、敘因，二、結過。

初、敘因。

疏 或配入名相。

記 配入名相者，謂有疏，將法相名句配入其中。

△二、結過。

疏 著事乖宗。

記 此則貪著其事，好尚法相也。如下經云，凡夫之人，貪著其事。○乖宗者，以經宗無相真空，既以法相解之，寧契經旨。以不順理，名之爲乖。

△二、迷派，二。初、敘因，二、結過。

初、敘因。

疏 或但云一真。

記 但云一真者，但猶獨也。以聞説此經是空無相宗，則首末作離心離境，空無相道理一味銷釋，故云一真。

△二、結過。

疏 望源迷派。

記 望源迷派者，望謂瞻望，源謂水生之處也，迷謂昏迷，派謂流派，路分曰岐，水分曰派。意云，此經雖宗無相，而文義千差，今雖符大底宗源，而全乖差別義理，故云望源迷派已。○斯言乃是曉公《起信序》文，今雖用之，而意異彼。彼則以一心爲源，隨緣生滅爲派，此則以經宗爲源，義理爲派，故不同也。

△二、正是邪謬。

疏 其餘胸談臆注，不足論矣。

記 其餘等者，前則各有一長，此乃都來邪僻。前則依人依教，此乃率意推胸。率爾疎謬之言，故曰胸談臆注。不堪採覽，置之言外，故云不足論矣。○就中此釋，字内偏多。疏主云，予久志斯經，徧詢諸疏，親見數十本，或假託金剛藏，或云志公，或云傅大士，或云達磨，或云五祖，或題自名，皆好紙好墨，裝飾甚華，其中文義，總不堪採。如釋舍衛國，云衛者百靈衛護，舉一例諸，首末皆爾，苟有無眼愚人，不能甄别，寶爲至妙，誠可悲哉，故云胸談等。

記　若將源派，約迷不迷。前後相望，有其四句。一、迷源不迷派，即配入名相者。二、迷派不迷源，即但云一真者。三、源派俱迷，即胸談臆注也。四、源派俱不迷，即不不攻異端，是此疏也。

△二、引文結顯。

疏　河沙珍寶，三時身命，喻所不及，豈徒然哉？

記　疏河沙下，二、引文結顯。○河沙珍寶者，即經云，如恒河中所有沙，有如是等恒河，是諸恒河沙，寧爲多不，乃至此福德，勝前福德。○三時身命者，即經云，須菩提，若有善男子、善女人，初日分以恒河沙等身命布施，乃至何況書寫、受持、讀誦、爲人解説。○喻所下，有二意。一即於此内外二財，喻之不及。二即如下文云，我念過去無量阿僧祇劫，於然燈佛前，乃至譬喻所不能及。含兹二意，故云喻所不及。○豈徒然哉者，豈者可也，徒者空也，意云，可空如此也。意謂，此經句偈隱略，旨趣深微，尋波討源，卒難得意，儻悟玄理，隨分受持，得福德多，不可思議。既若如此，非聖智不能造其源，常情之流，豈合措意。此文意含兩勢，一驗凡心不曉，二驗持者福多也。

△二、述造疏意，二。初、示疏論師承有據，二示名題義意在下。初、示疏論師承有據，二。初示論師承斥他添削，二示今述解不攻異端。初示論師承斥他添削，二。初示論可宗，二斥其違論。

初、示論可宗。

疏　且天親、無著，師補處尊。

記　疏且天親下，一、述造疏意，二。一、示疏論師承有據，二。一、示論師承斥他添削。

○梵語提婆盤豆，此云天親，是地前四加行位菩薩，即無著弟也。○無著，梵語阿僧佉，是初地菩薩，即天親兄也。○補處，即彌勒菩薩，見在兜率天上，次補佛處，號曰當來下生彌勒尊佛。以二菩薩依稟彌勒菩薩偈頌，造論解經，故云師補處尊。下《懸談》廣明。

△二、斥其違論。

疏 後學何疑，或添或棄。

記 後學下，斥其違論，即無著、天親之後製疏之者也。何疑者，責辭也。添，即前云配入名相者，於本論外，加以大小乘法相行位，故云添。棄，即前云但云一真者，棄却兩論，別自解釋也。○不知彼人云我勝菩薩，爲復不知菩薩所造論耶。若言不是我勝菩薩，亦非不知造論，但以志道參玄，忘言取意，截徑修進，不務枝流，誰有心力尋於論文者，即應責之曰：尋論釋經則推無心力，推胸率意，心力何多？且者，約截之辭。以不論所餘，截徑而斥，意云，今不論你有理無理，且論主是入位上流，復從彌勒所受義句，此蓋佛佛相傳，展轉師授，你之後學，何得固違而自率意耶？一是凡聖愚智懸隔，二是師父之言，背智率愚，悖師無禮，如父有所作，子乃故違，豈合天道耶？故此引師以斥也。

△二、示今述解不攻異端，二。初、對非顯是，二、出其因由。

初、對非顯是。

疏 故今所述，不攻異端。

記 疏故今下，二、明今述解不攻異端。今初兩句，對非顯是。○故今者，由菩薩展轉相授，所以今之述作，不攻異端。攻謂攻擊，異謂別異，端即端倪。即顯諸家却是異端也，故云對非顯是。故《論語》云，攻乎異端，斯害也已。注云，善道有統故，殊塗而同歸，異端不同歸也。

△二、出其因由。

疏　疏是論文，乳非城内。

記　疏是下二句，出其因由，既用本論釋經，不攻異端明矣。○乳非下，引經喻。《涅槃》第十云，復次，善男子，如牧牛女，爲欲賣乳，貪多利故，加二分水，轉復賣與餘牧牛女。彼牧牛女得已，復加二分水，轉賣與近城女人。彼女得已，復加二分水，賣與城中女人。彼女得已，復加二分水，詣市賣之。時有一人，爲子納婦，當須好乳，以待賓客，至市欲買。是賣乳者，多索價數，是人答言：汝乳多水，不直爾許之直。今我贍待賓客，是故當取。取已還家，煑用作糜，而無乳味，然於苦味中，千倍爲勝。何以故？乳之爲味，諸味中最。善男子，我涅槃後，正法未滅，餘八十年，爾時是經，於閻浮提當廣流布。是時當有諸比丘抄略是經，分作多分，抄前著後，抄後著前，前後著中，中著前後，雜以世語，錯定是經，令多衆生不得正見。如彼女人，展轉賣乳，乃至成糜而無乳味。然彼經意，以喻涅槃，此借用之，以喻般若。此中城内之言，語稍漫通，今取最初新搆之乳未加水者以爲喻也。或曰：此中豈無疏主自語，應同添水乳耶？答：不然。雖有自言，但是連合前後，或引文之端，皆從本義，而非添也。

△二、示名題義意在下。

疏　纂要名意及經題目，次下即釋，無煩預云。

記　疏纂要下，二、示名題義意在下。諸家至此，皆略判經題，今務簡削繁，下文委釋。

△三、解本文，二。初、偈文歸請，二、開章正釋。初、偈文歸請，二。初、歸敬三寶，二、祈願利生。

記　三、解本文，二。初、偈文歸請。

將欲製疏，恐未上符下合，故歸請也。意云，《法華經》説，假使滿世間，皆如舍利弗，盡思共度量，不能測佛智。聖智尚難圖度，凡心豈可測量？由是祈請加護，冀無紕繆。於中前三句歸敬三寶，後一句祈願利生。

△初、歸敬三寶，二。初、能歸至誠，二、正舉三寶。

初、能歸至誠。

疏　稽首。

記　初二字，能歸至誠。○稽者稽也，首即頭也。《尚書》云，稽首拜手。注云：稽首，謂首至地也。拜手，首至手也。今則屈頭至地，稽留少時，表敬之甚也。又禮有三種，謂下揖，中跪，上稽首。今則上禮，表無慢心。○然能歸之人，必具三業，表佛有天眼、天耳、他心知故。謂以身業歸，表佛有天眼見。以口業歸，表佛有天耳聞。以意業歸，表佛有他心知。又圓滿三業善故，成就三輪因故，以未歸三寶之前，三業悉皆不善，今歸三寶故三業皆善也。三輪者，謂神通輪、記心輪、教誡輪。因中身業歸，果獲神通輪。因中口業歸，果獲教誡論。因中意業歸，果獲記心輪。據此即三業是因，三輪是果。三輪之因，依主釋也。今言稽首，即當身業。但舉身業，餘者自具。謂稱三寶名及述所爲事，即口業也。心不虔誠，寧肯歸禮，即意業也。

△二、正舉三寶，三。初、佛寶，二、法寶，三、僧寶。

記　牟尼下，正舉三寶，謂佛、法、僧。爲福之田，三皆可寶，故云三寶，帶數釋也。○然有三種。一、住持，即塑畫等像，佛也。三藏教文，法也。五衆和合，僧也。遵守遺言，任持像法，名曰住持。二、別相者，佛即三身，法即教、理、行、果，僧即二乘菩薩。三、同體者，覺照名佛，軌持名法，和合爲僧。於中復有本性觀行融通之異，皆一法上説之，故云同體。〇於上三中，今所歸者即別相也。〇五教之中，當其始教，以此經屬始教故。今但取當宗之中，能説般若爲佛，所説般若爲法，發起流通者爲僧，故非餘教。

△初、佛寶。

疏　牟尼大覺尊。

記　牟尼下，佛也。〇梵音釋迦牟尼，此云能仁寂默，能仁故不住涅槃，寂默故不住生死。又，寂者現相無相，默者示説無説，此則即真之應也。〇大覺者，覺即是佛。大揀餘聖，餘聖雖覺，未名爲大。二乘偏覺，菩薩分覺，皆非大也。唯佛如來，一覺永覺，無所不覺，如大夢覺，如蓮華開，逈超群聖，故獨稱大。〇尊者，具上九號，爲物所尊。下文廣辨。

△二、法寶。

疏　能開般若三空句。

記　能開下，法也。〇於中，能字屬佛，開字通佛及法，謂在佛爲能開，在法爲所開。般若三空句五字，唯局法也。〇然於此中，具教、理、行、果。般若，果也，以是到彼岸慧故。三空，理也。句，即教也。理果合論，行也，以慧照理是菩薩行故。

△三、僧寶。

疏　發起流通諸上士。

記　發起下，僧也。〇發起上士，即須菩提。因興三問，故佛説之。〇流通上士，即是彌勒、無著、天親也。邐迤解釋，方始弘傳。〇上士者，高上之士也。或曰上人，故馬鳴菩薩《讚無常經歸敬偈》云，八輩上人能離染。或云大士，故大雲疏云，如斯大士皆歸命。斯皆通用，故隨人稱。

△二、祈願利生。

疏　冥資所述契群機。

記　疏冥資下一句，祈願利生也。〇冥，闇。資，助也。所述，即此疏也。契，合也。群機，即一切衆生也。〇然資助加護有二種。一即顯加，謂現身說法，有所見聞。二即冥加，但得智力，無所視聽。今於二中，唯求冥加也。以製疏釋經，唯藉智力，但得冥助，不須見聞。以此經云，若以色見聲求，是行邪道，爲順此教，故不求顯。〇然凡所設教，皆契理契機，今不言契理者，以疏是論文，已契理故。又疏主於二利中，利他偏甚，今唯言契機者，悲增之相也。

△二、開章正釋，二。初、標列章門，二、依章正釋。

初、標列章門。

疏　將釋此經，未入文前，懸敘義門，略開四段，第一辨教起因緣，第二明經宗體，第三分別處會，第四釋通文義。

記　將釋下，二、開章正釋。既蒙加祐，心通智明，約義開章，遂申經旨，文二。初、標列章門。〇將，猶欲也。此依崇聖寺塵外疏，唯開四門。若準大雲疏中，即開六門，一明經意，二明宗旨，三明經體，四辨譯時，五解題目，六釋經文。今雖四門，含六門義，謂此第二攝彼二三，第四攝彼五六，其餘單攝，但小異耳。

△二、依章正釋，四。初、辨教起因緣，二、明經宗體，三、分別處會，四、釋通文義。初、辨教起因緣，二。初、總論諸教，二、別顯此經。初、總論諸教，二。初、通赴機緣，二、克就佛意。

初、通赴機緣。

疏　初中二。初、總論諸教，謂酬因酬請，顯理度生也。

記　二、依章正釋，二。初、總論諸教，如多藥共治一病。二、別顯，則如一一藥各有功能也。初中二。初、通赴機緣。〇酬因者，酬謂酧報，因謂因地，以佛於因地初發心時，希求無上正等菩提，遂啟四弘誓願，煩惱無邊誓願斷，法門無邊誓願學，衆生無邊誓願度，佛道無上誓願成。於此四中，三願皆畢，唯一未圓，誓度衆生，衆生宛在。今雖證果，不捨因門，現身説法，濟度群品，以報先願，故曰酬因。故《法華》云，我本立誓願，欲令一切衆，如我等無異，如我昔所願，今者已滿足，化一切衆生，皆令入佛道。○酬請者，佛初成道，梵王帝釋等，請轉法輪。故《法華》云，爾時諸梵王，及諸天帝釋，護世四天王，及大自在天，并餘諸天衆，眷屬百千萬，恭敬合掌禮，請我轉法輪。如來默然受請，既受其請，故始於鹿苑，終至鶴林，四十九年，説諸經教，救度衆生。故《法華》云，即於波羅奈，轉四諦法輪等也。○顯理度生者，此二相從合説，然有通別。通則佛以一音演説法，衆生隨類各得解。別則説四諦法，顯生空理，度凡夫外道。説六波羅蜜，顯二空理，度不定性二乘及利根凡夫，令入大乘道。説一乘法，顯法界理，度定性不定性二乘及地住菩薩，并上上利根凡夫，令入一乘究竟佛道。

△二、克就佛意。

疏　若據佛本意，則唯爲一大事因緣故，出現於世，欲令衆生開佛知見等。

記　若據下，二、克就佛意。○唯爲一大事等者，《法華經》具云，諸佛世尊唯爲一大事因緣故，出現於世。舍利弗，云何名諸佛世尊唯爲一大事因緣故出現於世。諸佛世尊欲令衆生開佛知見，使得清淨故，出現於世，乃至欲令衆生入佛知見道故，出現於世。準天長疏解云，佛之知見，非三非五故云一，廣博包含故云大，諸佛儀式説此化生故云事，衆生有此機能感於佛曰因，佛即應之曰緣。故者，所以義。由此一大事因緣，所以佛出於世。開示悟入者，此之四句，不出於二，初二句能化，後兩句所化。能化有二，謂大開而曲示，此屬於佛。所化亦二，謂始悟而終入，此屬衆生。若準《法華論》釋，開者，雙開菩提、涅槃二無上果。示者，別示法身，顯三乘同體。悟者，知義，別指報身，二乘不知，説令知故。入者，因義，修因契入故。華嚴疏主解云：開者，開除惑障。示者，示真實理。悟者，悟妄本空，了心體寂，只令悟上真理。入者，冥於心體。石壁解云：一切衆生皆有佛性，大開也。指云心中了了分明是佛性，曲示也。斬新領解，決定印可不疑，始悟也。一切念想都亡，終入也。諸家解釋，旨趣不同，白璧黄金，各爲至寶。

△二、別顯此經，二。初、總標。二、別列。

初、總標。

疏　後別顯此經，五。

記　疏後別顯者，近指一卷《金剛》，遠闕諸部般若，以同宗故。〇意明有何所以説無相。經於中五段，具列如疏。

△二、別列，五。初、對治我法二執，二、遮斷種現二疑，三、轉滅輕重二業，四、顯示福慧二因，五、發明真應二果。初、對治我法二執，三。初、標，二、釋，三、結。

初、標。

疏　一、爲對治我法二執故。

記　初中三。初、標。〇對治者，如病設藥，義見序中。〇我執者有二。一、凡夫情計我，即執五藴總相以爲主宰。二、外道神我，即藴離藴，或大或小，幽靈神聖，動用難思。皆計爲實，故云我執。〇計一切法實有體性，名爲法執。〇然佛説小乘，已除我執，今説般若，重爲此者，葢深必該淺也。由是正除法執，兼明我空也。

△二、釋，二。初、總標由執起障，二、別示二障過患。

初、總標由執起障。

疏　由此二執，起煩惱、所知二障。

記　由此下，二、釋，二。初、總標由執起障。○煩惱，即根隨等。此依我執而起，如前逐妄中説。○所知，即根本無明也。故《起信論》云，無明義者，名爲智礙，即所知障也。此依法執而起。

△二、别示二障過患，二。初、煩惱障，二、所知障。

初、煩惱障。

疏　由煩惱障障心，心不解脱，造業受生，輪轉五道。

記　由煩下，二、别示二障過患，二。初、煩惱障。○心不等者，心本清淨自在，功德妙用，過於塵沙。良由此障覆蔽，不得顯現，故云心不解脱。解脱者，自在義。○不唯令心不解脱，復能造業潤業。業即善、惡、不動業也。○以有業因，必招果報，即受生也。○受生之處，所謂五道。○生而復死，往而又來，故云輪轉。輪轉之相，已如序中綸輪義也。○反推其源，即是我執，故知我執是過患根本，故要除之。

△二、所知障。

疏　由所知障障慧，慧不解脱，不了自心，不達諸法性相，縱出三界，亦滯二乘不得成佛，故名障也。

記　由所知下，二、所知障。○慧不等者，此即大乘深慧，不論小乘淺慧。○此慧若發，照見五蘊皆空，唯是心性，離自心外，無别有法。今爲無明覆蔽，不得開發，故《華嚴》云，若不了自心，云何知正道。彼由顛倒慧，增長一切惡。○不達等者，然諸法性相，有别有通。别則如水以濕爲性，以動靜爲相等。通則諸法同以無爲爲性，有爲爲相。由無是慧，故不能了之。○然了心即根本智，了性相即後得智。二智不顯，蓋由無明。無明不除，不成佛法，故云縱出三界，亦滯二乘等，斯則雖出火宅，猶止化城，不到寶所。〇若反推其本，由於法執，將知法執是過患根本也。

記 然此二障，非謂抗行，皆由一心所爲，但微著有異。所知則細，煩惱則麤，麤細雖殊，都無別體。猶如一水，起動成波，微著有異。於中亦有二義。纔動則不能現像，同彼所知，猛盛則覆舟溺人，況於煩惱，法喻相對，昭然可見。

記 又心慧解脱，約人料揀，以成四句。謂心解脱慧不解脱，二乘也。心不解脱慧解脱，大悲菩薩也。俱解脱，佛也。俱不解脱，凡夫也。

△三、結。

疏 二執若除，二障隨斷。爲除二執，故説此經。

記 疏二執下，三、結。〇以前推窮一切過患根本，是其我法二執。二執若遣，二障即除。二障若除，則諸過自滅。由是過患之源，即其二執。爲除二執，故演斯經，故知此經是大良藥。故《心經》云，般若波羅蜜多，是大神呪，是大明呪等，乃至云能除一切苦，真實不虚。〇欲知此經除二執者，如經云無我相、人相、衆生相、壽者相，是除我執也。無法相，亦無非法相，是除法執也。如此類例，徧於經中。

△二、遮斷種現二疑，二。初、標。二、釋。

初、標。

疏 二、爲遮斷種現二疑故。

記 疏二中，二。初標，可知。

△二、釋，二。初、正釋。二、指經。

初、正釋。

疏 遮未起種子之疑，斷現起現行之疑。

記 二、釋。〇疑者，於理於事，猶豫不決，即心所法中煩惱一數。然有二種，一、種子，二、現行。種子，謂藴在藏識，未顯發者，名爲未起。現行，謂動之於心，或形之於口，名爲現起。遮則遮其種子，不令起於現行，斷則斷於現行，即自除其根本。其猶築堤防水，傾津潑餤，其義可見。

△二、指經。

疏　即經中答所問已，便躡跡節節斷疑，乃至經終，二十七段。

記　即經下，指經也。然準經，即答三問已，展轉而斷，起復連環，故云節節，至二十七。然遮斷之言，總有兩意。一則經中有須菩提陳疑處是現行，即第二、第十一、第十九，餘無問辭，皆種子也。二即當時盡是現行，望於後代總名種子，斯則斷現行時，即是遮種子也。然二意中，後意稍切，故二十七疑皆言斷而不言遮也。

△三、轉滅輕重二業，二。初、標。二、釋。初、標。

疏　三、爲轉滅輕重二業故。

記　疏三中二。初、標。

△二、釋。

疏　轉重業令輕受，滅輕業令不受。

記　二、釋。〇然汎論，業有三種，謂善、惡、不動。受有三時，謂現、生、後。若今世造善惡，今世受苦樂者，名順現報業。若今世造善惡，次生方受，名順生報業。若今世造善惡，從第三生已去，乃至百千生方受，名順後報業。今世有人造善惡業，目下無報，便疑無因果者，良由不達此三時報也。故《佛名經》云，行善之者，觸事轗軻，行惡之者，是事諧偶，致使世間愚人謂之善惡不分。我經中説，有三種報，如上所敘。今言轉滅者，三中唯轉惡業，以違理故，時則通三。〇然此惡業受報，準小乘宗説有定不定。如初篇四重，名爲定業。僧殘已下，名不定業。以此對時，應成四句，謂時定報不定，報定時不定，俱定，俱不定。若此經説者則不然，以未入我法，名決定業。若入我法，名不決定業。所言不定者，或輕或重，或受或不受也。問：若然者，何以《大般若》中云，唯除決定業應受報耶。答：但轉重成輕，非令不受，故無違也。如此經云，若有人受持、讀誦此經，爲人輕賤者，是人先世罪業，應墮惡道，以今世人輕賤故，先世罪業則爲消滅，當得阿耨菩提。○言先世者有二意，一、前生之前，名爲先世。二、未持經前，名爲先世。雖通此二，後義爲正也。今以三塗之業，用輕賤代之，令報不定，生報現償，令時不定，此皆轉重令輕也。其滅輕不受，經則無文。經雖無文，義乃合有。然有兩意。一者以重況輕，意云，重業既轉之令輕，輕業故宜不受。二則曾墮三塗之者，出在人中，猶有餘業，即貧窮諸衰等苦，今既不墮三塗，則餘業必免，亦是時報俱不定也。

△四、顯示福慧二因，三。初、標，二、釋，三、結。

初、標。

疏 四、爲顯示福慧二因故。

記 疏四中，三。初、標。

△二、釋，二。初、未説失爲凡小，二、已説得爲佛因。

初、未説失爲凡小。

疏 佛成正覺，未説般若之前，衆生由無妙慧，施等住相，皆成有漏，或滯二乘。

記 二、釋，二。初、未説失爲凡小。○佛成正覺者，即菩提樹下，三十四心斷結，即成道之後，十二年以前，但説人天因果及五分法身初圓，示成正覺也。○未説等者，四諦緣生，未説三空般若。○無妙慧者，妙慧謂無相甚深般若也。此是法空之慧，以未説般若，未顯法空，故無此慧也。○施等住相者等，於戒、忍等四，住於我、人、衆生等相，及住法非法相也。○既住我、法等相，則成世間因果，故皆有漏也。此説凡夫依人天教者。○或滯二乘者，設有斷惑證真，不無厭苦欣樂，縱出三界，亦墮聲聞、緣覺之地。此依小乘教者。○若準凡夫，兼無麤慧，就勝通説，故言無妙慧也。

△二、已説得爲佛因，二。初、順釋。二、反顯。

初、順釋。

疏　故談般若，顯示妙慧爲法身因，五度爲應身因。

記　疏故談下，二、已説得爲佛因，二。初、順釋。○即十二年後，説諸部般若之教，詮顯妙慧。○妙慧即第六般若波羅蜜。以法身是真如妙理，本不生滅，但以煩惱覆之，名如來藏。若妙慧照破煩惱，真理顯現，成大法身，故説妙慧爲法身因也。○五度等者，五度即施、戒、忍、進、定。應身即三十二相、八十種好、紫磨金色之體也。此由積習五波羅蜜之所感得，故言五度爲應身因。

△二、反顯。

疏　若無般若，則施等五非波羅蜜，不名佛因。

記　疏若無下，二、反顯。○非波羅蜜等者，雖行施等，由無慧導，皆成住相。由住相故，便成有漏，但成世間善因樂果，故非佛因也。故《菩提資糧論》云，施、戒、忍、進、定，及此五之餘，皆由智度故，波羅蜜所攝。

△三、結。

疏　故須福慧二嚴，方成兩足尊矣。

記　疏故須下，三、結。○福慧屬因，即五度六度，是能嚴也。兩足是果，即真身、應身，爲所嚴也。然諸佛果德，雖無量無邊，以要言之，不過此二。故《法華》云，如其所得法，定慧力莊嚴，以此度衆生，自證無上道。大意謂，由無般若，致使施等非波羅蜜，不成佛因，故須福慧二嚴，乃成兩足妙體。○然前五與第六互相資助，以真、應二果必須具故。其猶膠青、彩色，彩非膠而不著，膠非彩而無色，六非五而無相，五非六而無因。如經云，應無所住，即修慧也。行於布施，即修福也。又以無我、無人、無衆生、無壽者，即修慧也。修一切善，即修福也。此例甚多。

△五、發明真、應二果，三。初、標，二、釋，三、結。

初、標。

疏 五、爲發明真應二果故。

記 疏五中三。初、標。○真、應二果者，然諸經論皆説三身，此中唯明二者，已合攝故。言三身者，即法、報、化。如權宗所説，法身是理，無漏無爲，報身是智，轉識所成，有爲無漏，雖證於理，智且非理，如日舍空，由是理智分爲二也。化身是影，固宜不同，由此説佛有三身也。今言二者，法、報合故，以智即是理，如光即珠，是故合説爲真身也。如《淨名經》云，佛身無爲，不墮諸數，豈言報體是有爲耶。又《涅槃經》云，若人言如來同有爲者，死入地獄。是故此中不説於三，但言二也。故《智論》云，佛有二身，一真身，二應身。亦云生身應身皆化身也。○問：法、報、化等，皆是佛身。法、報既其不分，化體何故別説耶。答：法、報皆實，所以合論。化體唯虚，故宜別也。

△二、釋。

疏 未聞般若之前，但言色相是佛，不知應化唯真之影，不如實見真身應身。

記 疏未聞下，二、釋。○謂十二年前小乘之人，唯取三十二相金色之身以爲真佛，不知更有真佛，故云但言色相。○不知下，以未達法空故，不知此相但是真身之中所現影像也。故《唯識》云，大圓鏡智，能現能生身土智影。既言是影，則知非真。故彌勒頌云，應化非真佛，亦非説法者。不知等者，若知真身是實，應身是虛。又了相即無相，名爲真身。無相即相，名爲應身。如是見者，名如實見。故《華嚴》云，於實見真實，不實見不實，如是解法相，是則名爲佛。若不如是，名爲不如實見。

△三、結。

疏　故此發明二果，令知由前二因證得。

記　疏故此下，三、結。○發明二果者，如經云如來説三十二相即是非相者，發明真身也。是名三十二相者，發明應身也。又云則非具足色身，發明真身也。是名具足色身，發明應身也。餘例此知。○二因等者，真身由前慧因證得，應身由前福因證得也。○前段中云故須福慧二嚴等，即是約果説因。今云故此發明等，即是望因説果。如是説者，意令衆生修二種因，證二種果也。

記　然前五門，展轉相躡，謂説《般若經》，本除二執，故有第一。二執雖遣，兩疑猶存，故有第二。縱使無疑，爭奈先業，故有第三。惡業既滅，無漏因成，故有第四。因既昭然，果證何遠，故有第五。由是一經大意，極此五重矣。

△二、明經宗體，二。初、總標別開，二、依開別釋。

初、總標別開。

疏　第二、明經宗體，二。

記　疏明經宗體者，宗即所詮，體即能詮。

△二、依開別釋，二。初、明經宗，二、明經體。初、明經宗，二。初、標，二、釋。

初、標。

疏　初宗。

記　今初宗者，尊也，重也，心言之所尚也。然言由於心故，故肇公云，情尚於空者，觸言而賓無。《毛詩序》云，情動於中而形於言。餘皆例此。文二。

△二、釋，二。初、統明諸教，二、別顯今經。

初、統明諸教。

疏 統論佛教，因緣爲宗。

記 初、統明諸教。〇然此方古今，教有三種，淺深既異，所宗亦殊。一、儒教，主即文宣王，謂孔丘也。宗於五常，仁、義、禮、智、信，意以修身慎行，理國理家，揚名後代也。二、道教，主即玄元皇帝，謂老聃也。宗於自然，自然即融蕩是非，齊平生死，終歸虛無也。三、釋教，主即釋迦也。宗於因緣，意令識迷破惑，證真起用也。是故疏云因緣爲宗。〇然一代佛教，通宗因緣，雖小乘生滅，大乘無性，淺深有異，大約統論皆因緣也。〇然有二種，一、世間，二、出世間。世間有二，一、內，二、外。外復有二。一、謂種子爲因，水、土、人、時等爲緣，而芽得生。又，泥團爲因，輪、繩、陶師等爲緣，而器得成。二、內謂無明爲因，行支爲緣，而生識等五支及生老死二支。前二器世間，後一即有情世間，故知成此三界世間，只由因緣二字。二者，出世間，有三種。一則本覺內熏爲因，師教外熏爲緣，而始覺得生。二、始覺爲因，施等五度爲緣，而佛果得成。三則大悲爲因，衆生爲緣，而應、化得興。故知出世間一切淨妙等事，不出因緣二字。故《法華》云，佛種從緣起，是故說一乘。《中論》云，未曾有一法，不從因緣生。又云，我說是因緣，能滅諸戲論。〇然統收世出世間一切諸法有義、空義、假義、中義，雖淺深不同，皆墮因緣也。言有者，有生有滅也，謂諸法緣會而生，緣離則滅。如馬勝比丘，爲舍利弗說偈曰：諸法從緣生，緣離法即滅，如是滅與生，沙門如是說。空者，既屬因緣，則知無體，無體即空義也。故《中論》云，因緣所生法，我說即是空。假者，如鏡像水月，雖則不實，緣會不得不現。故《淨名》云，是身如影，從業緣現。中者，以假故非空，空故非假，非空非假，即空即假，名爲中義。故《淨名》云，說法不有亦不無，以因緣故諸法生。又如《中論》都明有等四義，云：因緣所生法，我說即是空，亦名爲假名，亦名中道義。即三乘教中所說空、有、中、假等義，並不出因緣，故云佛教統宗因緣也。

△二、別顯今經，三。初、約法正立，二、約喻釋成，三、約行結顯。

記　疏別顯等者，所謂通中之別，隨何經中，所宗各異，如《華嚴》法界，《法華》一乘，《淨名》不思議真如佛性等也。文三。初、約法正立。

△初、約法正立。

疏　別顯此經，則實相般若、觀照般若不一不二，以爲其宗。

記　然般若種類，諸說不同，準《智度論》，說有三種。一、文字，即能詮教。二、觀照，即能觀智。三、實相，即所觀境。羅什後來開爲五種，謂於觀照中開出眷屬，即隨行五蘊及煖等善根，於實相中開出境界，即俗諦境。此五中，唯觀照持業釋，餘皆依主。大雲解之，五皆持業，謂文字性空即般若故，眷屬、境界同文字故。實相即是法身。《起信論》云，依此法身，說名本覺故。然雖三雖五，三者爲正。何則。般若所照，皆實相故，不唯真如。故《智論》云，照色等空，即名實性，性空實理，離於顛倒，非虛僞故。於空見空，亦名顛倒，於空無著，乃是實法。色等虛僞，誑人眼根，故知但約不顛倒，離虛僞，便爲實相，則雙取真俗二諦爲一實相也。煖等眷屬是慧性故，相應隨行俱觀照故，故知觀照攝眷屬也。由是雖則說三，已攝於五。既符《智論》，必契深經，故三爲正。○然諸家立宗，或唯觀照，或唯實相，此並未當。且此經所詮，一一離相，豈唯觀照。又教化衆生，斷疑破執，豈唯實相。由是，今疏雙取爲宗。〇不一不二者，欲言其一，體用有殊，欲言其二，寂照常俱，故非一二。

△二、約喻釋成。

疏 以即理之智，觀照諸相，故如金剛，能斷一切。

疏 即智之理，是爲實相，故如金剛，堅牢難壞。

記 疏以即下，二、約喻釋成，則顯雙取爲正。且本舉能堅能利一金剛，以喻觀照、實相二種般若。若單取觀照，則闕堅義。若單取實相，則闕利義。〇又皆言即者，釋成不二之相，以照而常寂故。理非智外，寂而常照故。智非理外，既離理無智，離智無理，故如金剛，即堅即利。

△三、約行結顯。

疏 萬行之中，一一不得昧此，是故合之以爲經宗。

記 疏萬行下，三、約行結顯。〇謂菩薩行中，必須具此，若昧實相，則難亡分別，便成住相，即墮有漏。若昧觀照，則闕智用，便滯偏空，同於二乘。故須二事兼行，方契中道，此則如前行玄之義也。由是《起信論》中止觀合說，《法華經》内定慧莊嚴，《華嚴》明定慧二事菩薩依賴，《涅槃》顯定慧不等，不見佛性。諸教中說，無明邪見，自此而生，故《華嚴疏》云，萬行忘照而齊修，頓漸無礙而雙入，皆此義也。

△二、明經體，二。初、標，二、釋。

初、標。

疏 二、體。

△二、釋，三。初、標立，二、正釋，三、總結。

初、標立。

疏 文字般若，即是經體。

記　二、體，分三。初、標立，可知。

△二、正釋，二。初、明具四法，二、明攝所詮理。

初、明具四法。

疏　文字即含聲、名、句、文。

記　文字下，二、正釋。○或曰：諸家所出教體，皆取聲、名、句、文，或通取所詮之法，今何單取文字耶。○由是疏云文字即含聲、名、句、文，此明具四法也。○聲即言音。名、句、文三，即聲上屈曲表示。名詮諸法自性，句詮諸法差別，文即是字，爲二所依也。○問：四法之中，文字最居其末，云何攝聲等法耶。答：所以能攝者有二意。一、能顯文字，有其三處，謂心上顯，即意識境，聲上顯，即耳識境，色上顯，即眼識境。今取初者，故能攝之。二、有聲未必有名、句、文，有文則必有聲、名、句。前前未必有後後，後後必有於前前，如苗必有根，根未必有苗也。以是義故，故攝聲等。

△二、明攝所詮理。

疏　文字性空，即是般若，無別文字之體。

記　文字性空下，明攝所詮理也。謂依於般若，顯乎文字，文字本空，即是般若，無別文字體也。然有二意。一、體屬緣生，無自體故。二、非別有一法爲文字體故。此皆意顯般若是文字體也。其猶鎔金成像，像即是金也。

△三、總結。

疏　故皆含攝，理無不盡，統爲教體。

記　疏故皆下，三、總結。○含攝之義，如上所明，能所總該，故言理無不盡。此乃文字則該能詮盡，般若則該所詮盡。詮旨既備，故云統爲教體。

△三、分別處會，二。初、總標別開，二、依開別釋。

初、總標別開。

疏　第三、分別處會，二。

記　疏分別處會，文二。

△二、依開別釋，二。初、總明佛說大部處會，二、別明傳譯此卷時主。初、總明佛說大部處會，二。初、標，二、釋。

初、標。

疏　初、總明佛說大部處會。

△二、釋，二。初、總示大部，二、別顯此經。

記　初中二。初、總示大部。此經下，二、別顯此經。

△初、總示大部，二。初、總標，二、別列。

初、總標。

疏　六百卷，四處十六會說。

△二、別列。

疏　一、王舍城鷲峰山七會。山中四會，山頂三會。二、給孤獨園七會。三、他化天宮摩尼寶藏殿一會。四、王舍城竹林園白鷺池側一會。

△二、別顯此經。

疏　此經則二處第九會第五百七十七卷。

記　總可知。

△二、別明傳譯此卷時主，二。初、標，二、釋。

初、標。

疏　後別明傳譯此卷時主。

△二、釋，三。初、正明東土翻譯前後，二、因辨西方解釋異同，三、示今科判依據差別。初、正明東土翻譯前後，二。初、通辯諸譯，二、克示所傳。

記　疏別明中，文三。初、正明東土翻譯前後，二、初、通辨諸譯。

△初、通辨諸譯，二。初、總標，二、別列。

初、總標。

疏　前後六譯。

△二、別列，二。初、列別名，二、顯通號。

初、列别名。

疏　一、後秦羅什，二、後魏菩提流支，三、陳朝真諦，四、隋朝笈多，五、唐初玄奘，六、大周義淨。

記　流支者，天平二年，於洛陽譯成十四紙，名《金剛般若》。〇真諦，太康元年，於金陵郡譯成十四紙，名《金剛斷割》。〇笈多，開皇十年，於洛陽譯成十六紙，名《金剛斷割》。〇玄奘，貞觀二十二年，於玉華宫譯成十八紙，名《能斷金剛》。〇義淨，證聖二年，於佛授記寺譯成十二紙，名《能斷金剛》。

△二、顯通號。

疏　上六人皆三藏。

△二、克示所傳。

疏　今所傳者，即羅什弘始四年於長安艸堂寺所譯。

記　疏今所下，二、克示所傳。

△二、因辨西方解釋異同，二。初、明偈受授，二、明論異同。初、明偈受授，二。初、稟受彌勒，二、轉授天親。

初、稟受彌勒。

疏　天竺有無著菩薩，入日光定，上昇兜率，親詣彌勒，稟受八十行偈。

記　疏天竺下，二、因辨西方解釋異同。

△二、轉授天親。

疏　又將此偈，轉授天親。

記　轉授天親者，有説云，以天親久習小乘，近從大教，要滌情執，故轉授之。

△二、明論異同，二。初、天親斷疑執，二、無著顯行位。初、天親斷疑執。

疏　天親作長行解釋，成三卷論，約斷疑執以釋。

△二、無著顯行位。

疏　無著又造兩卷論，約顯行位以釋。

記　斷疑執，顯行位正，宗文中可見。

△三、示今科判依據差别，二。初、正

明科釋所依，二、結成立題所以。初、正明科釋所依，二。初、天親無著，二、餘論諸疏。

初、天親無著。

疏 今科經唯約天親，釋義即兼無著。

記 疏今科下，三、示今科判依據差別，二。初、正明科釋所依。〇兼無著者，以顯此疏正依天親，傍用無著。

△二、餘論諸疏。

疏 亦傍求餘論，採集諸疏。

記 餘論諸疏義，見開題處。

△二、結成立題所以。

疏 題云纂要，其在茲焉。

記 疏題云下，二、結成立題所以。〇不同《淨名集疏》，備書四聖之名義。即如何晏《集解論語》，於孔安國、馬融等注中，當者用之，不當者翦之。今疏亦爾，或雙取以各有理，或共成一義，故兩存焉。

金剛經疏記科會卷第一

金剛經疏記科會卷第二

唐圭峰大師疏

宋長水大師記

後學雲棲寺沙門大璸科會

△四、釋通文義，二。初、解題目，二、釋經文。初、解題目，二。初、科經，二、釋義。

初、科經。

疏 第四、釋通文義，二。初、解題目。

金剛般若波羅蜜經

△二、釋義，二。初、釋所詮，二、釋能詮。初、釋所詮，三。初、釋金剛，二、釋般若，三、釋波羅蜜。初、釋金剛，二。初、翻名示相，二、約法辨義。

初、翻名示相。

疏 金剛者，梵云跋折羅，力士所執之杵，是此寶也。金中最剛，故名金剛。帝釋有之，薄福者難見。

記　疏釋通文義，二。初、題目，二、初、釋所詮，三、初、釋金剛，二。初、翻名示相。○梵云下，新云縛左羅。○力士所執者，如經所説執金剛神，梵云諾建那，此云露形神，即此力士也。○金中最剛者，金語通五，此最精堅，故安剛字。○仍非人間之物，故云帝釋有之，乃是天上至寶，故云薄福者難見。《正理論》云，帝釋有寶，名曰金剛，不爲薄福衆生所見。

△二、約法辨義，二。初、引經論總彰二義，二、引真諦别示六種。初、引經論總彰二義，三。初、總標略辨，二、引教委釋。三、結顯喻旨。

初、總標略辨。

疏　極堅極利，喻般若焉。無物可能壞之，而能碎壞萬物。

記　疏極堅下，二、約法辨義，二。初、引經論總彰二義，三。初、總標略辨。爲有勝能，故云極堅極利，喻般若焉。○無物下，釋極堅等相。則知若有一物能壞，則非極堅，若有一物不碎，則非極利也。如銀鐵雖堅，遇火則融，刀劍雖利，斫石則缺，非極堅利也。揀餘堅利，故加極字。

△二、引教委釋，二。初、引經，二、引論。

初、引經。

疏　《涅槃經》云，譬如金剛，無能壞者，而能碎壞一切諸物。

記　疏《涅槃》下，二、引教委釋。○《涅槃》下，引經。

△二、引論。

疏　無著云，金剛難壞。又云，金剛能斷。○又云，金剛者，細牢故。細者，智因故。牢者，不可壞故。

記　無著下，引論。○難壞即堅義，能斷即利義。○細牢者，細謂揀麤，顯是微妙。

牢揀可壞，堅固義成。〇智因即是慧，慧是智之因，智是慧之果。此約觀照般若説。以微細故，能入於惑，令彼滅也。〇不可壞者，《智論》云，一切語言、名相等事，皆可破壞，唯無相智，不可破壞。此約實相般若説。〇問：實相般若，分因果耶？答：用有勝劣，故分因果。體無增減，因果一如。故《普賢觀》云，大乘因者，諸法實相，大乘果者，亦諸法實相。《華嚴經疏》云：理開體用，名大方廣；智分因果，號佛華嚴。

△三、結顯喻旨。

疏 皆以堅喻般若體，利喻般若用。

記 疏皆以下，三、結顯喻旨。此結所引經論之義。〇然先上諸德，皆用此義。資聖云，金剛者，堅而復利。堅喻本覺真性，雖流轉諸趣，而覺性無壞。利喻般若淨照，三賢十地，貫通萬行，無明惑暗，無不壞也。肇云，金剛者，堅利之譬也，堅故物不能沮，利故物無不摧。以況斯慧，邪魔不能毀，堅之極也；萬物皆能破，利之義也。又諸經論説金剛喻定，《勝鬘經》説金剛喻智，《梵網經》以十迴向爲十金剛，《仁王》謂十堅心，《淨名》以金剛慧決了此相，無縛無脱，得無生法忍。〇又諸經論説金剛座、金剛山、金剛輪，如是等説，皆取堅利義也。〇又晉武帝《起居注》云，武帝十三年，燉煌有人獻金剛寶，生於金中，色如紫石英，狀如蓍麥，百鍊不銷，可以切玉如泥，是知堅利之極也。

△二、引真諦別示六種，二。初、正明六種，二、結示傍正。初、正明六種，二。初、總標，二、別列。

初、總標。

疏 又真諦記，説六種金剛。

記 疏真諦下，二、引真諦別示六種，二。初、正明六種。一一以法合之，分明在疏，皆般若之功也。

△二、别列六，初、青色，二、黄色，三、赤色，四、白色，五、空色，六、碧色。

初、青色。

疏　一、青色，能消災厄，喻般若能除業障。

記　災厄等者，有厄則災禍必來，有業則苦果定至。厄除則災禍不起，業喪則苦果不生。

△二、黄色。

疏　二、黄色，隨人所須，喻無漏功德。

記　隨人所須，有二意。一則如餘物不能隨所須，金不可爲銀用，羅不可爲錦用等，金剛則不然，要者皆得。法中亦爾，有漏功德，人不可爲天，富不可爲貧，無漏不爾，隨心所成。二則餘物用之則盡，金剛出之不窮。法上亦爾，有漏受之則窮，無漏受之不盡。

△三、赤色。

疏　三、赤色，對日出火，慧對本覺出無生智火。

記　對日等者，慧即始覺，合本覺時，見法無生，名無生智。如《起信》云，得見心性，心即常住，常住即無生義也。火出，燒盡世間，使六合空廓。智起，斷除煩惱，令大道通同。

△四、白色。

疏　四、白色，能清濁水，般若能清疑濁。

記　能清等者，水清則萬像齊鑒，疑除即佛法現前。

△五、空色。

疏　五、空色，令人空中行坐，慧破法執，住真空理。

記　空中等者，昇太虚則不履於地，住真空則不墮世間。

△六、碧色。

疏　六、碧色，能消諸毒，慧除三毒。

記　銷諸毒者，中毒則令人命終，起惑則永沉生死，毒除則延年益壽，惑遣則不滅不生。

△二、結示傍正。

疏 傍兼可矣，非堅利之本喻。

記 疏傍兼下，二、結示傍正。〇佛所立名，本約堅利，如上六義，乃是兼明。諸家至此，多不料簡，殊濫正義。〇若將此六，配前五因，即一當第三，二、三當四五，四當第二，五六當第一。

△二、釋般若，二。初、翻名略指，二、引教廣辯。初、翻名略指，二。初、翻名，二、指體。

初、翻名。

疏 般若，正翻云慧。

記 疏般若下，二、釋般若，二。初、翻名略指。〇般若正翻慧者，以古來諸德，義翻爲妙慧、淨慧、無相慧，此皆挾到彼岸義，是別相也。或云智慧，今云正翻慧者，即通相也。

△二、指體。

疏 即照五蘊空相應本覺之慧是也。

記 即照下，約功用以出體也。照蘊空，即是功用。本覺之慧，即是出體。〇《大品》云，色如聚沫，受如泡幻，想如陽燄，行如芭蕉，識如幻化，如是觀者，名照蘊空。〇相應等者，本覺即如來藏自性清淨心，非新生故言本，不頑暗故言覺。慧即始覺也。依體起用，故云之慧。始即同本，故曰相應。〇然本覺與慧，不一不二。以不二故，故言相應。以不一故，故言之慧。故資聖云，妄心見俗曰無明，悟心照真爲般若。俗境萬有，見心必異，真空理一，悟自無差，第一義空，離照無理，清淨本覺，即理是照。又《涅槃》云，佛性者名第一義空，第一義空名爲智慧。此等皆證體用非一非二義也。〇然本即實相，始即觀照。

△二、引教廣辯，二。初、引論別相釋。二、引經通相辯。初、引論別相釋，二。初、明總攝三慧，二、引論文釋成。

初、明總攝三慧。

疏　若約學者從淺至深言之，則攝聞、思、修三慧，總爲般若。

記　疏若約下，二、引教廣釋，二。初、引論別相釋。二、初、明總攝三慧。學者，即修大乘行人也。初須聞法生解，名聞慧。次則測度所聞，評量教理，分明忍可，以印自心，曰思慧。然後如聞思處，依而行之，無所乖越，名修慧。前二有漏，後一無漏，前淺後深，深淺雖殊，通名爲慧。是故總收，名爲般若。如人攻文，赴舉及第，雖前劣後勝，皆一人也。云云。

△二、引論文釋成，二。初、正釋成，二、配因果。

初、正釋成。

疏　故無著云，能斷者般若波羅蜜中聞、思、修，所斷如金剛斷處而斷故。

記　疏故無著下，二、引論文釋成，二。初、正釋成。○波羅蜜中等者，此明頓悟中漸修也。慧纔發時，照萬法空，便到彼岸，名爲頓悟。由有多生習性，未得念念相應，故須聽聞正法，思惟其義，如說修行，方得究竟證入，名爲漸修，開題中略明也。若《唯識》中說，則具根後二智，謂十度中，六通本後，四唯後得，六中則二智皆具，爲分十度故，第六偏取二空本也。今依無著，更加加行智，則通前三矣。○金剛斷處等者，如金剛斷物之處而斷煩惱，非謂金剛亦通所斷。

△二、配因果，二。初、雙引論，二、雙解釋。初、雙引論，二。初、引無著，二、引《智度》。

初、引無著。

疏　又云，細者智因故者，智因即慧也。

記　疏又云下，二、配因果，二。初、雙引論。○上者字，論牒所標。下者字，疏牒論文。○智因即慧，慧果即智也。前雖引用，今方解釋。○此引無著也。

△二、引《智度》。

疏　依《智度論》因位名般若，果位名智。

記　次引《智論》，可知。

△二、雙解釋，二。初、正解釋。二、出所以。

初、正解釋。

疏　則聞、思、修皆名爲細，細妙之慧，佛智之因矣。

記　疏則聞下，二、雙解釋。○此明法空深慧，意揀我空慧爲麤淺，不爲佛因，但是二乘因故。

△二、出所以。

疏　般若能斷，故在因位。佛果無斷，轉受智名。

記　般若下，出所以。○以慧是揀擇義，揀擇惑障，顯無爲故。以因位有惑，故須擇之，乃名爲慧。○智但決斷爲義，以果位無惑，但唯決定，朗然獨照，故名爲智。○只是一法，受此兩名，如人破賊爲將，功成爲相也。○有説以無漏智性爲智因，大雲破之。三塗有性，何不斷惑？闕細義也。此約妙慧別相以破。若就通相，取亦可矣。以凡是有心，皆成佛故，此得是因也。

△二、引經通相辯，二。初、引經，二、辯體。

初、引經。

疏　若依《大品經》，若字通智慧二義。

記　疏若依下，二、引經通相釋。○此明字緣字界，若字是字界，般那都爲緣。若以般爲緣，助於若界，則名爲慧。若以那爲緣，助於若界，則名爲智，如僧人、俗人等。云云。

△二、辯體。

疏　故智與慧，名義少殊，體性無別。

記　名殊謂曰智曰慧，義殊謂決斷揀擇。此中義殊故使名殊也。○體性無別者，皆別境中一也。前三種智，皆名慧故。故智與慧，皆如金剛。故《薩遮尼乾經》云，帝釋金剛寶，能滅阿脩羅，智碎煩惱山，能壞亦如是。《無常經》云，金剛智杵碎邪山，永斷無始相纏縛。

△三、釋波羅蜜，三。初、約語對翻，二、約義順釋。三、順義通結。

初、約語對翻。

疏　波羅蜜者，此云彼岸到，應云到彼岸。

記　疏波羅下，三、釋波羅蜜，文三。初、約語對翻。○應云下，迴梵文，以西域風俗，例皆如此。云云。○青龍云，蜜多者，離義到義。元康云，天竺風俗，所作究竟皆云到彼岸。到、離之義，次文明之。

△二、約義順釋，二。初、釋義，二、通難。初、釋義，二。初、正釋到離義，二、因明彼岸義。初、正釋到離義。

疏　謂離生死此岸，度煩惱中流，到涅槃彼岸。

記　疏謂離下，二、約義順釋，二。初、釋義。○前三句中，每句皆上法下喻，意明煩惱如大河，難可度故。生死如此岸，有情居故。涅槃如彼岸，諸佛住故。則慧是能離、能度、能到，生死等是所離、所度、所到。若欲離此到彼，必須渡於中流。此約四諦説之，理則明矣。知苦是離此岸，斷集、修道是渡中流，證滅是到彼岸也。此順小乘義説。下經令入大乘無餘涅槃，即須離二種生死此岸，乘六度船筏，度二障中流，到二涅槃彼岸。

△二、因明彼岸義。

疏　涅槃，此云圓寂，亦云滅度。

記　涅槃等者，以翻波羅蜜爲彼岸，即是涅槃。是故約轉依果，明彼岸義。然生死即分段變易，煩惱即總該二障。○圓寂者，義翻也，謂德備塵沙曰圓，妙絶相累曰寂。○滅度者，肇云，涅槃者，秦言無爲，亦云滅度，或但云滅。然滅與小乘不同，小乘以滅生死爲滅，大乘以寂滅爲滅。故《涅槃》云，生滅滅已，寂滅爲樂。然滅唯據果，滅度乃兼因，今則約果標因，故云滅度。所以經中，上言涅槃，下云滅度，亦是唐、梵雙彰也。涅槃種類，下文具明。

△二、通難，二。初、引經作難，二、據義釋通。

初、引經作難。

疏 一切衆生即寂滅相，不復更滅。

記 疏一切下，二、通難。○此即《淨名經》文。彼云，若彌勒得授記者，一切衆生亦應授記。何以故？一切衆生即寂滅相，不復更滅等。今用此文以爲難辭，難意云，衆生既即寂滅，何有離此到彼？今言到彼者，莫違經耶？

△二、據義釋通。

疏 但以迷倒妄見生死，名在此岸。若悟生死本空，元來圓寂，名到彼岸。

記 但以下，釋通。○但約翻迷成悟，便是離此到彼。若悟此已，漸除漸證，名爲究竟。○然成波羅蜜，要與七最勝相應，如《唯識》説。

△三、順義通結。

疏 若兼般若迴文，應云到彼岸慧。

記 疏若兼下，三、順義通結。○則是波羅蜜中之聞、思、修慧也。

△二、釋能詮，二。初、翻名，二、釋義。

初、翻名。

疏 經者，梵音修多羅，義翻爲契經。

記 疏經者下，二、釋能詮，二。初、翻名。○修多羅，或云修妬路，或云素怛覽，此但梵音楚夏之異耳。○義翻者，以修多羅正翻云綫，由西天以修多羅一名，召於四實，謂聖教、席經、井索、線。彼多以華獻佛，置之案上，恐風吹散，以線貫之。又見此方聖教，能持佛語，得無所遺，如線貫華，故以線稱目之。就彼處呼，曰修多羅，據此正翻，即合云線。此方不貴線稱，故翻爲經。斯則暗符彼方席經，兼順此土儒道之經。然雖符順彼此，而未免相濫，由是更加契字以揀異之。然更合於修多羅上，加欲底二字，翻爲契經，則唐、梵皆足也。

△二、釋義，二。初、釋契字，二、釋經字。

初、釋契字。

疏　契者，詮表義理，契合人心，即契理契機也。

記　契者下，二、釋義，詮表下，釋契字。○詮表義理，釋契理也，謂說事如事，說理如理。云云。○契合人心，釋契機也，謂令人有所悟解，歡喜信受。云云。○斯則契理契機之經，依主釋也。文雖是倒，意以經是能契也。

△二、釋經字。

疏　經者，《佛地論》云，能貫能攝，故名爲經。以佛聖教，貫穿所應說義，攝持所化生故。

記　經者下，次釋經字。初、標。以佛下，釋。如開題處明已。○今唯言經而不言契者，以爲有般若揀濫，明非《道德》等經，故不言也。

△二、釋經文，二。初、科分，二、隨釋。

初、科分。

疏　後釋經文，准常三分。初、序分，二、正宗分，三、流通分。

記　後釋下，二、釋經文。疏，二。初、科分。○斯則道安法師所判，但是佛經，無問大小，皆科爲三。意云，序分彰說法之由致，正宗暢本意之玄門，流通繼遐芳於萬古。冥符西域，今古通遵。此經從如是至敷座而坐，是序分。時長老下，至應作如是觀，是正宗分。

佛説是經下，至信受奉行，是流通分。

△二、隨釋，三。初、序分，二、正宗分，三、流通分。初、序分，二。初、證信序，二、發起序。

疏 初文，二。初、證信序，二、發起序。

記 證信者，即六成就也。顯説聽時處，一一分明，以證非謬，令物生信故。發起者，則以事相表示，發起正宗法義也。然此二序，更有異名，謂通序、別序。通，謂諸經同故。云云。別，謂諸經別故。云云。亦謂經後序、經前序。經後序者，佛説之時未有，結集之時方安立故。經前序者，佛先發起，方説經故。

△初、證信序，三。初、明建立之因，二、明建立之意，三、正釋文義。

初、明建立之因。

疏 今初證信序，釋此分三。一、明建立之因，則佛臨滅度，阿難請問四事，佛一一答：我滅度後，一、依四念處住，二、以戒爲師，三、默擯惡性比丘，四、一切經初，皆云如是我聞，一時，佛在某處，與某衆若干等。

記 疏中三段，今初。云云。〇疏建立因者，意明如是等言，因何而立。〇佛臨下，佛將入滅，阿難愁惱，阿泥樓豆告阿難言：汝是持佛法人，且須裁抑，汝當往彼，咨問後事。阿難曰：云何後事？阿泥樓豆曰：世尊在日，以佛爲師，世尊滅後，以誰爲師？世尊在日，依世尊住，世尊滅後，依何而住？惡性比丘，佛在之日，佛自調伏，佛滅度後，如何調伏？遐益後來，理宜結集，一切經首，置何等言？阿難承教，一一咨問。今疏影略，不載問辭，但書答語也。〇四念處者，四即身、受、心、法。念謂念慧，處謂身等，即是念慧所安住處，則念是能住，身等四處爲所住。於此四處，安住念慧，名四念處住，帶數釋也。〇一、觀身不淨，即有漏色蘊，具有五種不淨。一、種子不淨，乘過去業識種子，攬現在父母精血，合成身故。故《淨名》云，是身如幻，從顛倒起。是身如影，從業緣現。《智論》云，是身種不淨，非餘妙寶物，不從華間生，唯從穢道出。二、住處不淨，於母胎中，居生藏之下，熟藏之上，常受熏穢故。《智論》云，是身如臭物，不因華間生，不從蒼蔔有，亦不出寶山。三、自體不淨，合三十六物以成身故。謂外有髮毛爪齒、眵淚涕唾、垢汗便利等十二，次有皮膚血肉、筋脉骨髓、肪膏腦膜等十二，中有脾腎心肺、肝膽腸胃、赤痰白痰、生藏熟藏等十二。《智論》云，地水火風質，能盛受不淨，傾海洗此身，不能令香潔。四、自相不淨，九孔常流不淨物故。《智論》云，種種不淨物，充滿於身中，常流出不止，如漏囊盛物。五、究竟不淨，一旦命終，膖脹爛壞，臭惡狼籍，不堪見故。《淨名》云，是身假以澡浴衣食，必歸磨滅。《智論》云，審諦觀是身，終歸於死處，難御無反復，背恩如小兒。《金光明》亦云，雖常供給懷怨害，終歸棄我不知恩。◯二、觀受是苦者，受即是心所，徧行五中一也。仍有三種，謂苦、樂、捨。苦謂苦苦，樂謂壞苦，捨謂行苦。問：樂受未壞，應非苦耶？答：以樂是苦因故，凡夫妄計爲樂，元來是苦。問：捨非苦樂，云何苦耶？答：行蘊遷流，逼迫常苦，但以苦樂麤相所覆，常情不知，此微細苦。故此三法，俱名苦也。◯三、觀心無常者，心即緣慮生滅之心。謂心心念念，前滅後生，相續不絕，如水流注。故經中說，一念中有九十刹那，一刹那中九百生滅。◯四、觀法無我者，法即五蘊，謂五蘊法中，一一推求，即蘊離蘊，皆無我也。◯如上觀之，即能對治凡夫四種顛倒。謂凡夫顛倒，則造業受生，反此用心，自然無咎。◯以戒爲師者，從其軌範，但依戒律，作止分明，故《菩薩戒序》

云，波羅提木叉者，是汝大師。如來在日，無異此也。〇默擯等者，佛法慈悲，爲無刑罰，比丘惡性，唯默擯之，意令省己知慙，自然調伏耳。經初等語，釋在次文。〇然此四中，意在第四，文中承便，兼帶前三。

△二、明建立之意。

疏 二、明建立之意，意有三焉。

記 疏建立意者，建立如是等言，意在於何。此有三意，如疏三段。

疏 一、斷疑故。謂結集時，阿難昇座，欲宣佛法，感得自身相好如佛，衆起三疑，一疑佛重起説法，二疑他方佛來，三疑阿難成佛，故説此言，三疑頓斷。

記 斷疑等者，《智度論》説，佛滅度後，諸天王等請迦葉言，乃至云法城欲頹，法幢欲倒，當以大悲建立佛法。迦葉受請，往須彌頂，擊大揵椎，諸聖弟子得神通者，皆來集會。迦葉告言：佛法欲滅，衆生可愍，待結集竟，隨汝入滅。諸來聖衆，受教而住畢鉢羅窟。迦葉入定，以天眼觀，今是衆中誰有煩惱，應逐出者。唯有阿難，煩惱未盡。爾時，迦葉從定而起，於大衆中牽出阿難，告言：清淨衆中，結集法藏，汝結未盡，不應住此。是時，阿難慙耻悲泣，告迦葉言：我能有力，久可得道，但爲侍佛，以阿羅漢者不得給侍，故留殘結，不盡斷爾。迦葉告言：汝更有過，佛意不聽女人出家，爲汝慇勤致請，令佛正法五百歲衰微，是汝突吉羅罪。佛臨涅槃，近俱尸竭城，背痛，疊鬱多羅僧敷卧，語汝須水，汝不供給，是汝突吉羅罪。佛昔問汝，若有人好修四神足，應住壽一劫，若無減一劫，爲汝不對，令佛早入涅槃，是汝突吉羅罪。汝於一時，以鬱多羅僧襯身而卧，是汝突吉羅罪。汝昔與佛疊僧伽梨衣，以足踏上，是汝突吉羅罪。佛陰藏相，入涅槃後，以示女人，實爲羞耻，是汝突吉羅罪。

迦葉言：汝有如是六種突吉羅罪，應於僧中悔過。是時，阿難脱革屣，袒右肩，長跪合掌，依六種突吉羅罪懺悔。懺悔已，迦葉牽阿難出，語言：汝漏盡可來。言訖，自閉窟門。是時，阿難涕淚悲泣，求斷結惑，靡不精誠。至於後夜，疲極偃息，頭未至枕，朗然得悟，三明六通，作大羅漢，却至窟門，擊門而喚。迦葉言：汝復何來？曰：我漏已盡。迦葉言：汝若漏盡，可縱神通，於户鑰孔中入。阿難騰身入來，禮拜僧足。迦葉手摩阿難頂言：我欲爲汝，令汝得道，汝勿嫌恨。此如蘇秦、張儀。云云。然階聖果，切在修心，不如説行，事佛何益。狐假虎威，宜其止絶。斯意甚妙，詳而警之。時大衆請阿難昇座，結集法藏。既昇座已，未發言間，感得自身相好如佛，是時大衆遂起三疑。○故説下，既言我從佛聞，則知非佛重起，非他方佛來，亦非阿難成佛，故云三疑頓斷。廣如彼論，恐煩略敘也。

疏　二、息諍故。若不推從佛聞，言自製作，則諍論起。

記　疏息諍等者，同爲羅漢，德業頗齊，若云自言，固宜喧諍。

疏　三、異邪故，不同外道經初，云阿憂等。

記　疏異邪等者，阿者言無，憂者曰有。外道意云，萬法雖異，不出有無，置之經初，以之爲吉，以初吉故令中後亦吉。今則不爾，故云異邪。

△三、正釋文義，二。初、標列述意，二、依科解釋。

初、標列述意。

疏　三、正釋文義，具六成就，謂信、聞、時、主、處、衆。六緣不具，教則不興，必須具六，故云成就。

記　疏正釋下，二。初、標列述意。○言成就者，謂六爲能成就，教爲所成就也。

△二、依科解釋，六。初、信成就，二、聞成就，三、時成就，四、主成就，五、處成就，六、衆成就。初、信成就，二。初、合釋。二、單釋。

初、合釋。

疏 一、信。若兼我聞合釋，則指法之辭也，如是之法，我從佛聞。

記 疏一信下，二、依科解釋，六。初中二。初、合釋。〇謂兼次段，合而釋之。〇此則別義，不計六數。

△二、單釋，三。初、引《智度論》，二、引劉虯注，三、引梁武帝解。初、引《智度論》，二。初、標，二、釋。

初、標。

如是

疏 單釋如是者，《智度論》云，信成就也。

記 單釋，謂正釋信成就義。所引論文，有標，有釋。

△二、釋，二。初、答問，二、正顯。

初、答問。

疏 佛法大海信爲能入，智爲能度。

記 佛法下是釋。〇或曰因何最初便明其信，故此釋也。〇信爲能入者，然佛法無量，信爲初基，若無信心，寧肯修習。由是五位之內，信位居初，十信之中，信稱第一，十一善法，信亦爲先，故知信心之前，更無善法，依此信本，方興解行，乃至證入。故《華嚴》云，信是道源功德母，長養一切諸善根，斷除疑網出愛河，開示涅槃無上道。今置經首，以表信相爲入法之初也。〇智爲能度者，菩薩萬行，非智不成，若無智慧，即滯有著空。以智爲主，不著二邊，成無漏因，獲菩提果。故《菩提資糧論》云，施、戒、忍、進、定及此五之餘，皆由智度故，波羅蜜所攝。

△二、正顯。

疏 信者言是事如是，不信者言是事不如是。

記　信者下，正顯如是二字是信之辭。

○上皆《智論》所釋。

△二、引劉虯注。

疏　又，聖人説法，但爲顯如，唯如爲是，故稱如是。

記　又聖下，是劉虯《注無量義經》中釋。

○此下皆約法説也。○顯如者，衆生如隱，故沉三界，欲絶三界，只要顯如，故云但爲。○論云，除如之外，餘皆虚妄，故云唯如爲是。○論云，除諸法實相，餘皆魔事。又云始從得道，乃至涅槃，其中所説，無不爲如。

△三、引梁武帝解，二。初、雙融顯如，二、雙遮顯是。

初、雙融顯如。

疏　又有無不二爲如。

記　又有下，即梁武帝解。意明有即無故不有，無即有故不無，相即同時，故名不二。

不二即如也。此約雙融顯如也。

△二、雙遮顯是。

疏　如非有無爲是。

記　如非下，恐聞有無不二爲如，便謂如體是有是無，故此遮云如非有無，意明有無即不是，是即非有無也。

記　此上二解，如字是顯體，是字即無非也。

△二、聞成就，二。初、正釋我聞之義，二、商較所聞之法。初、正釋我聞之義，二。初、正釋。二、通難。

初、正釋。

我聞：

疏　二、聞。我即阿難五藴假者，聞謂耳根發識。

記　疏二聞下，二。初、正釋我聞之義。

○然我有四種，一、凡夫徧計我，二、外道神我，三、三乘假我，四、法身真我。今揀餘者，故云五蘊假者，則第三隨世流布，要揀賓主，乃稱於我。阿難已達我空，實不計執，故云假者。○聞者，然大小乘諸論，辨聞不同，有云耳根，或云耳識，或云根識和合故聞。今云耳根發識，則後義也。以根識單闕，皆不能聞。云云。○然根識聞聲而不聞教，若準名句，唯是意聞。故《瑜伽》云，聞謂比量，然由耳識緣於聲境，與意同時得聞也。然此二識聞聲名句，實非先後異時，以率爾耳識，同時意識，故得聞也。五識皆然。

△二、通難。

疏　廢別從總，故云我聞。

記　廢別下，或曰：既云耳根發識故聞，合云耳聞，云何經內唯言我聞。故此釋也。以耳是六根之別，我是一身之總，今廢別耳，從其總我，故言我聞。

△二、商較所聞之法，二。初、牒難辭，二、通釋。

初、牒難辭。

疏　阿難所不聞，二十年前之經。

記　阿難下，二、商較所聞之法。○前二句，牒難辭。謂阿難是佛成道夜生，年至二十方爲侍者，二十年前佛所説法，並其不聞，何得結集諸經皆稱我聞？

△二、通釋，二。初、姑約佛力，二、姑約自力，三、直推其本。

初、姑約佛力。

疏　有云，如來重説。

記　有云下，通釋。此有三意，有云重説者，一也。佛初命阿難爲侍者，阿難從佛乞三願，一不著佛退衣，二不隨佛受別請，三請説未聞之法，佛隨其願，故得聞也。

△二、姑約自力。

疏　有云，得深三昧等者。

記　得深三昧等者，二也。《金剛華仙經》云，阿難得法性覺自在三昧力故，前所説經，皆能憶持，與聞無異。故《法華經》云，世尊甚希有，令我念過去，無量諸佛法，如今日所聞。

△三、直推其本。

疏　若推本而言，即阿難是大權菩薩，何法不通？

記　若推下，三也。《不思議境界經》云，復有百千萬億菩薩，現聲聞形，亦來在座，其名曰舍利弗，乃至阿難等。〇是則三中，前二權説，後一實論，故言推本也。

△三、時成就，二。初、揀顯釋。二、會法釋。初、揀顯釋，二。初、顯釋。二、揀釋。

一時，　　初、顯釋。

疏　三、時。師資合會，説聽究竟，故言一時。

記　疏三時下，二。一、揀顯釋。〇師資合會者，謂説者教人以道德曰師。資者，取也，從師之教，取而行之也。佛及大衆，説聽具足，故云合會。説畢聽畢，故云究竟。意取説無異席，貫通首末，故曰一時。《佛地論》云，此就刹那相續不斷，説聽究竟，總名一時。一時之語，佛自言故。《涅槃》云，昔佛一時，在尸首林。又云，我於一時，在迦尸國。此則顯説聽能所一切圓畢也。

△二、揀釋。

疏　諸方時分，延促不同，故但言一。

記　諸方下，揀時也。不同有二，謂横則參差不同，豎則延促不同。延促不同，如人間五十年，四天王天一晝夜，上上倍增故。參差不同者，如《俱舍》云，夜半日没中，日出四洲等。既然，云何定言寅卯辰巳日月等耶？

△二、會法釋。

疏　又，説法領法之時，心境泯，理智融，凡聖如，始本會，此諸二法皆一之時。

記　又説下，二、會法釋。此是懿公《楞嚴疏》意。○説領，即師資也。下有四對。○心境泯者，以聞法之時，妄心不起。心既不起，境即不生，心境兩忘，故云泯也。此即不得以生滅心行聽實相法，此通依計，故皆泯也。斯則染心、俗境一對。○理智融者，以聽法之際，能所不分，以動念即乖法體，二皆真實，故言融而不言泯也。斯則淨心、真境一對。○凡聖如者，由心分別，則見聖見凡，心既不生，誰凡誰聖。相本自盡，故言如也。斯則因果一對。○本始會者，妄念起時，隔於本始，念既不起，本始自同，攝用歸體，故言會也。斯則體用一對。問：此與第二何別？答：前智是始覺中根本智，前理是本覺中真諦境。若此始本，本通真俗，始含本後，則前狹後寬也。前爲形染，且言真境淨智，此爲都明，故言本覺始覺也。又前約分證，故云理智融。此約極證，故言本始會也。○諸二者，謂心境、理智、凡聖、本始也。皆一者，一義不同，謂心境則泯之故一，理智則融之故一，凡聖則如之故一，本始則會之故一。義雖不同，俱名爲一，故云一時。

△四、主成就，二。初、翻名，二、釋義。

初、翻名。

佛

疏　四、主。具云佛陀，此云覺者。

記　疏四主下，二、初、翻名。○經唯標佛者，以秦人好略故。仍存梵音者，恐濫菩提故。以菩提云覺，則屬於法，今指於人，故言其佛。無相濫失，故不翻也。若釋其義，須得唐言，故先翻對也。○然覺謂覺察、覺悟，覺悟即照真本有，覺察則了妄本空。了妄本空則不逐於妄，照真本有則不迷於真。真妄既明，則能破和合識，滅相續心，顯現法身，智純淨也。當爾之時，始本無二，唯一覺耳。菩薩雖亦照真了妄，未得究竟，猶帶薩埵之名。唯佛如來，所作究竟，故獨稱覺者。

△二、釋義，二。初、引論正釋。二、引論反釋。初、引論正釋，二。初、約體離念釋，二、引位三義釋。初、約體離念釋，二。初、引文，二、結義。

初、引文。

疏《起信》云，所言覺義者，謂心體離念。離念相者，等虛空界，即是如來平等法身。

△二、結義。

疏　則以無念名之爲佛。

記《起信》下，二、釋義，二。一、約體離念釋。○然此論明本覺心體，性離諸念。今此引釋果佛者，以果佛之體即是本覺，元自離念，因果雖分，離念無別，故以本覺離念，即是佛體。故經云，大乘因者，諸法實相等，是故在纏名本覺，出纏名究竟覺，始終體一，更無別法。故論云，即是如來平等法身，依此法身，説名本覺，則以下疏結本覺離念是佛體也。

△二、約位三義釋，二。初、總標，二、別釋。

初、總標。

疏　然覺有三義。

記　然覺下，二、約位三義釋。

△二、別釋，三。初、自覺，二、覺他，三、覺滿。

初、自覺。

疏　一、自覺，覺知自心，本無生滅。

記　無生滅者，謂智照真如，如理見故。然有二意，一則心中無生滅之法。如《起信》云，如實空者，從本已來，一切染法不相應故。以念生則染，今既無念，故不相應。二則無者不也。只明此心本不生滅，即同《起信》云，以遠離微細念故，得見心性，心即常住，常住即無生滅也。

△二、覺他。

疏 二、覺他，覺一切法，無不是如。

記 覺他者，此亦始覺，了事即真，以望自心，故名覺他。即同《起信》云，一切諸法，從本已來，離名字相，離心緣相，畢竟平等，無有變異，不可破壞，唯是一心，故名真如。

△三、覺滿。

疏 三、覺滿，三覺理圓，稱之爲滿。

記 覺滿者，以前二覺有解有證，先後勝劣，存自他之相，未得稱滿。今此圓備，不立自他，故稱之滿。

記 若準《涅槃經》説，自覺者，覺自身有佛性。覺他者，覺一切衆生悉有佛性。覺滿者，若自若他無二佛性故。

記 然常途所説，自覺揀凡夫，覺他揀二乘，覺滿揀菩薩。此中説者，自覺便揀二乘權教菩薩，豈唯凡夫？故《華嚴》云，一切諸法性，無生亦無滅，奇哉大導師，自覺能覺他。

△二、引論反釋，三。初、反顯，二、引證，三、順結。

初、反顯。

疏 故知有念則不名覺。

記 故知下，二、引論反釋，三。初、反顯。○意云，無念故名覺，當知有念則不名覺也。

△二、引證。

疏 《起信》云，一切衆生不名爲覺，以無始來，念念相續，未曾離念。

記 《起信》下，二、引證。○前云心體離念，雖通因果，今明衆生不名爲覺，獨顯果人，方名覺也。

△三、順結。

疏 又云，若有衆生能觀無念者，則爲向佛智故。

記　又云下，三、順結。○正結無念是佛義，以無念是佛，故能觀無念者，即是向佛智也。

△五、處成就，二。一、釋舍衛，二、釋秖園。

一、釋舍衛。

在舍衛國

疏　五、處。舍衛，此云聞物，謂具足欲塵、財寶、多聞、解脱等，遠聞諸國故。義淨譯云名稱大城。

記　疏五處下，二。一、釋舍衛。○舍衛，亦云舍婆提，新云室羅伐悉底，此但梵音楚夏耳。此城在中印土憍薩羅國，緣南天亦有憍薩羅國，恐濫彼國，故以城爲國名。○聞物者，謂名聞勝德，珍奇寶物，多出此國。○謂具下，釋。欲塵即佳麗女色，財寶即珍奇寶物，多聞謂博通内外典籍，解脱即五通仙人等遠離欲也。此即國豐四德，亦翻爲豐德也。遠聞等者，如上四事，皆爲外國之所聞知。○義淨下，但證遠聞之義，以有名稱故得遠聞。

△二、釋秖園，二。初、總指，二、別釋。

初、總指。

祇樹給孤獨園，

疏　秖樹等者，即秖陀太子所施之樹，給孤長者所買之園。

記　秖樹下，二、釋秖園，二。初、總指。○舍衛國主波斯匿王有一大臣，名須達多，爲兒聘媍，躬至王舍城，寄止長者珊檀那舍宅。時長者中夜而起，莊嚴舍宅，營辦餚饍。須達聞已，問言：大士，欲請國王爲婚姻之會耶？答言：請佛無上法王。須達聞已，身毛皆豎，復問何等名佛？長者廣爲説佛功德，須達多言：善哉大士，所言佛者，功德無上，今在何處？長者答言：在王舍城迦蘭陀竹林精舍。時須達多一心念佛，忽然天明，其光熾盛，猶如白日，即尋光處，至城門下，佛神力故，門自開闢，尋路而往。爾時，如來出外經行，須達見已，歡喜踴躍，不知禮法，直問世尊。時首陀天爲其長者化作四人，至世尊所，接足禮拜，胡跪問訊，右繞三匝，却住一面。須達見已，依而爲之。世尊即爲如應說法，長者聞已，得須陀洹果。後復請佛：惟願臨顧，至舍衛城，受我微供。佛即問言：卿舍衛國，頗有精舍，容受我否？須達多言：必見垂顧，便當營辦。世尊爾時默然受請。時須達多迴舍衛國，佛令鶖子同往，指授造寺儀式，即須達布金，買秪陀太子園，秪陀太子施園中樹林，二人共搆精舍。既訖，即執香爐，向王舍城遥作是言：所設已辦，惟願如來受此住處。佛時懸知長者之心，即共大衆發王舍城，猶如壯士屈伸臂頃。至秪陀園，是時長者以其所設，奉施於佛。佛即受已，即住其中。廣如《涅槃經》《賢愚經》《四分律》《西域記》説，須者往檢。今佛於此説《金剛般若經》，故云在舍衛國秪樹給孤獨園也。然須達是主，秪陀助成，今樹先園後者，以太子是儲君，須達是臣佐，禮别尊卑故爾。《真諦記》説，住處有二。一、境界處，即舍衛也，爲化俗故。二、依止處，即秪園也，爲統出家人故。又《善見婆沙》云，舉舍衛，令遠人知，舉秪園，令近人知，故雙舉也。

△二、别釋，三。初、釋秪陀，二、釋給孤，三、釋園字。

初、釋秪陀。

疏 秪陀，此云戰勝，波斯匿王太子也。生時，王與外國戰勝，因以爲名。

記 秪陀下，二、别釋，三。初、釋秪陀。○戰勝者，亦云勝林，餘如疏。

△二、釋給孤。

疏 梵語須達，此云善施，給孤獨即是善施也，又亦常行施故。

記　梵語下，二、釋給孤。○謂少而無父曰孤，老而無子曰獨，拯給孤獨，名爲善施。○又亦等者，就中孤獨，偏所矜哀，其實餘人，亦非不施故也。

△三、釋園字。

疏　西國呼寺爲僧伽藍，此云衆園。

記　西國下，三、釋園字。○梵音具云僧伽藍摩，此云衆園，則僧伽是能住之衆，藍摩是所住之園。斯則約能要所耳。○寺者，司也，官舍也。以佛法初來，安鴻臚寺，後置僧舍，便以爲名也。

△六、衆成就，二。初、釋標類，二、釋舉數。

初、釋標類。

與大比丘衆

疏　六、衆。與者，并也，及也。大者，名高德著。比丘，梵語，此含三義，故存梵不譯，一、怖魔，二、乞士，三、淨戒。衆者，理和事和。

記　疏六衆下，文二。初、釋標類。○名高謂遐邇稱譽，德著謂行業恢隆。○怖魔者，謂初出家日，飛行夜叉唱，乃至魔宫聞，故怖也。以一人出家，展轉化度，損減眷屬故。然出家人，從因至果，三度怖魔，謂出家時、發菩提心時、成正覺時。前二但怖，後乃興戈，爲佛所摧，莫不降伏。○乞士者，謂上從善友乞法以練心，下從檀越乞食以資身。故《智度論》云，何名比丘？比丘名乞士，清淨活命，故名乞士。如經中説，舍利弗乞食，向壁而餐，時有梵志女名淨目，來見舍利弗，云：沙門，汝食淨耶？答言：食淨。淨目言：沙門下口食耶？答曰：不也。乃至問仰、維、方等，皆答言不也。淨目女言：食有四種，我問於汝，汝皆言不，我今不解汝説。舍利弗言：有出家人，合藥、種穀、植樹等不淨活命，名下口食。有觀星宿、日月、風雨、雷電等不淨活命，名仰口食。有曲媚豪勢，通致四方，巧言多求，不淨活命，名方口食。有以種種呪術，下筭吉凶，不淨活命，名維口食。姊，我不墮是四種不淨食中，我用清淨乞食活命。淨目因聞是說清淨法食，歡喜信解，得須陀洹道。如是清淨乞食活命，故名乞士。○淨戒者，謂比丘二百五十戒，比丘尼五百戒，有表受，無表持，清淨持戒，名爲淨戒。○有説五義，謂如淨命、破惡。今以乞士即淨命，淨戒即破惡，故唯三也。○理和下，梵語僧伽，此云衆和合，謂理和無違，事和無諍也。

△二、釋舉數。

千二百五十人俱。

疏　千二百五十者，佛初成道，度憍陳如等五人，次度迦葉三兄弟，兼徒總一千，次度舍利弗、目連，各兼徒一百，次度耶舍長者子等五十人，經舉大數，故減五人。

記　千二下，二、釋舉數。○佛初成道者，即菩提樹下，示成正覺也。○憍陳如等者，餘阿溼鞞、摩訶男、婆提、婆敷、富那婆蹉。準《本行經》説，佛初成道，梵天王等請轉法輪。世尊受請，作是思惟：諸世間中，誰先得度？有五仙人昔日與我，有大利益，堪能受我初轉法輪。復作是念：彼等五仙，今在何處？以淨天眼觀彼五仙，在鹿野苑中。爾時，世尊即向彼園廣爲説法，外道身心悉皆伏滅，所著之服即成三衣，手執鉢器，鬚髮自落。經於七日，威儀具足，如百夏比丘，乃至爲轉四諦法輪，得阿羅漢果。○迦葉三兄弟等者，《智度論》説，爾時第一優樓頻螺迦葉，在火龍窟爲首，教化五百弟子。二、那提迦葉，領三百弟子，在象頭山修行。三、伽耶迦葉領二百弟子，在希連河曲。共計千人，皆爲世尊之所降伏，求索出家，師徒皆得阿羅漢果。○舍利弗等者，《智度論》説，摩伽陀聚落，有婆羅門名檀耶那，而有八子。中有一子，名優婆低沙，即舍利弗也。復有一婆羅門，産子名離多，即目連也。是二童子，共爲親友，於删闍耶外道所出家。二人同心，立其誓願，若復更得勝是師者，爲我等説甘露勝道，必相契悟。爾時，世尊有一弟子，名曰馬勝，威儀庠序，入城乞食，進止有方。舍利弗見已，隨到所止，白言仁者：汝是正師，爲是弟子。馬勝言：别有大師，我是弟子。又復問言：汝之大師，説何法耶？答言：諸法從緣生，諸法從緣滅，如是滅與生，我師如是説。時舍利弗聞是語已，即於是處遠塵離垢，得法眼淨。歸到所止，爲目連説，亦復如是。二人共相領諸弟子，俱詣佛所，求索出家。佛呼善來，鬚髮自落，袈裟著體，執持應器，成比丘相，於聲聞衆中，智慧神通，各得第一。是二百眷屬，悉得出家，即受具戒，乃至得成阿羅漢果。○耶舍等者，未檢。

大瓌謹按：《因果經》云，有長者子，名耶舍，有大辯才，聰明智慧。於中夜分，見空中光明，尋光詣鹿野苑，見佛三十二相、八十種好，禮佛白言：唯願世尊救濟於我。佛言：色、受、想、行、識，無常、苦、空、無我，汝知否？答言：實是。聞是語已，得法眼淨，成阿羅漢，願求出家。佛言善來比丘，即成沙門。又有耶舍朋類五十長者子，聞耶舍出家，共詣佛所，願求出家。佛言：色、受、想、行、識，無常、苦、空、無我，汝知否？聞已，漏盡意解。佛言善來比丘，即成沙門。是時始有五十六阿羅漢，佛告比丘：汝等堪爲世間作無上福田，宜各遊方教化，以慈悲心，度諸衆生。○又按《如來應化録》，最初度五人，次耶舍五十人，俱在鹿野苑，次於石室降火龍，度三迦葉一千人。然後詣王舍城，受頻婆娑羅王請，住竹園。舍利弗、目連詣竹園，見佛得度，各一百弟子，是爲千二百五十人也。舉成數，不言五人。

疏 此常隨衆，故偏列數非無餘衆，文隱顯耳。

記 此常隨等者，以此諸人先並事外，艱苦累劫，一無所證，纔遇見佛，便得上果，感佛恩深，故常隨也。然具四衆及龍天等，今但顯一隱餘，流通分中自見。

疏 俱者，一時一處。

記 俱者下，前則標指，約主望衆，故言與，此則都結，主衆通論，首末相望，事不異也。

△二、發起序，二。初、敘意，二、隨釋。

初、敘意。

疏 二、發起序者，謂乞食威儀，離於邪命，是爲持戒。戒能資定，定能發慧，故以戒定，發起般若正宗。

記 二、發起下，二。初、敘意。〇戒能下，以戒是防非止惡義，定是寂靜不動義，慧是明照揀擇義。但能防非，心即不動，心若不動，慧乃分明，世出世法，無不鑒照。其猶海中欲現萬象，必要水清，欲求清水，無過水靜，欲得水靜，勿令起波。止波如戒，水靜如定，水清如慧，所現萬像，如一切法。喻中則水若不起波則水靜，水靜則水清，水清則現萬像。法中則心不起非則心寂，心寂則照知萬法。法上但惟一心，喻上但唯一水，法喻相對，義則昭然。故經云，尸羅不清淨，三昧不現前。此則戒資定也。《圓覺》云，一切諸菩薩，無閡清淨慧，皆依禪定生。此則定發慧也。

△二、隨釋，二。初、戒，二、定。初、戒，二。初、標科，二、列釋。

初、標科。

疏 文二。初、戒，分七節釋。

記 疏戒中七節，如疏。

△二、列釋，七。初、釋化主，二、釋化時，三、釋化儀，四、釋化處，五、釋化事，六、釋化等，七、釋化終。

初、釋化主。

爾時世尊，

疏　一、化主，《成實論》説具上九號，爲物欽重，故曰世尊，天上人間共所尊故。

記　一、化主。○具上九號者，以佛有十號，世尊當第十，故云具上九號。○十號者，一、如來，二、應供，三、正徧知，四、明行足，五、善逝世間解，六、無上士，七、調御丈夫，八、天人師，九、佛，十、世尊。

△二、釋化時。

食時，

疏　二、化時。食時，辰時，當日初分，求乞易得，不惱自他，乞已歸園，正當巳時，如常齋法。

記　二、化時。○當日初分者，謂一日一夜十二時總成四分：一、初分，即寅、卯、辰，諸天食時。二、中分，即巳、午、未，人法食時。三、晡分，即申、酉、戌，神鬼食時。四、夜分，即亥、子、丑，畜生食時。今言辰時，即初分之後際也。唐、周二譯，皆言日初分，斯則時勝也。○此時則乞求不難，以太早太遲，皆難得故。○若非時乞食，欲施即無，不施又愧，便成惱他。乞之不得，亡餐又饑，是惱自也。

△三、釋化儀。

著衣持鉢，

疏　三、化儀。著僧伽棃衣，持四天王所獻鉢。

記　三化儀下，謂佛有三衣。一、安陀會，即五條，名下品衣，亦名行道作務、儭身等衣。二、鬱多羅僧，即七條，名中品衣，亦名入衆説法衣。三、僧伽棃，即九條乃至二十五條，名上品衣，亦名福田衣，製像水田，見生福故。

入王城聚落，即著此衣，今以入城乞食，故著也。○天王鉢者，梵語鉢多羅，此云應量器。是過去維衛佛鉢，入涅槃後，龍王將在宮中供養。釋迦成道，龍王送至海水上，四天王欲取，化爲四鉢，各得一鉢，以奉如來。如來受已，重疊四鉢，在於左手，以左手按，合成一鉢。此是紺瑠璃石鉢，持用乞食也。○佛出行化，須著衣持鉢者，爲離苦樂二邊故。諸在家者，好尚錦綺華潔，衣服寶器，增長放逸，太著樂邊。出家外道，苦行尼乾，躶形，手捧飯食，致招訶醜，太著苦邊。佛處中行，故著衣持鉢也。

△四、釋化處。

入舍衛大城

疏　四、化處。園在城東南五六里，自外之内爲入，處廣人多曰大。

記　四、化處者，園是所住處，國是所化處。之，往也。今行化故，出祇園，入舍衛也。○處廣等者，準《西域記》，國周六十餘里，内城周二十里，故云處廣。《智度論》云，居家九億，故曰人多。

△五、釋化事，二。初、正釋；二、通難。

初、正釋。

乞食。

疏　五、化事。佛爲欲顯頭陀功德，令放逸者慙愧，以同事攝，故自乞食。

記　五化事者，此釋經中乞食兩字。○頭陀下，或曰佛爲教主，何須乞食？故疏釋也。○頭陀，此云抖擻，抖擻煩惱故。然頭陀有十二種事，謂常乞食，阿蘭若，乃至樹下坐，露地塚間坐等，今則一也。若行此事，獲大功德，佛現斯軌，令人效之。頭陀既獲功德，放逸足明尤過，世尊尚自乞食，餘人豈合懈怠？慚耻愧悚，自然行之。同事攝者，則四攝法之一也。○又佛自乞食，準《纓絡經》説有十意：一、止苦故，謂盲得見。二、得樂故，謂一瞻一禮，生無量福。三、除慢故，謂衆生見之，不生我慢。四、滿鉢願故，富欲施多，鉢則爲空，貧欲施少，鉢則爲滿。五、鬼神供養故。六、障閡者見佛故，老病貧賤，悉皆得見佛也。七、示天王所獻鉢故。八、作軌模故。九、絶誹謗故。十、令弟子不畜八不淨物故。有此十意，故自乞食。

△二、通難。

疏　《瓔珞女經》説，化佛身如全段金剛，無生熟二藏，今所乞者，利益他故。故《淨名》云，爲不食故，應受彼食。

記　《瓔珞女》下，通難。〇前引經難。〇今所下，釋通。〇《淨名》下，但證上乞食不食之義。

△六、釋化等。

於其城中次第乞已，

疏　六、化等。一、由内證平等理，外不見貧富相。二、心離貪慢，慈無偏利。三、表威德，不懼惡象、沽酒、婬女等家。四、息凡夫猜嫌。五、破二乘分別。

記　六化等者，此釋經中於其城中次第乞已也。内證平等者，如理見故。〇心離貪慢等者，不貪富好，不慢貧拙，平等修乞，故云慈無偏利也。〇表威德等者，謂佛制小乘律，不許入惡象家，恐被損害。不許入婬女、沽酒家，恐生染心。佛入者，表威德勝也。〇息凡夫等者，謂恐憎此愛彼故。〇破二乘分別者，謂迦葉捨富從貧乞，意令生福。須菩提捨貧從富乞，不欲惱他。云云。二人所見，互有是非，如來異此，是非一貫也。〇然上五中，初、大智，二、大悲，三、顯德，四、息凡，五、破小。

△七、釋化終，三。初、會句義，二、通伏難，三、顯齋儀。

初、會句義。

還至本處，

疏　七、化終。然已字，義屬下句，文連上句。飯食字，義屬上句，文連下句。若廣其文，令當句中備者，應云，次第乞已，還至本處飯食，飯食訖，收衣鉢。

記　七、化終。〇然已等者，和會字之句義也。今讀則從文，釋則從義。〇若廣下，權加數字，顯文義兼暢也。〇飯，即喫也。《論語》云，飯疏食。

△二、通伏難。

疏　佛若不食，他福不滿。

記　佛若下，通伏難，應先難云，前引《纓絡女經》言不食，今經何以言食，故此釋也。〇有說，食欲至口，有威德天在側隱形，接至他方，施作佛事。斯則下現而食，非真食也。由是，彼此皆不相違。

△三、顯齋儀。

疏　《寶雲經》說，隨所乞得，分爲四分，一、擬與同梵行，二、擬施貧病乞人，三、水陸衆生，四、自食。《十二頭陀經》唯說三分，除梵行。

記　寶雲下，顯齋儀也。〇此四事中，前二云擬，後二不云者，以梵行貧病，來則與之，不來自食，後二不然，故不云耳。〇《十二頭陀經》除梵行者，以自乞故，故不分之。

△二、定，二。初、正解此文，二、通前表法。初、正解此文，二。初、標科，二、列釋。

初、標科。

疏　二、定。分三節釋。

記　疏定者，於中三節，如疏。云云。

△二、列釋，三。初、併資緣，二、淨身業，三、正入定。

初、併資緣。

飯食訖，收衣鉢。

疏　一、併資緣，將欲入定，須息攀緣，衣鉢不收，心有勞慮，故佛示現，爲後軌也，即收大衣，著七條。

記　疏併資緣者，此釋經中收衣鉢也。○飯食兩字，如前所解。○訖，了畢也。○須併資緣者，以修定時，具於五緣，謂閑居處靜，息諸緣務等。○佛雖至聖，諸習都無，實於衣鉢，不生勞慮，若不併除，後人倣效，無由得定。以佛是教主，凡有所作，人皆效學，故云示現爲後軌也。

△二、淨身業。

洗足已，

疏　二、淨身業。《阿含經》說，佛行離地四指，蓮華承足。今示現洗者，順世表法，爲後軌也。

記　疏淨身業等者，此釋經中洗足已三字。○《阿含》下，牒難也。又如佛三十二相中，有皮膚塵不染相，今何用洗耶？○示現下，釋通也。此有三意。○一、順世故。夫人外歸，必恐塵染，故須洗足，佛順亦爾也。○二、表法故。洗去煩惱垢染，顯得清淨法身也。三、爲後軌者，如資緣說。

△三、正入定，二。初、正釋入定，二、顯入定意。初、正釋入定，二。初、正釋。二、引證，

初、正釋。

敷座而坐。

疏　三、正入定。敷座坐禪者，由身端故，心離沉掉。

記　疏正入定者，此釋經中敷座而坐也。○沉掉等者，沉謂昏沉，能引睡眠，障定增故。掉謂掉舉，任運攀緣，能引散亂，亦障定心。○又於四儀中，以臥則昏沉，行則掉舉，住則疲倦，唯坐爲勝，故不沉掉。○然昏沉掉舉，蓋是凡夫，若據如來，的無此事。今垂軌則，蓋爲後人。

△二、引證。

疏　故魏譯云，如常敷座，結加趺坐，

端身而住，正念不動。唐譯云，端身正願，住對面念。

記　或曰：經中但言敷座，焉知入定耶？故次釋云魏譯等，則知入定也。○如常敷座等者，謂如來每會説般若，皆自敷座具，爲般若出生諸佛，即是佛母，表敬般若，故自敷座。已説八會，此當第九，儀軌不易，故曰如常。○趺謂足背，加謂以一足壓一足，結即兩足不散，表吉祥故。《智論》云，見畫加趺坐，魔王尚驚懼，何況入道人，端身不傾動。又爲正觀五種因緣，是故結加趺座。一、由身攝斂，速發輕安，最爲勝故。二、由此晏坐，能經時久，不令身速疲極故。三、由此晏坐，是不共法，外道他論，皆無有故。四、由此晏坐，形相端嚴，令他見已，極敬信故。五、由此晏坐，佛佛弟子，共所開許，一切賢聖所稱讚故。正觀五種因緣，是故應當結加趺坐。○端身住者，不低不昂，不左右傾側也。○正念者，如理而念，名爲正念。念即念慧，謂離沉掉有無等。不動，謂不動於正念也。○唐譯下，亦證同上義。正願者，即正念也。若別説者，願是希欲，謂希欲住對面念，念是所願也。然在定前，異此則非正願也。○住對面念者，面即是喻，念即是法，住對兩字通於法喻。今法喻之中，各闕一事，謂法闕所照理，喻闕能照鏡。鏡對面住，面則自彰，念對理住，理則自現。法喻闕者，文影略故。或可不爾，但理觀分明，如面目覩理量，即水喻亦得。

△二、顯入定意。

疏　無著云，顯示唯寂者，於此能覺能説故。

記　無著下，顯入定意。○先牒難，併緣入定，意在於何？○於此下，釋通。於此者，論云於法也。能覺者定通，能説者説通也。意云，定通方得説通，以散心説法，不能如實，從定發言，必有當也。故下文云，云何爲人演説，不取於相，如如不動。諸經之中，每欲説法，皆先入定，意皆如此。云云。○斯亦示現爲後軌也。若準如來，言念何失，是故論云顯示等也。

△二、通前表法，二。初、約大雲廣辯，二、引資聖略明。初、約大雲廣辯，三。初、標，二、釋，三、結。

初、標。

疏　然大聖現跡，必有所表。

記　疏然大下，二、通前表法釋，二。初、約大雲廣辯，三。初、標。○大聖即佛，體周法界曰大，智鑒無昧曰聖。現跡者，所現之化跡也。所表者，諸佛所爲，必不率爾，皆以事相，表内身心。如説《如來藏經》，舉身放光，光中現華，華萎見佛，遂阿難問佛，佛爲説之。如《華嚴》中，説佛菩薩，説天説雲，須彌山、大海等，皆有所表。斯皆事相爲能表，法爲所表。以不徒然，故云必也。

△二、釋，二。初、表通序，二、表别序。

初、表通序。

疏　表本覺之佛，在五藴之都，覺魔軍本空，名爲戰勝。照心識具德，即是給孤。求法養神，名乞士衆。

記　疏表本覺下，二、釋。二、初、表通序。○本覺佛，對化佛説。五藴都，對舍衛國。化身佛在舍衛國，表本覺佛在五藴城。城中既人物相兼，藴内亦色心具足。○覺魔等，對戰勝也。梵音魔羅，此云殺者，能殺行人慧命故也。然有四種：一、天魔，即欲界主。二、煩惱魔。三、陰魔。四、死魔。今言覺空者，如《心經》云，照見五藴皆空，無無明，乃至亦無老死盡也。照五藴空，即破陰魔。無無明盡，破煩惱魔。乃至無老死，即破死魔。餘出世法尚空，況天魔耶？○照心識具德者，對給孤獨也，上迷本覺之父曰孤，下隱妙用之子曰獨。今照性本具塵沙功德，無所乏少，即給孤獨也。〇求法等，對比丘乞士義也。外則乞食養命，內則求法資神。

△二、表別序。

疏 覺心既發，寧棄塵勞。將欲徧觀，遂入識藏，心心數法，次第思惟，即妄而真，皆得法喜。法喜無體，融合覺心，思惟假緣，亡緣可符真性。觀照是跡，拂跡返本還源。返本還源，法空心寂，心寂真體，般若朗然。

記 覺心下，二、表別序。〇覺心等者，對入舍衛大城也。應云，覺心既發，寧棄塵勞。如來出世，寧棄群品。將欲徧觀，遂入識藏，將欲教化，遂入王城。離城邑而教化誰人，離心識而觀察何事。〇心心數法等者，對於其城中次第乞已也。乞食不揀貧之與富，觀察豈擇心所心王。〇即妄下二句，對乞得食也。外化人而得食，內觀法而生喜。〇法喜下二句，對還至本處飯食也。食能資身，法能益心也。〇思惟假緣，對著衣持鉢。亡緣符真，對收衣鉢也。乞食既須衣鉢，思惟要假因緣，入定既併資緣，契理須忘念慮。〇觀照下二句，對洗足也。若欲安坐，必須洗去足塵。若欲還源，必須拂除心念。〇返本下二句，對敷座而坐也。法空即敷座，心寂即而坐，敷座方堪人坐，法空心始得寂。〇心寂下二句，對正宗法也。謂安坐始能說經，心寂方彰妙慧也。

△三、結。

疏 欲談般若正宗，如是示現發起。

記 疏欲談下，三、結也。

△二、引資聖略明，二。初、正明，二、引證。

初、正明。

疏 資聖云，夫身有二，一僞，二真。五蘊僞體，假衣食以生育，法身無相，因般若以照成。群生保僞遺真，諸佛養真棄僞。

群生既迷真而取僞，我乃假僞跡而引真，故託乞食之緣，將施法喜之化。

記　資聖下，二、引資聖略明，即道液法師疏也。今摘而用之，文不全取。於中二。一、正明。○身有二者，通論生佛也。僞者色身，真即法身。○五蘊等者，謂衣以外覆，食以内資，生則雖因父母，存即須假衣食。○法身等者，謂非生因之所生，但了因之所了，由是色身以食爲命，法身以慧爲命。○保僞謂執妄合塵，遺真謂迷理背覺，此皆倒也。○養真謂悟理合覺，棄僞謂達妄背塵也。○群生下，牒前倒者也。○我乃下，示現入城乞食以表法也。意令求般若照成法身，故云引真也。○故託下，都結表法之意，謂示現乞食意在説法耳。

△二、引證。

疏　故《涅槃經》云，汝諸比丘，雖行乞食，初未曾乞大乘法食。

記　疏《涅槃》下，二、引證，但證法爲食義也。

金剛經疏記科會卷第二

金剛經疏記科會卷第三

唐圭峰大師疏

宋長水大師記

後學雲棲寺沙門大璸科會

△二、正宗分，二。初、標列章門，二、依章隨釋。

初、標列章門。

疏　第二、正宗分。二門分別，初約無著七種義句以懸判，後依天親門答斷疑以科釋。

記　正宗中疏，二。初、標章門。○以一卷經文，二論解釋。大雲、青龍皆二論並行，今即不爾。何者？以無著配十八住處，天親斷二十七疑，旨趣既殊，科段亦異。或一疑中有四住五住，或一住中有二疑三疑，乍合乍離，連前帶後。以是之故，文涉交加，理則不必深玄，學者以之難解。今既別釋，庶不相干，傳講之流，少力多獲耳。

△二、依章隨釋，二。初、約無著七種義句以懸判，二、依天親問答斷疑以科釋。初、約無著七種義句以懸判，三。初、正示七句，二、總指後四，三、廣釋第三。

記　初中三，初、正示七句。

△初、正示七句，二。初、牒標，二、列釋。

初、牒標。

疏　初中七義句者。

記　七義句者，論述歸敬偈已，即云成立七種義句已，此般若波羅蜜即得成立。義句，揀文句也。既以一義爲一句，此經共有七義句也。七義句名，疏中自有，於中前六顯示菩薩所作究竟，第七顯示成立此法門故。然此七句之文，教、理、行、果悉圓滿矣。於中一、二、三、四，是行也，五，理也，六，果也，七，教也。齊此懸判一科，唯依無著之名記之。

△二、列釋，七。初、種性，二、發起，三、住處，四、對治，五、不失，六、地位，七、立名。

初、種性。

疏　一、種性不斷，謂護念付囑。

記　疏一種性不斷者，此非凡夫二乘及權教菩薩，意明佛種性不斷也。○謂護下，指經，便是釋意，謂以小付大，囑大化小，展轉如是，寧有斷絶。如人父母，付囑子孫。云云。此是空生之本意，故以此事讚佛，引起問端也。

△二、發起。

疏　二、發起行相，謂申請讚許。

記　疏二發起行相者，既欲種性不斷，故須發起修行之相也。○謂申下，指經，其實佇聽亦在此攝。

△三、住處。

疏　三、行所住處。謂十八住，從佛正説，直至經終，是無相行所住處矣。

記　疏三行所住處者，既有能發，必有所發也。○十八住名義，下文廣釋。○從佛下，指經。○是無下，釋名義。此既相之無相，非一向之無相，略見行玄，爲順本宗，故標無相也。

△四、對治。

疏　四、對治。謂一一住處，皆具邪行，共見正行，二種對治。

記　疏四對治中，邪行即不正行也，但不順佛道，皆名邪行。○共者，不一義。見者，分別情。正行者，即離見之正行，非純正之正行也。○二種對治者，以正行治邪行，是一對治，以無分別智治分別見，是二對治。然邪即全治，共中即但治於見，不治正行，如披砂揀金，而去砂不去金。今經中但有能治，無所治也。且如第一住處中，不度衆生爲邪行，度衆生爲對治。於度衆生時，見有衆生是所度，見我是能度，是分別見，度而無度爲對治。此理實同時，義分前後。初住既爾，餘可例知。故論云，行諸住處時，有二種對治。

△五、不失。

疏　五、不失。謂由對治離增減二邊，不失中道。

記　疏五不失中，謂由下，明意也。○離增減者，謂執有爲增，執無爲減，前墮此二，則失中道，今皆離之，故得不失也。如經中，即非佛法，是勝義諦，遮增益邊，是名佛法，是世俗諦，遮損減邊。其餘即非、是名，皆例之也。論最後結云，菩薩離此二邊故，於彼對治，不復更失，故名不失。

△六、地位。

疏　六、地位。謂由不失中道，成賢聖位，信行地、淨心地、如來地。

記　疏六地位中，謂由下，釋。以二邊邪僻，置之不論。中道乃是大菩提路，故於此中分立地位。如往帝都，有三路異，兩邊皆非，中道即正。正路之中，方可論於遠近遲速等也，法中亦爾，故經云，一切賢聖皆以無爲法而有差別。〇信行下，分位也。於十八住中，前十六住是信行地，此當三賢。依信起行，故名信行。亦名信解，依信起解故。第十七住是淨心地，此當初地，離分別障，親證真如故。第十八住，從第二地已去乃至佛位，通名如來地也。〇又以諸家明地位，或廣或略，廣則五十二位，略則泯之全無。今則均於廣略，去其太甚，説三地五位矣。

△七、立名。

疏　七、立名。謂由前六，智慧堅利，位地濶狹，故名金剛。

記　疏七立名中，謂由下，釋。謂約三種法上，立金剛名。一、約般若體用名金剛，此如金剛堅利。二、約地位濶狹名金剛，此如金剛杵形，以信行一僧祇，淨心只一刹那，佛地二僧祇，如金剛杵初後濶、中間狹故。三、約文字名金剛，此如畫像也，以詮信行地七紙餘經，佛地三紙餘文，淨心地五行經，如彼畫像，亦初後濶、中間狹故。又此三者，法喻之上，皆展轉而成。喻中，且根本是堅利金剛，因造以成其杵，因畫以成其像。法中，根本是體用般若，因修以成其位地，因詮以成其文字也。又此法喻各三事中，一事即實，餘二皆虛。喻中，堅利金剛是實，杵形畫像皆虛。法中，體用般若是實，位地文字皆虛。以此三事，首末相似，故立金剛之名。然前一是佛本意，餘二是菩薩及古德意也。〇由前六等者，於中前五堅利，第六濶狹，濶狹之中，含能所詮也。

△二、總指後四。

疏　後四但約第三句中十八住説，無別經文。

記　疏後四下，二、總指後四。○應先問云，第三句内，説盡經文，未知後四，如何配攝，故此云也。○謂一一住説對治故。於對治處，顯不失中道故。於不失中，立位地故。於前六中道，立名故云云。

△三、廣釋第三，三。初、正辯十八住處，二、重以八義相攝，三、更約地位配釋。初、正辯十八住處，二。初、牒標，二、列釋。

初、牒標。

疏　十八住處者。

記　疏十八下，三、廣釋第三，三。一、正辯十八住處。疏中具列十八住名，略釋其義，兼明對治十二種障，便指經文，令知科段所屬。○然每住經文，疏但略標三字五字，緣以經本科段首尾文勢稍重，恐言涉相濫，故不標最初之字，但取其次異文，亦不結終齊至何處，意在省約耳。向下隨文略敘首末，以隔前後。

△二、列釋十八。初、發心住，二、波羅蜜相應住，三、欲得色身住，四、欲得法身住，五、修道無慢住，六、不離佛世住，七、願淨佛土住，八、成熟衆生住，九、遠離外論住，十、觀破色身住，十一、給侍如來住，十二、遠離退失住，十三、忍苦住，十四、離寂靜味住，十五、證道離喜住，十六、求佛教授住，十七、證道住，十八、求佛地住。

初、發心住。

疏　一、發心住，經云應如是降伏其心所有一切等。

記　一中發心者，謂發廣大第一等四種心也。○經文從佛告須菩提，諸菩薩摩訶薩，應如是降伏其心，乃至若菩薩有我相、人相、衆生相、壽者相，即非菩薩。○以大乘菩薩最初法爾合發是心，故十八住中，居其第一。

△二、波羅蜜相應住。

疏　二、波羅蜜相應行住，不住色布施等。

記　二者，經從復次須菩提，於法應無所住行於布施，乃至須菩提，菩薩但應如所教住。○不住等者，等有二意。一則等於餘文，如上所引。二則等於餘義，謂等餘戒等五也。○此則雖是指經，便兼釋義，則波羅蜜是所應，戒等是能應，能所兩合，故云相應。由是但行施戒等，不能離相，或行離相，不行施戒等，皆非相應行。直於行施戒等處離相，離相處行施戒等，方得名爲相應行也。

△三、欲得色身住。

疏　三、欲得色身住，可以身相等。

記　三者，經從須菩提於意云何，可以身相見如來不，乃至若見諸相非相，即見如來。○問：色身是相，何以離相求之？答：色身之相是影，法身無相是體。欲得有相色身，須見無相法體，未見法體，不能現相，是故先令見相無相，方得色相之身耳。此中意在文外，故論以意科也。

△四、欲得法身住。

疏　四、欲得法身住。法身有二。一、言説法身，頗有衆生等，因言顯理故。二、證得法身，復有二。一、智相，如來得阿耨等。二、福相，若人滿三千等。

記　四中言説者，經從須菩提白佛言世尊，乃至法尚應捨，何況非法？○問：法身非言説，何故以言説爲法身耶？故疏釋云因言顯理故。此有二意。一、以言説顯於法身，法身非言説。二、文字性離，即是法身，無別法身耳。○智相者，經從須菩提於意云何，如來得阿耨菩提耶，乃至一切賢聖皆以無爲法而有差別。○則以無相無爲法爲智相也，故《起信》云，以智相無可見故。○福相者，經從須菩提於意云何，若人滿三千大千世界七寶以用布施，乃至須菩提，所謂佛法者，即非佛法。○斯則以持説此經，獲無漏福所感微妙色身，名爲福相也。然是法身之福相，福相非法身，依主釋。

△五、修道無慢住，三。初、正示此文，二、通敘後段，三、別結對治。

初、正示此文。

疏　五、於修道得勝中無慢，住須陀洹等。

記　五於下，文三。初、正示此文。○經從須菩提於意云何，須陀洹能作是念我得須陀洹果不，乃至是樂阿蘭那行。○得勝者，以小乘四果，勝於四向等故，對劣彰勝也，此即以小況大也。小人尚猶無過，君子豈合有彸。由無慢故，方得證果，故經皆言，我不作是念，我得須陀洹果等。

△二、通敘後段。

疏　從此至十六住，如次對治十二種障，意明欲求色身法身，須離是障。障盡故，入十七證道住。

記　從此下，二、通敘後段。○意明等者，敘次第之意也。先問云前之四住何不言離障耶，故云也。意云，凡欲修進，先須發心，發心已則修行，故有第一第二。發心修行，本求佛果，佛果之内，唯有二身，麤細之間，先色後法，故有第三第四。前修勝行，恐有慢心，障入聖位，故説小果以況大乘。今離障，進入十迴向位也，故從第五方説離障也。○然此十二障，每至一住，皆須躡前，以辨來意。如云，雖得無慢，猶自少聞，故於第六住中對治少聞障。他皆倣此，以此諸障，皆在地前，能障見道，非是地上，故云障盡入證道也。然障是所治，文在經外，住是能治，正是經文，若相望説之，理則明矣。

△三、別結對治。

疏　今當對治第一慢障。

記　今當下，三、別結對治。○然準《五蘊論》説，慢有七、九二種，但開合之異，此約入道人説。七者，論云：一、慢，於劣謂勝，於相似謂等。二、過慢，於相似謂勝，於勝謂等。三、慢過慢，謂於勝己計勝彼。四、邪慢，己實無德，計己有德。五、我慢，謂於五取蘊，計我我所。六、增上慢，謂於勝妙法中，未得謂得。七、卑劣慢，於多分勝，計己少分劣。今所離者，即五、六也。以證我空故，取自果故。

△六、不離佛世住。

疏 六、不離佛世時住，昔在然燈等，離第二少聞障，不離佛世，則具多聞。

記 六者，經從佛告須菩提，於意云何，如來昔在燃燈佛所，乃至實無所得。〇云何離障得成住耶？疏次云離第下，所離障。不離下，結成住義。於中，上句成住，下句離障也。若離佛世，不名住處，無佛説法，則是少聞，便成其障。若不離佛世，乃成住處，常遇佛説法，則具多聞，便離障也。〇然凡是修行，智慧爲本，欲得智慧，必須多聞，故依佛住，離少聞障也。故經云，多聞增智慧，勤問第一方。〇問：若然者，據今經云，於法實無所得，豈成多聞。答：此是聞而無聞，得而無得。無得而得，是真得，無聞而聞，是實聞，故成此住。

△七、願淨佛土住。

疏 七、願淨佛土住。菩薩莊嚴佛土不等，離小攀緣作念修道障，緣形相土則小，無緣則大，契法界故。

記 七者，經從須菩提於意云何，菩薩莊嚴佛土不，乃至應無所住而生其心。〇離小下，所離障。攀緣即是作念，蓋一義耳。〇緣形等者，意云，若取色聲等相爲土，即有分限，故名小也，以不如法身故。若不取相，分別不生，心境兩忘，竟何分限，故云大也。〇契法下，釋所以也。意令忘懷嚴法性土，不令生心嚴法相土也。故經云，不應住色等生心，應無所住而生其心。偈釋云，智習唯識通，如是取淨土，非形第一體，非嚴莊嚴意。

△八、成熟衆生住。

疏　八、成熟衆生住。人身如須彌等，離捨衆生障，若見大小，不能濟物。

記　八者，經從須菩提於意云何，譬如有人，身如須彌山王，乃至是名大身。○成熟者，即由教化令衆生成種，根熟有所悟證。○離捨下，所離障。若捨衆生，即不能教化，故令離障，方成住也。○若見大小下，反釋所以，意言能濟物者，蓋爲不見大小也。故經云，佛説非身，是名大身，豈存大小。若見大小，則有高下、親疎、憎愛。心既不等，寧曰大悲。縱使化生但成愛見，憎者則去，便捨衆生，云何成熟。反此用意，則物無有遺，遲速之間，皆能成熟。

△九、遠離外論住。

疏　九、遠離隨順外論散亂住，如恒河中所有沙等，離樂隨外論散亂障，恒沙寶施，不及持經，如何外學不修正法？

記　九者，經從須菩提，如恒河中所有沙，乃至如來無所説。○離樂下，所離障。然隨順外論，即是散亂，但能遠離，即成住也。以外論即儒墨文筆，除佛教外，皆外論也。既若求名，豈得心無散亂之事，是名利源。既得之則樂，失之則苦，苦之則憂，樂之則溢，由斯業累，世世沉淪，反推其本，皆由隨順外論耳。○恒沙下，舉持經福多以責外學。意云，持經者功德若此而不修行，名利之源，是輪迴苦本，如何隨順，却乃修學。

△十、觀破色身住。

疏　十、色及衆生身摶取中觀破相應行住，三千世界所有微塵等，離破影像相中無巧便障。既離散亂，與定相應，以細末不念二種方便，破麤至細，泯細至空，則除影像之相想。

記　十者，經從須菩提於意云何，三千大千世界所有微塵是爲多不，乃至是名世界。○色是依報，即外四大。身是正報，即内五蘊。摶取者，即和合義也。但秦魏譯異爾。然摶取約法，相應兼人，二事相望，總有三對。一、内身色蘊，及外器界，但合微塵所成，名爲摶取。見有身器爲依正執取等，即是相應。二、受等四蘊，但合心心所法而成，名爲摶取。見有苦樂受等，即是相應。三、色心和合以成此身，名爲摶取。見有心色，即是我人相應。行即遷流造作之義，觀破之義，如下所明。○影像相者，謂色心等法是法界中之影像，亦可是業識之影像。離破下，所離障。無巧便者，由無善巧方便，不能破此影像，乃名爲障。若有巧便破之，則成其住也。巧便之相，彰在次文。○既離下，躡於前住以爲方便之本，由無散亂，則成其定，從定方能發慧，觀而破之。以細下，正示二種方便巧便之相也。然破色具二，破心唯一，除細末也，以心心所法不可析破故，麤色顯著，難忘執情，析至極微，易祛妄念，故須具二，如下文說。○相想，即心境也。心境兩忘，故云除。

△十一、給侍如來住。

疏　十一、供養給侍如來住。可以三十二相見如來不等，離福資糧不具障，不以相見，常見法身，名爲給侍，福無邊矣。

記　十一者，經從須菩提於意云何，可以三十二相見如來不，乃至是名三十二相。○離福下，所離障。欲入聖道，須福資糧，如人遠行，豈可空往。佛爲至聖，是福之因，供養給侍，無不獲福，即以此福，爲其資糧。若供養得福，即是住非障，反之則是障非住也。○不以下，或問：文云不以相見如來，如來尚不得見，云何給侍耶？故此釋也。此即但以智慧隨順相應，名爲給侍。然非謂棄却相身，别侍無相之佛，但了相即非相，不生執著，乃曰相應。凡所供養親近恭敬，皆名給侍。若生執著，不順於理。雖常見佛，不名爲見。如下文云，若以色見我，以音聲求我，是人行邪道，不能見如來。《華嚴》云，若人百千劫，常隨於如來，不了真實義，盲瞑不見佛。又如佛昔三月昇忉利天，爲母説法，後降閻浮，有蓮華色比丘尼欲先見佛，化作轉輪王隊仗，往至佛所，佛乃訶之，具陳上事。時須菩提在於山中，亦欲見佛，尋復思念：空無相理，是真法身，何用見色相。言已復坐，竟不往見。於是佛告蓮華色言：須菩提先見我竟，汝已在後。故知執相迷真，對面千里，虚心體物，天地一家。故古人云，肝膽雖近，情生則隔，江山雖緬，道契則隣。是知通達妙理，方真給侍，若斯給侍，是侍真佛，故所獲福，無有邊際。

△十二、遠離退失住。

疏　十二、遠離利養及疲乏熱惱故不起精進及退失住。恒河沙身命布施等，離樂味懈怠利養障，恒沙命施，猶劣受持，豈爲一身躭著利養，身疲心惱而懈怠耶？

記　十二者，經從須菩提，若有善男子、善女人以恒河沙等身布施，乃至是名第一波羅蜜。○離樂下，是所離障。然障名有所闕略，若取周備，不過住名，但樂味成障，遠離成住。且約爲障起過，有其五重。一、爲身求利，二、由求利養，令身疲乏。此復有二。一、由放逸，令身疲乏。二、求不得，身亦疲乏。三、由身疲故，令心熱惱。四、由心熱惱故，不起精進。五、由不精進故，退失功德。○恒沙命施下，釋成對治經苦較量，意令改革，以見大利故，不求小利。既不求利，身則不疲。身既不疲，心則不惱。心既不惱，則起精進。既起精進，則能受持，獲無邊福，故知經意，爲治此障，成其住也。○一身者，一報身也。

意云，豈爲一報之身，終日求名求利，求之不足，未始稱情，縱使多財，死爲他物。持經功德無量無邊，盡未來際，用之不竭，利害若此，人何不然。《無常經》云，眷屬皆捨去，財寶任他將，但持自善根，險道充糧食。

△十三、忍苦住。

疏 十三、忍苦住。忍波羅蜜割截身等，離不能忍苦障，無我等相，累苦能忍。

記 十三者，經從須菩提，忍辱波羅蜜，乃至如人有目，日光明照見種種色。○離不下，所離障。此但不忍爲障，忍之成住也。○無我下，出忍之所以也。斯有兩意，所謂通、别。通則由無我相，雖累遭割截，常能忍受。别則由無我故忍，由累苦故能忍也。

△十四、離寂靜味住。

疏 十四、離寂靜味住。當來之世，若有人能於此經受持、讀誦等，離智資糧不具障，日三時捨身，一一沙數，不及信經，如何唯專禪定，耽寂靜味，闕於智慧而不持説。

記 十四者，經從須菩提，當來之世，若有善男、子善女人能於此經受持、讀誦，乃至果報亦不可思議。○離智下，所離障。若躭寂無智，即是障非住。若離寂修智，即是住非障。○日三時下，指經對治，意云欲證聖性，非智不階，經苦較量，意在策發。此同《華嚴經》中訶勸之相。彼云，法性真常離心念，二乘於此亦能得，不以此故爲世尊，但以甚深無閡智。○然此是對治之别意，故須一向而言，令人捨定修慧。若據究竟通論，必須定慧等學。《涅槃經》中説，定慧不等，不見佛性，無明邪見，自此而生。前第十一住，便是定門，對治不同，故須然也。修習之者，須兼行之。

△十五、證道離喜住。

疏 十五、於證道時遠離喜動住。云何住降等，離十一不自攝障，我能住降，心生喜動，動則不能自攝。

記　十五者，經從爾時須菩提白佛言世尊，乃至實無有法發阿耨多羅三藐三菩提者。○離十一下，所離障。謂動不自攝，則是障非住，若自攝不動，則是住非障也。論中則云自取障。○我能下，釋。意云由計我故，遂起降住勝能之心，不覺喜動，故不自攝。今經既云無一衆生得滅度，無法得菩提，則不計勝能，故能對治也。

△十六、求佛教授住。

疏　十六、求佛教授住。於然燈佛所，有法得菩提不等，離十二無教授障，欲入初地，須佛教授，故約遇佛得無所得而證道矣。

記　十六，經從須菩提於意云何，如來於然燈佛所，有法得阿耨多羅三藐三菩提不，乃至是故名一切法。○離十二下，若無教授，即是障非住。若得教授，即是住非障。○欲入下，釋成住義。雖三賢位中，亂修六度，經一無數劫，欲入聖道，要佛策發，故於資糧位後，立加行名。其猶鑽火，火欲出時，倍加功力。遇佛，然燈佛也。得無所得者，即然燈與善慧授記，當得作佛，號釋迦牟尼，非佛與法，故云無得。○問：此説善慧得記，進入八地，何故將此配地前耶？答：欲入初地，須學八地用心，方可得入。若學初地，竟不能入，如人學射，可知。又將證八地，猶須教授，欲入見道，豈得不然。○然從第五，至此住中，每住對治一障，此障障於見道，今則加行位極，對治已盡，故云而證道矣。

△十七、證道住。

疏　十七、證道住。人身長大等，攝種性智，證徧行真如，成法報身，故長大矣。

記　十七者，經從須菩提譬如人身長大，乃至佛説一切法無我、無人、無衆生、無壽者。○攝種性下，釋成住義。智體即觀照般若，是能證也，即妙平二智無分別也。以得此智，生如來家，決定紹佛種故。斯則地前加行之智，至於初地，轉受此名。〇證徧等者，體即實相般若，是所證也，以徧在一切法中故。《唯識》云，由此真如，二空所顯，無有一法而不在故。論中則名平等智。然有五種平等因緣，一、麤惡平等，二、法無我平等，三、斷相應平等，四、無希望心平等，五、一切菩薩證道平等。有是五種因緣，故名平等智。故論云，入證道時，得二種智，一、攝種性智，二、平等智也。然所證是理，今云智者，斯有兩意。一準《起信論》云，依此法身，說名本覺。二則理智冥合，能所不殊，如珠與光，不相捨離。〇成法報身者，攝種性智至果，得成報身，平等智至果，得成法身。〇故長大者，論即云妙大。妙即報身，以萬行功德所莊嚴故。大即法身，真如實理，徧一切故。

△十八、求佛地住，二。初、標六種具足，二、列六種具足。

初、標六種具足。

疏　十八、上求佛地住。於中復有六種具足。

記　十八者，自此已下，皆求佛地。於中復有六種具足。具足者，圓滿義，謂轉捨二障，轉得菩提涅槃，攝轉具足也。

△二、列六種具足，六。初、國土具足，二、無上見智淨具足，三、無上福具足，四、無上身具足，五、無上語具足，六、無上心具足。

記　既證聖性，生如來家，須示佛果功德，令其欣趣。然其果德雖多，以要言之，不出依、正二報。二報之內，先明所依，若無所依，能依何立。正報之內，不踰福智，智引福故，先智後福，然後別顯三業，依次所明。

△初、國土具足。

疏　一、國土淨具足，我當莊嚴佛土等。此教二地已上諸大菩薩。

記　一、經從須菩提，若菩薩作是言，我當莊嚴佛土，是不名菩薩，乃至若菩薩通達無我法者，如來説名真是菩薩。○此教下，指位，即從二地至於等覺。當修道位，謂莊嚴之時，離能所相，名之爲淨。稱周法界，故云具足。故經云，通達無我法者，如來説名真是菩薩。

△二、無上見智淨具足。

疏　二、無上見智淨具足，有肉眼不等。此下皆唯佛果，故云無上。無上之言，貫通下四。

記　二者，經從須菩提於意云何，如來有肉眼不，乃至未來心不可得。○見淨者，即五眼也。見即無見，名之爲淨。無所不見，名爲具足。○智淨者，即悉知諸心等。知即無知，名之爲淨。無所不知，名爲具足。以智見不別，故當一處。○此下等，即指位。揀非修道，即無學位也。○下之四段，皆合有無上之言，故云貫通下四。

△三、無上福具足。

疏　三、福自在具足，若人滿三千界七寶等。

記　三者，經從須菩提於意云何，若人滿三千大千世界七寶以用布施，乃至以福德無故，如來説得福德多。○問：前已頻説施福，與此何别？答：前所説者，皆是較量不及受持之福，今此説者，乃是無住稱性之福，非能較量，故不同也。○問：佛是果，布施是因，云何果中即説因行？答：凡是果德，皆彼因成舉彼無住之因，以彰稱性之福也。○言自在者，揀有漏之福不自在也。○若準論中，此與智淨合爲一段，意明福智不相離故，則於身中開之爲二，謂色身具足，亦盈六數。今則合後開前者，意云，福之與智，迢然不同，配攝因果，五六有異，異須開也。相之與好，同是一身，兼對下語意以成三業，故須合也。

△四、無上身具足。

疏　四身具足，佛可以具足色身等。

記　四者，經從須菩提於意云何，佛可以具足色身見不，乃至是名諸相具足。○此明如來真應具足，如經云即非具足色身，明真身也。是名具足色身，明應身也。即非諸相具足，明真身也。是名諸相具足，明應身也。

△五、無上語具足。

疏　五、語具足，汝勿謂如來説法等。

記　五者，經從須菩提，汝勿謂如來作是念，我當有所説法，乃至是名説法。○説而無説，無説之説，是真説法。○具足者，無法可説，無所不説，是名説法。

△六、無上心具足。

疏　六、心具足，佛得阿耨菩提，爲無所得耶，乃至應作如是觀。

記　六者，然於心中，復有六種，一、念處，二、正覺，三、施設大利益，四、攝取法身，五、不住生死涅槃，六、行住淨。化度衆生，大悲爲本，故先明念處。自未成佛，焉能度他，故次明正覺。自利既滿，即合利他，故次明施設大利益。猶恐滯相，故次明攝取法身。又恐住空有，故次明不住生死涅槃。又恐執施化跡，故次明行住淨也。以此六義，別對經文，廣如彼論，避煩不敘。

△二、重以八義相攝，二。初、標，二、配。

初、標。

疏　又十八住，略爲八種，亦得滿足。

記　又十下，二、重以八義相攝。

△二、配，二。初、以六攝十八，二、以二攝十八。初、以六攝十八，四。初、以二攝二，二、以一攝一，三、以一攝十二，四、以二攝二。

初、以二攝二。

疏　一攝住處，二波羅蜜淨住處，一二次配。

記　一者，〇是籠羅包納之義，即以普度衆生，現無違反，是故配同第一發心住也。〇二者，淨與相應，蓋一義耳，是故配同第二住也。

△二、以一攝二。

疏　三欲住處，攝三及四。

記　三者雖三色四法，皆是欲得，由此配同三四二住也。

△三、以一攝十二。

疏　四離障礙住處，即前十二障也，從五至十六。

記　四者，可知。

△四、以二攝二。

疏　五淨心住處，六究竟住處，上二次配十七、十八。

記　五者正當淨心地，故同此住。〇六者正當究竟位，故同此住。〇雖通修道，就多故説。

△二、以二攝十八。

疏　七廣大住處，八甚深住處，上二各攝十八住處，一一住中，皆深皆廣。

記　一一下，明各攝義。如第一住中普度四生，廣也。令入無餘涅槃，深也。實無衆生得滅度者，廣也。菩薩無我人等相者，深也。初住既爾，餘則例知。若五百生忍，廣也。並無我人，深也。〇若細言之，前以六住攝十八住，後以二住攝十八住，皆得滿足。

△三、更約地位配釋，二。初、標，二、配。

初、標。

疏　十八住文，配位地者。

記　十八住文下，三、更約地位配釋。〇然諸教中，所説地位，或有或無。如《楞伽經》云，十地即爲初，二地即爲入，乃至無所有何地，此明無也。《仁王》《纓絡》

等經，即是説地位，是明有也。然此有無，皆隨機説也。若《華嚴》，行布萬差，圓融一際，有無無閡，斯則稱性之説卷。然依《華嚴》有無無閡，方爲了義，以約法即無，約人即有，人法既不相離，有無故合均齊。然其行人，念念須冥佛境，反窮果海，自然階降不同。若預等級用心，畢竟障於證入。故《華嚴疏》云，修則頓修，位分因果。況此經宗無相，豈合列位淺深，但約情惑漸薄而位地轉高，義相稍同，故略配攝也。

△二、配，三。初、配資糧，二、配加行，三、配三道。初、配資糧，三。初、十住，二、十行，三、十迴向。

初、十住。

疏　第一、十住。

記　第一十住者，十住，謂：第一、發心住，二、治地，三、修行，四、生貴，五、方便具足，六、正心，七、不退，八、童真，九、法王子，十、灌頂。○今配十住者，與彼初住名同，故配之也。○問：此但云一，如何配十。答：以初攝後故。○問：何故不言十信位耶。答：亦攝入十住位中也。以前之十住，通名信行地故。亦同《華嚴》合前開後也，故發心一住，前攝十信，後攝餘九耳。

△二、十行，三：初、前六，二、第七，三、後三。

初、前六。

疏　第二、十行中前六。

記　第二十行等者，十行，即：一、歡喜行，二、饒益，三、無瞋恨，四、無盡，五、離癡亂，六、善現，七、無著，八、尊重，九、善法，十、真實。○前六者，十中前六行也，以配此中第二住處，以此住處説六度故。即布施配歡喜行，持戒配饒益行，忍辱配無嗔恨行，精進配無盡行，禪定配離癡亂行，智慧配善現行，心離分別，善巧示現故。

△二、第七。

疏　三、第七行。

記　三、第七行者，不以相見如來，即無著也。

△三、後三。

疏　四、後三行。

記　四、後三行者，配第四住中三種法身。○謂言説法身配尊重行，於佛言教生尊重故。○智相法身配善法行，以真如無爲是真善法故。○福相法身配真實行，以持經之福無漏真實故。

△三、十迴向。

疏　五至十四，如次配十迴向。

記　五至十四配十迴向者：一、救獲一切衆生離衆生相迴向，二、不壞，三、等一切佛，四、至一切處，五、無盡功德藏，六、隨順堅固善根，七、等心隨順一切衆生，八、真如相，九、無縛無著解脱，十、法界無量。○五配第一，離慢即是離衆生相也。○六配第二，遇佛多聞，信解行等不壞。○七配第三，諸佛離相，既不住色，即等佛也。○八配第四，既見大身非身，是真如際，方至一切處。○九配第五，不隨外論，受持此經，即得無盡功德。○十配第六，觀破五藴，與定相應，善根堅固。○十一配第七，既不取相，即於衆生等隨順之。○十二配第八，經云，離一切相，即名諸佛，即真如相也。○十三配第九，割截不瞋，即無縛無著也。○十四配第十，經云無有邊不可思議功德，即是法界功德也。

△二、配加行，二。初、前二位，二、後二位。

記　十五煖等者，配四加行位也。○然此四位，由三賢菩薩已經一無數劫，修集福智資糧，爲入見道，故復加行。○煖、頂二位以四尋伺觀，觀所取名等四法，假有實無，即所取空。○忍世第一，以四如實智，通觀能所名等皆空。然忍有三品，謂下中上，下品即所取空，中品順能取空，上品印能取空。世第一二空俱印，然皆滯相，未能證實。故《唯識》云，現前立少物，謂是唯識性，以有所得故，非實住唯識。

△初、前二位。

疏 十五、煖頂。

記 若配經文，即十五住。經云，實無有法發阿耨菩提心者，以菩提能發所取。既言實無，即所取空，當煖頂二位。

△二、後二位。

疏 十六、忍世第一。

記 十六住中云，經佛於然燈佛所，不得菩提，是印所取空，當下品忍。○次云如來者，即諸法如義，即順能取空，然猶未説後時不得，即知未能印持，故當中品忍。○次云實無有法佛得阿耨菩提，此明後時畢竟不得，即印能取空，當上品忍。○次云如來所得法，此法無實無虚，乃至即非一切法，即雙印二空，當世第一位也。

△三、配三道，二。初、前一道，二、後二道。

初、前一道。

疏 十七、初地。

記 十七初地者，如前疏云攝種性智證徧行真如等，故當初地。

△二、後二道。

疏 十八、從二地乃至佛地。

記 十八等者，於中合有二。謂此住中，初國土淨具足，當修道位，故前疏云，此教二地已上諸大菩薩。從無上見智淨具足已下，皆究竟位，故前疏云，此下皆唯佛果也。

記 是則十八住中，前十四資糧，十五、十六加行，十七見道，十八中初一具足修道，餘即無學道也。

記 懸判竟。

金剛經疏記科會卷第四

唐圭峰大師疏
宋長水大師記
後學雲棲寺沙門大璸科會

△二、依天親問答斷疑以科釋，二。初、牒章分文，二、依章正釋。

初、牒章分文。

疏 第二，依天親問答斷疑以科釋。總分四段。

記 第二下，二。初、牒章分文。

△二、依章正釋，四。初、善現申請，二、如來讚許，三、善現佇聞，四、如來正說。初、善現申請，二。初、整儀讚佛，二、正發問端。初、整儀讚佛，二。初、釋請人，二、釋請儀。

初、釋請人。

時長老須菩提

疏 初、善現申請，二。初、整儀讚佛。

記 二、依章正釋。四，初、善現申請，二。一、整儀讚佛，二。初、釋請人。從初至恭敬，即是整儀，餘皆讚佛也。○經時者，即如來食已，敷座而坐時也。

疏 長老者，德長年老，唐譯云具壽，壽即是命。魏譯云慧命，以慧爲命。

記 德長年老者，謂德高曰長，年多曰老也。○唐譯下，證年老。○魏譯下，證德長，智慧超倫，即是德長義也。○然以慧爲命者，約喻顯法也。謂人身以命爲本，佛法以慧爲本，命盡則六根俱廢，慧喪則萬行不成。云云。○此約別義釋長老也。若通意者，但有德業，便名長老，如云先生，未必年老矣。

疏 須菩提，有三義譯，謂善吉、善現、空生。生時室空，解空之善瑞現矣，相師占云，唯善唯吉。

記 須菩提者，亦云蘇補底，但梵音楚夏耳。○善吉下，從末倒標。生時下，據本順釋。○《西域記》云，是東方青龍陀佛，影響釋迦之會，示跡聲聞，發揚空理，十方諸佛，法皆爾也。

△二、釋請儀，二。初、正釋經文，二、別解菩薩。初、正釋經文，二。初、釋整儀，二、釋讚佛。

初、釋整儀。

在大衆中，即從座起，偏袒右肩，右膝著地，合掌恭敬而白佛言：

疏 從座起下，皆整理威儀修敬之相。

記 從座下，二，釋請儀，二。初、正釋經文。○皆整儀者，疏雖通明，經須別釋。○從座起者，師資之道，尊卑頗殊，欲有諮詢，不可坐問。此同曾子避席對夫子也。《孝經》中，夫子問曾子曰：先王有至德要道，以順天下，民用和穆，上下無怨，汝知之乎。曾子避席曰：參不敏，何足以知之。雖彼答此問，而致敬是同也。○偏袒右肩，是彼方儀則，此土非儀也。欲問如來，故須偏袒。○右膝下，右則爲順，膝能迴屈，表順理心也。著地，即示卑之相也。膝表智，地表理。○合掌，即表冥心，掌合不執外物，心冥覺不異緣，欲問實相法門，故須用心如此。○恭敬者，總結也。起座、袒肩、跪膝、合掌，莫非恭敬故爾。○亦可配於三業，謂座起、袒肩、合掌等，身業也。恭敬即意業也。白佛言下，即口業也。

△二、釋讚佛。

希有世尊，如來善護念諸菩薩，善付囑諸菩薩。

疏 希有者，世所無故。

記 希有下，疏且總明，具有四種。○一、時希有，曠劫難逢。然今賢劫之中，正當住劫，就住劫中，有二十增減，今即第九減劫中。人壽二萬歲時，迦葉如來出世。百年劫一年，至人壽百歲時，釋迦如來出世。減後此劫已盡，至第十劫，展轉刦增，至八萬四千歲。又百年減一年，至人壽八萬歲時，彌勒佛出世，望過去未來二佛，相去一千一百萬餘年，中間更無，故云希有也。故《法華》云，諸佛與出世，懸遠值遇難。○二、處希有，三千界中，唯有一佛，百億四天下，百億須彌山，百億日月，百億六欲，百億梵世，其中唯有一佛，此方而現也。○三、德希有，福慧超絶，勝無上故。故《法華》云，我所得智慧，微妙最第一。又云，如其所得法，定慧力莊嚴，以此度衆生，自證無上道。然佛功德，不可稱説，盡其邊際。故《華嚴》云，刹塵心念可數知，大海中水可飲盡，虚空可量風可繫，無能盡説佛功德。○四、事希有，用大慈悲，極巧方便，現多種身相，演無量法門，隨衆生根，皆利益故。○今所歎者，意則雖通，義當歎事，以下標云善護念等。

疏　如來者，從如而來。

記　如來者，真化不同。○真佛名如來者，迷時背覺合塵，名如去。悟了背塵合覺，名如來。如即真如，來去即隨緣也。○化佛名如來者，從真如起，來成正覺，而化衆生。○今當後者，故云從如而來。

疏　論云，善護念者，依根熟菩薩説，謂與智慧力，令成就佛法，與教化力，令攝受衆生。

記　根熟者，三賢已上菩薩，信根成熟，永無退轉也。○智慧力，即無分别智。○成就佛法，即隨其分位，令證真如，乃於一法，令達百千萬法明門等，斯則自利行也。○教化力，即後得智。○攝受衆生，即隨其分位，令於百千萬億等世界中教化衆生，斯則利他行也。

疏　善付囑者，依根未熟菩薩説，懼其退失，付授智者。付者，將小付大。囑者，囑大化小。

記　根未熟者，十信菩薩也。〇以此位人，六度亂修，心如輕毛，故云懼其退失。以信根未成，遇緣恐退，故須付囑智者，令其教化，使不退也。〇將小下，將小菩薩付大菩薩，囑大菩薩化小菩薩也。此如父母遺囑子孫。云云。

△二、別解菩薩。

疏　菩提薩埵，此云覺有情。三釋。一、約境，所求所度。二、約心，有覺悟之智，餘情慮之識。三、約能所，所求能求。三皆如次配覺及有情。

記　菩提下，二，一、別解菩薩。〇菩薩梵音，言猶不足，具云菩提薩埵，此云覺有情。以時人不貴唐言，故存梵語。秦地好略，又削提埵二字，但云菩薩。〇約境所求是覺，所度是有情。然約人有四句，謂二乘有求無度，諸佛有度無求，菩薩亦求亦度，凡夫無求無度。〇約心者亦四句，諸佛有覺無情，凡夫有情無覺，菩薩有情有覺，二乘入無餘依界無情無覺。〇約能所者，所求是覺，能求是有情。〇三皆下，皆上句是覺，下句是有情。〇然此三義之中，初、約悲智，次、約真妄，三、約人法。菩薩之義，不踰此三，未必寶冠天衣方是菩薩。

△二、正發問端，二。初、釋當機，二、釋正問。

初、釋當機。

世尊，善男子、善女人發阿耨多羅三藐三菩提心，

疏　二、正發問端，曲分二。初、釋當機。

記　二中，疏曲分下，二，初釋當機，以發心者方是當機。

疏　《華嚴》云，忘失菩提心，修諸善業，魔所攝持。

記　《華嚴》下，引證。○此有兩意。○初云，有人先曾發心，後時忘失，尚非其器，況全不發心者。何以故，魔所攝持故。○後意即云，衆生發心後時忘失者，蓋爲不解住、修、降伏耳，故今所問，免使遺忘。○前揀其機，後防其退，有茲兩意，故用彼經。○所以善財童子每遇善友，皆啟云，我已先發阿耨多羅三藐三菩提心，而未知云何學菩薩行，修菩薩道。○意明發心方是修行之器。

疏　阿耨多羅三藐三菩提，此云無上正徧正覺。

記　阿耨下，先翻名。

疏　謂正智徧智，覺知真俗，不偏不邪。

記　謂正智下，釋義。○上正字，且對偏字以分二智。下正字，即明二智所覺不偏不邪，即以正智覺真，徧知覺俗，皆不偏邪，故云正覺。以二乘偏覺，凡夫邪覺，今揀此二，故不偏邪，謂如理而知，如事而知故也。○然此二智，亦名如理如量、根本後得、真俗、權實等。

記　又準《智度論》說，從因至果，有五種菩提。○一、發心菩提，即十信是。二、伏心菩提，即三賢是。三、明心菩提，即初地至七地是。四、出到菩提，八、九、十地是。五、無上菩提，即如來地是。○今約能發心，即當第一。約所發，即第五能所合論，貫通初後也。

△二、釋正問，三。初、釋魏本，二、會當經，三、引論證。

初、釋魏本。

疏　二、釋正問。

疏　魏譯云，應云何住，云何修行，云何降伏其心？

記　疏二釋正問，三。初、釋魏本。○

先引文。

疏 意云，若人發菩提心已，住何境界，修何行業。妄心若起，云何降伏。

記 意云下，釋意。○住何境界者，未發心時，住六塵境，既發心已，誠宜改轍，故云住何境界。○修何下，未發心時，十惡爲務，既發心已，不可依前，故云修何行業。○妄心下，未發心時，妄心起即逐妄，既發心已，不可隨之，是故問云云何降伏。

疏 故佛令安住四心，修六度行，於中降心，不令著相。

記 故佛下，懸示答意。○意云，昔住六塵之境，今住四心，昔行十惡，今行六度，昔時著相，今令不著。如是用心，真實修行，發菩提心，豈忘失耶。

△二、會當經。

應云何住，云何降伏其心？

疏 秦譯略修行者。

記 秦譯下，會當經。○初、難起。

疏 意云，住道降心即是修行。

記 意云下，釋。○初二句，標。○意云，雖無修行之文，含有修行之義。○如《起信》中，説六、八二識，不言第七，雖即不説，義具足。云云。

疏 謂四心六度，皆名住修降伏。

記 謂四下，指經釋成。○意云，四心中亦有住、修、降義，六度中亦有住、修、降義。何以故。住謂發心，必須修進，降謂制伏，依住修所明，由是於此不相捨離。秦什所略，意在於茲，文雖不明，義已具矣。

△三、引論證。

疏 故無著云，住謂欲願，修行謂相應等持，降伏謂彼心若散，制令還住。

記 故無著下，三、引論證。○住謂欲願者，欲願意起，即是發心也。○修行等者，平等持心，名爲等持。等持即相應，相應即是修行義也。〇降伏等者，彼心即上相應心也。制令還住，即却使相應也。〇此即依住修説降伏義，經論相契，聖旨頗同，故如上説，理實然矣。

疏　又十八住中，一一皆以住、修、降伏釋之。

記　又十八等者，此是無著論明豎答三問之意也。〇若準天親解經，則明横答三問，從須菩提但應如所教住已下，即爲别斷疑情。〇今明無著，故有此説。意云，不唯四心六度之中有住、修、降伏之義，其如十八住内，皆有此三。如初住中，度四生入涅槃，是住義。無生可度，是修義。無我等相，是降伏義。初住既爾，餘則皆然。

疏　故知義雖有三，而行是一。

記　故知下，結。〇義三行一者，三義具足，方成一行。謂空發心降伏，不修行，亦非行。但發心修行，不降伏，亦非行。空降伏修行，不發心，亦非行。如鼎三足，如天三光，闕一不可。譯經之妙，厥在茲焉。

△二、如來讚許，三。初、印讚所讚，二、勑聽許説，三、標勸將陳。

初、印讚所讚。

佛言：善哉，善哉，須菩提，如汝所説，如來善護念諸菩薩，善付囑諸菩薩。

疏　二、如來讚許，曲分三。一、印讚所讚。

記　印讚所讚者，印讚須菩提之所讚也，即經云善哉善哉，是讚也。如汝所説，是印也。如來善護念等，是所讚也。

疏　重言善哉，讚美之極。護付能令佛種不斷，是事必然，故印讚言，如汝所説。

記　重言等者，善吉所讚，雅契佛心，若不重言，安表善極？如顔回死，夫子歎之云，天喪予，天喪予！注云，再言者，痛傷之甚也。吉凶雖别，殷勤頗同。護付等者，空生發言，言當其事，是故調御印讚。云云。

△二、勑聽許説。

汝今諦聽，當爲汝説。

疏　二、勑聽許説。

記　勑聽許説者，經云汝今諦聽，勑聽也。當爲汝説，許説也。○諦，謂審實之義，意令審諦真實，用心聽也。

疏　無以生滅心行，聽實相法。

記　無以生滅等者，此乃反用《淨名經》文。彼云，無以生滅心行，説實相法。此意云，既不得以生滅心説，豈得以生滅心聽。説是不生不滅實相之法，云何以生滅心行之聽之。無以妙饌，置於穢器。

疏　《智論》偈云，聽者端視如渴飲，一心入於語義中，踴躍聞法心悲喜，如是之人可爲説。

記　《智論》下，釋相。○端視，謂不左顧右盼也。目若別顧，心則異緣，本欲制心，且令端視，此是用心之方便也。○渴飲者，喻也。如渴飲水，但恐水竭，無暇別觀。聽法之者，亦復如是，思冀妙門，無心睥睨。○一心入語義者，意中現義，方發於言。言中有義，義中有意，令聽者以耳識聽其言，以意識採其義，尋義而取意，得意而捨義。苟能得意在懷，何慮失於言義。心心若此，如瓶注瓶，一覽無遺，可爲至妙，故云一心入於語義中也。○踊躍，即歡賀之貌，即欲聞法之時也。○悲喜，即聞了之時。悲謂傷昔日不遇，如下經云，涕淚悲泣。喜謂慶今日之得聞，如鶖子踊躍歡喜。傷昔慶今，故云悲喜。○如是下，結揀其機也。意云，若不如是用心，則不可爲説。○又真諦記説，諦聽離三過失，得三功德，謂離散亂輕慢顛倒，如次生聞、思、修三慧也。

△三、標勸將陳。

善男子、善女人，發阿耨多羅三藐三菩提心，應如是住，如是降伏其心。

疏　三、標觀將陳。我當爲汝如是如是委細而說。

記　標觀將陳者，標謂標指，勸謂勸勉，將猶欲也。陳，記也。〇即經云善男子等，標也。應如是等者，勸也。標勸之意，意在欲説，故云將陳。即懸指向下正答之文是，故疏云我當爲汝等也。

△三、善現佇聞。

唯然，世尊，願樂欲聞。

疏　唯者，順從之辭。禮對曰唯，野對曰阿。

記　三中，唯者下，如今人稱喏，皆順從之辭也。〇《老子》云，唯之與阿，相去幾何。注文如疏。〇今則禮對也。

疏　《十地經》云，如渴思冷水，如饑思美食，如病思良藥，如衆蜂依蜜，我等亦如是，願聞甘露法。

記　十地等者，釋願聞之相，即《華嚴·十地品》中，諸菩薩衆請金剛藏説十地法門之偈，今借用之。〇然前四句，於中約喻，配其三慧。〇初句聞慧，聞法不思，如飲水不味。〇次句思慧，若要尋求食味，應須咬嚼。〇第三修慧，修行惑遣，如服藥病除。〇後句即三慧之果。蜂採百華以成蜜，人集萬行以證真，蜂成蜜已，依蜜而活，人證真已，依真而住。〇我等下，合喻。〇最後一句，通喻所聞。

△四、如來正説，二。初、正答所問，二。初、躡跡斷疑。初、正答所問，二。初、舉總標別以牒問。二、約別顯總以答問。初、舉總標别以牒問。_疏四。初、正釋經文，二、斥他謬判，三、詳定經旨，四、牒難釋通。

初、正釋經文。

佛告須菩提：諸菩薩摩訶薩，應如是降伏其心。

疏　四、如來正説，二。一、正答所問，二。初、舉總標別以牒問。此以降伏爲總，住、修爲別也。謂住、修之中，皆有降伏，經意在此，故唯標降伏。

記 四、如來正説，二。初、正答所問，二。初、舉總標別以牒問。

記 經諸菩薩摩訶薩者，問：前舉當機，云善男子、善女人，洎今答處，何言菩薩摩訶薩耶？答：大心未發，即是凡夫，既已發心，即名菩薩。善現標舉，約未發心時，故云善男子、善女人。世尊酬答，約已發心後，乃言諸菩薩摩訶薩。

記 疏此以下，四。初、正釋經文，以空生問有三種，佛今牒舉，但言降伏，故此釋也。○前二句，標。○謂住下，釋。謂度生無我，是住中降伏也。施不住相，是修中降伏也。由斯義故，降伏爲總也。○經意在此者，在舉降伏而標住、修，欲顯文簡義豐，彰平玄妙。始雖住修，究竟降伏，得意茲深，故但云一也。

△二、斥他謬判。

疏 有科此所標云舉後攝初者，乃令經文極不穩暢，理例顛倒。自古言教，秖有以初攝後，未聞以後攝初。

記 有科下，二、斥他謬判，即大雲疏也。○青龍即云舉終括始，其義亦同。○乃令下，正斥失。文不穩暢者，本宜初包後義，如色例於聲等，何忽舉彼攝初，致使文非穩暢。不穩暢則蓋由於科，非經文本意也。

△三、詳定經旨。

疏 況詳經文，無別答降伏之處，則知降伏在住、修中，皆令離相，是答降伏問也。

記 況詳下，三、詳定經旨。○降伏在住、修中者，住中降伏，即實無度者，修中降伏，即無住布施。無度無住，便是離相。離相既通住、修，故知降伏是總。

△四、牒難釋通。

疏　不別答者，此經宗於離相，離相正是降心。本意欲明降心，須約住、修而顯。住、修、降心，本不相離，故無著十八住，皆有住修降心。

記　不別下，四、牒難釋通。○初句，牒難。難云，空生既問有次第，住、修、降伏宛分，何故經中不與別答，而寄住修中明耶？○此經下，正通。離相是降心者，如前所引無度無住等。須約住修顯者，若有發心修行，斯可説得降心，若無住修，説何降制。斯則只於住、修以降分別妄念，故云本不相離。○無著下，引證可知。

△二、約別顯總以答問，二。初、答安住降心問，二、答修行降心問。初、答安住降心問，四。初、廣大心，二、第一心，三、常心，四、不倒心。初、廣大心，疏二。初、釋標，二、釋列。

初、釋標。

所有一切衆生之類，

疏　二、約別顯總以答問，二。一、答安住降心問，四。初、廣大心，文二。初句標，三界普度故。

記　疏答問中科安住等者，此即安住四心。彌勒偈云，廣大第一常，其心不顛倒，利益深心住，此乘功德滿。依此科判，故列四心也。

記　疏初句下，二。初、釋標。○三界普度者，釋廣大義。一切衆生不越三界，三界普度，方名廣大。若一衆生不與度者，非廣大也。故經標云所有一切衆生，即統該也。○梵語僕呼繕那，此云衆生。《智度論》云，五蘊和合中生，故云衆生。《瑜伽論》云，思業爲因，卵、胎、濕、化爲緣。五蘊初起，名之爲生。○類即流類，即胎、卵等四也。

△二、釋列，三。初、受生差別，二、依止差別，三、境界差別。初、受生差別，二。

初、釋文，二、通難。

初、釋文。

若卵生，若胎生，若濕生，若化生，

疏 若卵下，二、列，三。一、受生差別。天、獄化生，鬼通胎化，人、畜各四，諸餘微細水陸地空，不可具分品類。

記 若卵下，二、釋列。三。初中二。初、釋文。〇稟命之始，名曰受生，即初起之時也。卵等四異，故云差別。謂卵㲉中生，胎藏中生，依濕而生，化忽然生，故不同也。〇然三界衆生，不出五道，以四攝五，亦得具足，故疏次云天、獄等化生。斯則從狹之寬明也。天獄化生者，天上地獄，唯是化生，最狹也。〇鬼通胎化者，鬼寬也。謂地行羅刹，及鬼子母，皆是胎生。故有鬼母白目連曰：我晝夜分，各生五百子，隨生自食，雖盡不飽。故知有胎生鬼也。餘皆化生也。〇人畜各四者，人四者，毗舍佉母，卵生三十二子，胎生常人，濕即柰女，從菴羅樹濕氣而生，化生即劫初之人。故《俱舍》云，二禪福將盡，下生贍部洲。畜具四者，《正法念經》云，化生金翅鳥，能食四生龍，乃至濕生也。然禽獸雖殊，皆畜生道攝，餘獸皆胎，餘鳥皆卵也。〇諸餘微細等者，如《華嚴》云，盡法界虛空界十方刹海，所有衆生種種差別，所謂卵生、胎生、濕生、化生，或有依於地、水、火、風而生住者，或有依空及諸卉木而生住者，種種生類，種種色身，乃至云一切天龍八部，人非人等，無足、四足、多足，有色無色，有想無想，非有想非無想等，以今經中無別説處，不可構虛而言，故疏結云不可具分品類也。

△二、通難。

疏 卵劣在初者，二、釋。一、約境，具緣多者爲首。二、約心，從本至末爲次。

記 卵劣下，二、通難。〇應難云，卵生最劣，云何在初？化生最勝，云何居末？○二、釋下，通。○約境等者，謂卵生必具胎、濕、化，以未生處胎，胎中必濕，無而忽有爲化，胎生必兼濕化，濕必兼化，化不必兼餘，但從於無而忽有故。此則前前必具後後，後後不具前前，故爲此次也。○約心從本等者，謂衆生本因起業，業識即根本無明，與本性和合，能所未分，混沌如卵。卵即卵㲉。故《藥師經》云，破無明㲉，竭煩惱河。無明發業，蘊在藏識爲胎，受生爲濕，生時從無而忽有爲化。由是義故，故爲此次也。

△二、依止差別。

若有色，若無色，

疏　二、依止差別，有色四禪，無色四空。

記　依止差別者，依止即是衆生身，身見依止，依止義異，故云差別。故疏次云有色無色等。有色即以色爲身，無色即以四蘊爲身。又色界有四禪，云云。無色有四空，云云。如是品類不同，故云依止差別。○問：如有經云，佛涅槃時，無色界天淚下如雨，既有淚下，云何無色？答：所言無色者，無業果色，不無定果色，故不違也。

△三、境界差別。

若有想，若無想，若非有想非無想，

疏　三、境界差別。功德施云，有想則空、識二處，無想則無所有處，非等則有頂。

記　境界差別者，雖言境界，意明空等四處。空識二處者，無色界第一、第二天也。無所有處者，第三天也。非有想非無想者，第四天也。無麤想，有細想故，是三有之頂，故云有頂。○問：下二界皆有色，何故唯言四禪以爲色界？又色界亦有一天名爲無想，云何唯指無所有處爲無想耶？答：三界統論，不出五事，謂欲、色、想、無想、非有想非無想。然非有無想，即局於有頂一天。色界一天雖名無想，已從多分通名色界，故但指無所有處爲無想。其餘三事，從空識二處已下乃至欲界相望，有無寬狹不同。謂欲界具三，色界無欲，無色界唯想，無色無欲，故立有想之名。色界雖有想，恐濫上名，故立有色之目。欲界雖兼色想，上已占於二名，揀異彼故，但名欲界。下下必具於上上，上上不兼於下下，故立名之本，其在茲焉。如有三人，一人解經律論，一人解經律，一人唯解律，揀別立號，云云可知。○又欲界，三欲五妙欲境勝故。色界，細妙色勝故。無色，想心勝故。由是欲唯欲界，色通二界，想徧三界，無想通上三界，非有想非無想局上一界。斯則不同功德施所釋也。

△二、第一心，疏二。初、釋文，二、通難。

初、釋文。

我皆令入無餘涅槃而滅度之。

記 二中，經我者，即發菩提心菩薩所稱，今佛説彼也。○涅槃者，秦譯滅度。今經上梵下唐，故云而滅度之。若具足梵音，應云摩訶波利昵嚩喃，此云大圓寂。今經論中，多言涅槃也。○然準《唯識論》説，有四種涅槃。一、自性清淨涅槃，凡聖同有。二、有餘依，即由煩惱障，有苦依身故。三、無餘依，身出生死，苦無依故。然小乘以灰身滅智爲無餘。無餘有三，一、煩惱餘，二、業餘，三、果報餘。大乘則以究竟寶所爲無餘，故《智論》説，四住地煩惱盡，名有餘依。五住地煩惱盡，名無餘依。四、無住處，悲智相兼，不住生死涅槃故。

疏 二、第一心，即無住處涅槃，不共二乘，故云第一。

記 疏即無下，即大乘之無餘，四種之中無住處涅槃也。謂不住菩薩變易生死，不住二乘灰斷涅槃，即真無住處，名爲無餘。若小乘無餘，如有情滅滅不別。今不同彼，故云不共二乘。不共者，即非彼四之第三，則言同而意異也。如《法華經》云，若得作佛時，具三十二相。爾時乃可謂永盡滅無餘。此則二障都盡，二死永離也。〇第一者，結歸偈旨仍釋科名，意謂若非無住處之無餘，焉得彌勒指爲第一心耶？

△二、通難，二。初、通五性難，二、通八難難。初、通五性難，二。初、難，二、通。

初、難。

疏　無著云，何故願此，不可得義。

記　無著下，初二句難。意云，一切衆生，五性差別，云何皆入無餘涅槃？三分半衆生不得成佛，故云不可得義。

△二、通。

疏　生所攝故。

記　生所攝者，答也。此是無著立量，成立皆可度也。應立量云，三分半衆生是有法，定皆成佛故爲宗，因云生所攝故，同喻一分半衆生。意云，《涅槃經》説，凡是有心，定當作佛。《圓覺經》云，有性無性齊成佛道。此則是可得義，安云不得。

△二、通八難難，二。初、難，二、通。

初、難。

疏　又云，卵、濕、無想、有頂則不能，云何普入？

記　又云，卵、濕等者，舉難處難也。卵、濕則畜生難，無想、有頂即長壽天難，雖舉二處，意兼八難。八難，謂三塗、北洲、長壽天、佛前佛後、世智辯聰、無根等。難意云，難處即不可度，云何皆入？

△二、通。

疏　有三因緣：一、難處生者待時故。二、非難處生未成熟者成熟之故。三、已成熟者解脱之故。

記　有三因緣等者，答也。難處待時者，此亦令成其種也。意云，難處衆生，不可常定，至非難處而度脱之。若得成種，遲速之間，必須成熟，發廣大心，故合無遺。非難處者，雖即未度，且令成熟，已熟可知。此稍同前護付之義也。

△三、常心。

如是滅度無量無數無邊衆生，實無衆生得滅度者。

疏 三、常心。一、性空故，二、同體故。論云，自身滅度，無異衆生。三、本寂故，四、無念故，五、法界故。

記 三中，疏一性空者，衆生緣生，緣生無性，故即空也。〇同體者，同一真如性故。故《起信論》云，謂如實知一切衆生，反與己身，真如平等，無别異故。〇論云下，引證。此語猶反，應云，衆生滅度，無異自身，寧於自身起於他想。〇本寂者，相本自盡，不待滅故。《淨名》云，一切衆生，即寂滅相，不復更滅。問：此與性空何别？答：前但即空，此則本來成佛，成佛即入涅槃，故云本寂，前淺後深可知。〇無念者，有念即有衆生，如無翳，則空華不現。〇法界者，一真法界，平等無差，云何於中見自他相。故偈云，平等真法界，佛不度衆生。〇此上五義，大雲之文。然於中，一三約所，二約能所，四唯約能，五該本末也。〇大抵意云，若見衆生有可度者，即生疲勞，不能常度，反此即常也。又度與不度，其心不二，名之爲常也。故《金剛三昧經》云，若化衆生，不生於化不生無化，其化大焉。

△四、不倒心。

何以故？須菩提，若菩薩有我相、人相、衆生相、壽者相，即非菩薩。

記 四中，經何以故者，徵意云，設所見有衆生可度，此何遇耶？〇次通云，若菩薩有我等相，即非菩薩。此是反明，意云，是真菩薩，必無我爲能度，豈更見有衆生得滅度耶。

疏　四、不倒心。論云，遠離依止身見衆生等相故。

記　遠離依止身見衆生等，依止即身見異名，亦名相續，梵云薩迦耶，此云身見，等於我、人、壽者也。此名身見者，以依於身，起此見故，故云依止身見衆生等相。又身見爲本，諸餘見等依此而生故，今皆遠離，故云等相也。

疏　無著云，已斷我見，得自行平等相故，信解自他平等。

記　已斷等者，内無我即無自相，無自相即平等，平等即空義也。○信解等者，以己方人也。由内無自相，故得外無他相。中有故字，是所以也。既無自他之相，即自他平等。志公云，以我身空諸法空，千品萬類悉皆同。

疏　顯示降伏心中攝散時，衆生想亦不轉，如彼爾燄。

記　顯示降伏等者，準無著論，廣大第一常住，常心當修，不倒當降，安住一段之中，便具三義。今此段文，正當降義，故云顯示降伏等也。○不轉者，轉即生起義。意云，我見等不生起也。我不生起，正是降心義也。○爾炎者，梵語，此云智母，即根本智。能生後得，故名智母。以根本智，雖内證真理，而無能證之心，今後得智，雖外度生，而無能度之念，故云如爾炎也。○如是用意，名不顛倒心，反之即顛倒耳。

△二、答修行降心問，五。初、總標，二、別釋，三、總結，四、顯益，五、結勸。初、總標，疏二。初、釋文，二、通意。

初、釋文。

復次，須菩提，菩薩於法，應無所住，行於布施。

疏　二、答修行降心問，五。初、總標於法者，統標諸法。應無下，正明修行。

記　二、答修行，五。一、總標。○疏於法統標者，謂色、聲等六，通名法故。故魏經云，不住於事。

△二、通意，二。初、問。二、答。

初、問。

疏　問：菩薩萬行，何唯說一？

記　菩薩萬行者，謂自利利他，事行、理行如是等行，無量無邊。今言萬者，且舉大數。

△二、答，二。初、正釋。二、證釋。

初、正釋。

疏　答：萬行不出六度，六度總名布施。

記　總名布施者，謂第一即資生施，第二、第三即無畏施，四、五、六度皆名法施。

△二、證釋，二。初、引偈證攝，二、釋攝所以。

初、引偈證攝。

疏　故偈云，檀義攝於六，資生無畏法，此中一二三，是名修行住。

記　偈云下，引偈釋。於中，初二句標，第三句配，第四句結也。○一二三者，謂一攝一，二攝二，三攝三也。是則三施爲能攝，六度爲所攝。

△二、釋攝所以。

疏　無著云，若無精進，疲倦故不能說法。若無禪定，即貪信敬利養，染心說法。若無智慧，便顛倒說法。

記　無著下，攝所以也。前二義顯，法施義隱，故疏明矣。○然要略明，資生者，資即外財也。無畏者，由持戒忍辱故，無心害物，設有冤家，亦不讐報也。○若無精進等者，《起信》云，於諸善事，心不懈退，立志堅強，遠離怯弱等。○若無禪定等者，下文云，云何爲人演說不取於相，如如不動。不動即無染義也。擬心即差，尚名爲染，況貪信敬名利等，豈得非愆？○若無智慧等者，説火濕、水熱、地動、風堅，名爲顛倒。若説事如事，説理如理，則非顛倒。○由是，開一施爲三施，開三施爲六度，開六度爲萬行。萬行不出六度，六度不出三施，三施不出一種檀那，是故此中唯言布施。

△二、别釋，疏三。初、標，二、列，三、釋。

所謂不住色布施，不住聲、香、味、觸、法布施。

疏　二、别釋。

記　二、别釋。

△初、標。

疏　本論但指三事。

記　疏指三事者，六境雖差，统唯三事。

△二、列。

疏　謂自身，報恩，果報。

記　謂自下，列。

△三、釋，二。初、標，二、釋。

初、標。

疏　偈云，自身及報恩，果報斯不著。

記　偈云下，釋。初二句，標。○斯不著者，斯，此也，不令著此三事也。

△二、釋。

疏　護存己不施，防求於異事。

記　次二句，釋。○存己不施者，釋上自身也。爲著自身，不行施故。○求異事者，釋上報恩、果報也。此非菩薩所行正行，故云異事。○報恩，酬過去之恩。果報，望未來之報。自身不施，義當現在，護亦防也。意令於此三世事中防護，悉皆不著，即是不住色等亦施也。

△三、總結，疏二。初、正解經文，二、指斥謬判。初、正解經文，二。初、指前論文，二、顯今經意。

初、指前論文。

疏　三、總結，前但指三事。

記　三中，疏前但下，意云前之三事，不收過未盡，不妨有不著自身，不著果報，不爲報恩，而行施者，亦非無住。

△二、顯今經意，二。初、正解，二、引證。

初、正解。

須菩提，菩薩應如是布施，不住於相。

疏　今則心境空有，微細盡袪。

記　今則下，顯今經意。〇心即能緣，境即所緣，有即雙該心境，及心境所餘。收不盡者，皆有字攝。空者，即離心境等相也。〇問：住境理有所乖，離心此復何失？答：空有二法，相待立名，有之與空，二俱是相。隨墮一相，非是常心，是故此令一切皆遣。〇微細盡袪者，不論心境空有，起心動念，則乖法體。是故一切盡令袪遣，直須施時，其心平等，不起分別，方成無住也。〇問：若然者，生心動念，則非無住，且衆生心行，任運非常，若待相應，畢竟無分。若一向不施，又不成佛因，若行布施，即墮住相，進退不可，其事云何？答：欲求菩提，必須行施。初行施時，難頓相應，要須用心，方便隨順，任運起念，作意遠之。用心多時，自然任運得與理合，從微至著，漸次相應爾。如《起信》説真如，離言説名字，心緣不及，遂致問云：若如是義者，諸衆生等，云何隨順而能得入？故答云：若知一切法，雖念，亦無能念可念，是名隨順。若離於念，名爲得入。云云。

△二、引證。

疏　故偈云，遠離取相心。論云，不見施物、受者，施者。無著云，不住相想。

記　偈云下，引證上義，故知心境空有等，莫非相也。〇論云下，約離二執三輪，釋上離相。施物是法，施者受者是人，今皆不見，則離二執，名爲二空。二空皆離，即三輪體空。輪者喻也，如車輪内虚方能運轉。故《老子》

云，當其無，有車之用。三事體空，能招佛果，三體體實，即墮世間。斯則以無相輪，摧三有相，超世出世間也。○無著下，但證成上義。相即境也。想即心也。

△二、指斥謬判。

疏　有人將此結文爲答降伏問，非也。前標，次釋，次結，皆云無住，都是修行中降伏之義，何忽偏判配結之文，爲答別問。

記　有人下，指斥謬判，如文。

△四、顯益，疏二。初、科釋文意，二、別辯喻旨。

記　四、顯益，經此亦別斷一疑，應云無住則無福德疑也。大雲二十七疑從此便爲第一，云無住有福疑。今則不取爲大段疑數，何者？緣是答問之中曲分疑也。故論云，得降伏心故。是以次說布施利益不住相者施成就故，次後方始文勢云，自此已下一切修多羅，示現斷生疑心也。疏二。一、科釋文意。

△初、科釋文意，二。初、釋徵，二、釋釋。

初、釋徵。

何以故？

疏　四、顯益。初句徵者，論云，若離施等相想，云何成就施福？

記　若離等者，釋徵意也。以魏云不住相想，遂疑云若存施想，即有施因，以有施因，方有施果，既無施想，則無施因。因尚不成，果何得立？如放債須起，若忘誰還，此疑同無記心中行施也。

△二、釋釋，三。初、法說，二、喻說，三、法合。

初、法說。

若菩薩不住相布施，其福德不可思量。

疏　若菩薩下，釋。於中三，初、法說，爲疑無福，不可思以斷之。

記　法中亦爾，不可思量者，以是無相施福，故不可思量。

△二、喻説。

須菩提，於意云何，東方虛空，可思量不？不也，世尊。須菩提，南西北方，四維上下虛空，可思量不？不也，世尊。

疏　東方下，喻説，可知。

記　喻中，東方是衆方之首，是故先明。南西北方，如次例説。○法喻皆同不可思量，意云，非謂無空，此空相對，義在合中。

△三、法合。

須菩提，菩薩無住相布施福德，亦復如是不可思量。

疏　菩薩無住相下，法合。

△二、別辨喻旨。

疏　虛空者，無著云，猶如虛空，有三因緣。一、遍一切處，謂住不住相中福生故。二、寬廣高大殊勝故，三、無盡究竟不窮故。

記　虛空下，二、別辨喻旨。○徧一切處者，謂色非色中，皆有空故。○謂住下，法合也。住不住中，皆有福故。謂近感十王住中福，遠招菩提不住福。又近得色身住中福，遠得法身不住福。空雖無相，非謂無空，福雖不住，非謂無福。○二者，寬廣即横偏十方，高即竪窮三際，大即通該横竪。如上之義，法喻皆大。殊勝者，喻則三災不壞，法則四相不遷。○三者，無盡究竟不窮，蓋一義耳。然世界有盡，虛空無窮，有漏有窮，無漏無盡，三種常義，厥在茲焉。○大抵意云，無住之福，遍滿一切，無住之福，高大殊勝，無住之福，究竟不窮，猶如虛空，思量不及，以稱法界，故得如斯義利昭然，復何所惑。

△五、結勸。

須菩提，菩薩但應如所教住。

疏　五、結勸。

記　五中，經但應如所教住者，問：前令不住，此又令住，住與不住，何是何非？答：前令不住用心，此令住於不住，不住而住，即住真空。如鳥不住空，却能住空，若住於空，即不住空也。故魏經云，但應如是行於布施。

記　準此答三問已，便合經終，入流通分，緣空生於如來答處，生起疑情，所以爲斷，斷已又起，展轉滋多，執盡疑除，終二十七段，由是更有次下經文也。

金剛經疏記科會卷第四

金剛經疏記科會卷第五

唐圭峰大師疏

宋長水大師記

後學古杭雲棲釋大璸科會

△二、躡跡斷疑，疏二。初、約論分文，二、依論科釋。初、約論分文。

疏　二、躡跡斷疑。論云，自此已下，示現斷生疑心，於中文分二十七斷。

記　疏二躡跡下，文二。初、約論分文。○躡跡斷疑者，謂躡前語跡，斷彼疑情。經中雖不顯有疑辭，而伏在文內，故但言斷，而不言起。彌勒頌中亦同於此，故偈云，調伏彼事中，遠離取相心，及斷種種疑，亦防生成心。○示現者二意，一則空生假說云爲，二則指示顯現故。

△二、依論科釋疏分二十七。初、斷求佛行施住相疑，二、斷因果俱深無信疑，三、斷無相云何得說疑，四、斷聲聞得果是取疑，五、斷釋迦然燈取說疑，六、斷嚴土違於不取疑，七、斷受得報身有取疑，八、斷持說未脫苦果疑，九、斷能證無體非因疑，十、斷如遍有得無得疑，十一、斷住修降伏是我疑，十二、斷佛因是有菩薩疑，十三、斷無因則無佛法疑，十四、斷無人度生嚴土疑，十五、斷諸佛不見諸法疑，十六、斷福德例心顛倒疑，十七、斷無爲何有相好

疑，十八、斷無身何以說法疑，十九、斷無法如何修證疑，二十、斷所說無記非因疑，二十一、斷平等云何度生疑，二十二、斷以相比知真佛疑，二十三、斷佛果非關福相疑，二十四、斷化身出現受福疑，二十五、斷法身化身一異疑，二十六、斷化身說法無福疑，二十七、斷入寂如何說法疑。

初、斷求佛行施住相疑，疏二。初、標章敘疑，二、依經斷疑。初、標章敘疑，三。初、標章，二、指疑起處，三、縱難。

初、標章。

疏 一、斷求佛行施住相疑。

記 第一，疏初標章。

△二、指疑起處。

疏 疑云，爲求佛果行施，即是住所求佛相，云何無住？

記 爲求下，指疑起處也。此從不住相布施中來，爲聞前不住三世空有等相，方名真施，遂疑云，凡所行施，蓋爲求佛，既有所求，云何無住？

△三、縱難。

疏 又不住相爲因，豈感色相之果，因果不類故。

記 又不住等者，此縱難也。設使因成無住，此亦非理，故次云因果不類故。○夫爲因果，必須相類，有即俱有，空即俱空，染淨皆爾。既若色相是果，云何以無住爲因。則因空果有，理恐不然。今將果驗因，因合有住，佛說無住，是誑我耶。

△二、依經斷疑，經四。初、舉疑因以問，二、防相得以酬，三、釋體異有爲，四、印佛身無相。

初、舉疑因以問。

須菩提，於意云何，可以身相見如來不？

疏 斷疑文四。初、舉因以問。

記 舉疑因。經意云，於汝意中，還可用三十二相之身見法身如來爲不可耶。○此相是疑起之因，故舉以問。

疏　本秖因以相爲佛，故對前不住相起疑。佛舉疑起之因，問答欲令除斷。

記　本只下，釋起疑因。以二乘人唯取丈六相爲真佛，既將此相爲果，故不信無住之因，因果不相類故。佛今舉果以問，令知果海無相，自然於因不惑無住也。

△二、防相得以酬。

不也，世尊，不可以身相得見如來。

疏　二、防相得以酬。

記　防相酬經意，空生見佛舉相以問，即知不得相求，故答不也。

疏　遮防疑者，欲以相求令得見佛，故答云不可以相得見。論云，爲防彼相成就如來身。

記　遮防等者，意恐末代衆生不達此理，取相爲真，故此遠遮迷見。準義則正斷空生現行，遮防未來種子也。遮斷之義，具在《懸談》。○論云下，引證。問：經中云見，論釋云成就，豈合佛意耶？答：既作此見，必作此證，故無違也。

△三、釋體異有爲，二。初、正釋經文，二、別明三相。

初、正釋經文。

何以故？如來所説身相即非身相。

疏　三、釋體異有爲。

記　異有爲，經徵意云，以何義故，不以三十二相見法身如來。○釋意云，以如來所説三十二相之身相，即非法身之相故。○即，猶是也。非，猶不也。本文猶倒，正言不是也。

疏　相是有爲生住異滅，佛體異此，故非身相。

記　相是等者，謂三十二相，蓋是鏡智之上所現影像，既墮有爲之數，故當四相所遷。况對機宜，有無不定，焉可將此而爲法身，故言相是有爲等。此釋經中如來所説身相也。○佛體異此等者，法身佛體，異此有爲，故説三十二相不是法身相也。此釋即非有相。

疏 偈云三相異體故者，佛體異於有爲三相也。

記 偈云下，引證。○具云，分別有爲體，防彼成就得，三相異體故。離彼是如來，於中，初二句，義當前段，後一句，當次科，第三一句，合當此文，故偏引證。○佛體下，轉釋偈文，即經云即非身相。

△二、別明三相。

疏 住、異二相，同是現在，故合爲一。

記 住異下，釋三相義。以前標四相，此偈唯三者，以生在過去，滅屬未來，住、異二種同處現在。又此二相，不相捨離，即住而異，即異而住，以同時處，故合爲一。恐濫常住，但標異也。

疏 若細分即四，故《唯識》云，生表此法先非有，滅表此法後是無，異表此法非凝然，住表此法暫有用。

記 若細下，約義細分，即爲四也。此引《唯識》釋相，謂從無而有名生，自有而無爲滅，前後改變爲異，暫爾相續爲住。○然法身如來，非前際生，非後際滅，無有變異，不可破壞，故異此也。

△四、印佛身無相，二。初、釋前二句，二、釋後二句。

記 印無相，經意云，夫一切相，皆從妄念而生，是故佛相亦是虚妄。○若分別不起，相自無相，即見非相。諸相既亡，唯是覺體，名見如來。○由是則知佛身無相。○疏二。一、釋前二句，二。初、正釋。

△初、釋前二句，二。初、正釋，二、引證。

初、正釋，二。初、釋文，二、出意。

初、釋文。

佛告須菩提：凡所有相，皆是虚妄，

疏　四、印佛身無相。非但佛身無相，但是一切凡聖依正有爲之相，盡是虚妄。

記　非但者，不獨也。○凡即六道衆生，聖即三乘賢聖。依有淨穢，正即凡聖，爲對依報，故重牒之。諸法雖多，不出此四，雖舉四法，該一切也。○此釋經中凡所有相皆是虚忘，恐人聞説身相非相，將謂唯獨佛身，今言凡所，以遮局見。

△二、出意。

疏　以從忘念所變現故，妄念本空，所變何實？

記　以從下，釋所以。○凡聖染淨，勝劣雖殊，皆從念生，無不虚妄。○念無自相，不離覺性，念尚無性，況所現相而實有耶？以念是所依，相是能依，所依尚虚，能依何有？其猶皮既不存，毛將安附？

△二、引證，二。初、順顯，二、反顯。

記　《起信》下，二、引證。於中順顯反顯，詳而悉之。

△初、順顯。

疏　故《起信》云，一切境界，唯依妄念而有差别。

△二、反顯。

疏　若離心念，即無一切境界之相。

△二、釋後二句，二。初、正釋。二、引論釋。初、正釋，二。初、釋相字，二、釋諸字，

初、釋相字。

若見諸相非相，即見如來。

疏　若見諸相等者，遮離色觀空也。恐聞相是虚妄，又别求無相佛身，故云，相即非相，便是如來。

記〔二〕若見下，二、釋後二句，二。初、正釋。○遮離等者，以色即是空，空即是色，離色求空，斯爲大失，故此遮矣。

△二、釋諸字。

疏　不唯佛化身相是如來，所見一切相，相皆無相，即如來也。

記　不唯等者，又恐聞相即非相是如來，將謂只約佛身相說，除佛身外，相非如來，故云一切相皆無也。此釋經中諸字也。○譬如鏡中，現一人像，兼現餘物，不唯人像空處是鏡，餘物空處亦皆是鏡，合法可知。○如是了者，則知見與見緣，似現前境，元我覺明。

△二、引論釋，四。初、引《起信》，二、引肇注，三、引本論，四、依無著。初、引《起信》，二。初、證諸相皆無義，二、證相無皆佛義。

初、證諸相皆無義。

疏　故《起信》云，所言覺義者，謂心體離念。

記　故起下，二、引論釋，四。初、引《起信》。此有二意。一、證諸相皆無相義。○以相依念生，覺體尚離於念，何況於相耶。

△二、證相無皆佛義。

疏　離念相者，等虛空界，即是如來平等法身。

記　二、證諸相無處皆如來義。○離念之相，名爲法身。法身既等虛空，虛空何曾有相。無相平等，攝一切相，即是法身。下文云離一切相即名諸佛，又云如來者即諸法如義，故云不唯等也。

△二、引肇注。

疏　肇云，行合解通，則爲見佛。

記　肇云下，二、引肇注。○此即明見法身佛之行相，恐人聞諸相非相即見如來，便希無相之佛，昭然目前。若如是者，何殊彼相。故云行合等。○智與理冥，心與神會，故云行合。○解通者，如前解了一切相非相也。前是真見，此是似見。○故《起信》云，法身無有彼此，色相迭相見故。

△三、引本論。

疏　偈云離彼是如來者，離彼三相，是法身如來也。

記　偈云下，三、引本論。○即前殘偈。○此依天親論釋。

△四、引無著。

疏　無著則於色身，但離徧計，不執色相，即真色身。故彼論云，此爲顯示如來色身。又此當第三欲得色身住處。

記　無著下，四、引無著。○離徧計者，不執虛相爲實。故《唯識》云，圓成實於彼，常遠離前性。○真色身者，有兩意。一則以虛妄爲虛妄，但如其事，不必取不生不滅以爲真也。如以水月爲水月，雖似而非真矣。故《華嚴》云，於實見真實，不實見不實，如是解法相，是則名爲佛。二、謂相即無相，同法身故。攝末歸本，名真色身，即真善妙色也。故《涅槃》云，吾今此身，即是常身法身金剛不壞之身。○問：前則泯相，此乃存相，何相違耶？答：前顯法身，故云相即非相。今明色身，故言無相即相。葢以果佛必具二身，二身相即，如波與水。兩論之中，各顯一義，言似相反，意實相符，菩薩巧便，妙在於此。○故彼下兩文，皆證顯色身義耳。

記　然此一段疑中，從微至著，明真應二身，總有六重。一、明佛相非相。二、明佛相非即如來。三、明一切相皆非相。四、明一切相非相皆如來。五、明唯證相應，無佛可見。六、明無相之相，是真色身。○然此六重，前前則淺，後後轉深，文不累書。理即頓現，達者所見，必須一時無前後耳。

△二、斷因果俱深無信疑，疏二。初、標章敘疑，二、依經斷疑。初、標章敘疑，三。初、標章，二、指疑起處，三、結成疑。

初、標章。

疏　二、斷因果俱深無信疑。

記　第二，疏初標章。

△二、指疑起處。

疏　論云，無住行施，因深也。無相見佛，果深也。

記　論云下，指疑起處。〇無住等者，此指正答住修降問也。〇無相見佛，即前若見諸相非相，即見如來。

△三、結成疑。

疏　未來惡世，必不生信，空説何益？

記　未來下，結成疑也。〇意云，因果既皆無相，即因果俱深，如我親承，方能領悟，末世鈍根，云何信受？既不信受，空説何益耶？

△二、依經斷疑，經四。初、約無信以呈疑，二、呵疑詞以顯信，三、明能信之所以，四、示中道之玄門。

初、約無信以呈疑。

須菩提白佛言，世尊，頗有衆生，得聞如是言説章句，生實信不？

疏　斷疑之文四。初、約無信以呈疑。

記　呈疑，經問意云，未來末世能有衆生，聞此因果俱深章句，生真實信心不？〇頗，能也。〇意揀汎爾之信，故言實信。

疏　魏云，頗有衆生，於未來世云云。今略此句者，影在後五百歲也。

記　魏云下，引魏本會文。〇魏經有之，此經闕者，羅什巧譯，妙在影略耳。〇亦可此文通約現未爲問。以佛世時，亦有難信此深法者，如諸小乘，及外道等，法華會上猶有退席聲聞，況今般若。至下佛等但舉末世，以況現在，末世尚有，佛世豈無？故今秦本不言未來等也。

疏　句詮差別。

記　句詮差別者，以名但詮諸法自性。如言色，即揀非心等，言心，揀非色等。然其色心，各有多種，而未明此何色心耶？句能分辨真心、妄心、形色、顯色等，故云詮差別也。

疏　章者，解句。

記　章解句者，以句雖詮差別，而未廣顯義理，以真妄形顯色心之中，含多義故。章能明之，故云解句。章，猶彰也。〇疏文順義，故先解句。

疏　實信者，《大品》云，於一切法不信，是信般若。

記　《大品》下，明信之相。〇謂見有色心三科等法，是信一切法也。今以般若照之，一切浮塵諸幻化相，當處出生，隨處滅盡，幻妄稱相，其性真爲妙覺明體，是不信一切法，方名信般若矣。〇其猶淨眼，不見空華。若執空華，豈信淨眼？〇法合可知。

△二、呵疑詞以顯信。

佛告須菩提：莫作是説。如來滅後，後五百歲，有持戒修福者，於此章句能生信心，以此爲實。

疏　二、呵疑詞以顯信。

記　顯信經，莫作是説者，訶勸之辭。豈謂後世一向無信。如佛滅後，末法之中，有戒定者，能於深義，實有信心，信此爲實也。

疏　後五百歲者，《大集》云，初五百歲，解脱牢固。第二五百歲，禪定牢固。三、多聞，四、塔寺，五、鬬諍，皆如初二句例。

記　《大集》下，明佛滅後，有五五百歲，前前勝，後後劣。〇解脱者，證也，即三乘聖果。〇禪定者，行也，即漏無漏大小乘事理等定也。〇多聞者，解也，即頓漸、偏圓、空有等解。此上三者，前必具後，後未必具前。〇塔寺者，謂不求至道，多好有爲，以身外資財，修世間福業等。〇鬬諍者，此明佛法之中多有諍論。且如西天，大小乘宗，分河飲水。大乘之内，性相又殊。小乘之中，二十部異。各皆黨己，自是非他。爰及此方，未免於是。若相若性，南宗、北宗，禪講相非，彼此朋黨，互不相許，名鬪諍也。〇皆如例者，須有五百歲及牢固之言。〇牢固者，人多相襲，決定不捨也。〇然此但就增勝說之，非不相通，如佛滅後，二百年內，育王造塔，豈局第四耶。又《菩薩藏經》云，後五百歲，無量善人修禪定、解脫、多聞，豈唯一二三耶。今經云後五百歲，即此時也。雖當鬪諍之代，亦有戒德之人，是知五種牢固，但約增勝而說。

疏　本疑惡世無信，故舉惡世以斷疑。

記　本疑下，疏以斷疑之文，照前呈疑之處，是顯空生疑於惡世無信也。前引魏經，以證斯義，惡世尚爾，況餘世耶？

疏　持戒修福者，戒定也。以此爲實者，正解無倒。無著云，增上戒等三學，顯示修行少欲等功德。

記　戒定下，約三學釋。〇定是福體，故對於定。〇正解無倒者，既有正解，必無倒惑，以解因果無相道理，名爲實信，即慧學也。〇無著下，引證。〇魏經云有持戒修福德智慧者，彌勒頌云，說因果深義，於後惡世時，不空以有實，菩薩三德備。三德即是三學。今文但取於此章句能生信心，以此爲實，即是慧也。若其無慧，孰能以此爲實而生信耶？〇少欲下，持戒少欲，修定靜亂，習慧斷惑，故言等也。〇言增上者，以戒等三學，是增勝上法，經中說爲三決定義。

疏　戒出三塗，定出六欲，慧出三界。

記　戒出下，辨三益相。〇有戒者，不墮地獄、餓鬼、畜生，生四洲六欲。故《戒經》云，欲得生天上，若生人中者，常當護戒足，勿令有毀損。〇定出六欲者，欲界無定，故得定者生上二界。故《圓覺經》云，棄愛樂捨還資愛本，便現有爲增上善果。〇慧出三界者，三界之本是其業惑，有智慧者悉能除遣。業惑即遣，自然超越。故《心經》云，觀自在菩薩，行深般若波羅蜜多時，照見五蘊皆空，度一切苦厄。然淺慧尚能得出三界，豈況大乘甚深般若？

△三、明能信之所以，二。初、明歷事善友積集信因，二、明善友所攝成就信德。

初、明歷事善友積集信因。

當知是人不於一佛二佛、三四五佛而種善根，已於無量千萬佛所種諸善根。聞是章句，乃至一念生淨信者，

疏　三、明能信之所以，二。初、明歷事善友積集信因。

記　信因，經反顯順明之異，可知。

疏　無著云，顯示集因，於多佛所，明久事善友，則緣勝也。種諸善根，明久伏三毒，則因勝也。

記　緣勝者，雖則益我爲友，人皆友焉。且凡不及聖，小不如大，因不及果，一佛雖果，不及多佛。既云無量千萬，故云緣勝也。○因勝者，三毒即貪、嗔、癡。此明能害有情，故貶云毒。以生起即是不善，久伏故名善根。故《華嚴》云，我昔所造諸惡業，皆由無始貪、瞋、癡。《唯識》云，善謂信慚愧，無貪等三。根有生長義，故名根也。善與不善，皆由此三，苟能伏之，乃名因勝。○因緣俱勝，方起此信，是知實信誠不易得。一念尚爾，況乎永信及持説等耶？

△二、明善友所攝成就信德，二。初、明攝受得福顯福德門，二、明攝受所以顯智慧門。初、明攝受得福顯福德門，疏二。初、釋佛知見，二、釋得福德。

須菩提，如來悉知悉見，是諸衆生，得如是無量福德。

疏　二、明善友所攝成就信德，二。初、明攝受得福，顯福德門。

記　福德門，經意云，信經之人得無量福，如來於彼咸悉知見。○如是無量福者，指信

經福，同前不住施福，十方虚空，不可思量也。

△初、釋佛知見。

記　無著下，文二。初、釋佛知見。

疏　無著云，謂於一切行住所作中，知其心四蘊，見其依止色身故。此等顯示善友所攝。

記　行、住等，即四威儀中各有所作差别故。○註云四藴者，即受、想、行、識，謂相應不相應，思何事，念何事，取捨憂喜等念，皆名心也。○注云色身者，即爲四藴所依止故。今約義標，故云依止，即行、住、坐、臥、屈、伸、俯、仰等。○斯則生心起念，無所不知，舉動施爲，靡不咸見。蓋佛智眼，廓爾無邊，依正斯在，豈不齊鑒？《法華》云，我常知衆生，行道不行道。○心無形相，故但言知。身質既形，故得云見。○斯人德行既備，善根夙成，佛不攝授，於理如何？故云此等顯示等。然則佛智無偏，觀生如一，有感斯應，其誰謂之不然。

疏　論云，若不説見，或謂如來以比智知。若不説知，或謂如來以肉眼見，故須二語。

記　論云下，或問見之與知，説一則可，云何經内具言之乎，故云若不説等。以凡夫亦有知見，見通肉眼，知兼比量，由是故有不知不見。今佛知見，非同此也。謂於見處即知，非如比量知，知處即見，非同肉眼見，即無事不知，無事不見，經標悉言，其在兹矣。故彌勒頌云，佛非見果知，願智力現見。

△二、釋得福德。

疏　得福德者，魏云，生如是福德，取如是福德。

記　得福下，二，釋得福。先引經。

疏　論云，生者，能生因。取者，熏修自體果義。無著云，生者，福正起時現行。取者，即彼滅時攝持種子。

記　論云下，釋義。○能生因者，正修福業，即信解持説者也。○自體果者，即熏成種子自體，後感當果也。○正起者，作福之時，當於現行。○彼滅者，謂現行滅謝，種子方成，藴在識中，用感當果。

疏　此云得者，生取二義，不離於得，得之一字，生取俱攝。

記　此云下，正會今文。○以得之一字，生取俱含，謂生得取得也。秦譯之妙，其在此矣。

△二、明攝受所以顯智慧門，疏二。初、敘意科分，二、依科正釋。

初、敘意科分。

疏　二、明攝受所以，顯智慧門。由無二執，故得攝受，文二。初、正明已斷麤執。

記　二、所以中，疏二。一、敘意科分。○由無等者，謂無我法二執分別是得攝受所以也。

△二、依科正釋，二。初、正明已斷麤執，二、因顯未除細執。初、正明已斷麤執，疏二。初、節釋經文，二、商較經旨。

記　已斷麤執，經意如疏。

△初、節釋經文，二。初、徵。二、釋。

初、徵。

何以故？

疏　初徵。信者以何義故，得如來悉知悉見。

記　初徵下，文二。初、節釋經文。○徵意可知。

△二、釋，二。初、無我執，二、無法執。

初、無我執。

是諸衆生，無復我相、人相、衆生相、壽者相，

疏　後釋，二。一、無我執。執取自體爲我，計我展轉趣於餘趣爲人，計我盛衰苦樂種種變異相續爲衆生，計我一報命根不斷而住爲壽者。

記　釋中我者，謂執自五藴總相爲我。

〇人者，計我死已生天，天死爲畜等故。梵語補特伽羅，此云數取趣，即是人也。〇衆生者，計我衆生之法相續生故。〇壽者，亦云壽命，計我一生壽命不斷絶故。〇然我是總主，人等爲別，攝別歸總，故言我執，由是三中皆言計我等也。〇然上四相，雖是經中所無，不可不了耳。

△二、無法執。

無法相，亦無非法相。

疏　二、無法執。論云，無法相者，能取所取一切法無，亦無非法相者，無我真空實有。

記　能取等者，心境俱亡也。以萬法雖多，統唯心境。心境各有無量差別，故云一切也。〇真空等者，雖即諸法皆空，非謂一向非相，但以離執，真空不斷故，故云亦無非法相。

△二、商較經旨。

疏　然離二執，正是得佛知見成就淨信之本，善根福德，即是相兼。

記　然離下，二、商較經旨。此明得佛知見之兼正也。

疏　故論云，有智慧便足，何故復說持戒功德。爲示現生實相差別義故。亦有持戒功德，依信心恭敬能生實相故，不但說般若。

記　故論下，引證。中有徵釋，詳而示之。〇實相差別者，實相即無差別，但是能生實相方便，有差別耳。〇持戒功德，即指後段。〇信心等者，下云，信心清淨則生實相。彌勒頌云，彼人依信心，恭敬生實相。〇不但等者，意謂能生實相，有多方便，不必獨說智慧。〇前云離執，此言般若者，由是般若能除執故。前約所斷，此約能斷，能所雖異，而意不異。

△二、因顯未除細執，經二。初、總明二相，二、別明二相。初、總明二相。

何以故？是諸衆生，若心取相，則爲著我、

人、衆生、壽者。

疏　二、因顯未除細執。

記　未除細執者，謂二執俱生。任運起者，前離分別麤執，已能成就淨信，得佛知見猶淺，細執未除，究竟障于聖道，故今顯示，令其斷之。

記　經徵意云，以何義故，要無法非法相。釋意云，由取相故，即著我、人等。餘文云云，可以詳悉。

疏　若心取下，總明二相，總解取法非法盡名相也。亦是建立取相，則我等相便生，立義宗也。

記　疏二。初、釋總明二相。○總解等者，經云若心取相，相中意含法非法相，故云總也。○亦是等者，以次文別明取法非法皆著我人等相，故此且是立其宗也。

△二、別明二相，疏二。初、正辨二相，二、別解徵意。

若取法相，即著我、人、衆生、壽者。何以故？若取非法相，即著我、人、衆生、壽者。

△初、正辨二相，二。初、引天親，二、引無著。

初、引天親。

疏　若取法下，別明二相。論云，但有無明使，無現行麤煩惱，示無我見故。

記　若取下，二、釋別明二相，二。一、正辨二相。○無明使者，法執俱生也。是無明住地所攝，故名爲使。○現行等者，即我執分別現行，前已斷者。○示無我見者，結成上義。

△二、引無著。

疏　無著云，但取法及非法相轉，非我等想，以我等想及依止不轉。

記　但取等者，即前無明使，是所有者。轉，猶起也。○我想者，我執分別現行也。○依止者，分別種子，爲彼現行所依止故。

亦可法執分別名爲依止，爲彼我執所依止，故斯皆不起也。

△二、別解徵意。

疏　中有徵者，取法但爲法相，何故便著我等。釋云，取非法亦著我等，何況取法？以後釋前也。

記　中有下，二、別解徵意，可知。○以後釋前者，不如云以細釋麤，義則易見。

記　問：二乘之人，亦有法執，云何不起我見耶？答：以二乘人從初修行，偏斷我執，至無學位，麤細盡除，是故雖有法執，而不起我執。今約大乘學者，雙斷二執，分別並遣，俱生兩存，由是二執任運而起也。故無著云，以我相中隨眠不斷故，則有我取。

△四、示中道之玄門，經二。初、正結歸中，二、引說以證。

記　玄門，經是故者，由前取法非法，皆著我等故。所以勸令不應，即入中道也。

○以是義故者，由是不取法非法故。

△初、正結歸中。

是故不應取法，不應取非法。

疏　四、示中道之玄門。初、正結歸中。

記　疏結歸中者，不應取法，離有也。不應取非法，離無也。既離有無，即歸中道。

△二、引說以證。

以是義故，如來常說：汝等比丘，知我說法如筏喻者，法尚應捨，何況非法？

疏　後引說以證。筏喻者，假言顯義，不應如言執義，不執即爲不取，非全棄也。

記　假言顯義者，謂所言非法，是顯法體離於性計。若無非法之言，罔知彼義。餘皆例此。當知義不自顯，必假於言。故《淨名》云，無離文字，說解脱也。○不應等者，謂雖聞非法，不得如言便執空義。此遮一向執言者也。○不執等者，謂若全棄非法之言，則安解諸法空義。將知但除其病，不除其法。

此遮一向離言者也。〇是則全執全棄，二皆不可。故《華嚴疏》云，夫法無言象，非離言象，無言象而倒惑，執言象而迷真。

疏　偈云，彼不住隨順，於法中證智。

記　偈云等者，餘兩句云，如人捨船筏，法中義亦然。

疏　論釋云，不住者，得證智捨教，如到彼岸。隨順者，隨順彼證智之教法，如未到岸。

記　論云下，轉釋偈文。〇得證智等者，以言詮智，得智忘言。忘言即不住也。如乘筏渡河，至岸捨筏。〇隨順等者，未得證智，不可都忘其言。未達彼岸，不應捨筏。

疏　無著云，法尚應捨者，實相生故。何況非法者，理不應故。

記　實相生者，實相名法，得實相智，無相無得，故云應捨，以實相無相故。《唯識》云，若時於所緣，智都無所得。〇理不應者，此實相法，尚不可得，況離實相外一切法耶。除諸法實相，餘皆魔事故，故云非法。不與理合，故不相應。以是例非，故云何況。

△三、斷無相云何得説疑，疏二。初、標章敘疑，二、依經斷疑。初、標章敘疑，三。初、標章，二、指疑起處，三、結成疑。

初、標章。

疏　三、斷無相云何得説疑。

記　第三中，疏初標章。

△二、指疑起處。

疏　論云，向説不可以相見佛，佛非有爲。

記　向説下，指疑起處。此從第一中來，以彼文云，不可以身相得見如來。〇佛非有爲者，此指偈云，分別有爲體，防彼成就得，三相異體故，離彼是如來，故云非有爲。〇亦是案定立其理也。

△三、結成疑。

疏　云何釋迦得阿耨菩提，云何説法？

記　云何下，結成疑。○既若佛非有爲，即不合有得有説，因何釋迦於菩提樹下得菩提，前後諸會説法。既有得有説，即墮有爲，云何前言不以相見作無爲耶？

△二、依經斷疑，經二。初、問答斷疑，二、較量顯勝。初、問答斷疑，四。初、舉疑因以問，二、順實理以酬，三、釋無定法之言，四、釋無取説之所以。

初、舉疑因以問。

須菩提，於意云何，如來得阿耨多羅三藐三菩提耶，如來有所説法耶？

疏　斷疑之文，二。初、問答斷疑，四。初、舉疑四以問。

記　舉因問。經意云，於汝心中，所謂如何，謂我得菩提爲不得耶，謂我説法爲不説耶？伊本疑此，故舉問之。

疏　佛問得不，意顯不得，故無著云，顯示翻於正覺取故。

記　佛問等者，空生疑得疑説，佛即順疑以問，辭雖云得，意顯無得，試其所答，解與不解。○無著下，引證。彼疑有取，佛顯無取，以無破有，故云翻也。○説法例之。

△二、順實理以酬。

須菩提言：如我解佛所説義，無有定法名阿耨多羅三藐三菩提，亦無有定法如來可説。

疏　二、順實理以酬。

記　順理酬，經意可知。定者實義，謂無實法名菩提，無實法名如來説。此一向約勝義答也。

疏　偈云，應化非真佛，亦非説法者。

記　偈云等者，餘句云，説法不二取，無説離言相。意謂釋迦如來是其應化，應化之相，俗有真無，是故答中皆言無定。準《金光明經》及《攝論》説，佛果無別色、聲功德，唯有如如及如如智獨存。此是真佛，今既異此，豈得言真。故云應化非真等。

△三、釋無定法之言，疏二。初、引無著，二、引天親。

何以故？如來所說法，皆不可取，不可說，非法，非非法。

疏　三、釋無定法之言。

記　無定法，經徵意云，以何義故，無定法可說耶。釋意云，欲言其有，無狀無名，欲言其無，聖以之靈。諦理若此，欲何說哉。說尚不得，欲何取哉。取即得也。是故上云，無有定法如來可說等。

△初、引無著。

疏　無著云，不可取者，謂正聞時。不可說者，謂正說時。非法者，分別性故。非非法者，法無我理故。

記　疏二。一、引無著。○正聞等者，此則聞而無聞，說而無說，非謂全不聞不說也。如《淨名》云，夫說法者，無說無示，其聽法者，無聞無得，是茲義矣。○分別性者，一切諸法，皆依妄念而有差別。念尚無念，法豈是法。故云非法。○法無我者，但分別性亡，即是法無我理。此理不無，故云非非法也。

△二、引天親，二。初、釋文，二、通難。初、釋文。

疏　論云彼法非法非非法，依真如義說，非法者，一切法無體相故，非非法者，彼真如無我實相有故。

記　論云下，二、引天親，二。一、釋文。○依真等者，此且標立所依之本，然於其上，說離有無。一切等者，緣生之法，本無真實之體，亦無真實之相，故云非也。○實相有者，諸法既無，即真實相。實相不無，故云非非法也。此即非却非法也。

△二、通難。

疏　何故唯言說，不言證有言說者，即成證義故。若不證者，則不能說。

記　何故下，二、通難。○難意云，本來疑證疑説，問答悉以雙該，今於釋所以中，何故但言所説而不言證耶？○有言下，釋也，此乃以説反驗於證。且川有珠而不枯，山有玉而增潤，内無德本，外豈能談。故但言説，自表其證也。○又此言取即是證也。

△四、釋無取説之所以。

所以者何？一切賢聖，皆以無爲法而有差別。

疏 四、釋無取説之所以。

記 無取，經徵意云，所以言無取無説非法非非法者，何也。○釋意云，聖人即是無爲，無爲即無分別。若有取説法非法等，皆屬分别，不名無爲，何爲聖人。故無取説等。○言賢聖者，賢即是聖，鄰近釋也。

疏 魏云，一切聖人，皆以無爲法得名。

記 魏云等者，問：行位通於賢聖，云何唯取聖人？答：若以通論，即該賢位。此明證果深淺，故唯言聖。得名者，即差别也。以諸聖人皆約證無爲差別之義，而立其名，如證徧行真如，得名歡喜地菩薩等。此則得名差别，葢一義耳。

疏 論意云，聖人但依真如清淨得名，非别得法，故無取説。

記 論意等者，謂登地已上，隨證一分真如，皆斷一障二愚，即是一分清淨，約於此義，便立一名，乃至佛地，例皆如此。○非别得法者，無得而得，即是真得菩提。若言有得，即是不得。當知菩提樹下，都無實事。故偈云，應化非真佛等。○故無取説者，結歸經文無分别義也。

疏 而有差别者，論云，真如具足清淨、分清淨。

記 具足清淨者佛也，謂一切惑習，悉皆斷除，蕩無纖塵，純一無雜故。○分清淨者，菩薩也，分斷諸障，分證真如，垢未全除，故名爲分。○故《佛頂經》云，餘塵尚諸學，明極即如來。廣如序中滿淨覺者處説。

疏　無著云，無爲者，無分別義故。是故菩薩有學得名，如來無學得名。初無爲者，折伏散亂時顯了故。後無爲者，唯第一義者無上學故。

記　無著下，約無爲差別明賢聖也。○無分別者，即無爲義，無所作爲，故云無爲。無爲、真如，蓋是一法。○菩薩等者，有分別故。有所爲故。○如來等者，無分別故，無所作故。○初無爲者，菩薩也。○折伏等者，此約在觀，分別不生，分得相應，故云顯了。○後無爲者，如來也。無復分別，是真無爲，即第一義也。此約於佛，故復云者。更無過上，故云無上。覺即佛也。

疏　三乘賢聖，皆修證無爲，故通説爲差別。

記　三乘下，結通諸乘，以二乘之人，亦分證真理，故此通攝也。○是知三乘賢聖皆修證無爲，所證雖無淺深，能證有其差別。猶如三獸，同度一河，能度有差，所度無別。故《大品》云，欲求聲聞乘，當學般若波羅蜜，欲求緣覺菩薩無上佛乘，皆言當學般若波羅蜜。是故經云一切賢聖也。

△二、較量顯勝，經四。初、舉劣福以問，二、釋福多以酬，三、判經福超過，四、釋超過所以。

疏　二、較量顯勝，四。

記　較量等者，問：本因善吉起疑，所以世尊爲斷。斷疑既已，何用較量。答：論云，法雖不可取、不可説，而不空故。意云，恐有人聞是法不可取説，便欲一向毁廢言教，故此較量顯勝，令其演説受持故。○大雲於此開立第五不空福德疑，以論文不言斷疑，故此不立也。

△初、舉劣福以問。

須菩提，於意云何，若人滿三千大千世界七寶以用布施，是人所得福德，寧爲多不？

疏　初、舉劣福以問。

記　少福問，經意云，七寶最珍，三千最大，用此布施福多不多？

疏　《俱舍》偈云：四大洲日月，蘇迷盧欲天，梵世各一千，名一小千界。此小千千倍，説名一中千。此千倍大千，皆同一成壞。

記　《俱舍》下，明三千世界。〇四大洲者，謂東勝身洲、南贍部洲、西牛貨洲、北俱盧洲。〇日月者，即一四天下，同一日月之所照臨。〇蘇迷，亦云須彌盧，但梵語楚夏耳，此云妙高山，四寶所成，高八萬由旬。〇欲天者，六欲天也，謂四天王天、忉利天、夜摩天、兜率天、化樂天、他化自在天。〇梵世者，色界初天也。於中復有三天，謂梵衆天、梵輔天、大梵天。〇各一千等者，如上各滿一千，方成一小千界。此小千者等，又一千個小千界，方成一中千界。〇此千等者，又以一千個中千界，方成一大千界。〇皆同等者，謂四禪已上三災不及，故不説成之與壞。三禪已下，統維三災，故云同一成壞。就中從初禪已下同火災，二禪已下同水災，三禪已下同風災。

疏　七寶者，金、銀、琉璃、珊瑚、瑪瑙、赤真珠、頗梨。

記　七寶等，可知。

△二、釋福多以酬。

須菩提言：甚多，世尊。何以故？是福德即非福德性，是故如來説福德多。

疏　二、釋福多以酬。

記　福多酬，經答文可見。〇徵云，以何義故説多？〇釋意云，不約勝義空故説多，是約世諦有故説多。

疏　無著云，是福德者標牒，即非者約勝義空，是故者約世俗有。

記　勝義空者，此門是絶相無爲，不可

言福與不福。福既不有，無以言多。○世俗有者，此門是有相有爲，可以言福，以有福故，兼可言多。

△三、判經福超過，疏二。初、正釋經文，二、別示句相。

若復有人，於此經中，受持乃至四句偈等，爲他人說，其福勝彼。

疏　三、判經福超過。

記　判經福，經意可知。○然四句尚爾，況全部耶。

△初、正釋經文。

疏　偈云，受持法及說，不空於福德，福不趣菩提，二能趣菩提。

記　疏二。一、正釋經文。○偈釋持說，因明勝之所以，望後經文，有似太疾，以偈文連環，不可分故悉之。○受持及說者，標二法門。○不空等者，謂持說此經，不同寶施空得福德。○更得何物，次文是也。○福不趣菩提者，謂寶施雖多，但成世間有漏之福，終不能成無上菩提。○二、能趣菩提者，謂持說此經，斷除煩惱，煩惱盡處，即是菩提故。

△二、別示句相，二。初、正示，二、通妨。

初、正示。

疏　四句者，但於四句詮義究竟，即成四句偈。

記　四句下，二、別示句相。○詮義等者，謂以一句詮一義，一義爲一句，四義方成一偈。一異、有空、常無常等，皆各有四句。

疏　如凡所有相，皆是虛妄，若見諸相非相，即見如來。此最妙也。

記　然今經四句，人說不同，有說取無我、無人、無衆生、無壽者爲四句，有說取若以色見我等爲四句，有說一切有爲法等爲四句，有說但於一經之中隨取四句經文便爲四句，有說始從如是終至奉行方成四句。然上諸說，皆非正義。○如凡下，明正義，斯則約有無等爲四句也。謂第一是有句，第二是無句，第三是亦有亦無句，第四是非有非無句。文義兼備，故云最妙。○以此四義，能通實相，即是四門。

△二、通妨。

疏 然但義具四句，持説即趣菩提，文或增減，不必唯四，義若闕者，則互成謗。

記 然但下，通妨。先問：且一二三句皆是四言，第三一句獨成六字，文既增減，云何成偈？故此釋也。○持説等者，以此四義是萬法之門，若了四義，即通萬法。萬法既通，豈有菩提而不證哉？○文或等者，但論其義，義不在文，義必周圓，文從增減。○義若等者，謂闕之成謗，具之成門。○成謗者，謂闕無，成增益謗。闕有，成損減謗。闕非有非無，成相違謗。闕亦有亦無，成戲論謗。以有則定有，無則定無，餘二例之，故成四謗。何以故。法不如是故，不如法見故。

斯則般若波羅蜜，猶如大火聚，四面不可取也。○具四句者，謂義無所闕故。有不定有，是即無之有。無不定無，是即有之無。餘亦例之。隨於一句之中，圓見四句之義，不墮增減等謗，故成門也。何以故。法如是故，如法見故。斯則般若波羅蜜，猶如清涼池，四面皆得入。○但以人依於法，法異人乖，苟法義之所全，豈菩提而不證矣。故言受持此經，勝於施福。

△四、釋超過所以，經二。初、正釋。二、轉釋。

初、正釋。

何以故？須菩提，一切諸佛，及諸佛阿耨多羅三藐三菩提法，皆從此經出。

記 正釋，經徵意云，以何義故，持説此經，勝於寶施。○釋意可知。

疏 四、釋超過所以，二。初、正釋。諸佛菩提法者，論云，名爲法身，於彼法身，此二能作了因。一切諸佛者，即報化身。論云，於此能爲生因。

記　諸佛菩提法者，揀非餘乘菩提法也。然餘菩提非此不出，但舉勝者而以例之。○此二者，持説也。○了因者，以法身是本真之理，不生不滅，但以煩惱覆之則隱，智慧了之則顯。持説此法，玅慧自彰，觀破煩惱，法身現矣。○生因者，報化之身，本來無有，萬行所致，故名爲生。○故彌勒頌曰，於實爲了因，亦爲餘生因。魏經云，一切諸佛菩提法，皆從此經出。

△二、轉釋。

須菩提，所謂佛法者，即非佛法。

記　轉釋，經所言佛法者，約世諦故有，即非佛法者，約第一義即無。

疏　二、轉釋。第一義中，無有佛法從經出也。

記　第一等者，謂俗諦相中，有迷悟、染淨、凡聖之異，故説佛法從經而出。真諦之理，離於迷悟、染淨、凡聖之相，故不可説出佛法之義也。故《圓覺》云，一切如來圓覺妙心，本無菩提及與涅槃，亦無成佛及不成佛，無妄輪迴及非輪迴。○然則本論異此，不能煩迷。

金剛經疏記科會卷第五

校勘記

〔一〕「記」，底本作「疏」，據文意改。

金剛經疏記科會卷第六

唐圭峰大師疏
宋長水大師記
後學古杭雲棲釋大璸科會

△四、斷聲聞得果是取疑，疏二。初、標章敘疑，二、依經斷疑。初、標章敘疑，三。

初、標章，二、指疑起處，三、結成疑。

初、標章。

疏　四、斷聲聞得果是取疑。

記　第四，疏初標章。

△二、指疑起處。

疏　論云，向説聖人無爲法，不可取説。

記　向説下，指疑起處。此從第三中來。○不可取説者，以前文云，如來所説法，皆不可取不可説。

△三、結成疑。

疏　云何聲聞各取自果，如證而説？

記　云何下，結成疑也。○前云一切賢聖通於三乘，故疑聲聞得果是取。○如初果人，證自初果，亦自説言已證初果等。

△二、依經斷疑，經四。初、入流果，二、一來果，三、不來果，四、不生果。

疏　斷疑之文四。初、入流果。

△初、入流果，疏三。初、正釋經文，二、商較果證，三、結斷疑情。初、正釋經文，經四。

初、問，二、答，三、徵，四、釋。

初、問。

須菩提，於意云何，須陀洹能作是念，我得須陀洹果不？

△二、答。

須菩提言：不也，世尊。

△三、徵。

何以故？

△四、釋。

須陀洹名爲入流，而無所入，不入色、聲、香、味、觸、法，是名須陀洹。

記　入流果。經問意云，於汝意中如何，汝謂須陀洹人作念云得須陀洹果不？○答言不也。徵意云，若如是者，以何義故得名須陀洹。○釋意云，但約不入色等境界，即名須陀洹。

記　疏三。初、正釋經文。

疏　須陀洹，此云入流，入聖人流故。亦云預流，預聖人流故。

記　入流者，四果名爲聖人，今從凡夫，剏入聖類故。流，類也。預，厠也。

疏　秖由不入六塵，名入聖流，不是别有所入故。

記　秖由下，釋得名所以。○入者，取著義。若取六塵，即滯凡流，不取六塵，名入聖流。是知功過在人，不在六塵境界。據此，則何有别法而爲所入取。

疏　論云，聖人得果不取一法，不取六塵境界，故名逆流。

記　論云下，引證上義。○不取一法者，不唯六塵也。○名逆流者，逆凡流也。謂若取六塵，即入凡流，逆聖流。既不取著，即入聖流，逆凡流也。

疏　乃至羅漢，不取一法，以是義故，名阿羅漢。

記(二)乃至下，例明餘果。○初果尚爾，况餘果耶。

△二、商較果證。

疏　然非不取無爲自果。

記　然非下，二、商較果證。○或問：既皆不取，應亦不證，故此釋也。

疏　但於證時，離取我等煩惱，是故無如是心我能得果。

記　但於下，轉釋。○意明但無取心，非謂不證。

疏　若起如是心，我能得果，即爲著我等。

記　若起下，反明。○凡夫著我，既由起心，聖人無我，必不起也。

△三、結斷疑情。

疏　故知得果是不取義，何得疑云是取？

記　故知下，三、結斷疑情。○空生本謂證果是取，故生疑。今明無取方成證義，永異所疑也。

記　若準斷疑，斯文已畢，以四果是小乘賢聖脩證行位，是故經中具而明也。

記　然此四果，復有四向，謂向於果故，即須陀洹向等。

記　於四果之中，初爲見道，次二脩道，後一無學道。

記　且初脩行，得入見道，謂十六心，斷三界四諦下八十八使分別麤惑，得初果位。

記　謂三界各有四諦，每諦下各有煩惱，即貪、瞋、癡、慢、疑、身見、邊見、邪見、見取、戒禁取。四諦之下，或具或闕，故成八十八使。○《雜心論》云，苦下具一切，集滅除三見，道除於二見，上界不行恚。○謂初句，即欲界苦諦下全具十使。○次句，即集、滅二諦下各除三見，即身、邊二見及戒禁取。○所以除此三者，緣身是苦本，觀苦已斷身見。○邊見依身而起，故亦隨亡。○無戒禁取者，以集諦不計非道爲道，滅諦又非脩位，是故皆無戒禁取。○道當脩位，却或有之，故不除矣。故云道除於二見，不除戒禁也。○由是苦下具十，集、滅二諦下各七，通前即二十四，道諦下八，合三十二。○後句云上界不行恚，即於二四諦下各除一瞋，每界各有二十八，共成五十六。○兼下欲界三十二，即都合爲八十八也。

記　云何十六心，謂欲界四諦下，各一忍一智以成八心。又合上二界爲一四諦，類下欲界觀斷，亦各一忍一智以成八心，二八即爲十六心也。○忍即無間道，是正斷惑時，智即解脱道，是斷了時。○所謂苦法智忍、苦法智、苦類智忍、苦類智，乃至道法智忍、道法智、道類智忍、道類智。○斷至十五心道類智忍，名初果向。○至第十六心道類智時，名證初果，入於見道，爲須陀洹。○分別麤惑，一時頓斷，猶如劈竹，三節並開。○即以見諦八智爲初果體。

記　初果行相，略明如是。餘之三果，佇見次文。

△二、一來果，經四，初、問。二、答，三、徵，四、釋。

初、問。

須菩提，於意云何，斯陀含能作是念，我得斯陀含果不？

△二、答。

須菩提言：不也，世尊。

△三、徵。

何以故？

△四、釋。

斯陀含名一往來，而實無往來，是名斯陀含。

疏　二、一來果，斯陀含，此云一來。

記　一來果，經問答及徵，意皆同上。○釋意明，斯陀含者，但於人間天上，一度往來，雖復往來，實無往來之者。只約此義，名斯陀含。

疏　斷欲界六品脩惑。

記　斷惑者，謂欲界脩惑有四，即貪、嗔、癡、慢。此是俱生細惑，任運起者，障於脩道，以難斷故。分爲九品，所謂上上，乃至下下。此九品惑，二三果人斷之。○斷至五品，名二果向，斷六品盡，名第二果。故《俱舍》云，斷至五二向，斷六一來果。

疏　從此命終，一往天上，一來人間。

記　一往等者，以九品脩惑，能潤欲界七生，謂上上品潤兩生，次三各一生，次二品共一生。今斷六品，已損六生，猶殘下三品，潤欲界一生，是故一往天上，更須一來人間受生，斷餘惑也。

疏　便得阿羅漢果。

記　便得等者，問：據此次第，合是第三，云何僭言便得羅漢？答：所言便得羅漢等者，非謂踰越不證第三，但約欲界惑盡，往而不來，望一去説，故云便得等也。若改便得爲直至，何也。餘下三品，一生斷盡便往羅漢，即不須前來和會也。

疏 故名一來。

記 故名下，結成第二果。〇即以見道八品無爲，及脩道六品無爲，爲此果體。

疏 而實無往來者，已悟無我，誰能往來？

記 無我等者，由無我故。不計去來，非謂不去不來，但不記去來之者。其猶魯般匠士，刻木爲人，雖復驅使往來，實無情慮所計。

△三、不來果，經四。初、問，二、答，三、徵，四、釋。

初、問。

須菩提，於意云何，阿那含能作是念，我得阿那含果不？

△二、答。

須菩提言：不也，世尊。

△三、徵。

何以故？

△四、釋。

阿那含名爲不來，而實無不來，是故名阿那含。

疏 三、不來果。

記 不來果，經問、答、徵，意亦同上。〇釋意云，阿那含者，一往天上，更不再來，雖爾不來，亦無不來之者。但約此義，名阿那含。

疏 阿那含，此云不來，亦云不還。

記 不來不還，蓋是一義。

疏 斷欲界九品脩惑盡。

記 斷惑等者，謂前九品惑中，餘下三品，斷至八品，名三果向。斷九品盡，名第三果。故《俱舍》云，斷惑七八品，名第三果向，九品全斷盡，即得不還果。

疏　命終一往天上，更不還來下界。

記　更不還者，欲界脩惑，但餘三品，三品煩惱，共潤一生。今已斷之，更無惑潤，杜絶紆絆，故無再來。

疏　故云不來。

記　故云下，結成第三果也。○即以見道八品無爲，及修道九品無爲，爲此果體。○此二三果人斷惑，猶如截木，横斷而已，知之。

疏　而實無不來，義同前釋。

記　同前者，合云，已悟無我，誰能不來？

△四、不生果，疏二。初、辨得名，二、正釋經。初、辨得名，又二。初、標科。二、釋義。

初、標科。

疏　四、不生果。

△二、釋義，二。初、總標，二、別釋。

初、總標。

疏　阿羅漢，此釋有三。

記　四、不生下，二。初、辨得名。○三、釋者，由是三義，故存梵音。

△二、別釋，三。初、無賊，二、不生，三、應供。

初、無賊。

疏　一、無賊，三界見修煩惱盡故。

記　無賊者，意以煩惱爲賊，謂斷人慧命，劫功德財，致使行人失於聖道，流迸生死曠野，不達涅槃寶所，爲害頗深，故名爲賊。○見修等者，謂上二界各有三種修惑，謂貪、癡、慢。此惑微細難除，故約八地分之。每地分成九品，都合七十二品。每品各有一無間，一解脱。斷至七十一品，名阿羅漢向。斷七十二品惑盡，成阿羅漢。○此果斷惑，如登樓臺，漸陟漸高。○見修合論，兼欲界一地，總以八十九品無爲，爲此果體。

記　若約四果有爲出體者，即初果唯取道類智一解脱道爲體，第二唯取斷欲界九品修惑中第六品一解脱道爲體，第三唯取第九品一解脱道爲體，羅漢唯取有頂地第九品中一解脱道盡智爲體。〇所言無爲即離繫果，有爲即等流果。

△二、不生。

疏　二、不生，不受後有故。

記　不生等者，謂我生已盡，梵行已立，所作已辦，不受後有。然前三句，即是盡智，後句即是無生智，謂不向三界之中受有苦身也，以世間因亡果喪，出世間因成果證故。

△三、應供。

疏　三、應供，應受人天廣大供養故。

記　應受等者，爲超出人天故，堪受人天供養。若或一種淪溺，寧堪供之。故《俱舍》云，供養阿羅漢，得現在福報。蓋由業煩惱盡，福田勝故。當知未出三界，受他供養者，大須隨出離，豈得安然免之哉？

△二、正釋經，經三。初、舉所得以問，二、明無取以答，三、引己證令信。

初、舉所得以問。

須菩提，於意云何，阿羅漢能作是念，我得阿羅漢道不？

疏　文三，初、舉所得以問。

記　舉問，經意準前可知。

△二、明無取以答，又三。初、答，二、徵，三、釋。

初、答。

須菩提言：不也，世尊。

△二、徵。

何以故？

△三、釋，又二。初、正釋。二、反釋。

初、正釋。

實無有法名阿羅漢。

疏　二、明無取以答。

記　明答及徵意，準前。〇釋意云，阿羅漢者，無煩惱，不受生，應供養。以是義故，名阿羅漢。除此之外，更無一法名阿羅漢。

△二、反釋。

世尊，若阿羅漢作是念，我得阿羅漢道，即爲著我、人、衆生、壽者。

記　若阿下，反釋。○云，若或作念，言我得阿羅漢果，便著我、人等相，則與凡夫何所異哉。由此驗知的無是念。

△二、引己證令信，三。初、明佛先印，二、彰己不取，三、却釋佛意。

疏　三、引己證令信，三。

記　引己證令信者，以己方人也，亦令衆生皆亡是念，入於聖道故。

△初、明佛先印。

世尊，佛説我得無諍三昧，人中最爲第一，是第一離欲阿羅漢。

疏　初明佛先印。

記　先印，經意云，佛於往日曾説於我得是三昧，人中第一。

疏　無諍者，不惱衆生，能令衆生不起煩惱，故佛讚之。

記　不惱等者，若人嫌立，則復爲坐，乃至不向貧家乞食，皆爲不惱他也。○能令下，釋。既不惱之，煩惱何起。

疏　十弟子中，善現第一。

記　第一等者，謂十大弟子，各有一能，皆稱第一，即迦葉頭陀，阿難多聞，舍利弗智慧，目連神通，羅睺羅密行，阿那律天眼，富樓那説法，迦旃延論義，優波離持律，須菩提解空。今言無諍者，只由解空，得無諍故。亦如夫子十哲，各有能事。謂德行，顔淵、閔子騫、冉伯牛、仲弓。言語，宰我、子貢。政事，冉有、季路。文學，子游、子夏。

疏　離欲者，三界煩惱，但有貪心，盡名爲欲，非唯欲界。

記　離欲等者，謂貪使煩惱通於三界，斷盡此貪，方真離欲也。○問：若然者，則但是羅漢，皆斷三界煩惱，云何善現稱第一耶？答：所言第一者，蓋約無諍，不約離欲也。故經云，我得無諍三昧，人中最爲第一。又魏經云，我若作念，世尊則不記我無諍行第一。意者以空生獨得無諍三昧，故於諸離欲羅漢之中，稱爲第一也。

△二、彰己不取。

世尊，我不作是念，我是離欲阿羅漢。

疏　二、彰己不取。

記　不取，經云，佛雖讚我，我於此時輒無是念。

△三、却釋佛意，又二。初、反釋。二、正釋。

初、反釋。

世尊，我若作是念，我得阿羅漢道，世尊則不説須菩提是樂阿蘭那行者。

△二、正釋。

以須菩提實無所行，而名須菩提是樂阿蘭那行。

疏　三、却釋佛意。

記　佛意，經云若我當此之時，作如是念，我得阿羅漢果，佛則不説我爲樂寂靜者，只緣不作是念，故佛讚之。○無所行者，即不作念也。故經中反説即言若作是念，順釋即言實無所行。

疏　論云，離二種障，一、煩惱障，得阿羅漢故離，二、三昧障，得無諍故離，故無所行。

記　離煩惱障者，謂貪等十使麤細盡除。○離三昧障者，三昧是定，障即是惑。三昧之障，依主釋也。不同煩惱即障，持業釋故。○然此二障，離各有由。離煩惱障，得羅漢故。離三昧障，得無諍故。

疏　阿蘭那者，此云寂靜。

記　寂靜者，寂靜即是無諍定，意言須菩提是樂寂靜之者。

△五、斷釋迦然燈取説疑，疏二。初、標章敘疑，二、依經斷疑。初、標章敘疑，三。初、標章，二、述疑意，三、指疑起處，便結成疑。

初、標章。

疏 五、斷釋迦然燈取説疑。

記 第五，疏初標章。

△二、述疑意。

疏 論云，釋迦昔於然燈佛所受法，彼佛爲此佛説法。

記 釋迦下，先述疑意。○即釋迦因中爲善慧仙人，蒙然燈如來授記云，汝於來世，當得作佛，號釋迦牟尼。由此增進，入第八地，故云受法。廣有因緣，如第十二中説。

△三、指疑起處，便結成疑。

疏 云何言不可取不可説？

記 云何下，指疑起處，便結成疑。○此亦從前第三中來，以彼文云，如來所説法，皆不可取不可説故。

△二、依經斷疑，經二。初、問。二、答。

疏 依經斷疑。

△初、問。

佛告須菩提：於意云何，如來昔在然燈佛所，於法有所得不？

記 經問意云，於汝意中如何，謂我昔於然燈佛所，於授記言説之中，有法爲所得，爲無所得。

△二、答。

不也，世尊，如來在然燈佛所，於法實無所得。

記 答意云，如來昔在然燈佛所，於授記言説之中，實無法爲所得。

疏 於法實無所得者，然燈佛説，説是語言，釋迦所聞，唯聞語言。語言非實，智證法故。

記　說是語言等者，以是語言，故無所得。〇語言非實者，謂語言從緣，緣無自性，舉體全空，空故無得也。斯則聞而無聞，說而無說。〇智證法者，釋得記之由也。意明但以自無分別智，證自無差別理。智與理冥，境與神會，豈有所說所得耶。

疏　論云，釋迦於然燈所，言語所說，不取證法。以是義故，顯彼證智不可說、不可取。

記　論云下，引證上義。〇證法離言說相，故不可說。證法離心緣相，故不可取也。

△六、斷嚴土違於不取疑，疏二。初、標章敘疑，二、依經斷疑。初、標章敘疑，三。初、標章，二、指疑起處，三、結成疑。

初、標章。

疏　六、斷嚴土違於不取疑。

記　第六，疏初標章。

△二、指疑起處。

疏　論云，若法不可取。

記　若法下，指疑起處。〇此亦從前第三中來。

△三、結成疑。

疏　云何諸菩薩取莊嚴淨土，云何自受法王身？

記　云何下，結成疑也。〇既興功運行，六度齊修，迴向發心，嚴淨佛土。此若非取，則孰爲取耶。〇佛身之疑，意亦同此，以是二報，不相離故，故論文中，二疑雙敘。〇然今此科，但斷一種。

△二、依經斷疑，經三。初、舉取相莊嚴問，二、釋離相莊嚴答，三、依淨心莊嚴勸。

初、舉取相莊嚴問。

疏　斷疑之文三。初、舉取相莊嚴問。

須菩提，於意云何，菩薩莊嚴佛土不？

記　舉問，經意云，菩薩取形相莊嚴佛土不？

疏　佛意欲明法性真土，故問取形相莊嚴土不？

記　佛意等者，空生本疑有取，佛意欲顯無取，取與無取，在於性相二土，故且舉相問之，試其解不。

△二、釋離相莊嚴答，經三。初、答，二、徵，三、釋。

初、答。

不也，世尊。

記　釋，答意云，不取相莊嚴佛土也。

△二、徵。

何以故？

記　徵意云，以何義故，不取相莊嚴佛土。

△三、釋。

莊嚴佛土者，即非莊嚴，是名莊嚴。

記　釋意云，不以相莊嚴，是真實莊嚴也。

疏　二、釋離相莊嚴答。

疏　偈云，智習唯識通，如是取淨土，非形第一體，非嚴莊嚴意。

記　偈云下，於中前三句正釋經，後一句即却釋偈之第三句也。○又，前兩句釋經中莊嚴佛土者，非形釋即非莊嚴，第一體釋是名莊嚴，非嚴顯偈中非形，莊嚴意顯偈中第一體。○此但指配其文，義意即邐迤次顯。

疏　論釋云，諸佛無有莊嚴國土事，唯真實智慧習識通達，故不可取。

記　論釋下，轉釋偈文。○諸佛下至不可取，釋偈之前半。○謂修習無分別智，通達唯識真實之性，此則以智契如，名爲莊嚴，即是無取之義，所疑有取自此釋遣。

疏　莊嚴有二，一、形相，二、第一義相。

記　莊嚴有二下，釋後半。○先列二土。○形相，即法相土，謂金地寶池等。以要言之，但有所見聞，皆屬形相。○第一義，即法性土，謂離一切相。無所見聞，即真如理是。

疏　非嚴者，無形相故。莊嚴意者，即是第一莊嚴，以一切功德成就莊嚴故。

記　非嚴下，正釋。○即以後第三句爲出所以，由是故得非嚴及莊嚴也。非嚴即揀法相土，非今所嚴之者，當於經中則非莊嚴也。○莊嚴意者，即顯法性土，是此所嚴之者，當於經中是名莊嚴，所謂顯發過恒河沙數功德而爲莊嚴。如金作器，器非外來，即以此器，反嚴於金。是故前引論云，諸佛無有莊嚴國土事等。是則於諸嚴中，更無過者，故云第一莊嚴等也。○言意者，即指非形第一體是非嚴莊嚴之意也。意即所以也。

記　問：諸佛身土，必須性相具足，方爲了義。今既唯嚴於性，豈不闕於相耶？答：身土之相，唯心之影，心淨方能現之。苟能清淨其心，身土自然顯現。其猶磨鏡，塵盡像生，自然而然，故非造作。故《唯識》云，大圓鏡智，能現能生身土智影，況是即相亡相，非謂棄相取性。但無執情，何閡於相。然以經宗無相，此義稍增，首末皆爾。○用心之相，如次所明。

△三、依淨心莊嚴勸。

是故，須菩提，諸菩薩摩訶薩應如是生清淨心，不應住色生心，不應住聲、香、味、觸、法生心，應無所住而生其心。

疏　三、依淨心莊嚴勸。

記　淨心勸，經意云，以是義故，汝諸菩薩應生無住清淨之心。

疏　論云，若人分别佛土是有爲形相，而言我成就者，彼住於色等境中。

記　若人下，先敘所遮之心。○意以形相爲真佛土，由是見故，便欲形相莊嚴，故云我成就等。

記　彼住下，顯失也。○意明本欲嚴淨，如何却生染心。以住色等即生死心，何名淨耶。

疏　爲遮此故，故云，應如是生清淨心，不應住色等也。

記　爲遮下，躡前所遮，引起經意。○既以不住色等爲清淨心，當知住於色等，誠爲染矣。

疏　而生其心者，則是正智。此是真心，若都無心，便同空見。

記　正智者，無住之心。既是正智，當知有住所生之心，同爲妄識。○此中正智而言生者，所謂顯發，非欻然而生。故《大經》云，於一切法不生，是般若波羅蜜生也。以此般若不生不滅，故云真心。○若都下，顯意遮過。○恐墮空見，故令生此真心。○天真之心，本無生滅，但緣住境，即不相應，亦非斷滅。心若不住，般若了然，亦非生起。恐人迷此，故爲顯而遮之。

記　是則前令不住色等，是遮有，後令生心，是遮無。既離有無，即名中道。如斯體達，是真莊嚴，何有佛土而不清淨。故《淨名》云，欲淨佛土，當淨其心。隨其心淨，即佛土淨。淨其心者，即離有無也。

△七、斷受得報身有取疑，疏二。初、標章敘疑，二、依經斷疑。初、標章敘疑，二。初、標章。二、敘疑。

初、標章。

疏　七、斷受得報身有取疑。

記　第七，疏初標章。

△二、敘疑。

疏　疑意如前。

記　疑起之意，前章已敘。○問：此與第三何別？答：前化此報，故不同也。緣前聞應化非真，故無有取，便云報身是實，應有取心，是故此疑躡彼第三而起也。

△二、依經斷疑，經二。初、問答斷疑，二、較量顯勝。

疏　斷疑之文二。初、問答斷疑。

△初、問答斷疑，經四。初、問，二、答，三、徵，四、釋。

初、問。

須菩提，譬如有人，身如須彌山王，於意云何，是身爲大不？

△二、答。

須菩提言：甚大，世尊。

記 斷疑，經問答可知。

△三、徵。

何以故？

記 徵意云，以何義故，名之爲大。

△四釋。

佛説非身，是名大身。

記 釋意云，非有漏有爲身，是無漏無爲身。○若準無著，則全異於此，大抵首末皆依二諦而釋也。今此疏中，有依天親，有依無著，則此一段，且依天親也。

△初、問答斷疑，疏二。初、總釋喻旨，

二、别解非身。

記 疏，二。初、總釋喻旨。

△初、總釋喻旨，又三。初、先明能喻，二、正明所喻，三、以偈結。

初、先明能喻。

疏 論云，如須彌山王，勢力高遠，故名爲大，而不取我是山王，以無分别故。

記 高遠等者，謂下據金輪高八萬由旬，六萬諸山而爲眷屬，故名爲大。故《華嚴疏》云，須彌横海，落羣峰之高。○而不取等者，彼山雖大，四寶所成，五位法中，色法所攝，三性之内，無記性收，豈有分别而取爲王也？

△二、正明所喻。

疏 報佛亦如是，以得無上法王體故名大，而不取我是法王，以無分别故。

記 報佛下，正明所喻。○謂進修多劫，福智圓明，純淨無垢，更無過此，故云無上。獨王去聲法界，故號法王。大有二義。一、約體，身智廓周故。二、約位，諸聖莫及故。○無分别者，非如色法是無記性，但以三祇修習，萬慮都忘，如智寂然，故無分別。

△三、以偈結。

疏　故偈云，如山王無取，受報亦復然。

記　偈云下，以偈結也。

△二、別解非身，二。初、牒經略指，二、引論廣釋。

初、牒經略指。

疏　非身名身者，非有漏有爲身，是無漏無爲身。

記　非身下，二、別解非身，二。初、牒經略指。○無漏無爲者，無漏則簡異世間，無爲則表非生滅。○問：今明報身，即合有爲無漏，云何此説無爲耶。答：此據實教，不約權宗，故是無爲也。故《淨名》云，佛身無爲，不墮諸數，佛身無漏，諸漏已盡。

△二、引論廣釋，二。初、本偈，二、引論文。

初、引本偈。

疏　故偈云，遠離於諸漏，及有爲法故。

記　故偈云下，二、引論廣釋，二。初、引本偈。○此偈標遠離有爲有漏，意顯唯有漏法體。

△二、引論文，二。初、雙標，二、雙釋，三、雙結。

初、雙標。

疏　論云，若如是，即無有物，若如是，即名有物。

記　論云下，二、引論文，三。初、雙標。○若如是者，指經徵起以標也。

△二、雙釋。

疏　以唯有清淨身故，以遠離有爲法故。

記　以唯下，二、雙釋。○清淨身，即法身也。此釋有物之句，即是經中是名大身也。○問：此説報身，云何言法？答：以法報合説，二身不殊。以此實教，理智無二，故得云爾。

記 以遠離下，釋無物之句也，即是經中佛說非身也。○法身既是無爲，則離有爲生滅。○有爲既離，況有漏耶。故此釋文，不言諸漏。

△三、雙結。

疏 以是義故，實有我體，以不依他緣住故。

記 以是下，三、雙結。○謂以是遠離及唯有故，顯得法身真我，無漏無爲，不生不滅，湛然清淨，故有實體，名爲有物。○不如凡夫徧計之我，有漏有爲，即生即滅，如彼夢幻，無有實體也。

記 以不依下，結無有物，亦是重顯所以也。○以不依於五蘊有爲之緣而住，唯如如及如如智獨存，故有實我。○當知凡夫皆依五蘊有爲緣住，五蘊尚假，況所計我耶。○緣法非己，故云依他也。

△二、較量顯勝，經二。初、約外財較量，廣顯經勝，二、約內財較量，倍顯經勝。初、約外財較量，廣顯經勝，二。初、較量勝劣，二、釋勝所以。初、較量勝劣，三。初、約多河以辨沙，二、約多沙以彰福，三、約多福以顯勝。初、約多河以辨沙，又二。初、問，二、答。

初、問。

須菩提，如恒河中所有沙數，如是沙等恒河，於意云何，是諸恒河沙，寧爲多不。

△二、答。

須菩提言：甚多，世尊，但諸恒河，尚多無數，何況其沙？

疏 二、較量顯勝，二。一、約外財較量，廣顯經勝，二。一、較量勝劣，三。初、多河以辨沙。

記 辨沙經意，可見。

疏 恒河者，從阿耨池東面流出，周四十里，沙細如麪，金沙混流。

記　阿耨池者，此贍部洲，從中向北，有九黑山，次有大雪山，次有香醉山。於雪北香南，有阿耨池，此云無熱惱，縱廣五十由旬，八功德水充滿其中。於中四面，各出一大河。東名殑伽河，繞池一帀，流入東海。南信渡河，西縛蒭，北徒多，皆繞池一帀，如次入南西北海。今經恒河，即殑伽也。言恒者，譯者訛也。○周四十里者，謂初出池口處也。

疏　佛多近此説法，故取爲喻。

記　佛多下，出取喻之由。○然説此經時，但在祇園，餘説法時，多近於彼，故以喻也。

△二、約多沙以彰福，亦二。初、問。

二、答。

初、問。

須菩提，我今實言告汝，若有善男子、善女人，以七寶滿爾所恒河沙數三千大千世界，以用布施，得福多不？

△二、答。

須菩提言：甚多，世尊。

疏　二、約多沙以彰福。

記　彰福，經意可見。

△二、約多沙以彰福，疏二。初、徵釋，二、難通。初、徵釋又二。初、徵，二、釋。

初、徵。

疏　論云，前已説喻，何故復説。

記　論云下，徵也。○謂三疑之後，四果之前，已説寶施之喻，今復説者，豈不重耶。

△二、釋。

疏　偈云，説多義差别，亦成勝較量，後福過於前，故重説勝喻。

記　偈云下，釋也。○謂前以一三千界寶施，此説無量三千界寶施，雖則總是多義，總是勝較量，然其後者，即多中之多，勝中之勝，故重説也。斯則言説重而義意不重。

△二、難通亦二。初、難，二、通。

初、難。

疏　何故不先説此喻？

記　何故下，轉難。○意云，何不於前文中，便説此喻耶？

△二、通又二。初、約人通，二、約法通。

初、約人通。

疏　爲漸化衆生，令信上妙義故。

記　爲漸下，約人通也。○謂機淺法深，頓説難信，漸次誘引，令知勝德。

△二、約法通。

疏　又前未顯以何等勝功德能得菩提故。

記　又前下，約法通也。○謂喻之前，未説四果無心，釋迦無得，嚴淨國土，不嚴而嚴，修證佛身，無證而證，是故較量之喻，亦未能勝。○後乃既明斯義，法理兼深，由是較量之喻亦復殊勝。○或可出生佛法之義，亦在前喻之後也。○況後釋所以中五段經文，亦屬於此，思之。

△三、約多福以顯勝。

佛告須菩提：若善男子、善女人，於此經中，乃至受持四句偈等，爲他人説，而此福德勝前福德。

疏　三、約多福以顯勝。

記　顯勝，經意可知。

疏　施感生死，經趣菩提，大意同前。

記　大意同前者，即福不趣菩提，一能趣菩提是也。

△二、釋勝所以，經五。初、尊處歎人勝，二、約義辨名勝，三、佛無異説勝，四、施福劣塵勝，五、感果離相勝。初、尊處歎人勝，三。初、明處可敬，二、顯人獲益，三、顯處有佛，

初、明處可敬。

復次，須菩提，隨説是經，乃至四句偈等，當知此處，一切世間天、人、阿修羅皆應供養，如佛塔廟，

疏　二、釋勝所以，五。一、尊處歎人勝，三。初、明處可敬。

記　可敬，經可知。

疏　《大般若》說天帝不在，諸天若來，但見空座，盡皆作禮供養而去。

記　《大般若》下，引事證。○帝釋每於善法堂中，爲天衆說般若波羅蜜法，或有時不在，諸天若到，皆向座恭敬作禮，爲重於法，乃尊於處故。

疏　窣堵波，此云高顯。塔者，邊國訛語。

記　高顯者，以尊人故，令處高顯，俾遠近皆見，敬而生福也。

疏　廟，貌也，於塔中安佛形貌。

記　形貌等者，塔中有佛形貌，人見必生敬心，見於說法之處，亦如見佛形貌。○若梵語制多，此云靈廟，或云可供養處，與此大同。

△二、顯人獲益。

何況有人盡能受持、讀誦。須菩提，當知是人成就最上第一希有之法。

疏　二、顯人獲益。

記　獲益，經意云，宣說四句之處，尚得天人供養，何況盡此經文能受持耶？如經敘之。

疏　前四句猶勝，況此盡能受持，故最上等也。

記　前四句等者，據此經意，望於前段，有二勝劣。何者？爲前說其處，此說於人，前明四句偈，此明盡受持，由是前則劣中之劣，此乃勝中之勝，反覆而言，故云何況也。○最上者，法身也，無漏無爲，絶上上故。第一者，報身也，衆聖中尊，更無過故。希有者，化身也，如前所說四種事故。意明受持、讀誦具獲三身，功德圓滿也。○有云，能趣菩提，故云最上。勝出諸乘，故云第一。世間無比，故云希有。

△三、顯處有佛。

若是經典所在之處，則爲有佛，若尊重弟子。

疏 三、顯處有佛。

記 有佛，經意云，如此經文，隨何方所，即爲有佛及諸弟子。

疏 經顯如來法身，依法則有報、化。

記 經顯下，明有佛及有之所以。○謂報化必依法身，法身又從經顯。既有能顯之教，必有所顯之佛。又經是教法，佛是果法，果由理顯，理由行致，斯則三佛備足，四法具圓，所在之處，豈生輕劣。

疏 又一切賢聖，皆以無爲得名，經顯無爲，必有賢聖尊重弟子。

記 又一切下，明有弟子之所以。○三乘賢聖，體是無爲，經顯無爲，故有賢聖。○尊重者，謂證如者，皆是入理聖人，可尊可重故。○若準魏經，即但言有佛使人尊重，不言別有弟子，故使文云，即爲有佛，尊重似佛。

△二、約義辨名勝，經四。初、問，二、答，三、徵，四、釋。

初、問。

爾時，須菩提白佛言：世尊，當何名此經，我等云何奉持？

記 名勝，經問意云，未審此經，有何名目。不有名目，如何奉持。

△二、答。

佛告須菩提：是經名爲金剛般若波羅蜜，以是名字，汝當奉持。

記 答文可知。

△三、徵。

所以者何？

記 徵意云，如來常説，諸法名相皆空，今特立此名者，有何所以。

△四、釋。

須菩提，佛説般若波羅蜜，則非般若波羅蜜。

記　釋意云，我所立者，名即無名。無名之名，豈違空義。○爲受持故，於無名中强立名耳。

疏　二、約義，辨名勝。佛立經名，約能斷惑，斷惑故勝也。

記　佛立下，釋立名之因。○因即所依之義，謂金剛有能壞之義，般若有觀照之功，法喻雙彰，故曰金剛般若。○其實亦約能堅之義以立，今且就用釋之。○具如題中及七義句中説也。○斷惑故勝者，衆生流轉，爲遭惑染，若斷惑染，成佛無疑，豈不勝乎。

疏　則非般若者，無著云，對治如言執故。

記　對治等者，約名顯義，義實名虗。若執虗名，安得實義慮有斯執。是故對治。

△三、佛無異説勝，經二。初、問。

二、答。

初、問。

須菩提，於意云何，如來有所説法不？

記　異説勝，經問意云，汝謂如來除所證之法外，更有別異之説不。

△二、答。

須菩提白佛言：世尊，如來無所説。

記　答意云，如來除所證之法外，更無別異之説。

記　此段躡於次前立名處來，意云，非唯立此經名，名即無名，凡有所説，悉皆如此。又非我獨爾，諸佛亦然。

△三、佛無異説勝，疏三。初、標科，二、正釋，三、引證。初、標科。

疏　三、佛無異説勝。

△二、正釋，四。初、釋無説，二、出所以，三、結通諸佛，四、結成上義。

初、釋無説。

疏　無所説者，無別異增減之説。

記　無別等者，謂釋迦一佛，初中後説，竟無別異增減。○然乃但據真實無差，不約言詞有異耳。
△二、出所以。
疏 但如證而説，既如其證，則無所説。
記 但如下，出所以也。○凡有説時，皆如其證，證中無説，豈有異耶。
△三、結通諸佛。
疏 三世佛皆然。
記 三世下，結通諸佛。○以諸佛同證，竟無二源，不證則已，證則無别也。○若未至極位，在因地中，隨其所説，各各差别。何以故。所證不同故，如地前地上十地，節級不同。○由是果人，決無異説。
△四、結成上義。
疏 故云無異説。
記 故云下，結成上義。○既一佛多佛，過去未來，所説皆同，咸如其證，如證之説，不亦勝乎。
△三、引證，二。初、引本論，二、引無著。
初、引本論，
疏 故論云，無有一法，唯獨如來説，餘佛不説。
疏 故論云下，引證。○唯獨等者，説般若能斷煩惱，無有一佛不作此説。○餘皆若此。
△二、引無著。
疏 無著云，第一義不可説。
記 第一等者，以諦理離言説相，離名字相，故不可説。○此證前既如其證，則無所説也。○然無著、天親語雖似異，其意實同。既如其證，豈非第一義耶。
△四、施福劣塵勝，經三。初、問，二、答，三、釋。
初、問。
須菩提，於意云何，三千大千世界所有微塵，是爲多不？
△二、答。

須菩提言：甚多，世尊。

記　塵勝，經問答之文可見。

△三、釋。

須菩提，諸微塵，如來説非微塵，是名微塵，如來説世界，非世界，是名世界。

記　釋意云，所言塵者，非煩惱塵，但是地塵。所言世界者，非染因界，但是地塵界。

疏　四、施福劣塵勝。

記　此即躡前較量中來。由前説河沙寶施不及持經，惑者所聞，未能誠信，所以如來特説此義，使其明見優劣，用滌所疑，具在疏文，昭然可見。

疏　論云，寶施福德是煩惱因，以能成就煩惱事故。地塵無記，非煩惱因，故塵勝施劣。

記　論云下，釋盡其意。○意云，碎界爲塵，塵上不起煩惱，寶施得福，即有貪、瞋，五欲自娱，無惡不造，故相傳云布施是第三生怨，所以塵界勝於寶施。且塵界但不起過，尚得爲勝，況受持此經，定招佛果，豈可以爲劣哉。○由是相望，便有三重勝劣。謂寶施不及塵界，塵界不及持經，持經尚勝於塵界，豈得不如寶施。如百姓不如宰相，宰相不如天子，天子尚勝於宰相，豈得不如百姓。喻中天子最勝也，法中持經最勝也。經勝所以，豈不昭然。

疏　大雲云，故諸地塵則非貪等煩惱塵，是名無記地塵。如來説三千界，非煩惱染因界，是名地塵無記界。

記　大雲下，但對經文以揀法喻，更無別義。○然其意者，説微塵是塵，貪等亦是塵，以俱有坌汙之義故。説三千爲界，説煩惱染因亦爲界，以皆有爲因之義故。亦可三千是器界，煩惱是有情界，故云今則揀非貪等塵及染因界，但是地塵及三千界也。

疏　感果離相勝，經四。初、問，二、答，

三、徵，四、釋。

初、問。

須菩提，於意云何，可以三十二相見如來不？

△二、答。

不也，世尊，不可以三十二相得見如來。

△三、徵。

記　果勝，經問答之文可知。

何以故？

記　徵意云，以何義故，不以三十二相爲法身如來。

△四、釋。

如來説三十二相，即是非相，是名三十二相。

記　釋意云，如來説三十二相，非是法身無爲之相，但是化身有爲之相故。

△五、感果離相勝，疏三。初、標章，二、正釋經文，三、轉遮謬解。初、標科。

疏　五、感果離相勝。

△二、正釋經文，二。初、敘經起意，二、引證勝劣。

初、敘經起意。

疏　恐施寶者云，我施求佛，誰言煩惱，故此經云，可以相爲佛不。

記　恐施可，敘經起之意也。〇恐彼意云，若施不求佛，即起煩惱，本爲求佛，云何煩惱。〇彼所求者，即是三十二相之身。爲破此見，故復問之。

△二、引證勝劣，又三。初、標，二、徵，三、釋。

初、標。

疏　論云，持説此法，能成菩提，勝彼福德。

記　持説下，且標勝劣。〇謂寶施但得色相，持經即得菩提，故云勝彼福德。

△二、徵。

疏　何以故？

記　何以故者，徵。○意云，既得三十二相，何不得菩提？

△三、釋。

疏　彼相於佛菩提非法身相故。

記　彼相下，釋也。○理法身是菩提相，彼三十二相非菩提相。○所以言者，菩提無相故。○由法身即菩提相，非菩提相空矣。

記　又於其中，法身則勝，色身則劣。何以故？法身無爲，真實性故。色身有爲，影像相故。○然由持説因勝，故果中獲法身。寶施因劣，故果中獲色身。故上標云，持説此經，勝彼福德。

△三、轉遮謬解，又二。初、正遮，二、結釋。

初、正遮。

疏　經福能降施福，得三十二相。

記　經福下，轉遮謬解。○恐施寶者，聞上所説，便云雖知色身劣於法身，寶施不如持説，我以不能持説，不要法身，恒將寶施成就色身，相好既圓，不亦妙矣。爲遮此見，故此云也。○謂前且約別義分於因果，故説施感相身。若據實義而論，空施不成相果。何者。由無智慧，隨相生情，所施雖多，唯成有漏。縱得三十二相，但是轉輪王，色相雖同，不名爲佛。若能持説此經，則智慧圓起，依慧行施，不住有空，以無漏因，獲無漏果，如此三十二相，始得名爲佛焉。

△二、結釋。

疏　意明經福降施，方得色相佛身。若但寶施，即煩惱因。

記　意明下，結釋上義，不逾前説。

△二、約内財較量，倍顯經勝，經二。初、較量勝劣，二、釋勝所以。初、較量勝劣，經二。初、能較已勝，二、所較更勝。

初、能較已勝。

須菩提，若有善男子、善女人，以恒河沙等

身命布施，

△二、所較更勝。

若復有人，於此經中，乃至受持四句偈等，爲他人説，其福甚多。

記 較量經意，如文可知。但甚多之言，顯超命施之福也。

疏 二、約内財較量，倍顯經勝，二。初、較量勝劣，捨身勝於寶施，持説又勝捨命。

記 捨身等者，意恐人聞寶施不及受持，便謂以是身外之財，所以劣於經福。若將身命布施，必勝受持。爲破其見，故有此文。〇沙數猶劣，况一身耶。

△二、釋勝所以，經五。初、泣歎未聞深法勝，二、淨心契實具德勝，三、信解三空同佛勝，四、聞時不動希有勝，五、大因清淨第一勝。

初、泣歎未聞深法勝。

爾時，須菩提聞説是經，深解義趣，涕淚悲泣，而白佛言：希有，世尊，佛説如是甚深經典，我從昔來所得慧眼，未曾得聞如是之經。

記 泣歎。經意者，謂空生聞上所説，喜極成悲，泣涕連連，自宣心曲，身爲羅漢已是多時，慧眼雖聞，未聞斯教。

疏 二、釋勝所以，五。初、泣歎未聞深法勝。

疏 捨身之苦，已感人心，何况更聞不及持説，是故悲淚。

記 捨身下，悲泣之由。〇然有三意。一、謂傷彼捨身虚其功故。意云，捨命河沙，劣於持説，不達深旨，勞而無功。二、謂悲曩劫不逢遇故。意云，在凡不聞，故當其分，自階聖果，亦未聞之。三、謂慶今得聞，喜極成悲故。善吉覩聞深法，非本所望，涕淚文流，以彰極喜。〇今此疏中，且明前一也。

疏 論云，念彼身苦，尊重法故悲淚。

記 論云下，引證。

疏　慧眼，人空也。未聞，法空也。

記　慧眼等者，謂空生混跡寄位小乘，自證人空已來，未聞法空之理，以法空是大乘所證境故。

記　然以此爲經勝由者，有兩重意。一謂教若麤淺，聞乃尋常，既感悲啼，乃知深妙。二、謂常人啼泣，未足爲奇，善吉悲傷，當知最勝。勝之所以，不亦明乎？

△二、淨心契實具德勝，經二。初、正明，二、拂跡。初、正明。

世尊，若復有人得聞是經，信心清淨，則生實相，當知是人成就第一希有功德。

記　正明，經意云，若人聞此，能生信心，此信若生，不信諸法，故云清淨。諸法既泯，實相生焉，三身功德自此周備，豈不勝耶？○第一等者，如前所明，經文存略，故標二也。

疏　二、淨心契實具德勝，二。初、正明。論云，此中有實相，餘者非實相。

記　此中，即般若教。餘者，即未説般若之前二乘人天之教。○所言實相者，即無相之相也。謂無我法之相，以要言之，離一切相，各爲實相。故下文云，離一切相，即名諸佛。○言餘教所無者，謂人天教中，具足二執，小乘教内，法相猶存，不可以二執之相而爲實相，故言餘者非實相。非，猶無也。○言此有者，謂頓除二執，雙顯二空，空病亦空，二邊皆離，中道斯顯，名實相焉，故云此中有也。

記　問：實相之理，教但能詮，云何信心便生實相？答：謂能信此經，必無二執，無二執處，即是實相，非謂别有實相生也。

△二、拂跡。

世尊，是實相者則是非相，是故如來説名實相。

記　拂跡，經意云，此實相者，體當勝義，但唯無相，名依世諦，故言實相。

疏　二、拂跡。無著云，爲離實相分別想故。

記　爲離等者，恐聞實相之名，便生實相之想。想即分別也。良以實相真妙，言念不及，雖假言念，唯證相應，若起當情，但唯影像。恐認於此，故曰即非。

△三、信解三空同佛勝，經三。初、總標信解，二、別顯三空，三、如來印定。

初、總標信解。

世尊，我今得聞如是經典，信解受持，不足爲難。若當來世後五百歲，其有衆生得聞是經，信解受持，是人則爲第一希有。

記　信解，經意云，我爲阿羅漢，親稟佛言，信解受持，不爲難事。若當來世，濁惡世中，去聖時遠，不聞佛說，覽斯遺教，信解法空，領受任持，依解起行，若斯等類，不亦難乎？

疏　三、信解三空同佛勝，三。初、總標信解。

疏　無著云，未來法滅時，尚有菩薩受持，故無我人等取，云何汝等於正法時遠離修行，不生慚愧。

記　未來等者，謂無著出世，當正法中，故引來世之勝人，以誡當時之劣者。是知小人君子，何代無之？斯則指於第二疑中所說後五百歲持戒修福者也。

△二、別顯三空，經三。初、我空，二、法空，三、俱空。初、我空，二。初、徵，二、釋。

初、徵。

何以故？

記　三空，經徵意云，設有能信解受持，以何義故，得爲希有。

△二、釋。

此人無我相、無人相、無衆生相、無壽者相。

記　釋意云，以無我等相故，○此則我空也。

△二、法空，二。初、徵。二、釋。

初、徵。

所以者何？

記 徵意云，所以令無我等相者，何謂也。

△二、釋。

我相即是非相，人相、衆生相、壽者相即是非相。

記 釋意云，以我等相即非相故。〇我相體是心心所法，既無此體，即是法空也。

△三、俱空，二。初、徵。二、釋。

初、徵。

何以故？

記 又徵意云，以何義故，令無我法之相。

△二、釋。

離一切諸相，即名諸佛。

記 後釋意云，離一切相，名爲佛故。〇諸相雖多，不逾我法，今此統收，故云一切。〇斯則是相皆離，爲俱空也。俱空之理，則名爲佛。佛自此成，故言勝也。

疏 二、别顯三空。

疏 無著云，無我等者無人取，我等即非相者無法取。

記 人、法二取，其義可知。

疏 離一切者，顯示諸菩薩隨順學相，諸佛世尊離一切相，是故我等應如是學。

記 顯示等者，爲我法二空，菩薩有分，離一切相，方是如來。今顯示此義者，令諸菩薩方便隨順，學而習之，見賢思齊，速成佛故，故云諸佛世尊乃至如是學也。

△三、如來印定。

佛告須菩提：如是如是。

疏 三、如來印定。

記 印定，經意如文可知。

記 然以前來從爾時須菩提聞説是經，乃至離一切相即名諸佛，盡是空生之言，於中邐迤有其六重，所謂聞法悲啼，信生實相，對彰難易，明無我人法執兼亡，盡成佛故。如斯所說，皆當誠諦之言，故佛世尊印云如是。○重言者，表言當之極耳。

△四、聞時不動希有勝。

若復有人，得聞是經，不驚不怖不畏，當知是人甚爲希有。

疏　四、聞時不動希有勝。

記　不動，經意云，此經深妙，難解難知，或有人聞，多生驚畏。若得不生驚畏，豈不希有者哉？○實難其人，葢緣經勝，經勝之義，昭然可知。

疏　論云，驚者，謂非度生懼。怖者，不能斷疑心故。畏者，一向怖故，其心畢竟墮驚怖故。

記　驚畏者，此三行相不同。驚謂愕然而怪，怖則進退慞惶，畏則一向恐懼。○如人欲往上京，行於大路，以先未經歷，忽然而驚，心自念言何謂至此，或進或退，疑是疑非，遂無決定之心，謂此路元來不是，或反而不進，或恐懼發狂，墜壑投巖，不終天命。○法中亦爾，以佛於人天小乘教中說空說有，不達意者隨言而執，及說此經，則顯非空非有中道之理，先所執者悉皆驚畏，却以爲非，不能進趣，或墮凡夫，或落小乘，菩提真空從茲永失。○今之經意則云，若人聞此不有不空難信之法，不生驚畏之心，則能不捨菩提進向大道，旨趣深玅，尠有其人。若或有之，是爲希有也。

△五、大因清淨第一勝，經二。初、徵。

二、釋。

初、徵。

何以故？

記　大因，經徵意云，以何義故，聞而不驚等，得爲希有耶？

△二、釋。

須菩提，如來説第一波羅蜜，即非第一波羅蜜，是名第一波羅蜜。

記　釋意云，以此法門於諸波羅蜜中是第一波羅蜜故。然此波羅蜜，若約勝義，則不可言，故言非第一等。今所説者，約世諦説，爲勝之義，不亦然乎？故云是名等。

疏　五、大因清淨第一勝。

疏　何以故者有二，一、躡前不驚等徵，二、都躡前勝以徵。

記　二都下，爲前來兩重較量，皆言經勝，釋勝所以，已列九門。每門之中，各是一義，未知根本何謂勝乎。斯於勝所以中，更徵勝所以也。

疏　論云，此法門者，名爲大因，勝餘修多羅故。

記　大因者，謂第六般若波羅蜜也。以佛有三身，法身最大，此能得故，名爲大因。六中最勝，故稱第一。○勝餘等者，謂人天二乘教中，不詮此法，今乃詮之。彼以所詮劣故，能詮亦劣，此以所詮勝故，能詮亦勝也。

疏　名爲清淨，無量諸佛同説。

記　清淨等者，謂隨相之法，建言必異，離相之理，説即無差，以平等一味故。平等一味，即勝義諦也。以是勝義，故清淨矣。

疏　故彼珍寶檀等，無如是功德，是故彼福德中，此福爲勝。

記　故彼下，通釋都徵之意。○檀即是施，通於内外二財，故云等也。○無如是功德者，謂在因無破惑之功，在果無法身之德故。○此福者，受持讀誦也。○然前門門皆顯經勝，○勝之根本，不過此門，能成清淨法身，是故説名爲勝。内外財施，安可較量？

金剛經疏記科會卷第六

校勘記

〔一〕「記」，底本作「疏」，據文意改。

金剛經疏記科會卷第七

唐圭峰大師疏
宋長水大師記
後學古杭雲棲釋大璸科會

△八、斷持說未脱苦果疑，疏二。初、標章敘疑，二、依經斷疑。初、標章敘疑，四。初、標章，二、指疑起處，三、印定，四、結成疑。

初、標章。

疏 八、斷持說未脱苦果疑。

記 第八，疏初標章。

△二、指疑起處。

疏 論云，向說捨身，苦身果報，故福劣。

記 向說下，指疑起處也。此從前內財較量中來，謂河沙命施全勝外財，猶感苦身，故名爲劣。

△三、印定。

疏 若爾。

記 若爾者，印定前說。

△四、結成疑。

疏 依此法門持說，諸菩薩行苦行，亦是苦果。

記 依此下，結成疑也。謂依此經受持、解說，不憚勞苦，即是菩薩行。菩薩之行，無所不爲，剜身然燈，割股救鴿，一句投火，半偈亡軀，供佛燒身，捐形飼虎。如是等行，皆名苦因，爲行頗同，果證何異？因果既等，何勝劣哉？

疏 云何此法不成苦果？

記 云何等者，意明前捨身命，即成苦果，今受持經亦是苦行，何故不成苦果耶？

△二、依經斷疑，經二。初、明超忍以斷疑，二、勸離相以安忍。初、明超忍以斷疑，二。

初、明忍體，二、明忍相。

初、明忍體。

須菩提，忍辱波羅蜜，如來説非忍辱波羅蜜，是名忍辱波羅蜜。

疏　斷疑之文二。初、明超忍以斷疑，二。初、明忍體。

記　忍體，經意云，忍辱波羅蜜者，勝義諦中則無此相，故云非忍辱等。

記　斷疑意者，若如汝言，受持此經及菩薩行苦行，便同捨身，俱成苦果者，此義不然。以前捨身不達無相，即成苦果，持説此法菩薩苦行，達無我人，知忍無忍，彼岸非岸，直造本源，豈成苦果？故云忍辱非名辱等。

疏　忍到彼岸，已離苦相，况彼岸非岸，誰苦誰忍？

記　忍到等者，然此以超忍爲體，須知本末五重，然後披疏，則明見其理。五重者，一是本源之心，非動非靜。二、不忍，謂以怨報怨。三、忍，雖不加報，未能忘懷，即未至彼岸忍。四、心情絶慮，寂然不動，即至彼岸忍。五、非動非靜，即超彼岸忍。爲治動心，且居靜境，動既非實，靜豈爲真？若準五門，方爲究竟，與其第一，更無二源，體相常然，竟無改易。○今言忍辱波羅蜜，即第四門。非忍辱波羅蜜，即第五門。○離苦相者，已越第三，彼岸非岸，兼超第四，尚踰靜境，豈有動心？初後兩端，正當忍體。

△二、明忍相，二。初、引一生證極苦忍，二、引多生證相續忍。初、一生證極苦忍，二。初、正明，二、反顯。

疏　二、明忍相，二。初、引一生證極苦忍，二、初、正明。

△初、正明，二。初、徵。二、釋。

初、徵。

何以故？

記　正明，經徵意云，以何義故能行此忍？

△二、釋。

須菩提，如我昔爲歌利王割截身體，我於爾時，無我相，無人相，無衆生相，無壽者相。

記　釋意云，以無我等相故也。

疏　歌利，此云極惡。佛昔作仙，山中修道。王獵疲寢，妃共禮仙。王問得四果，皆答不得。王怒割截，天怒雨石，王懼而懺悔。仙證本無瞋，王乃免害。

記　歌利王等，準《涅槃經》説。我念往昔，生南天竺富單那城婆羅門家。是時有王，名迦羅富，其性暴惡，憍慢自在。我於爾時，爲衆生故，在彼城外，寂然禪思。爾時彼王，春木華敷，與其眷屬，宮人綵女，出城遊觀，在林樹下，五欲自娛。其諸綵女，捨王遊戲，遂至我所。我時爲欲斷彼貪故，而爲説法。時王見我，便生惡心，而問我言：汝今已得阿羅漢果耶？我言：不得。復言：或得不還果耶？我言：不得。復言：汝既年少，未得如是二果，則爲具有貪欲煩惱，云何恣情觀我女人？我即答言：大王當知，我今雖未斷貪欲結，然其內心實無貪著。王言：癡人，世有仙人，服氣食果，見色尚貪，況汝盛年，未斷貪欲，云何見色而當不著？我言：大王，見色不貪，實不由於服氣食果，皆由繫念無常、不淨。王言：若有輕他而生誹謗，云何得名修持淨戒？我言：大王，若有妬心，則爲誹謗。我無妬心，云何言謗？王言：大士，云何名戒？我言：忍名爲戒。王言：若忍是戒，當截汝耳。若能忍者，知汝持戒。即截我耳。時我被截，容顔不變。時王羣臣見是事已，即諫王言：如是大士，不應加害。王告諸臣：汝等云何知是大士？諸臣答言：見受苦時，容顔不變。王復詰言：我當更試，知變不變。

即劓其鼻，刖其手足。爾時，菩薩已於無量無邊世中修習慈悲，愍苦衆生，時四天王心懷瞋忿，雨砂礫石。王見事已，心大怖畏，復至我所，長跪而言：惟願哀愍，聽我懺悔。我言：大王，我心無瞋，亦如無貪。王言：大德，云何得知？我即立誓，我若真實無瞋恨者，令我此身平復如故。發是願已，身即平復。○今疏言問得四果者，蓋通相而言也。

疏　論云，不但無苦，而乃有樂，以慈悲故。

記　論云下，義如後釋。

疏　二、反顯，

△二、反顯，二。初、徵，二、釋。

初、徵。

何以故？

記　反顯，經徵意云，以何義故得知無我等相。

△二、釋。

我於往昔節節支解時，若有我相、人相、衆生相、壽者相，應生嗔恨。

記　釋意云，若有我相，應生嗔恨，既不嗔恨，則無我相。如昔立誓，若實無瞋，身即平復。以無瞋故，則知無我。以無我故，方成真實忍波羅蜜。○支，離也。

△二、引多生證相續忍。

疏　二、引多生證相續忍。

須菩提，又念過去，於五百世作忍辱仙人，於爾所世，無我相，無人相，無衆生相，無壽者相。

記　相續忍，經意云，恐人將謂只是一度能爲此忍，故説過去已五百生。或恐人言，無我能忍，應可暫時，若使頻爲，必不能爾，故説多生悉皆如是。或恐人言，有何所因，無我能忍，故説多生忍之熟故。含三意故，有是言也。

疏　累苦故，忍熟而樂，但與正定慈悲相應。

記 累苦故者，本疑累苦難忍，却由累苦能忍，斯則翻前三意中後二意也。〇而樂者，然有四意故樂。一、爲忍熟故樂，如役力之人，久得其志也。二、爲正定故樂，常踞大定，寂滅不動故。三、爲愍他故樂，如孩子杖父，父即樂生。四、爲自利故樂，以將此幻形，易得堅質。具茲四意，故言樂也。疏文但有前三。

疏 故偈云，離我及恚相，實無有苦惱，共樂有慈悲，如是苦行果。

記 故偈云下，引證。〇如是苦行果者，對破疑情也。謂因苦果還苦，因樂果還樂，故不同也。如陶金作器，器還是金，和土脱墼，墼還是土。前徵云何此法不成苦果，今此結云，如是苦行，故不成苦果也。

△二、勸離相以安忍，疏二。初、引論敘意，二、分文正釋。

初、引論敘意。

疏 二、勸離相以安忍。論云，若有菩薩，不離我相，見苦行苦，欲捨菩提心，故勸離相。無著云，爲對治不忍因緣有三種苦，謂流轉苦，衆生相違苦，乏受用苦。

記 二、勸離相中，疏二。一、引論敘意。〇論云下，出勸之由也。謂不能安忍，欲捨菩提心，由見苦故。見苦是苦者，由不離我相故。若離我相，則不見苦，自然成忍，不捨菩提，故今勸之，令離相也。夫菩提心者，謂上求下化，二利不息。既若見苦爲苦，即不能忘身捨命，出生入死，是故便捨大菩提心。如舍利弗，本發大心，行菩薩行，至六住，被乞眼睛，便生瞋忿，不成忍行，捨大歸小，蓋由我相也。〇三種苦者，前二即次文，後一即當第十疑中心住於法行布施等是也。意明住相行施，墮有漏中，受用欲樂，疲乏生苦也。亦可有漏有限，有限故乏受用，乏受用故生於苦也。然今依天親科經，故不收入此段。前二文理相似，故全用之。

△二、分文正釋，經二。初、總標，二、別顯。

疏　文，二。初、總標。

△初、總標。

是故，須菩提，菩薩應離一切相，發阿耨多羅三藐三菩提心。

記　總標，經意云，以是無我相等得成忍行故，彼諸菩薩應須離相發菩提心。

疏　若離相發心，雖逢大苦，即能不捨。

記　若離等者，住相既捨菩提，不住即成大忍。菩提之心，自然久固，何捨之有也？

疏　無著云，離一切相者，爲離如是三苦相也。

記　無著下，可知。

△二、別顯，二。初、對治不忍流轉苦，二、對治不忍相違苦。

疏　二、別顯，二。初、對治不忍流轉苦。

△初、對治不忍流轉苦。

不應住色生心，不應住聲、香、味、觸、法生心，應生無所住心。若心有住，即爲非住，是故佛説菩薩心不應住色布施。

記　流轉苦，經意云，不應住於色等六境生於妄心，應生無住菩提之心。若心有住色等境界，則爲非住菩提也。○以是義故，佛於正答問之中，説菩薩心不應住於色等布施。○菩薩之行，處處皆同，故引前文以證於後也。

疏　初、正明。流是集諦，轉是苦諦。無著云，若著色等，則於流轉苦中疲乏故，菩提心不生。

記　流是下，解科文。此即四諦之中前二世間因果也。大雲解云，集招苦果，故説爲流。生死不停，故名爲轉。斯則襲習綸輪之義也。○著色等者，著色等，即疲乏，菩提心不生。不著色等，即不疲乏，菩提心生矣。

疏 後引證，引前説無住施，具含六度，證此文矣。

記 引前等者，是上修行文中也，已如前説。

△二、對治不忍相違苦，疏二。初、科，二、釋。

初、科。

疏 二、對治不忍相違苦。

△二、釋，二。初、正釋，二、指配。初、正釋，二。初、引無著顯意，二、約天親釋文。

初、引無著顯意。

須菩提，菩薩爲利益一切衆生故，應如是布施。如來説一切諸相，即是非相。又説一切衆生，即非衆生。

記 相違苦，經意云，菩薩行行，本爲利益衆生，故使離相行於布施。若能離相，則衆生相違時，不生疲乏也。○況我、法二相，如來説爲非相耶？以皆本無，故須離矣。若其本有，何用離之？勸離之旨，方兹著矣。

疏 無著云，既爲衆生行施，云何於彼生瞋？由不能無衆生想故。衆生相違時，即生疲乏，故顯示人無我，法無我。

疏 疏文内，引無著顯意。○既爲等者，蓋不合爲而爲之也。如人邊客本爲供承，見有所須，反生凌辱，於理如何。○由不能下，出瞋之所以也。○故顯下，出經意也。但無此二，心必相應。

△二、約天親釋文。

疏 論云，諸相者，衆生相也。非相者，無我也。陰中見我，是衆生相。

記 論云下，二、約天親釋文。○衆生相者，以魏經云一切衆生相故。○陰中等者，今於陰中不見有我，故云非相也。

疏 一切衆生者，五陰法也。非衆生者，陰空故，法無我也。

記　五陰法者，以彼衆生皆用五陰之所成故。○陰空等者，以無能成之五陰，故云法無我也。

記　然此人法二相，本自空無，衆生不知，妄執爲有。今所説者，意令知而離之也。

記　又此我法經文，文與意反。文即先法後人，意則先人後法。魏經之内文句昭然，故今疏中順意釋也。

△二、指配。

疏　乏受用苦，配在後段。

△九、斷能證無體非因疑，疏二。初、標章敘疑，二、依經斷疑。初、標章敘疑，二。初、標章，二、敘疑。

初、標章。

疏　九、斷能證無體非因疑。

記　第九，疏初標章。

△二、敘疑。

疏　論云，於證果中無道，云何彼於果爲能作因？

記　於證下，述疑意，兼指疑起處也。○此從前第三、第七中來，以彼較量内外財施不及持經，以此得菩提故，遂起疑云：若然者，且言説是因，因即是道，以此證果，理則不成。何者？以果是無爲，無爲有體，因是有爲，有爲無體，無體之道，不到果中，云何説此而爲因耶？

△二、依經斷疑，經二。初、斷疑，二、離執。初、斷疑，疏二。初、略消經意，二、廣釋五語。

初、略消經意。

須菩提，如來是真語者、實語者、如語者、不誑語者、不異語者。

疏　斷疑之文，二。初、斷疑。

記　斷疑，經意云，如來之言真實無異，皆如其事，不誑衆生，持説必趣菩提，汝等云何不信？又以如來説於真實等，故名如來爲真實語者。由是者字皆屬如來。

疏　佛所有説，皆如其事，今説證果，何疑不然？

記　疏文，初、略消經意。〇佛所下，通説斷疑之意。皆如其事者，即下四語所説之事。〇今説等者，以彼況此也。意云彼既無謬，此豈不然？

△二、廣釋五語。

疏　真語者，説佛身大菩提法也，是真智故。

記　真語下，二、廣釋五語。〇佛身，即真身也，以法報合論，理智無二故。若欲分文別指，則佛身是報，大菩提法爲法也。〇是真智者，以菩提是覺，覺即智故。論云，依此法身，説名本覺，法報合説，同名真身。如來説此真智之法，乃名如來爲真語者，此則以所説名能説也。餘皆例此。

疏　實語者，説小乘四諦，諦是實義。

記　諦實等義，已如前説。

疏　如語者，説大乘法有真如，小乘無也。

記　如語等者，小乘雖有生空之理，非實真如，以是偏真，未徹源故。大乘之内，具顯三空，空病亦空，是究竟真如法也。

疏　不異語者，説三世授記等事，更無參差。

記　不異者，與三乘弟子授記，劫數久遠，名號、壽量、國土等事，一一不異故也。

疏　佛將此四語，不誑衆生，是故秦譯加不誑語。

記　佛將等者，謂本來只有四語，秦什譯時加此一語，欲以統收四語，發明佛意，用之斷疑也。〇應可一一舉而問之，以顯不誑之義。且如佛説大菩提法爲真智時，爲真不真耶？則對曰真。當知如來是真語者，斯則不誑之義明矣。他皆例此。

記　説此四事，既不誑人，今説此經，受持得菩提果，豈成誑耶？云何不信？

記　雖此言說有爲無體之因，能證離言無爲有體之果。故偈云，果雖不住道，而道能爲因，以諸佛實語，彼智有四種。亦如《淨名》云，文字性離，即是解脱，無離文字説解脱也。

△二、離執。

須菩提，如來所得法，此法無實無虛。

疏　二、離執。

記　離執經意者，前雖以言遣疑，又恐隨言生執，聞説依言得菩提，便謂言中有菩提，及聞言中無菩提，便謂畢竟無菩提，不達言空而法實，故作斯執。今則遣之，故云如來所得等也。

疏　無實者，如言説，性非有故。

記　如言等者，爲言説緣生，本無自性，言中菩提，亦同言説。何以故。有名無實故。如言於火，但有火名。名言二法，皆無體性，故云如言等也。

疏　無虛者，不如言説，自性有故。

記　不如等者，不似言説也。謂言説畢竟無體，菩提之法，即不無也。但以不在言中，不無離言之法，如言中之火雖無，不無離言之火。

記　由是言中雖無火，不妨因言而得火，言中雖無菩提，不妨因言而得菩提，以依言進修，必證果故。○若然者，則不應言中執有，離言執無，達此有無，方云離執。故偈云，順彼實智説，不實亦不虛，如聞聲取證，對治如是説。

△十、斷如遍有得無得疑，疏二。初、標章敘疑，二、依經斷疑。初、標章敘疑，四。初、標章，二、指疑起處，三、立理，四、結成疑。

初、標章。

疏　十、斷如遍有得無得疑。

記　第十，疏初標章。

△二、指疑起處。

疏　論云，若聖人以無爲真如法得名。

記　若聖下，指疑起處。此從第三中來。○準彼，但云無爲，不言真如。今所言者，揀餘無爲故。○所以揀者，欲顯所疑，要成徧義，餘無爲法，有不徧故。

△三、立理。

疏　彼真如，一切時處恒有。

記　彼真如下，立理也。○如《華嚴》云，法性徧在一切處，一切衆生及國土，三世悉在無有餘，亦無形相而可得。斯則處及塵塵，時該念念故也。

△四、結成疑。

疏　何故有得者有不得？

記　何故下，結成疑。○既徧時處，即合皆得，何故有得不得耶？

△二、依經斷疑，經二。初、舉喻斷疑，二、讚經功德。初、舉喻斷疑。

須菩提，若菩薩心住於法而行布施，如人入闇，則無所見，若菩薩心不住法而行布施，如人有目，日光明照，見種種色。

疏　斷疑之文，二。初、舉喻斷疑。

記　斷疑，經意云，若住法行施，則不得真如，如入暗中，一無所見。若無住行施，則得真如，如太陽昇天，何所不矚？○真如雖徧，得失在人，義理昭然，竟何所惑？

疏　論云，無智住法，心不清淨故不得，有智不住法，心清淨故得。

記　無智等者，謂無般若觀照之智，由無智故，即執著色等六塵及空有等一切法也。以住是執著之義，故云住法。心不淨者，由執著故，爲塵所染。正智不生，不證真理，故云不得，得即證也。○有智等者，反前可見。

疏　有目者，如得對治法。日光者，如所治闇盡，能治現前。空喻真如。色喻性上萬德。

記　對治等者，以經中具有法喻，疏中配釋。影略難明，今要預説，然會疏文。

記　謂喻中有五，一空，二色，三暗，四日，五目。法中有四，一真如，二性德，三煩惱，四智。○法四喻五，數不齊者，以空喻真如，色喻性德，暗喻煩惱，日目二事同喻一智。所以然者，以日目二事各有一能，智慧之中具有二義，日能破暗，如智斷惑，目能見空，如智證理。既目無破暗之義，日無見空之能，約義分之，但有四對法喻。

記　喻中意者，且如虗空，無所不偏，一切色法，亦滿世間，百千萬人，悉在其内。日光未出，六合瞑然，雖在空而不見空，雖對色而不見色。○苟或日出，昏暗盡除，眼目開明，空色皆見，匪但空無邊際，身在其中，反思暗瞑之時，不曾暫出。

記　法中亦爾，謂真如之理周偏十方，性上功德亦偏一切，衆生無量，悉在其中。以智慧未生，唯是癡暗，雖在真内，何曾見真？雖有性德，不見性德。○苟或智慧明發，惑暗盡除，真性廓周，自然明見。匪但性無邊際，身在性中，反思迷暗之時，不曾暫離。

記　故肇公云，道遠乎哉？觸事而真。聖遠乎哉？體之則神。○彌勒頌云，時及處實有，而不得真如，無智以住法，餘者有智得。

記　對治法者，即智慧也，以日目二種同喻此故。謂日是能治，暗是所治。所治之暗既盡，能治日光現前，即能見其色等。法中惑智，例此言也。故偈云，暗如愚無智，明者如有智，對法及對治，得滅法如是。

△二、讚經功德，二。初、總標，二、別顯。

記　讚德者，以顯得真如爲由心淨。心淨由不住法，不住法緣有智，有智蓋由聞經。當知此經，有其勝德，故須讚歎，以示將來。○勝德之相，即下十段。

△初、總標。

須菩提，當來之世，若有善男子、善女人，能於此經受持、讀誦，則爲如來以佛智慧，悉知是人，悉見是人，皆得成就無量無邊功德。

疏 二、讚經功德，二，初、總標。

記 總標經意，如文可知。〇所言以佛智慧知功德者，意言除佛世尊，餘無知者，蓋顯功德之殊勝也。

疏 無著云，讀誦者，此説受持因故。爲欲受故讀，爲欲持故誦。

記 受持因者，標也。〇爲欲下，釋。欲受其文故先讀，〇欲持其義故先誦，是故受持皆由讀誦，故分因果也。

疏 論云，受持修行，依總持法故。讀誦修行，依聞慧廣故。

記 受持等者，謂依總持法而受持修行。若文若義，總能領納，方曰受持，此則思慧也。〇讀誦等者，謂依聞慧廣故讀誦修行，若無所聞，憑何讀誦，此聞慧也。論云，廣多讀習，亦名聞慧。〇然皆言修行者，蓋通相説也，非是三慧中修慧。以修慧與理相應，唯局無漏，出於讀等四法之表，故不配之。但約聞、思二慧，共所成就，故疏次云，是則從他聞法等。

疏 是則從他聞法，内自思惟，爲得修行智也。故偈云，修從他及内。

記 故偈下，引證。〇從他，即聞慧也。及内，即思慧也。

△二、别顯，十。初、捨命不如，二、餘乘不測，三、依大心説，四、具德能傳，五、樂小不堪，六、所在如塔，七、轉罪爲佛，八、超事多尊，九、具聞則疑，十、總結幽邃。初、捨命不如，二。初、捨命福，二、信經福。

初、捨命福。

須菩提，若有善男子、善女人，初日分以恒河沙等身布施，中日分復以恒河沙等身布施，後日分亦以恒河沙等身布施，如是無量百千萬億劫，以身布施，

疏　二、別顯，十。初、捨命不如，二。初、捨命福。

記　捨命福，經意可知。

疏　偈云，以事及時大，福中勝福德。

記　以事等者，以前來已説命施，此中復説者，蓋時事俱勝故。時即布施之時，事即布施之事。前但一度，施一河沙身命，時事皆小，今則無量劫中，日復三度，以河沙身命布施，時事皆大，是捨命福中勝福德也。

△二、信經福。

若復有人，聞此經典，信心不逆，其福勝彼，何況書寫、受持、讀誦、爲人解説。

疏　二、信經福。

記　信經福，經意亦可知。○不逆者，是不謗義也，魏經如此。

疏　信經劣於持説，多命勝於前喻。

記　信經者，謂能所較量之中，皆有勝劣。能中，一河沙數爲劣，三時多劫爲勝。所中，信經爲劣，持説爲勝。前則以劣況勝，此則以勝況劣，前淺後深，天地之遠矣。

△二、餘乘不測。

須菩提，以要言之，是經有不可思議不可稱量無邊功德，

疏　二、餘乘不測。

記　餘不測，經意云，若具足讚歎，終不可窮，以實言之，有無邊功德等也。

疏　偈云，非餘者境界。

記　非餘等者，非二乘菩薩能盡知也。故前云以佛智慧而悉知故，又下文云當知是經義不可思議，果報亦不可思議。佛尚如此，餘豈能知？

疏　無著云，不可思議者，唯自覺故。不可稱量者，無有等及勝故。

記　自覺者，謂以心思口議，但及名相之境。此非名相，故不可思議，惟證相應故也。○等及勝者兩意，一則無有等此勝功德故，

二則無有勝於此故，無有等於此故。故《心經》云，是無上呪，是無等等呪。及即等義，故不別標也。

△三、依大心說。

如來爲發大乘者說，爲發最上乘者說。

疏 三、依大心說。

記 大心說，經意云，以非餘者所知故，故爲最上者說。

疏 最上者，一佛乘也。

記 一佛乘者，經中初標大乘名，恐濫於權教，故復揀云最上乘者，今疏中出最上乘體，故云一佛乘也。體當本覺，故名爲佛。非二非三，故名一乘。故魏經云，爲住第一大乘衆生說，即當善吉所爲機，發無上菩提心者。

△四、具德能傳。

若有人能受持、讀誦，廣爲人說，如來悉知是人，悉見是人，皆得成就不可量不可稱無有邊不可思議功德。如是人等，則爲荷擔如來阿耨多羅三藐三菩提。

疏 四、具德能傳。

記 能傳，經意云，若能宣說、受持，此則修行二利，能令佛種不斷，則名荷擔菩提。

疏 成就等者，偈云，滿足無上界。

記 滿足無上界者，滿足即成就義。界即因義。意明不可量等功德，與無上菩提爲因故也。

疏 荷擔者，無著云，肩負菩提重擔故。

記 荷擔等者，在肩曰擔，背負曰荷。今明行菩薩行，即是荷擔。謂以大悲下化，以大智上求，以大願雙運，安於精進肩上，從煩惱生死中出，念念不住，直至菩提真性自他一時解脱，方捨此擔。《法炬經》中具有此說。今經云受持讀誦，即自利，廣爲人說，即利他，既若二利兼行，必以大願爲體，由是能令佛種不斷，故名荷擔菩提。

△五、樂小不堪。

何以故？須菩提，若樂小法者，著我見、人見、衆生見、壽者見，則於此經不能聽受、讀誦，爲人解説。

疏　五、樂小不堪。

記　樂小，經徵意云，云何唯爲大乘者説，何故持説名爲荷擔菩提？○釋意云，以樂小者著我等見，不能持説，故知能持能説是最上乘荷擔菩提之者。

記　問：何者名爲小法，誰爲樂小之人？答：四諦緣生名爲小法，聲聞、緣覺即是樂小之人。滯情於中，乃名爲樂。彼有法執，此顯三空，是其非處，故不能持説。故魏經云，若有我、人等見，於此法門能受持者，無有是處。當知若能持説，即是樂大法者，不著我、人等見也。○問：聲聞、緣覺已達我空，云何經中而言著我？答：以我、人等見，是心心所法，著之即是法執，故指緣覺、聲聞也。

○或可樂小法者，即是聲聞、緣覺。著我見者，即是一切凡夫。

△六、所在如塔。

須菩提，在在處處，若有此經，一切世間天、人、阿修羅，所應供養。當知此處則爲是塔，皆應恭敬，作禮圍繞，以諸華香而散其處。

疏　六、所在如塔。

記　如塔，經意云，經顯法身，依法則有報、化，三身既存，塔廟斯在，是故此處勸應供養。

記　準《纂靈記》説，隋朝益州新繁縣王者村，有書生姓苟，未詳其名。於彼村東空中四面書之，村人謂曰：書者何也。曰：我書《金剛般若經》。曰：何用焉？曰：與諸天讀之。時人見聞，若存若亡。彼屬霖雨，流水滂霈，唯此地方丈餘間，如堂閣下，竟無沾濕。於是牧童每就避雨。時人雖在，莫知所由。至武德初，有西僧至，神貌頗異，於此作禮。村人謂曰：前無殿塔，爲何禮也？曰：君是鄉人耶？曰：然。僧曰：君大無識。此有《金剛般若經》，諸天置蓋其上，不絶供養，云何汙踐，使其然乎？村人乃省苟生寫經之處，自此遂甃甓嚴欄護之，不令汙踐。苟至齋日，每常供養。瞻禮者，往往有聞天樂之聲。迄今，其處雨不能濕。○且空書無跡，尚乃如斯，況紙素分明而不能爾。

△七、轉罪爲佛。

復次，須菩提，善男子、善女人，受持、讀誦此經，若爲人輕賤，是人先世罪業，應墮惡道，以今世人輕賤故，先世罪業則爲消滅，當得阿耨多羅三藐三菩提。

疏 七、轉罪爲佛。

記 轉罪，經意云，如過去造極惡，合來世墮三途者，苟遇此經，受持讀誦，功力既著，能消極惡，遂以現遭輕賤之事，更不墮於惡道，即是轉重業，令輕受也。○持經無我等相，即煩惱障盡，極惡消滅即業障盡，不墮即報障盡。三障既滅，三德必圓，故云當得菩提也。

疏 輕賤者，總包於中，或打或罵，故隋譯云，輕賤甚輕賤。無著云，此毀辱事，有無量門，故復云甚輕賤。

記 總包等者，以打罵等事皆名輕賤故。○隋譯下，引證。○無著下，輕釋。無量者，以身、口、意三所爲之事，但不饒益，皆屬輕賤也，故云無量。

疏 當得菩提者，罪滅故。

記 罪滅者，罪障既盡，漸漸修行，因圓果滿，自然爲佛。○經言當得，意顯後時，非謂現世，得成佛果。

記 餘轉滅等義，已於《懸談》五因中説竟。

△八、超事多尊，疏二。初、總敘意，二、別科釋。

初、總敘意。

記　八、超事多尊。論云，示現速證菩提法故。

記　第八，經疏二。初、總敘意。○速證等者，意明持説此經，速證菩提之法，所以超過如來事多世尊之福。故偈云福不至菩提，二能至菩提也。

△二、別科釋，經二。初、供佛多中全具福，二、持經多中少分福。初、供佛多中全具福。

須菩提，我念過去無量阿僧祇劫，於然燈佛前，得值八百四千萬億那由他諸佛，悉皆供養承事，無空過者。

疏　文二。初、供佛多中全具福。

記　二、別科釋經，二。初中全具福，經意可見。○然燈前者，以釋迦因地修行，經三無數劫。第一劫滿，遇寶髻如來。第二劫滿，遇然燈如來。第三劫滿，遇勝觀如來。今云然燈前者，即第二劫中也。

疏　那由他者，十億爲洛叉，十洛叉爲俱胝，十俱胝爲那由他。

記　那由他者，第九數，數當萬萬。

△二、持經多中少分福。

若復有人，於後末世，能受持、讀誦此經，所得功德，於我所供養諸佛功德，百分不及一，千萬億分，乃至算數譬喻所不能及。

疏　二、持經多中少分福。

記　少分福經意，對前比量，可解。○然所不及者，有二義。一、彼得福德，此得菩提故。二、彼有我相，此無我相故。故前云此人無我人相等也。

△九、具聞則疑。

須菩提，若善男子、善女人，於後末世，有受持、讀誦此經，所得功德，我若具説者，或有人聞，心則狂亂，狐疑不信。

疏　九、具聞則疑。

記　則疑，經意云，前雖較量，亦未具説，若具説者，人必狐疑。〇狐者，狡獸也。以多疑故，故云狐疑。《述征記》云，風勁，河氷始合，要須狐行，以此物善聽，聽氷下水無流聲，即過也。〇魏經即但云疑惑。

△十、總結幽邃。

須菩提，當知是經義不可思議，果報亦不可思議。

疏 十、總結幽邃。

記 幽邃，經意云，較量不及，佛不具説者，以此經義及持者果報，皆不可心思言議故也。

疏 無著云，此顯示彼福體及果體，不可測量故。

記 福體者，經義也，爲福所依故。〇果體者，佛菩提也。〇測量，即思議也。〇以福田佛果，皆無相故。

記 然科云總結幽邃，準疏所判，但局第十疑中，今若詳之，兼該三七之二。以始自第三，乃至第十，邐迤次第，五度較量，謂外財兩度，内財兩度，佛因一度。且第一，以一三千界七寶布施，較量不及持説。第二，以無量三千界寶施，較量不及。第三，以一河沙數身命布施，較量不及。第四，以無量河沙數身命布施，較量不及。第五，以如來因地供養諸佛功德，較量不及。至此第五，是較量之極，更無譬喻可以比況，故云乃至算數譬喻所不能及。苟或具説，人必生疑，故復云，我若具説者，或有人聞，心則狂亂，狐疑不信。自此之後，讚較都絶，所以望前數段，故總結云，當如是經義，不可思議等也。問：此至經末，猶有數處較量，云何輒言無較量耶？答：餘所較量，但是别意，以之斷疑，實非前説五重次第也。由是隨時略舉一三千界寶，或須彌聚寶，或阿僧祇界寶，以爲較量，若不然者，豈得勝義之後，却舉劣福爲次第耶？

金剛經疏記科會卷第七

金剛經疏記科會卷第八

唐圭峰大師疏
宋長水大師記
後學古杭雲棲寺大璸科會

△十一、斷住修降伏是我疑，疏二。初、標章敘疑，二、依經斷疑。初、標章敘疑，四。初、標章，二、指疑起處，三、結成疑，四、敘別義。

初、標章。

疏　十一、斷住修降伏是我疑。

記　第十一，疏初標章。

△二、指疑起處。

疏　佛教我住、修、降伏，兼不住前十種疑執過患。

記　佛教下，指疑起處。〇住修下，即正答三問及次前十段也。

△三、結成疑。

疏　若無我者，誰人受教，誰人住、修，誰人如此離過云云。

記　若無下，結成疑。〇既教我住、修、離過，豈是無我無人？若言無我，誰住、修、離過耶？

△四、敘別義，二。初、正敘，二、引證。

初、正敘。

疏　亦云，除微細執故。

記　亦云下，敘別義。〇除細執者，即是第二疑中未除之者，故今舉之，令其除斷。

記　問：執與疑何別耶？答：執則堅著，疑乃不決。〇若據論意，正是除執，不言斷疑。〇今疏云斷疑者，若言除執，文勢孤起，血脉不貫，故依諸疏，以立此疑。

△二、引證。

疏　偈云，於內心修行，存我爲菩薩。

此即障於心，違於不住道。

記　偈云下，引證除執。〇道之與心，蓋是一法，但以心本無我而執我，道本不住而成住，故立障心違道也。

記　然此疑執之文，若詳經義別分，則從爾時須菩提，至即非菩薩，是斷疑，後之一段是除執也。故論中釋已，偏指後文。

△二、依經斷疑，經二。初、問。二、答。

初、問。

爾時，須菩提白佛言：世尊，善男子、善女人發阿耨多羅三藐三菩提心，云何應住，云何降伏其心？

疏　斷疑之文，二。初、問。

記　問，經文雖似前，問意全別。〇意云，若人發心，則無有我，是誰降伏其心。〇反覆如上所說。

△二、答，三。初、若名菩薩必無我，二、若有我相非菩薩，三、能所俱寂是菩提。

初、若名菩薩必無我。

佛告須菩提：善男子、善女人發阿耨多羅三藐三菩提心者，當生如是心，我應滅度一切衆生，滅度一切衆生已，而無有一衆生實滅度者。

疏　二、答，三。初、若名菩薩必無我。

記　必無我，經意云，若人發菩提心已，當生度盡一切衆生之心。然不得起有衆生可度之念，亦不可起我能度之念。念既不起即無我，無我即名菩薩也。

△二、若有我相，非菩薩。

何以故？若菩薩有我相、人相、衆生相、壽者相，則非菩薩。

疏　二、若有我相非菩薩。

記　非菩薩，經徵意云，以何義故，度衆生令不起衆生之念耶？〇釋意云，若有我相、衆生相等，非菩薩故。〇前約所度之境，此約能度之心，心境合論，通名爲我。既前後互舉，則顯能所皆無也。

△三、能所俱寂是菩提。

所以者何？須菩提，實無有法發阿耨多羅三藐三菩提心者。

疏　三、能所俱寂是菩提。

記　俱寂，經徵意云，前無所化之境，次無能化之心，所以要無能所者，何謂也？○釋意云，以能所俱寂，方是菩薩故。○法之二字，能所俱攝。

△十二、斷佛因是有菩薩疑，疏二。初、標章敘疑，二、依經斷疑。初、標章敘疑，三。初、標章，二、指疑起處，三、結成疑。

初、標章。

疏　十二、斷佛因是有菩薩疑。

記　第十二，疏初標章。

△二、指疑起處。

疏　論云，若無菩薩。

記　若無菩薩者，指疑起處，即從次前文中來也。以前云無發心者，發心者即是菩薩故。

△三、結成疑。

疏　云何釋迦如來，於然燈佛所，行菩薩行？

記　云何下，結成疑也。○然燈，即是釋迦因地第二劫滿所遇之佛。○既於彼處行菩薩行，云何乃言無發心者。

△二、依經斷疑，經四。初、舉疑處，二、斷疑念，三、印決定，四、反覆釋。

初、舉疑處。

須菩提，於意云何，如來於然燈佛所，有法得阿耨多羅三藐三菩提不？

疏　斷疑之文，四。初、舉疑處。

記　舉疑處，經意云，汝意之中，頗謂我於然燈佛所得菩提不？若得菩提，何成菩薩，是彼疑處，故舉問之。

疏　降怨王請然燈佛入城，城中長幼盡迎，路泥，善慧布髮，佛與授記，故舉此問。

記　降怨下，敘其本事。〇準《本行經》説，昔有大城名爲蓮華，城中有王名曰降怨。有一婆羅門，名曰日主，爲王所重，分與半國，封授爲王，別爲王城，名爲埏主。日主夫人名爲月上，然燈菩薩降神右脇，出家成道。時降怨王將欲迎請，遂敕城内外十二由旬，禁斷諸華，不令私賣，王皆自買，以供如來。彼國雪山南面，有一梵志，名曰珍寶，有五百弟子。中有一弟子，名之雲童，或名善慧，於彼衆中而爲上首，所有仙法皆學已了。辭師還家，師曰：汝今將歸，須以清淨傘蓋、革屣、金杖，乃至金錢五百，報我之恩。雲童曰：我今並無此物，但放我去，得即送來。師即放之，雲童因赴無遮之會，得五百金錢，便欲送還師處。因至蓮華城内，見城嚴麗，即問於人，乃知然燈如來欲至，遂將三百金錢，於一婢子處，買得五枝優鉢羅華，兼彼女子寄華兩枝，共爲供養。時佛入城，即以此華散佛頂上，以願力故，成於華蓋，隨佛行住。佛神力故，化一方泥，善慧見之，布髮而掩，復作是念：願得如來踏我身過，若不蒙記莂，我終不起。如來即至，履之而過。上諸徒衆，皆不令踏。即授其記，作如是言：此摩那婆，於未來世，當得作佛，號釋迦牟尼，十號具足，如我無異。〇今善吉意云，既若買華供佛，布髮掩泥，即是菩薩。若此非菩薩者，則孰爲菩薩歟。

△二、斷疑念。

不也，世尊，如我解佛所説義，佛於然燈佛所，無有法得阿耨多羅三藐三菩提。

疏　二、斷疑念。

記　斷疑念，經答意云，我意不謂如來得菩提也。我已解佛所説之義，於彼佛所，無有一法得爲菩提。

疏　善慧彼時都無所得，離諸分別，由無法故得記。若有法者，是有相心，不順菩提，佛不與記。

記　彼時者，蓮華城中授記之時也。○智與理冥，心與神會，亡所得之法，無能得之心，故云都無等。○由無等者，即指上無得而得。夫菩提之爲法也，寂滅無生，不空不有，離一切相。若離能所，則順菩提，得佛授記。若存能所，心境不亡，則與菩提極相違逆，如何得記。故《淨名》云，寂滅是菩提，滅諸相故。

△三、印決定。

佛言：如是，如是，須菩提，實無有法如來得阿耨多羅三藐三菩提。

疏　三、印決定。

記　印決定，經意云，空生之言，稱其實理，故云如是。○實無下，如來述成，可知。

疏　論云，我於彼時所修諸行，無有一法得阿耨多羅三藐三菩提。

記　我於彼時者，即受記及修行時也。無有一法得菩提者，此約横豎顯之。横則於六度萬行之中，行行皆無得義，若布施得菩提，則不要戒、忍等。豎則初中後念，念念皆無得義，若初念得，何須念念相續等。如是横豎心行之中，皆無得菩提義也。

疏　《功德施論》引佛説云，若見於佛，即見自身。見身清淨，見佛清淨，見一切智智皆悉清淨，是中見清淨智亦復清淨，是名見佛。我如是見然燈如來，得無生忍，一切智智明了現前，即得授記。是授記聲，不至於耳，亦非餘智之所能知。我於此時，亦非惛懵無覺，然無所得。

記　功德施下，未詳何經。○若見等者，以自他之相，相待而成，既見於他，必須見自。○見身清淨等者，反於前也。清淨即是空義。見他既見於自，不見自則不見他，成既相因而成，泯亦相因而滅。如《淨名》云，如自觀身實相，觀佛亦然。亦如志公云，以我身空諸法空，千品萬類悉皆同。亦同《莊子》中説，因有而有之，因無而無之也。○見清淨智等者，非唯無所見之自他，兼無能見之智用，斯則能所雙泯也。《圓覺經》云，依幻説覺，亦名爲幻。既皆是幻，豈得存焉。○然雖能所兩忘，不成斷滅，以靈源真心本無能所，妄生能所，即是乖真。能所既除，即合本體，靈然不昧，物我皆如。故《華嚴》云，能見及所見，見者悉除遣，不壞於真見，是名真見者。又《圓覺》云，諸幻盡滅，覺心不動。○是名見佛者，結成見義。如上用心，方得見佛。若生分別，執相違真，則不名見。故《華嚴》云，一切法不生，一切法不滅，若能如是解，諸佛常現前。○得無生忍等者，謂以正智，忍可印持無生法故。以一切法本無生滅，衆生迷倒，妄見生滅。苟離妄見，正智即生，契合本體，達一切法本來無生，名無生忍。例而言之，見一切法無滅，亦名無滅忍。今則舉初以攝後也。○一切智智者，是達一切諸法之智，表用非一，故重言耳。有云，依於始覺，顯得本覺，智中之智，名智智也。○得授記者，準《楞嚴經》，記有四種。一、未發心時與記，或有流轉五道，生於人間，好樂佛法，過百千萬億劫，當發心過百千萬億劫，行菩薩道，供佛化生，皆若干劫，當得菩提。二、適發心與記者，是人久劫種諸善根，好樂大法，有慈悲心，即住不退地，故發心與記。三、密記者，有菩薩未得記，而行六度，功德滿足，天龍八部皆作是念，此菩薩幾時當得菩提，劫國弟子衆數如何。佛斷此疑，即與授記，舉衆皆知，此菩薩獨不知。四、無生忍記者，於大衆中顯露與記也。今當第四也，謂散華佛頂，布髮泥中，依有漏心，得無生智，於大衆前分明記莂也。○聲不至耳者，能所俱寂，以離分別心故。心既不起，耳何所聞。○亦非餘者，此無分別處，非謂別有一智能知。《圓覺》云，離遠離幻，亦復遠離。亦非惛懵等者，恐聞都無分別，亦非餘智，便謂同於木石，一向頑凝故。《圓覺》云，諸幻盡滅，覺心不動。○然即此覺心，亦無所得，故頌云，若時於所緣，智都無所得等。此則離沉離掉，了然寂然，妙契本心，竟何所得。善慧彼時，心同此也。

△四、反覆釋。

須菩提，若有法如來得阿耨多羅三藐三菩提者，然燈佛則不與我授記：汝於來世當得作佛，號釋迦牟尼。以實無有法得阿耨多羅三藐三菩提，是故然燈佛與我授記，作是言：汝於來世當得作佛，號釋迦牟尼。

疏　四、反覆釋。

記　反覆釋，經意可知矣。

疏　無著云，若正覺法可説，如彼然燈所説者，我於彼時，便得正覺，然燈則不記言來世當得。

記　若正覺下，釋反釋也。

疏　以法不可説故，我於彼時，不得正覺，是故記言來世當得。

記　以法不可下，釋覆釋也。

記　據此，則善慧彼日但聞其言，言性本空，竟何有得。但約妄惑盡處，真智現前，當此之時，義言得矣。

△十三、斷無因則無佛法疑，疏二。初、科分，二、隨釋。

初、科分。

疏　十三，斷無因則無佛法疑，於中三。

記　第十三疏，二。一、科分。○此初二段，皆屬前疑，但是於中相躡曲敘。今以論文別説，故復開之。

△二、隨釋，三。初、斷一向無佛疑，二、斷一向無法疑，三、顯真佛真法體。初、斷一向無佛疑，疏二。初、標章敘疑，二、依

經斷疑。初、標章敘疑，五。初、標章，二、指疑起處，三、結成疑，四、躡結所斷之旨，五、預指能斷之文。

初、標章。

疏 初、斷一向無佛疑，

記 二、初斷下，隨釋。○疏初標章。○無佛疑者，若了虛無之無，無即無咎，執之爲無，無則太傷，故成此疑。○後法亦然也。

△二、指疑起處。

疏 論云若無菩提。

記 若無菩提者，指疑起處。此從十二中來，諸疏敘疑，多書菩薩字，便云從第十一中來。然論文之中，但云菩提，方是血脉相次。

△三、結成疑。

疏 即無諸佛如來。

記 即無下，結成疑也。○意云，果法號曰菩提，證得始名爲佛。既菩提不可得，豈有能證人？

△四、躡結所斷之旨。

疏 有如是謗，謂一向無佛。

記 謗者，即損減過也。若言無佛，是真謗佛也。《大論》云，寧起有見，不起無見等。

△五、預指能斷之文。

疏 爲斷此疑，故云如來者即是真如。

記 爲斷下，預指斷疑之文。○然是魏本，彼文云，如來者，即實真如。

△二、依經斷疑，經二。初、顯真如是佛故非無，二、明佛即菩提故無得。

初、顯真如是佛故非無。

疏 斷疑之文，二。初、顯真如是佛故何以故？如來者，即諸法如義。非無。

記 非無，經徵意云，若無菩提，則無有佛，以何義故，得有如來？○釋意云，若無真如，則無有佛也，以真如是佛故，今真如來有，復何疑焉。

疏　無著云，如清淨故，名爲如來，猶如真金。

記　無著下，挾來義解，以真如通於凡聖，衆生垢染，但名如去，佛位清淨，名曰如來，如序中滿淨義，及第三疑中具足清淨義也。〇猶如下，喻明也。意顯精純，故名真金。謂衆生如全鑛，菩薩如金鑛相半，佛如純金也。〇然金性本有，鍊之則純，如體本然，修之則淨。故《圓覺》云，譬如銷金鑛，金非銷故有。雖復本來金，終以銷成就。一成真金體，不復重爲鑛。

△二、明佛即菩提故無得。

若有人言如來得阿耨多羅三藐三菩提，須菩提，實無有法佛得阿耨多羅三藐三菩提。

疏　二、明佛即菩提故無得。

記　無得，經意者，恐人聞非無如來，便言既有如來，即有菩提，何者，以得菩提，方名如來故。爲破此見，故云有人言得，實無得也。無有法，即菩提法也。

疏　先標錯解。魏云，若有人言如來得阿耨菩提者，是人不實語。

記　錯解者，實不得而謂得故也。〇不實語者，即錯解也。

疏　後釋正見。偈云菩提彼行等，謂等前菩薩所無得也。

記　等菩薩行者，謂將前菩薩行以等菩提，即指同前來萬行之中，皆無得菩提義也。〇但空生疑得，故以佛等菩提，佛顯無得，故以菩提等行。

疏　無著云，或謂然燈如來所，於法不得正覺，世尊後時，自得正覺，爲離此取，故云若人言等。

記　無著下，可解。〇夫佛與菩提，義分人法，體無二源，由是唐言總名爲覺。既佛即菩提，菩提即佛，豈有得義？應知説菩提樹下成正覺時，同彼然燈佛處，亦無所得也。

△二、斷一向無法疑，疏二。初、標章敘疑，二、依經斷疑。初、標章敘疑，四。初、標章，二、指疑起處，三、結成疑，四、預指能斷之文。

初、標章。

疏 二、斷一向無法疑。

記 疏二斷下，二。○疏初標章。

△二、指疑起處。

疏 論云，有人謗言，若無因行。

記 無因行者，指疑起處。○此從無佛中來，以前將行等菩提明無得義故。

△三、結成疑。

疏 則如來不得阿耨菩提。

記 則如來下，結成疑也。意云，行即是因，菩提是果，既無因行，何得菩提？○或可約能得所得以成疑也。○前來斷疑，則以菩提等行，如今起疑，却以行等菩提。

△四、預指能斷之文。

疏 爲斷此疑，故云如來所得等。

記 爲斷下，預指能斷之文。

△二、依經斷疑，經二。初、遣執遮疑，二、釋義斷疑。初、遣執遮疑。

須菩提，如來所得阿耨多羅三藐三菩提，於是中無實無虛。

疏 斷疑之文，二。初、遣執遮疑。

記 遮疑，經意者，以空生前疑得菩提，是有執，此疑不得菩提，是無執。今則雙遣，故云無實無虛。二執既遣，復何疑無耶？故云遮也。

疏 論云，無色等相故，彼即菩提相故。

記 無色等相者，釋無實也，即顯菩提無色、聲等相。○然則但無實色等相，而不無於假相，故經但言無實，不言全無也。

記 彼即菩提者，釋無虛也。此有三意。○一者，無色等相處，即顯無相真理，是菩提相也。○二者，即以色等相爲菩提相，由色等無性，便是菩提。如像無體，便是明鏡，即色明空，不待滅故。故云彼即菩提相。相即性也。○三者，菩提無相，却以色等爲相，以菩提即真如，真如隨緣成色等故。論云，無漏無明，皆同真如性相。

疏　無著云，顯真如無二故，謂言説故，謂彼正覺不無世間言説故。

記　無著下，標。真如無二者，以虚實是空有、斷常二邊，既言俱無，即顯中道也。○謂言下，釋無實也。如言菩提，而言中無菩提故。○謂彼下，釋無虚也。有兩意，一則無離文字説解脱故，二則明菩提不同言説全無性故。○故魏經云，不實不妄語。

△二、釋義斷疑。

是故如來説一切法，皆是佛法。須菩提，所言一切法者，即非一切法，是故名一切法。

疏　二、釋義斷疑。

記　斷疑，經意云，以一切法並以真如爲體，一切之言，凡聖收盡，故皆佛法。真如既是佛法，餘法豈非佛法耶？如一切像以鏡爲體故，故一切像皆是鏡像。○又所言一切法，非定實一切法，是全空一切法。

疏　論云，一切法者，皆真如體，故皆佛法。

記　一、切法下，義如上説。

疏　即非者，由色等法即真如故，即非色等法，真如常無色等諸相故。

記　由色等者，謂色等即空，故非色等。如像即鏡，故非像等。○斯約諸法即真，顯非法。○真如等者，謂空中必無色也，以彌滿清淨，中不容他故。○此約真中無法，解非法也。○備斯二義，故曰即非。

疏　是名者，即是真如法自性矣。

記　是名下，以彼色等，雖非質閡之一切，乃是即性之一切。今約此義，故曰真如。揀異色等無性，故云自性也。

△三、顯真佛法體。

須菩提，譬如人身長大。須菩提言：世尊，如來説人身長大，則爲非大身，是名大身。

疏 三、顯真佛真法體。

記 真佛法，經意以前説佛之與法，二皆不無，又佛之與法，二皆不異，未知何者是佛法真體而言不無不異耶？故此顯有真如是真佛法，以彰不無不異之義也。

疏 偈云：依彼法身佛，故説大身喻。身離一切障，及徧一切境。功德及大體，故即説大身。非身即是身，是故説大身。

記 依彼下兩句，標也。○離一切障者，離煩惱、所知二障。○徧一切境者，如《華嚴》云，法性徧在一切處等。○功德即相大，即大智慧光明徧照法界等。大體即體大，功德所依也。○故即等者，功德及體皆廣大故。○此上解佛大身。○非身下兩句，論文自釋。

疏 論云，非身者，無有諸相故。大身者，有真如體故。

記 無諸相者，無有爲相也，如前三相異體故。○有真如體者，有無爲法也，如前離彼是如來。

疏 無著云，攝一切衆生大身故，於彼身中安立非自非他故。

記 攝一切等者，據理融攝也。《華嚴》云，一切衆生及國土，三世悉在無有餘，故名大身。○安立等者，真如之理，本非自他，非不自他。爲破衆生執自他故，故言非自他。形對強言，故云安立。斯則安立真如假名，名曰大身。既攝一切，則無自他也。故《起信》云，此真如體，亦不可立，以一切法皆同如故。

△十四、斷無人度生嚴土疑，疏二。初、標章敘疑，二、依經斷疑。初、標章敘疑，四。初、標章，二、指疑起處，三、順他以立理，四、結成疑。

初、標章。

疏　十四、斷無人度生嚴土疑。

記　第十四，疏初標章。

△二、指疑起處。

疏　論云，若無菩薩者。

記　若無菩薩者，指疑起處。此同第十二，於十一中來，但起則同時，斷則次第也。

△三、順他以立理。

疏　諸佛亦不成菩提，衆生亦不入涅槃，亦無清淨佛土。

記　諸佛下，順他以立理也。既無菩薩，即無此事。○夫佛不成菩提，即是生不入涅槃，但約凡聖，分於因果，故下結疑之處，則合而言之。

△四、結成疑。

疏　何故諸菩薩發心，欲令衆生入涅槃，起心修行清淨佛土。

記　何故下，結成疑也。意云，若無菩薩，則度生嚴土之者，是何人哉？

△二、依經斷疑，經三。初、遮度生念，二、遮嚴土念，三、釋成菩薩。初、遮度生念，三。初、明失念，二、明無人，三、引前説。

初、明失念。

須菩提，菩薩亦如是，若作是言，我當滅度無量衆生，即不名菩薩。

疏　斷疑之文，三。初、遮度生念，三。初、明失念。

記　失念，經意可知。但亦如是言，是躡起疑處之文，非次前文也。

疏　偈云，不達真法界，起度衆生意，及清淨國土，生心即是倒。

記　偈云下，兼釋後段嚴土之義，以文意鈎鎖，故聯而引之也。○初句，標。次二句，釋。後一句，結。○意云，真界平等，擬心即差。既生其心，豈非顛倒。經中作如是言，即生心也，是意言故。

△二、明無人。

何以故？須菩提，實無有法，名爲菩薩。

疏　二、明無人。

記　無人，經。〇徵意云，何故作是念便不名菩薩？〇釋意云，但約無我、無人、真如清淨，名爲菩薩，非謂別有一法。故上文云，若作是念，則不名菩薩也。

疏　無法名菩薩，豈有我度衆生。

記　疏文可知。

△三、引前說，

是故佛說一切法無我、無人、無衆生、無壽者。

疏　三、引前說。

記　前說，經意云，以是義故，佛常宣說一切諸法，皆無我、人等相。〇然一切諸法，本無我、人，但違之則是衆生，順之則是菩薩。

△二、遮嚴土念，二。初、明失念，二、釋所以。

初、明失念。

須菩提，若菩薩作是言，我當莊嚴佛土，是不名菩薩。

疏　二、遮嚴土念，二。初、明失念。

記　失念，經意準前可知。

△二、釋所以。

何以故？如來說莊嚴佛土者，即非莊嚴，是名莊嚴。

疏　二、釋所以。

記　釋所以，經。〇徵意同前。〇釋云，如來說莊嚴佛土者，非有能嚴所嚴，則嚴與不嚴等無有二，是真嚴也。今既異此，故非菩薩。

△三、釋成菩薩。

須菩提，若菩薩通達無我法者，如來說名真是菩薩。

疏　三、釋成菩薩。

記　釋成菩薩，經意可知。

疏　論云，若起度生嚴土之心，即是顛倒，非菩薩者。起何等心，名爲菩薩。故經言通達等。

記　論云下，通釋前段。以偈文通標在前，論文通釋於後，前後相望，理則昭然。○起何下，約論徵也。○故經下，引經釋也。

疏　無著云，謂人無我，法無我。

記　無著下，可知。

記　問：此與第六皆言嚴土，義何別耶？答：前則對無取疑有取，此則對無人疑有人。

記　然此與第十二皆從十一中起，以彼文云無發菩提心者，佛意但是拂於我人之心，不是泯於菩薩。空生不達此意，將謂我人與菩薩不異，由是空生起疑之處，則云若無菩薩，如來斷疑之處，則言無人。彼此媕含，未嘗顯說，直至此處，方乃決通。經文特言通達無我法者，如來說名真是菩薩。

△十五、斷諸佛不見諸法疑，疏三。初、標章敘疑，二、引論彰意，三、依經斷疑。初、標章敘疑，三。初、標章，二、指疑起處，三、結成疑。

初、標章。

疏　十五、斷諸佛不見諸法疑。

記　第十五，疏初標章。

△二、指疑起處。

疏　論云，前說菩薩不見彼是衆生，不見我爲菩薩，不見清淨佛土。

記　前說菩薩下，指疑起處。○此從十四中來，以前云，我度衆生，我嚴佛土，皆非菩薩，斯則不見自他之義。○若通而言之，亦兼從正答問及第十一疑中來也。

△三、結成疑。

疏　若如是，則諸佛不見諸法。

記　若如是下，結成疑也。○以聞不見自他等相，便謂如來都無智眼，故成疑也。

△二、引論彰意。

疏 斷疑之文，二。初、約能見五眼明見淨。

疏 偈云，雖不見諸法，非無了境眼，諸佛五種實，以見彼顛倒。

記 疏斷之下，二、引論彰意。○偈云下，先述斷疑意也。○初句，縱。○次句，奪。○第三句，明能見。五眼體常，故言實也。○末句，明所見。諸心體妄，故云顛倒。○然若干種心，是智所知境。今配爲所見境者，以如來知見無二體故。約眼爲見，在心曰知，故十八住中，合爲一住處也。○斷疑，意云，菩薩但離能所分別，故云不見，諸佛豈無真實智眼。此顯正斷其疑，下但隨文科釋。

△三、依經斷疑，經二。初、約能見五眼明見淨，二、約所知諸心明智淨。初、約能見五眼明見淨，五。初、肉眼，二、天眼，三、慧眼，四、法眼，五、佛眼。

初、肉眼。

須菩提，於意云何，如來有肉眼不？如是，世尊，如來有肉眼。

疏 文五。初、肉眼。

記 疏文五下，三、依經斷疑。○肉眼，經問答文意可知。

疏 肉團中有清淨色，見障內色，名爲肉眼。

記 肉團等者，謂四塵名肉，清淨眼根依肉而住，名爲肉眼。如《楞嚴》云，眼如葡萄朵，耳如新卷葉，鼻如雙垂爪，舌如初偃月，身如腰鼓顙，意如幽室見。清淨眼根，依此發也。○障內下，約所見分齊以結名也。依肉之眼，名爲肉眼。

疏 佛具諸根，故有肉眼。

記 佛具下，或問曰：佛爲至聖，何以同凡有肉眼耶？故此通之。○然但約具諸根處，說有肉眼，非謂如來是血肉身，故經云，捨無常色，獲常色等。

△二、天眼。

須菩提，於意云何，如來有天眼不？如是，世尊，如來有天眼。

疏　二、天眼，於肉眼邊，引淨天眼，見障外色。

記　肉眼邊等者，謂作觀行，依肉眼處，想外境界，觀想成故。見障外事，名爲天眼，如阿那律等。

疏　依《大般若》，佛肉眼能見人中無數世界，不唯障内。若佛天眼，能見諸天所有細色。除見天外，見人等事，名肉眼矣。

記　《大般若》下，克就佛説。○前但約名通解，故云障外。今約佛位而言，故云人中無數等。○除見天下，結成分齊。○亦顯二眼體同，以佛眼體是一，而有五用故。

疏　《淨名》云，唯佛世尊，得真天眼，照見恒沙佛土，不以二相。

△三、慧眼。

須菩提，於意云何，如來有慧眼不？如是，世尊，如來有慧眼。

疏　三、慧眼，以根本智，照真理故。

記　根本者，能生後得故。○亦名正體智、真智、如理智。○以能照真故。名慧眼也。

△四、法眼。

須菩提，於意云何，如來有法眼不？如是，世尊，如來有法眼。

疏　四、法眼，後得智，説法度人。

記　後得者，從根本後方得起故。○亦名遍智、俗智、如量智。○由能達俗故，名法眼也。

記　問：據前一二，先淺後深，云何三四先深後淺？答：前約眼之次第，此約證之次第，以達俗由證真，故説爲後得也。

△五、佛眼，疏一。初、局釋當文，二、通前總顯。

初、局釋當文。

須菩提，於意云何，如來有佛眼不？如是，世尊，如來有佛眼。

疏　五、佛眼。前四在佛，總名佛眼。

記　疏於内文，二。初、局釋當文。○前四等者，佛有此眼，故云佛眼。以前二眼通凡夫，二乘無法眼，菩薩雖具且劣，若在於佛，四皆殊勝，總名佛眼，是則佛眼之外無别四眼也。其猶四河歸海，失本名耳。○四皆勝者，謂凡夫肉眼見障内，天眼見障外，佛眼見無數世界。二乘天眼唯見一三千界，佛天眼見河沙佛土。二乘慧眼唯照生空，地上菩薩亦皆分證，佛之慧眼圓照三空，洞徹真性。菩薩法眼，所知未盡，地地之中，各有分限，佛之法眼，所知障盡，無法不知，無生不度，故四皆勝也。

疏　又見佛性圓極，名爲佛眼。

記　又見下，以所見是佛性，此眼能見故。如《涅槃》云，聲聞定多慧少，不見佛性。

菩薩慧多定少，雖見佛性，猶不明了。諸佛如來，定慧等故，了了見性，如觀掌中菴摩勒果。斯不亦圓極之義乎？○問：菩薩聲聞，定慧互闕，於其佛性，則何以聲聞不見，菩薩分見耶。答：以定慧望於佛性，慧是因，定是緣，因親緣疎，故使然也。○又聲聞但有偏空慧，無中道慧，故云慧少。菩薩有中慧，故見佛性也。

記　又此五中，唯第三持業釋，餘皆依主釋也。

△二、通前總顯，二。初、引無著總釋。二、約古德重結。

初、引無著總釋。

疏　無著云，爲令知見淨勝，故顯示有五種眼。略説有四種，謂色攝，第一義諦攝，世諦攝，一切種一切應知攝。

記　無著下，二、通前總顯，二。初、引無著義總釋。

記　淨勝者，非顛倒故，超諸聖故。○四種者，舉所以攝能，明於分齊，如以六境攝六識。○色攝即肉、天二眼。論云，色攝有二，一法果，二修果。法即肉眼，以從過去業法之所感故。修即天眼，謂是定果修所得故。二眼同見色法，色法最麤，故先明也。○第一義即真諦境，攝慧眼也。○世諦即俗諦境，攝法眼也。○一切種者，一切種種差別境也。一切攝者，攝佛眼也，即無所不了，是一切種智故。論云，一切種無功用智，名爲佛眼。

△二、約古德重結。

疏　古德偈云，天眼通非礙，肉眼礙非通，法眼唯觀俗，慧眼直緣空，佛眼如千日，照異體還同。

記　古德下，二、約古德重結，可知。

△二、約所知諸心明智淨，經五。初、數沙，二、數河，三、數界，四、數生，五、數心。

初、數沙。

須菩提，於意云何，如恒河中所有沙，佛說是沙不？如是，世尊，如來說是沙。

疏　二、約所知諸心明智淨，五。初、約一箇恒河以數沙。

△二、數河。

須菩提，於意云何？如一恒河中所有沙，有如是沙等恒河，

疏　二、約一河中沙以數河。

△三、數界。

是諸恒河所有沙數佛世界，如是寧爲多不？甚多，世尊。

疏　三、約沙河中沙以數界。

△四、數生。

佛告須菩提：爾所國土中，所有衆生，

疏　四、約爾所界中所有生。

△五、數心，經三。初、標悉知，二、釋悉知，三、釋非心。初、標悉知。

若干種心，如來悉知。

疏　五、約一一衆生所有心，三。初、總明染淨以標悉知。

記　智淨中五段，從狹至寬，展轉而數，謂數沙，數河，數界，數生，數心。〇欲明如來之智微妙能知，故約所知之境廣多以顯。〇經皆可見。

記　標悉知經文，可知。

疏　無著云，若干種心者有二種，謂染及淨，即共欲心、離欲心等。

記　共欲者，染也。欲謂五欲，即色等五塵，心與欲合，故名爲共。〇又，欲謂貪欲，是心所攝，舉初該後，意兼瞋等。心與貪等相應，故云共也。〇前約與境相應，此約與煩惱相應，皆爲染也。〇離欲者，淨也。即不與六塵境煩惱相應，名之爲淨。〇染淨之心各有無量，故曰若干也。

△二、釋悉知。

何以故？如來説諸心皆爲非心，是名爲心。

疏　二、會妄歸真以釋悉知。

記　釋悉知，經徵意云，以何義故，能悉知之。〇釋意云，彼等諸心，皆是妄識。妄識即空，故云非心。以即空故，真心不滅，故云是名。真心體同，故能悉知。

疏　大雲云，由一切妄心依真如體，都無其性，佛證真如，故悉知之。

記　大雲下，釋出能知所以也。以諸心是真心中所現少分之法，今證真體，豈不能知？

疏　諸心者，標指。非心者妄識本空，是名心者真心不滅。

記　諸心下，牒釋，可知。

疏　若本論釋，則與此殊。

記　與此殊者，以雲説兼真，論言唯妄，故不同也。〇論釋爲正。若以科疏觀之，却以雲釋爲正也，請詳。

疏　偈云，種種顛倒識，以離於實念，不住彼實智，是故説顛倒。

記　種種顛倒識者，釋經中諸心也。魏本云，如來説諸心住，皆爲非心住，是名爲心住。論釋意云，諸即種種，住謂顛倒，以八識皆能緣境，有取著故。或約前六名爲種種，緣麤顯境，相續不斷，故名爲住。〇以離等兩句，釋皆爲非心住也。離與不住，蓋是一義，智與實念，亦無別體，意明不住大乘四念處故。若住於此，即是實念實智。既住六塵，即顛倒識也。〇是故説顛倒者，釋是名爲心，此但結歸顛倒識也。

△三、釋非心。

所以者何？須菩提，過去心不可得，現在心不可得，未來心不可得。

疏　三、推破雜染以釋非心。

記　釋非心，經徵意云，所以説諸心爲顛倒識無體者，何謂也？〇釋意云，以於過現未來，求不得故。

疏　無著云，過去已滅故，未來未有故，現在第一義故。

記　已滅下，釋三世不可得所以也，論文、《淨名》《華嚴》並同。〇但釋現在有少異耳。論云現在虛妄分別故，《淨名》云現在不住，《華嚴》云現在空寂，然文異而意不異也。〇然此獨於現在之中言第一義者，以無著釋經皆約二諦。既五眼文中不言眼即非眼，又以見智二種其體不殊，故於最後安立第一義。第一義即是空寂，空寂即是不可得義，意皆同也。

△十六、斷福德例心顛倒疑，疏二。初、標章敘疑，二、依經斷疑。初、標章敘疑，三。初、標章，二、指疑起處，三、結成疑。

初、標章。

疏　十六、斷福德例心顛倒疑。

記　第十六，疏初標章。

△二、指疑起處。

疏 論云，向說心住、顛倒，皆不可得。

記 向說下，指疑起處。此從第十五中來。心住者，指魏經，如上所引。顛倒者，指偈文。皆不可得者，指經文。

△三、結成疑。

疏 若如是，福德亦是顛倒，何名善法？

記 若如是下，結成疑也。意云，衆生心是顛倒，福德依心而成，豈非顛倒？顛倒既同，何名善法？既非善法，修福何益？

△二、依經斷疑，二。初、標科，二、分釋。

初、標科。

疏 斷疑之文，二。

△二、分釋，經二。初、問福答福，二、反釋順釋。

初、問福答福。

須菩提，於意云何，若有人滿三千大千世界七寶以用布施，是人以是因緣，得福多不？如是，世尊，此人以是因緣，得福甚多。

疏 初、問福答福。

記 問答福經，可知。

疏 以是離相無倒行施因緣，成無漏福，離於二障，既非顛倒，故得福多。

記 以是下，釋多所以。○以如來舉因緣以問，空生牒因緣以答。因緣無性，福亦無性，乃成無漏，是故多也。○此文但標，下文即釋。

△二、反釋順釋，疏二。初、引論正釋，二、問答解妨。

須菩提，若福德有實，如來不說得福德多。以福德無故，如來說得福德多。

疏 二、反釋順釋。

記 反順釋經，意云，若是住相之福，我不說多。以是無住之福，是故說多也。

△初、引論正釋。

疏 偈云，佛智慧爲本，非顛倒功德。

記 疏，二。初、引論正釋。○偈云下，標也。

疏　論云，顯示福非顛倒，佛智爲本故。

記　論云下，釋也。〇意云，心識住故，故成顛倒。顛倒故，福皆虚妄。佛智無住，依之作福，即非顛倒。非顛倒故，皆真實也。

疏　福有者，取相也。福無者，離相也。

記　取相者，是有漏福，故不説多。離相者，是無漏福，故説多也。

△二、問答解妨。

疏　問：福性空故福多者，前説妄心性空，妄亦應多。

記　問福下，二、問答解妨。〇問意可知。

疏　答：福以佛智爲本，順於性空，故悟性空，福則甚多。〇心識顛倒，違於性空，故悟性空，則心識都盡。

記　違順等者，謂一法界心，本來無住，本來空寂。佛智空而無住，故言順。妄識住而不空，故言違。〇所言不空，但妄識不空，非真實不空也。苟忘懷而達之，則無所不喻也。

金剛經疏記科會卷第八

金剛經疏記科會卷第九

唐圭峰大師疏

宋長水大師記

後學古杭雲棲寺大璸科會

△十七、斷無爲何有相好疑，疏二。初、標章敘疑，二、依經斷疑。初、標章敘疑，四。初、標章，二、指疑起處，三、結成疑，四、出疑所依。

初、標章。

疏　十七、斷無爲何有相好疑。

記　第十七，疏初標章。

△二、指疑起處。

疏　論云，若諸佛以無爲得名。

記　若諸佛下，指疑起處，此從第三中來。

△三、結成疑。

疏　云何諸佛成就相好而名爲佛？

記　云何下，結成疑也。

△四、出疑所依。

疏　此約法身佛，故以爲疑。

記　此約下，出疑所依。意云，既言無相法身是佛，何以成就相好亦名爲佛？此約法身疑色身也。

△二、依經斷疑，疏二。初、標科。二、分釋。

初、標科。

疏　斷疑之文，二。

△二、分釋，經二。初、由無身故現身，二、由無相故現相。初、由無身故現身，疏二。初、科經，二、釋義。

初、科經。

疏　初由無身故現身。

須菩提，於意云何，佛可以具足色身不？不也，世尊，如來不應以具足色身見。

記　現身經，問答可知。

何以故？

記　徵意云，以何義故，不以色身見佛。

如來説具足色身，即非具足色身，是名具足色身。

記　釋意云，以約勝義，非世諦故，由此不應定以色身見於佛也。

△二、釋義，五。初、指法，二、喻明，三、約性相揀收，四、釋相好爲佛之由，五、約存泯會釋經文。

初、指法。

疏　即隨形好也。

記　隨形好者，八十種也。法數如常，即小相也。隨其身形，一一皆好故，八十好即色身。

△二、喻明。

疏　如鏡中無物，方能現物故。

記　鏡中下，喻明也。故知鏡中有物，却不能現物，如凡夫雖有法身，不能現相好者，蓋緣有物，所言物者，妄身心也。

△三、約性相揀收。

疏　論云，法身畢竟非色身，非諸相。

記　論云下，約性相揀收也。○畢竟等者，約體揀。

疏　然相好二種，亦非不佛。

記　然相好下，隨相收也。

△四、釋相好爲佛之由。

疏　此二不離法身故。

記　此二下，釋相好爲佛之由，如金畢竟非師子，亦非無金，以師子不離於金故。

△五、約存泯會釋經文。

疏　是故此二亦得言無，故説非身。

記　是故下，約存泯會釋經文。○言無者，約體而説，釋即非色身。

疏　亦得言有，故説成就。

記　言有者，隨相而説，釋是名色身。○成就者，魏經即是今文具足義。

△二、由無相故現相，疏二。初、科經，二、釋義。

初、科經。

疏　二、由無相故現相。

須菩提，於意云何，如來可以具足諸相見不？不也，世尊，如來不應以具足諸相見。何以故？如來説諸相具足，即非具足，是名諸相具足。

記　現相，經如前。

△二、釋義。

疏　即三十二相也。

記　三十二相者，法數如常，即大相也。

疏　一一如前色身中説。

記　一一等者，前從鏡中無物已下，義意並同，前文已明，今不别釋也。

△十八、斷無身何以説法疑，疏二。初、

標章敘疑，二、依經斷疑。初、標章敘疑，三。
初、標章，二、指疑起處，三、結成疑。
初、標章。
疏 十八，斷無身何以說法疑。
記 第十八，疏初標章。
△二、指疑起處。
疏 論云，若如來色身相好，不可得見。
記 若如來下，指疑起處。○此與前疑，同時於第三中起，起則同時，斷成先後。○非從次前文來，若言從彼來者，已悟非身之身，何疑無說之說。思之可見。
△三、結成疑。
疏 云何言如來說法？
記 云何下，結成疑也。意云，聲不自聲，依色而發。既無所依之色，何有能依之聲。故成疑也。
△二、依經斷疑，疏二。初、標科。二、分釋。
初、標科。
疏 斷疑之文三。
△二、分釋，經三。初、遮錯解，二、釋所以，三、示正見。
初、遮錯解。
須菩提，汝勿謂如來作是念，我當有所說法，莫作是念。
疏 初、遮錯解。
記 遮錯解，經文可知。
疏 谷中無人能作音聲故。
記 谷中下，喻明也。意云以有外聲，遂有響答，谷中實無作響之者。說法亦爾，法身實無能說之者，以機感故，遂見如來有所說法。○又谷雖應聲，而無應聲之念。佛雖說法，而無說法之心。○據此，却由無念故，方能說法，是故遮云勿謂等也。
△二、釋所以。
何以故？若人言如來有所說法，即爲謗佛，

不能解我所説故。

疏　二、釋所以。

記　釋所以，經徵意云，以何義故，令我不作是念。釋意可知。

疏　世尊達諸法空，畢竟無執，今言有説，是謗佛執法也。

記　世尊下疏，如文可解。

△三、示正見。

須菩提，説法者，無法可説，是名説法。

疏　三、示正見。

記　示正見，經意如疏。

疏　偈云，如佛法亦然，所説二差別，不離於法界，説法無自相。

記　如佛法亦然者，佛既無身故現身，法亦無説故強説。以佛例法，故曰亦然。○二、差別者，論云，一者能詮，名、句、文也，二者所詮，義也。此能所詮，若望於佛，俱是所説，通名法也。○不離等者，論云，釋是名説法，法相之界，故名法界。○説法無自相者，論云，釋無法可説，謂相即性故。○言説緣生，無自性故。○又解，不離法界下二句，俱是釋無法可説。謂此二種，不離法界，法界之外，無別二法自相可得，以此二法自相本空，不可得故。此即以下句釋上句也。

疏　大雲云，若言無説，是真説法。若言有説，不名説法，是謗佛故。

記　真説等者，夫爲説法，當如法説，名真説法。法離一切名相分別，若稱此説，是如法説。故下文云，云何爲人演説，不取於相，如如不動。

記　然第三、第五第七及此，四處皆明無説者，意各不同。以第三疑化身有説，第五疑證智可説，第七明佛無異説，此文疑無身何説，以此爲異。

△所説既深無信疑，經三。初、疑甚深無信以問，二、揀聖性有人以酬，三、徵是

非生信以釋。

記　然諸疏於十八九之間，約魏本經文，皆出一疑。龍、外皆云何人能信疑，雲云能信深法疑。今秦經既無其文，疏亦不敘而解。今見近本秦文，皆有此段，乃於抄中略要敘釋，名爲所説既深無信疑。〇論云，若言諸佛説法者，是無所説，無説不離法身，法身無相，有何等人能信如是甚深法界。〇斷之。

△初、疑甚深無信以問。

爾時，慧命須菩提白佛言：世尊，頗有衆生，於未來世，聞説是法，生信心不？

記　經云，爾時，慧命須菩提白佛言：世尊，頗有衆生，於未來世，聞説是法，生信心不？

記　此疑甚深無信以問也。〇解空第一，智慧圓通，以慧爲命，故稱慧命。〇生信心者，生大乘正信心也。不信一切法，方爲正信。此信與聖性相應，故《起信》云，如是信心成就得發心者，入正定聚，畢竟不退，名住如來種中正因相應。

△二、揀聖性有人以酬。

佛言：須菩提，彼非衆生，非不衆生。

記　次、揀聖性有人以酬。

記　佛言：須菩提，彼非衆生，非不衆生。

記　須菩提下合云，實有衆生，能信此法。彼能信者，非是凡夫衆生，非不是聖性衆生也。〇論云，非衆生者，非凡夫體故。非不衆生者，以有聖體故，非不是聖體衆生。〇偈云，非衆生衆生，非聖非不聖。〇此中聖體者，佛之知見也，以是信之根本故。

△三、徵是非生信以釋。

何以故？須菩提，衆生衆生者，如來説非衆生，是名衆生。

記　次、徵是非生信以釋。

記　經云，何以故？須菩提，衆生衆生者，如來説非衆生是名衆生。

記　何以故者，徵也。以何義故，説非衆生，又名衆生耶？〇須菩提衆生衆生者，此牒也，於非衆生中説爲衆生者。〇如來説非衆生，是名衆生。非衆生者，非愚小異生也。是名衆生者，結成能信之人有聖體也。〇偈云，所説説者深，非無能信者。

記　此上經文，魏譯則有，秦本則無。既二論皆釋此文，後人添入，亦無所失。況有冥報之緣，宜亦可信。

△十九、斷無法如何修證疑，疏二。初、標章敘疑，二、依經斷疑。初、標章敘疑，四。初、標章，二、指疑起處，三、結成疑，四、預指斷疑之意。

初、標章。

疏　十九、斷無法如何修證疑。

記　第十九，疏初標章。

△二、指疑起處。

疏　論云，如來不得一法。

記　不得一法者，指疑起處。〇此從第三、第十二、第十三中來，以彼文中皆言無法得菩提故。

△三、結成疑。

疏　云何離上上證轉轉得阿耨菩提？

記　云何下，結成疑也。〇離上上者，如初地，並於地前名上，未離二地之上，乃至等覺，亦未免於妙覺之上。唯佛極證，更無上位之上，故云離上上。是則凡夫離下下，諸佛離上上，餘之中流不離上下。〇轉轉等者，謂轉捨二障，轉得二果，轉捨轉得，故云轉轉。意云，既若轉得菩提，云何不得一法，故成疑也。

△四、預指斷疑之意。

疏　爲斷此疑，示現非證法，名爲阿耨菩提。

記　爲斷下，預指斷疑之意也。指示顯現，故云示現。

△二、依經斷疑，疏二。初、標科。二、分釋。

初、標科。

疏　斷疑之文三。

△二、分釋，經三。初、以無法爲正覺，二、以平等爲正覺，三、以正助修正覺。

初、以無法爲正覺。

須菩提白佛言：世尊，佛得阿耨多羅三藐三菩提，爲無所得耶？佛言：如是，如是，須菩提，我於阿耨多羅三藐三菩提，乃至無有少法可得，是名阿耨多羅三藐三菩提。

疏　初、以無法爲正覺。

記　無法爲正覺，經縱問無得是得，並可知矣。

疏　偈云，彼處無少法，知菩提無上。

記　彼處等者，此明無有一法可名爲上。如須彌至大，微塵至小，盡未免於上，以皆有故。如虛空無故，得名無上也。

疏　論云，彼菩提處，無有一法可證，名爲阿耨菩提。

記　菩提處者，菩提即所證處也。○無一法等者，但妄盡覺滿，名曰菩提。離此，寧有菩提可得？

△二、以平等爲正覺。

復次，須菩提，是法平等，無有高下，是名阿耨多羅三藐三菩提。

疏　二、以一等爲正覺。

記　平等爲正覺，經亦可知。

疏　偈云，法界不增減。

記　不增減者，即釋經中無有高下。謂在聖不增故無高，居凡不減故無下，斯則平等之義也。

疏　論云，是法平等，是故名無上，以更無上上故。

記　平等名無上者，夫上以待下得名，下既不立，上豈存焉？○更無下，轉釋無上義。

記　然此問答之中，有三種無上義。初問中，言無上頭之上，約修證説。次則無法爲上故名無上，約空寂説。後則無對下之上，故名無上，約凡聖同體説。後二是答中意也。

△三、以正助修正覺。

以無我、無人、無衆生、無壽者，修一切善法，即得阿耨多羅三藐三菩提。須菩提，所言善法者，如來説即非善法，是名善法。

疏　三、以正助修正覺。

記　修正覺，經意云，然雖無法，然雖平等，非謂不修得成正覺，應以無我等心修諸善法，然後得成。○然此善法，約勝義則無，約世諦則有。天親異此，詳之。

疏　無我等，是了因，即正道也。修一切善法，是緣因，即助道也。即得阿耨菩提，是正覺也。

記　了因者，了有二義。一、了斷義，以般若能了煩惱空故。二、顯了義，能顯法身故。今無我等，即是此義。亦名正因，正由此慧，除妄得法身故。今云正道，道即因義。○緣因者，即施、戒等五與彼般若爲資緣故。助即資也。資彼正因之力，斷煩惱，成菩提也。猶燈能破暗顯空，必藉心油爲助緣也。○是正覺者，以梵語三菩提，此云正覺，即所證之果。

疏　所言善法者，標指也。即非等者，論云，彼法無有漏法故，名非善法。以有無漏法故，名爲善法。

記　無漏善者，問：有漏之中，亦有善法，何故偏局無漏耶？答：以無我等相所修，故唯無漏也。○又以有漏之善，非菩提因，今爲菩提，故須無漏。

記　問：上三段中，前二無得，後一有證，義既矛盾，云何兩存？答：所言修者，但是斷除我法，顯自真理，竟無一法可得，由此，二義宛相符順。

記　問：第三、第十二、第十三兼此一段，前後四處，皆説不得菩提，如何辨異耶？答：前後文雖相似，義意不同。以第三疑釋迦得果，第十二疑善慧成因，十三疑無法無佛，十九疑有修有證，茲義迢然，請無所濫。

△二十、斷所説無記非因疑，疏二。初、標章敘疑，二、依經斷疑。初、標章敘疑，四。初、標章，二、指疑起處，三、結成疑，四、立理。

初、標章。

疏　二十、斷所説無記非因疑。

記　第二十，疏初標章。

△二、指疑起處。

疏　論云，若修一切善法得阿耨菩提者。

記　若修下，指疑起處，此從十九中來。

△三、結成疑。

疏　則所説法，不能得菩提。

記　則所説下，形對前之數段，結成疑也。意云，既言修一切善法得菩提，云何前來頻言持説得菩提耶？

△四、立理。

疏　以是無記法故。

記　以是下，成立持説不得菩提之理，以名、句、文三，無記性攝。無記性法中無因果故，豈感菩提耶？

△二、依經斷疑。

疏　依經斷疑。

須菩提，若三千大千世界中，所有諸須彌山王，如是等七寶聚，有人持用布施。若人以此般若波羅蜜經，乃至四句偈等，受持、讀誦，爲他人説。於前福德，百分不及一，百千萬億分，乃至算數譬喻所不能及。

記　經之比較，如文可知。

疏　偈云，雖言無記法，而説是彼因，是故一法寶，勝無量珍寶。

記　雖言等者，許爲無記也。而説等者，不許非因也。是故下，出經意，能爲佛因，故勝寶施。

疏　論云，以離所説法，不能得大菩提故，此法能爲菩提因。

記　論云下，轉釋爲因之由。以經詮真理，因之悟解，依解起行，方得菩提。若無教門，安知所入。故《法華》云，以佛教門，出三界苦。

疏　又言，汝法是無記，而我法是記，是故勝捨無量七寶。

記　又言下，論之别意。〇汝法無記，謂小乘薩婆多宗，説聲通善惡，名、句、文身唯無記性。〇我法是記者，謂大乘宗，地上菩薩於後得智中所變名等，唯是善性，非無記性。〇是故等者，意云，只就無記，尚得爲因，況是無漏善性所攝，而不得菩提耶？

記　問：此與第九疑何别？答：彼約有爲無體難，此約無記非因難。又彼唯據持説難，此則兼對善法難，迢然不同也。

△二十一、斷平等云何度生疑，疏二。初、標章敘疑，二、依經斷疑。初、標章敘疑，三。初、標章，二、指疑起處，三、結成疑。

初、標章。

疏　二十一、斷平等云何度生疑。

記　第二十一，疏初標章。

△二、指疑起處。

疏　論云，若法平等無高下者。

記　若法下，指疑起處。此從十九中來。

△三、結成疑。

疏　云何如來度衆生？

記　云何下，結成疑也。既度衆生，即有高下，高下即不平等，故成疑也。

△二、依經斷疑，疏二。初、標科。二、分釋。

初、標科。

疏　斷疑之文四。

△二、分釋，經四。初、遮其錯解，二、示其正見，三、反釋所以，四、展轉拂跡。

初、遮其錯解。

疏 初，遮其錯解。

須菩提，於意云何？汝等勿謂如來作是念，我當度衆生。須菩提，莫作是念。

記 錯解經文。初、正遮，二、再誡可知。

△二、示其正見。

疏 二、示其正見。

何以故？

記 正見，經徵意云，以何義故，令不作是念。

記 釋意云，以實無衆生爲如來所度故。實無有衆生如來度者。

疏 偈云，平等真法界，佛不度衆生，以名共彼陰，不離於法界。

記 平等下兩句，立其義宗。以名下兩句，釋其所以。

疏 論云，衆生假名，與五陰共，不離法界。

記 論云下，轉釋後二句也。○假名者，但有衆生之名，而無衆生之體，故云假也。○與五陰共者，謂於五蘊和合之處，説言衆生，不即不離，故云共也。○不離法界者，佛是極證之人，已全是法界。衆生雖未能證，緣生無體，亦同法界，豈將法界度於法界。是故偈云平等等也。

△三、反釋所以。

疏 三、反釋所以。

若有衆生如來度者，如來即有我、人、衆生、壽者。

記 所以，經文反顯。○若順言之，應云以佛無我、人等相，故不見有衆生爲所度也。

疏 論云，若如來有如是心，五陰中有衆生可度者，此是取相過。

記 取相過等者，以無謂有故，不如法界故，不了緣生故，便成有念故。

疏　無著云，如來如爾炎而知，是故若有衆生想，則爲有我取。

記　爾炎，梵語，此有兩義。一謂智母，已如前説。二謂境界，然是定中境界，今取此義。○意云，佛智稱境而知，真如是有，作有知，衆生是無，作無知也。○若作智母釋者，即根本智證平等理，無有分別。今觀衆生，亦復如是也。

△四、展轉拂跡。

疏　四、展轉拂跡。

須菩提，如來説有我者，即非有我，而凡夫之人以爲有我。須菩提，凡夫者，如來説即非凡夫，是名凡夫。

記　拂跡，經意云，佛雖説我，元來無我，執有我者，蓋是凡夫。○雖言凡夫，亦無凡夫。○如夢人見虎，虎與夢人，皆不可得。○法中亦爾。○以凡夫人執我，故云非我，恐執凡夫，故云非凡夫。邐迤除遣執情，故云展轉拂迹。

記　然前正答問中，及第十一、十四，兼此一段，前後四處，皆説度生無度，雖文同而意異。謂最初令離我度生，十一疑能度者是我，十四疑無我而誰度，二十一疑真界平等不合度生，同異昭然。

△二十二、斷以相比知真佛疑，疏二。初、標章敘疑，二、依經斷疑。初、標章敘疑，二。初、標章。二、指疑起處，

初、標章。

疏　二十二、斷以相比知真佛疑。

記　第二十二，疏初標章。

△二、指疑起處。

疏　論云，雖相成就，不可得見如來。

記　論云下，指疑起處，此從十七中來。○雖相等者，以前文云，即非具足色身，即非諸相具足。○具足即成就義。秦、魏經異也。

疏　而以見相成就比智，則知如來法身。

記　而以等者，以前文云，是名具足色身，是名諸相具足。彼中意者，法身畢竟非相好，相好亦非不佛，由無相故現相，不離法身。所以疑云，既無相故，方能現相，則但見於相，便知無相也。如遠見煙，定知有火，以離於火，必無煙故。

△二、依經斷疑，疏二。初、標科，二、分釋。

初、標科。

疏　斷疑之文，五。

△二、分釋，經五。初、問以相表佛，二、答因苗識根，三、難凡聖不分，四、悟佛非相見，五、印見聞不及。

初、問以相表佛。

疏　初，問以相表佛。

須菩提，於意云何，可以三十二相觀如來不？

記　表佛，經問意云，可以相比觀無相法身如來不？

△二、答因苗識根。

疏　二、答因苗識根。

須菩提言：如是，如是，以三十二相觀如來。

記　識根，經答意云，實可以相比觀法身如來。

疏　大雲云，前悟色身，今迷法身。

記　悟色身者，知應化非真義也。迷法身者，不知法身畢竟非色相義。

疏　意謂，法身既流出相身，即由此相，知佛證得無相法身。

記　意謂下，出答意也。意云，但見法身之相好，則知相好之法身，如見草木之苗，必知其根，由是科文約喻而立。

△三、難凡聖不分。

疏　三、難凡聖不分。

佛言：須菩提，若以三十二相觀如來者，轉輪聖王則是如來。

記　凡聖不分，經意云，輪王亦有此相，應是如來。

疏　偈云，非是色身相，可比知如來，諸佛唯法身，轉輪王非佛。

記　偈云等者，意云，但約本望末則定，若約末望本則不定。且如輪王與佛色相雖同，相之所依，二各有異。佛相即法身所現，王相依業因而生，凡聖雲泥，復何凖的。況依法身，有自他受用，復有大小隨類化等，各各不同。如苗與根事亦不定，初栽之樹則有苗無根，所接之樹則苗根各異故也。

△四、悟佛非相見。

疏　四、悟佛非相見。

須菩提白佛言：世尊，如我解佛所說義，不應以三十二相觀如來。

記　佛非相見，經意云，緣聞依真現假，假不離真，及乎約假求真，真不由假。實德不在相，令色鮮矣仁，以貌取者失之子羽，而今以後，焉敢不識。

△五、印見聞不及。

疏　五、印見聞不及。

爾時，世尊而說偈言：

若以色見我　以音聲求我

是人行邪道　不能見如來

記　見聞不及，經文可見。○然恐空生更約說法比知如來，故言音聲求之不得。此疑即從第十八中來，今預遮防，故無後說。

疏　魏加後偈云，彼如來妙體，即法身諸佛，法身不可見，彼識不能知。

記　魏偈者，明見聞不及之由也，秦經則但明見聞不及。

疏　偈云，唯見色聞聲，是人不知佛，以真如法身，非是識境故。

記　偈云等者，彌勒偈也。於中半釋秦偈，半釋魏偈。意云，見聞是識，但能緣於色聲，佛非色聲，故不可知。

疏　無著云，以彼法真如相故，非如言説而知，唯自證知故。

記　彼法者，法身也。〇真如相者，即離一切相，是真如相。〇非如言説知者，以真如法離言説故。〇但是真智之境，唯證相應，故云自證。

記　第一、第七、第十七，及此一段，皆云不以相見如來者，義意皆别。初以對果疑因，次明感果離相，次説依真現假，後明約假求真，故不同也。

△二十三、斷佛果非關福相疑，疏二。初、標章敘疑，二、依經斷疑。初、標章敘疑，六。初、標章，二、指疑起處，三、指起疑之宗，四、結成疑，五、結疑名，六、引證。

初、標章。

疏　二十三、斷佛果非關福相疑。

記　第二十三，疏初標章。

△二、指疑起處。

疏　由前相比法身是失，又聞以色見聲求是邪。

記　由前下，指疑起處，此從二十二中來。

△三、指起疑之宗。

疏　遂作念云，佛果一向無相無爲。

記　遂作念下，作一向離相解，便是指起疑之宗也。

△四、結成疑。

疏　若爾，則修福德之因，但成相果，相果既非佛果，佛果則不以具相而得。

記　若爾下，結成疑也。意云，福但成相果。相既非佛，修福何益。

△五、結疑名。

疏　故佛果畢竟不關福相。

記　故佛果下，結成疑名也。

△六、引證。

疏　故論云，有人起如是心，若不依福德，得大菩提，如是諸菩薩，則失福德，及失果報。

記　論云下，引證。失福者，非菩提因故。失果者，非菩提果故。

△二、依經斷疑，疏二。初、標科，二、分釋。

初、標科。

疏　斷疑之文四，

△二、分釋，經四。初、遮毀相之念，二、出毀相之過，三、明福相不失，四、明不失所以。

初、遮毀相之念。

疏　初，遮毀相之念。

須菩提，汝若作是念，如來不以具足相故得阿耨多羅三藐三菩提，須菩提，莫作是念，如來不以具足相故得阿耨多羅三藐三菩提。

記　遮念，經意云，汝若謂如來不以具足相故得菩提，莫作是念。文勢似重，意實不重，但前敘後遮也。

疏　《華嚴經》云，色身非是佛，音聲亦復然，亦不離色聲，見佛神通力。

記　《華嚴》偈中，前半屬前文，後半屬此段，以文意鈎鏁，故就一處而引。○既言不離色、聲，豈合一向毀相。毀相非理，故此遮之。

疏　肇云，不偏在色聲，故言非。非不身相，故復言是。

記　肇云下，亦前後相半耳。○不偏等者，相不定故，如輪王非佛。○非不等者，應機即現，不離法身故，如釋迦是佛。

疏　大雲云，若言如來不以相具，斷滅見矣，故佛止云莫作是念。

記　斷滅見者，義在次文。

△二、出毀相之過。

疏　二、出毀相之過。

須菩提，汝若作是念，發阿耨多羅三藐三菩提心者，說諸法斷滅，莫作是念。

記　出過，經文可知。

疏　毀相則墮斷滅，斷滅是損減之過，斷見邊見之過。

記　損減等者，謂執有是增益過，執無是損減過。今既一向離相，正當此句，斯則於果損福德莊嚴，於因損五度之行，壞俗諦也。○斷見者，《中論》云，定有則著常，定無則著斷。今既一向作無相解，正當斷見。○邊見者，空有斷常，皆是著邊邪之見。○並非正見，故云過也。

△三、明福相不失。

疏　三、明福相不失。

何以故？發阿耨多羅三藐三菩提心者，於法不說斷滅相。

記　不失，經。○徵意云，以何義故，令不作此念。○釋意云，但發菩提心者，皆不作此念，故知作此念者，豈非過歟？

疏　無著云，於法不說斷滅者，謂如所住法而通達，不斷一切生死影像法，於涅槃自在，行利益衆生事。此中爲遮一向寂靜，故顯示不住涅槃。

記　如所住法者，所住之法，即大菩提心。菩提心者，即悲智願也。一切菩薩，皆安住此心，行菩薩行。有大智故，不住生死。有大悲故，不住涅槃。今令離於斷常二見，即是不住生死、涅槃，故云如所住法，即七最勝中依止最勝。○不斷等者，意云，生死本空，猶如影像，影像不有，復何斷焉？今言不斷者，非謂固留，但了性不有，了相不無，隨順俗諦，故云不斷。此即通達之義。○於涅槃等者，若被寂所縛，即不自在。今寂而常用，用而常寂，是自在義。○此中下，顯偏説之意。然據不斷生死，利益衆生，但成大悲，不住涅槃。如其具論，亦須不住生死，方成如所住法。一向下，即出偏説之意。遮寂者，即二乘人，灰身滅智，撥喪無餘，被涅槃所拘，是不自在。今以不具相發心，正墮於此。爲對治故，偏示一門，下文菩薩不受福德，即不住生死，義則圓矣。

疏　偈云，不失功德因，及彼勝果報。

記　偈云下，引證。

疏　論云，雖不依福德得真菩提，而不失福德，及彼果報，以能成就智慧莊嚴功德莊嚴。

記　論云下，釋偈。○雖不依下，縱也。法身真佛，是真菩提。正由智了爲因，故不依彼。○而不失下，奪也。福德是因，即五度。果報是果，即三十二相。相非不佛，故言不失。既不失果，即不失因。○以能下，明不失之由，謂真菩提，必須具足二莊嚴故。智慧即真身，福德即應身。故論云，法身者，智相身，福相者，異相身，以諸如來皆合具此二種相故。故《法華》云，如其所得法，定慧力莊嚴，以此度衆生，自證無上道。

△四、明不失所以，二。初、明得忍故不失，二、明不受故不失。

初、明得忍故不失。

疏　四、明不失所以，二。初、明得忍故不失。

須菩提，若菩薩以滿恒河沙等世界七寶，持用布施。若復有人，知一切法無我，得成於忍，此菩薩勝前菩薩所得功德。

記　得忍，經意云，菩薩於無我心中所修福德，勝彼有我心中所修福德，以莊嚴法身究竟不失故。

疏　論云，有人起如是心，諸菩薩得出世智，失彼福德以果報，爲遮此故。

記　論云下，先敘所遺之念。念云，若出世無分別智正是佛因，即所修福德盡皆失也。何以故？福非因故。○爲遮此故者，引起能遺之文。

疏　偈云，得勝忍不失，以得無垢果。

記　得勝忍不失者，正明不失義。謂若心住相，修諸福德，墮於有漏，此福則失。若心離相，修諸福德，成於無漏，此福不失也。〇以得下，出不失之由。斯則以果驗因，成不失義。〇無垢，即清淨無漏，是佛身矣。

疏　無我者，二種無我也。

記　二無我者，人、法也。得此二空之智，名之爲忍。

△二、明不受，故不失，二。初、正明，二、徵釋。

初、正明。

疏　二、明不受故不失，二。初、正明。何以故？須菩提，以諸菩薩不受福德故。

記　正明，經意云，前言無我所修之福以爲勝者，只由菩薩不受福故。

疏　論云，彼福德得有漏果報，故可訶也。

記　可訶等者，明不受之由，亦是以果驗因，成不受義。意云，果若有漏，則知受福，是可訶責，果既無漏，則知不受，云何可訶。

疏　無著云，此顯示不著生死故。若住生死，即受福德。

記　無著下，顯對前文不住涅槃，前後相望，共成非智之義耳。〇若住等者，反明也。

△二、徵釋。

疏　二、徵釋。

須菩提白佛言：世尊，云何菩薩不受福德。須菩提，菩薩所作福德，不應貪著，是故說不受福德。

記　徵釋，經意云，菩薩作福，若生貪著，則成有漏。因既有漏，果亦有漏，得三十二相，但同輪王，不名爲佛。此則因果俱失，成其所疑。

△今既作福，不生貪著，則因成無漏。因既無漏，果亦復然。所得三十二相，莊嚴法身，名之爲佛，云何疑其失因及果。

△二十四、斷化身出現受福疑，疏二。初、

標章敘疑，二、依經斷疑。初、標章敘疑，三。

初、標章，二、指疑起處，三、結成疑。

初、標章。

疏 二十四、斷化身出現受福疑。

記 第二十四，疏初標章。

△二、指疑起處。

疏 論云，若諸菩薩不受福德。

記 若諸菩薩下，指疑起處，即從次前文來。〇論中即云，若菩薩不受彼果報等。

△三、結成疑。

疏 云何諸菩薩福德，衆生受用？

記 云何下，結成疑也。〇衆生用者，據佛壽量，合滿百年，至八十便入涅槃，意留二十年福，與後代弟子受用。〇又於佛供養承事，能令衆生獲福無量，斯亦佛福衆生受用也。

記 問：前云菩薩不受，今何難佛受用？又前言受是取義，今疑受是用義，文義既異，何以成疑？答：此皆以果驗因也。因中若不受取，果中焉合受用。果中尚自受用，因中豈無受取耶？

△二、依經斷疑，疏二。初、標科，二、分釋。

初、標科。

疏 斷疑之文，二。

△二、分釋，經二。初、斥錯解，二、示正見。

初、斥錯解。

疏 初，斥錯解。

須菩提，若有人言如來若來若去，若坐若臥，是人不解我所説義。

記 錯解，經意云，若人言如來出現來，入滅去，住世間，皆不解我所説義。

疏 偈云，是福德應報，爲化諸衆生，自然如是業，諸佛現十方。

記 是福等者，是彼無漏福德之應報，即無垢果也。果中無有色相，故論云，佛果無有色，相迭相見故。又論云，佛果無別色、聲，唯如如及如如智獨存，故無來去等。○爲化下，或問曰：既佛果無別色聲來去等，何以出現受福，爲衆生受用耶？故此釋之。意說，衆生根熟，爲能感緣，以佛無緣大悲，無量劫來利他善根，熏淨法界以成善習，有感即應，任運無心。如一月不下降，百水不上昇。慈善根力，法爾如是。○正是斷疑之意，若果中有心受用，則因中亦有心受取。果中既是自然，因中足明無著也。

△二、示正見。

疏　二、示正見，

何以故？如來者，無所從來，亦無所去，故名如來。

記　正見，經。○徵意云，以何義故，名爲如來。既名爲來，亦表其去，何言錯解？○釋意云，以真佛本來無來去故。

疏　偈云，去來化身佛，如來常不動。

記　偈云下，標真化異也。如來即是法身，本來不動，猶若虛空，故不同化身隨機來去。此非異而異也。

疏　大雲云，衆生心水若清淨，則見佛來，來無所從。濁則見雙林示滅，則云佛去，去無可至。

記　大雲下，釋。此約機心染淨，遂見佛有來去，名爲化身。來無所從，去無所至，即是不動，名爲法身。斯則機見有佛來去，佛實不動，云云自彼，於彼何爲。○此中略舉水喻衆生心，則知月喻法身，影喻化體，清濁喻染淨也。○水清月現，月亦不來，水濁月隱，亦非月去，但是水有清濁，非謂月有昇沉。○法中亦爾。心淨見佛，非是佛來，心垢不見，亦非佛去，但是衆生垢淨，非謂諸佛隱顯。

疏　肇云，解極會如，體無方所，緣至佛現，來無所從。感畢爲隱，亦何所去。

記　解極等者，謂解極則心絶，心絶則會如，如體本周，故無方所。此明即應之真。○緣至下，明即真之應也，意同大雲隱顯。

記　斷疑意者，諸佛本無來去，衆生妄見去來。尚無出現之佛，寧有受福之事。

金剛經疏記科會卷第九

金剛經疏記科會卷第十

唐圭峰大師疏

宋長水大師記

後學古杭雲棲釋大璸科會

△二十五、斷法身化身一異疑，疏二。初、標章敘疑，二、依經斷疑。初、標章敘疑，三。初、標章，二、指疑起處，三、懸指斷疑之意。

初、標章。

疏　二十五、斷法身化身一異疑。

記　第二十五，論文於此不別敘疑，而義意合有也。初、標章。

△二、指疑起處。

疏　據前不可以化相比知法身，法身無去來坐臥，即似真化異。○據遮斷滅之念，又顯不失福相，即似真化一，故成疑也。

記　據前下，指疑起處。○此從三處來。○不可以化等者，第二十二也，濫於輪王故。○法身無來去等者，二十四也，斥爲錯解故。○據遮下，二十三也。不失等者，彌勒頌云得勝忍不失。○一異相反，難爲存去，故成疑矣。

△三、懸指斷疑之意。

疏　此約微塵世界，委釋非一非異義，以斷此疑。

記　此約下，懸指斷疑之意。彼約一異雙存而難，此據一異俱非而通也。

△二、依經斷疑，二。初、標科。二、分釋。

初、標科。

疏　斷疑之文，二。

△二、分釋，經。二。初、約塵界破一異，二、約止觀破我法。初、約塵界破一異，五。初、細末方便破麤色，二、不念方便破微塵，三、不念方便破世界，四、俱約塵界破和合，五、佛印無中妄執有。初、細末方便破麤色，疏三。初、引天親約斷疑，二、引無著破執法，三、引大雲示破相。

疏　初、約塵界破一異，五。初、細末方便破麤色。

須菩提，若善男子、善女人，以三千大千世界碎爲微塵，於意云何，是微塵衆，寧爲多不？須菩提言，甚多，世尊。

記　破麤色，經問答多少，如文可知。

△初、引天親約斷疑。

疏　偈云，於是法界處，非一亦非異。

記　疏三。○初、引天親約斷疑。○偈云下，標也。

疏　論云，彼諸佛如來，於真如法界中，非一處住，亦非異處住。

記　論云下，釋也。一真法界，數量消滅，非一異故。諸佛證此，亦非一異。○而言處住者，以非此二義可住著故。

疏　爲示此義，故說世界碎爲微塵。○故偈云，世界作微塵，此喻示彼義。

記　爲示下，正顯住意，意以界喻真身，塵喻化身也。塵因界碎，故非異，喻從真起應也。塵細界麤，故非一，喻真實應假也。

△二、引無著破執法。

疏　無著云，爲破名色身，故說界塵等。

記　無著下，二、破執法。別是一義，非斷疑也。○名身即受等四蘊，色身即地等四大。

疏　於中，細末方便，及無所見方便。

記　於中下，以細末破色身，以無所見破名身，無所見，即不念也。

疏　塵甚多者，是細末方便。

記　此段説塵甚多，正是初方便。

△三、引大雲示破相。

疏　大雲云，即是析塵至於細末，以此方便破麤色矣。

記　大雲下，三、示破相明方便之相。以能破是細末，所破是麤色，能所合之，故成科名。

疏　此言微塵，依大乘宗，於一摶色，假想分析，至極略色爲塵，非小乘宗實塵矣。

記　此言下，揀異大小。大乘用觀，假想分別，起其慧數，破析彼色，一一分折，至於極微，二乘天眼所不能見。此則細末之極，不可破析，名極略色。〇非小乘等者，以彼宗迷唯識理，不達諸法即空，計此微塵以爲實有，故説積諸微塵以成世界。故《俱舍論》云，極微微金水，兔羊牛隙塵，蚤蝨麥指節，彼後增七倍等。今此揀去，故云非實塵也。

△二、不念方便破微塵，疏二。初、約斷疑釋，二、約破法釋。

疏　二、不念方便破微塵。

何以故？若是微塵衆實有者，佛則不説是微塵衆。

記　破微塵，經意云，以何義故，説微塵耶？〇釋意云，以無實體故。

所以者何？佛説微塵衆，則非微塵衆，是名微塵衆。

記　又徵意云，所以説微塵空，又説微塵者，何謂也。釋意云，佛所説者，非實微塵，是空微塵也。

△初、約斷疑釋。

疏　論云，塵碎爲末，故非一處，塵衆聚故，故非異處。

記　疏二。〇初、約斷疑釋。〇塵碎下，喻說。〇塵是碎世界爲末也，故界麤而塵細，是非一也。〇塵衆聚者，世界是衆塵成故。塵界非異也。

疏　如是，佛住法界中，非一處住，非異處住。

記　如是下，法合。謂應現十方故非一，同依一體故非異。〇又依法起化故非一，離法無化故非異。

△二、約破法釋。

疏　又若塵衆實有者，世間凡夫悉亦自知，何須佛說。秖爲不知，體不成就，故佛說矣。

記　又若下，二、約破法釋。〇亦是約喻。〇法說者，若化是實，亦不用佛說，只爲是虛，餘人不知，故佛說矣。

疏　故無著云，世尊說非者，以此聚體，不成就故。若異此者，佛雖不說，亦自知是聚。

記　無著下，引證，同此。

△三、不念方便破世界，疏二。初、引本論斷疑，二、引無著破法。

疏　三、不念方便破世界。

世尊，如來所說三千大千世界，則非世界，是名世界。

記　破世界，經意云，非唯所起微塵，是空微塵，抑亦能起世界，亦是空世界。

△初、引本論斷疑。

疏　本論破世界不實之義，可知。

記　本論等者，如次文所說。

△二、引無著破法。

疏　無著云，此破名身。世界者，衆生世界。

記　衆生世界者，有情世間也。以心法無質，不可分析，故但以不念方便破之。念之則有，不念則無。故《起信》云，心生則法生，心滅則法滅等也。

△四、俱約塵界破和合，疏二。初、引天親解。二、引無著解。

疏　四、俱約塵界破和合。

何以故？若世界實有者，則是一合相，如來說一合相，即非一合相，是名一合相。

記　破和合，經。○徵意云，以何義故，說世界耶？○釋意云，世界是實，則是一合，佛說一合者，非實有之一合，是空無之一合。

△初、引天親解。

疏　論云，若實有一世界，如來則不說三千界。

記　疏文中，引天親解。○論云下，標也。

疏　大雲云，若實有一世界，冥然是一，一和合矣，是則不合有多差別。今既佛說三千，明非冥然一矣，故約三千破一界也。

記　大雲下，釋。冥，合也，冥然合爲一也。一即和合，故云一合矣。○三千破一者，既言三千，則非一義。○此乃通明五藴無一合義。

△二、引無著解。

疏　無著云，爲並說若世界若微塵界，故有二種摶取，謂一摶取及差別摶取。

記　無著下，二、引無著解。○並說等者，情器雙明也。故有下，且標二摶取。

疏　大雲云，此明塵衆及衆生類，俱名世界。

記　大雲下，顯明情器俱名世界。○謂塵衆則器世界，衆生則有情世界。

疏　一合相者，即是摶取。摶取爲一，故云和合。

記　摶取爲一等者，謂情器不分，爲一世界也。

疏　故此一合有二摶取。

記　此一合有二摶取，於五藴中分色心故。本以合二爲一，今則開一成二。○然和合摶取，蓋是一義，但秦、魏譯異耳。

疏　一者，一摶取，即是世界和合爲一。

記　一摶取者，是名身，衆生世界，義不可分，但有一義故。

疏　二、差別摶取，即是微塵有衆多極微，名爲差別。

記　差別摶取者，是器世界，聚多微塵，成一世界故。○故無著論云，衆生世界有者，此爲一摶取。微塵有者，此爲差別摶取。

疏　非一合者，第一義中，二界無實故。

記　二界無實等者，故《心經》云，是故空中無色，無受、想、行、識，無眼、耳、鼻、舌、身、意，無色、聲、香、味、觸、法等。

○經是名一合相者，約俗諦説有，明在次文。

△五、佛印無中妄執有，疏三。初、引天親解，二、引無著解，三、引大雲解。

疏　五、佛印無中妄執有。

須菩提，一合相者，則是不可説，但凡夫之人貪著其事。

記　妄執有，經意云，此一合相，無體可説，但爲凡夫妄生貪著。

△初、引天親解。

疏　論云，以彼聚集，無物可取。

記　以彼下，釋經中不可説也，五蘊和合，無實體故。○斯則界歸於塵，則無界可取。塵歸唯識，則無塵可取。四蘊離念，則無心可取也。

疏　虚妄分別，故云妄取。

記　衆生取著，皆由虚妄分別，故《起信》云，一切境界，唯依妄念而有差別。○此明經中但凡夫已下文。

疏　若有實者，即是正見。

記　若有下，反顯也。以世界體若是實有，不名虚妄分別，合是正見。

△二、引無著解。

疏　無著云，世諦説摶取，第一義不可説。

記　世諦説者，即前是名也，同論云以彼聚集。○第一義不可説，即前即非也，同前無物可取。

疏　彼小兒凡夫，如言説取。

記　小兒等者，世諦雖説，但是假有，凡夫不敏，執之爲實，猶彼小兒，如言執物。

△三、引大雲解。

疏　大雲云，執見五蘊，取其和合，是貪著事。

記　見五蘊者，不了法空，是法執也。○取和合者，不達衆法，即我執也。○二、執不亡，故名貪著其事也。

疏　迷於事法，起煩惱矣。

記　迷於事法，所知障也。○煩惱可知。○是依二執，起於二障也。

△二、約止觀破我法，經二。初、除我執，二、除法執。

疏　二、約止觀破我法，二。初、除我執，二。初、斥錯解。

記　破我法者，前破我法所緣之境，令知不實，今破能緣我法見心。見心乃是所起分别，今即破之，令亡分别，入聖道也。故偈云，非無二得道，遠離於我法。

△初、除我執，經二。初、斥錯解，二、遣言執。

初、斥錯解。

須菩提，若人言佛説我見、人見、衆生見、壽者見，須菩提，於意云何，是人解我所説義不？不也，世尊，是人不解如來所説義。

記　斥錯解，經文問答並可知矣，但不解必錯解也。

△二、遣言執。

疏　二、遣言執。

何以故？

記　遣言執，經徵意云，以何義故，説爲不解。

世尊説我見、人見、衆生見、壽者見，即非我見、人見、衆生見、壽者見，是名我見、人見、衆生見、壽者見。

記　釋意云，佛説我人等見，非實我人

等見，是假名我人等見，衆生不解，謂之爲實，
所以前科判云錯矣。
疏　論云，我見虛妄分別，佛説即是不見。
記　虛妄等者，見有我故，名爲我見。
體實無故，乃云虛妄。虛妄無實，元是不見，
如繩處見蛇，豈是實見。
疏　無著云，此顯示如所不分別。
記　如所下，兩意。一、以真如爲所，
如彼真如，不分別故。二、以我法爲所，我
法本無，如所知故。
疏　云何顯示？
記　云何下，徵。
疏　如外道説我，如來説爲我見故，安
置人無我。
記　如外道下，釋。○人無我等者，一
法界中無我，無無我。今對有我説於無我，
權説假言，説云安置。
疏　又爲説有此我見故，安置法無我。

記　法無我等者，以見是心心所法，執
有此見，名爲法執。心法不實，故言安置。
○此文破法我者，是連帶引之，非謂正意也。
疏　如是觀察，菩薩入相應三昧時，不
復分別。
記　相應等者，入地證如也。○不分別者，
離分別障也。
疏　即此觀察，爲入方便。
記　即此等者，若存我法，即分別無窮。
但了二空，則自無分別。即此二空觀，爲入
理之方便也。
△二、除法執，經二。初、除分別，二、
顯本寂。初、除分別，疏二。初、明無分別所依，
二、正顯無分別理。
疏　二、除法執，二。初、除分別。
須菩提，發阿耨多羅三藐三菩提心者，於一
切法，應如是知，如是見，如是信解，不生法相。
須菩提，所言法相者，如來説即非法相，是名

法相。

記　除分別，經意云，發菩提心者，於一切法，應如是知、見、信解，不生法相。

△初、明無分別所依，二。初、總徵三法，二、別釋第三。初、總徵三法。

疏　無著云，此顯示何人無分别，於何法不分別，何方便不分別。

記　疏二。初、明無分別所依，二。初、總徵三法。

記　無著下，節節以疏徵起，以經答之。〇何人等者，即經中發菩提心者。〇於何法者，即經中一切法。〇何方便者，即經中應如是知、見、信解。

△二、別釋第三，二。初、總標，二、別釋。初、總標。

疏　此顯示增上心，增上智故。於無分別中，知見勝解。

記　此顯下，二、別釋第三，二。初、總標。

記　此顯下，增上心，即定也。增上智，即慧也。皆是增勝上法，故云增上。〇知見勝解者，定慧之後位，

△二、別釋，二。初、總彰三義，二、轉釋後義。

初、總彰三義。

疏　於中，若智依止奢摩他故知，依止毗鉢舍那故見。此二依止三摩提故勝解。

記　於中下，二、別釋。二、初、總彰三義。

記　於中者，於彼三事之中也。〇若智等者，明此三種，體即是智，但依止方便不同，故立三名也。〇奢摩他，此云止。止即是定。智依此定，併息萬緣，唯心獨存，故云知也。〇毗鉢等者，毗鉢舍那，此云觀。觀即是慧。依此慧故，觀察一切，委細推求，歷歷分明，故名爲見。奢摩他此二者，知見也。三摩提，此云等持，但以定慧等處，名三摩提。依此義故，名爲勝解。奢摩他言依止者，名依義

立也。

△二、轉釋後義。

疏 以三摩提自在故解。内攀緣影像，彼名勝解。

記 以三摩下，二、轉釋後義。

記 自在者，定慧無閡故。○内緣等者，既未證真，但緣影像，以真如法，離心緣故。今既變影緣如，但名勝解，從此能引根本正智，無分別中爲近方便故。

△二、正顯無分別理。

疏 云何無分別？此正顯無分別。

記 云何下，二、正顯無分別理，即論釋經中不生法相。○初句徵起，次句正顯。

疏 大雲云，前之方便是加行智，今不分別是根本智，即親證真如，離能所取，名不分別。

記 大雲下，約位釋論。○前方便等者，即知見勝解，此當地前四加行位。○今不分別者，即不生法相，通在十地及佛地也。雖滿分不同，皆用根本無分別智，親證諦理也。如《唯識見道頌》云，若時於所緣，智都無所得，爾時住唯識，離二取相故。

△二、顯本寂。

疏 二、顯本寂。

須菩提所言法相者，如來説即非法相。是名法相。

記 顯本寂，經意云，所言法相，非實有之法相，是本無之法相。

疏 無著云，此顯示法相中，不共義及相應義。如前已説。

記 不共者，非法相也。勝義諦中，不容他故。離性離相，非和合故。○相應者，是名法相也。性起爲相，不離性故。○如前金中無器。不離金也。

△二十六斷化身説法無福疑疏二。初、標章敘疑。二、依經斷疑。初標章敘疑五。

初標章，二指疑起處，三立理，四指無化體。五結成疑。

初、標章。

疏　二十六斷化身說法無福疑。

記　第二十六，論文於此，不言斷別疑。故雲外二疏皆攝入前段合疏，詳文合有，是故開之。

△二、指疑起處。

疏　因聞真化非一非異。

記　因聞下，指疑起處，此從二十五中來。

△三、立理。

疏　意云，若就非一，化唯虛假。若就非異，又唯冥合，歸一法身。

記　意云下，立理。

△四、指無化體。

疏　即化身終無自體。

記　即化身下，指無化體。

△五、結成疑。

疏　若爾，即所說法，受持演說無福。

記　若爾下，結成疑也。意云，能說之佛既虛，所說之教豈實？持說不實之教，寧有福耶？

△二、依經斷疑，疏二。初、標科。二、分釋。

初、標科。

疏　斷疑之文，二。

△二、分釋經，二。初、明說法功德。二、明說法不染。

初、明說法功德。

疏　初，明說法功德。

須菩提，若有人滿無量阿僧祇世界七寶持用布施，若有善男子、善女人發菩薩心者，持於此經，乃至四句偈等，受持、讀誦，爲人演說，其福勝彼。

記　功德，經文。○較量可解。○阿僧祇，此云無數。○發菩薩心者，揀餘人。

疏　偈云，化身示現福，非無無盡福。

記　偈云下，標。

疏　論云，雖諸佛自然，化身作業。

記　論云下，釋。○先牒縱之。

疏　而彼諸佛化身説法，有無量無盡無漏功德。

記　而彼下，據理奪之。○無量下，揀有量等，斯則三重顯於持説之勝。

△二、明説法不染疏二，初、引無著解，二、引大雲解。

疏　二、明説法不染。

云何爲人演説？

記　不染，經。徵意云，云何演説，便獲如是功德？

不取於相，如如不動。

記　釋文可見。○前云發菩薩心者，意在於此。若非菩薩，焉能如是。

△初、引無著解，二。初、申經意，二㈠、銷經文。

初、申經意。

疏　無著云，爲説法不染故，以有如是大利益故，決定演説，如是演説，即無所染。

記　無著下，初、引解，二。初、申經意。

記　既説法之心，如彼真如，無有分別，不取能所説相，所獲功德，利益至矣，故決定説也。○無所染者，即無分別，不取不動也。

記　此則正是斷疑之意。謂佛所有説，皆如真實，傳授之人要皆如是，既如其法，福乃無邊，何疑持説無福德耶。

記　又如偈云，諸佛説法時，不言是化身，以不如是説，是故彼説正。意云，若言是化，則人無敬心，所説之法，寧肯信受。由不説故，人皆宗奉，所説之教，咸悉受持，無漏之福自然無量等。

△二、銷經文。

疏　云何演説等者，顯示不可言説故。

記　云何下，二、銷經文。

記　不可等者，此明離於説相，非全不説。前云無法可説，《淨名》無説無示，是名説法，故魏經云，如不演説。

疏　若異此者，則爲染説，以顛倒義故。

記　若異下，反明。〇以取相故，有分别故，不如如故，既不如如，即成顛倒。

疏　又説時不求信敬等，亦爲無染説法。

記　又説時下，約事明無染。〇前約不稱理，今約不稱事。夫説法者，本爲利生，今爲名利，豈非染説，

△二、引大雲解。

疏　大雲云，若能不以生滅心行，説實相法，則如彼真如，故曰如如。

記　大雲下，二、引大雲解。

記　生滅心行，即有所得分别取相，今既不以，即與如合，故曰如如。〇上如即似義，下如即真如，似於真如，故曰如知。

疏　又心如境如，故曰如。

記　心境如者，即兩皆真如，無似義也。

疏　不動者，則無染義。

記　則無染者，謂擬心即差，便名爲染。故論云，動即有苦，果不離因，此則微細念慮，盡名爲染，不必貪欲。

△二十七、斷入寂如何説法疑，疏二。初、標章敘疑，二、依經斷疑。初、標章敘疑，三。初、標章，二、指疑起處，三、結成疑。初、標章。

疏　二十七、斷入寂如何説法疑。

記　第二十七，疏初標章。

△二、指疑起處。

疏　論云，若諸佛如來，常爲衆生説法。

記　若諸下，指疑起處。此從二十六中來，以化身如來，常説法故。〇前雖無文，而有此意。

△三、結成疑。

疏　云何言如來入涅槃？

記　云何下，結成疑也。〇涅槃即是不動無爲義。如前文云，若人言如來，若來去坐臥，即不解所説義。如來者，無所從來，亦無所去，故名如來。斯則佛入涅槃也。〇意云，涅槃寂靜，説法喧動，動寂相反，云何兩存。

△二、依經斷疑，疏二。初、開章指文，二、隨章辨釋。

疏　依經斷疑。

何以故？一切有爲法，如夢幻泡影，如露亦如電，應作如是觀。

記　經徵意云，以何義故，佛常説而不閡涅槃，如論所敘。〇釋意云，由佛有妙智，觀諸法空，如夢幻等，雖現説法，似有爲相，而常住涅槃，無作之理，復何疑哉？

記　若於論外，不作斷疑釋者，此文但責説法不染。〇徵意云，以何義故，説法之時，不取於相，得合真如，不動不染耶。〇釋意云，但觀諸有爲相，猶如夢幻等，自然於説不取不著，契合真如，無有動搖分別等也。

△初、開章指文。

疏　釋此文爲三。初、約兩論釋魏本中九喻。〇魏本云，一切有爲法，如星翳燈幻，露泡夢電雲，應作如是觀。

記　疏文，二。初、開章指文。〇魏本等者，以彼此二經皆説譬喻，就中彼廣此略，今則標廣以釋。

△二、隨章辨釋，三。初、約兩論釋魏本中九喻，二、約諸經顯諸虛假喻之大意，三、會通秦譯經本。初、約兩論釋魏本中九喻，二。初、約本論斷疑，二、兼無著釋相。

初、約本論斷疑。

疏　於中文二。初、約本論斷疑。

記　於中下，二。初、隨章辨釋，三。初、約兩論釋魏本中九喻，二。

疏　偈云，非有爲非離，諸如來涅槃，九種有爲法，妙智正觀故。

記　初文者。○偈云下，標。

疏　論云，諸佛得涅槃，化身説法，故非有爲，非離有爲。

記　論云下，釋。初、釋前二句。○真化不一，故非有爲。真化不異，故不離有爲。○言諸佛者，揀小乘涅槃，一句寂滅，如來涅槃，悲智兼運，名無住處。

疏　何故示現世間而不住有爲？由妙智正觀，有爲如九喻虚假故。

記　何故下，躡前徵起，釋後二句。○徵意可知。○由妙智等者，妙智揀二乘麤智，正觀揀凡夫倒見。○既以妙智正觀有爲諸法如夢幻等，故涉有而不住有，觀空而不住空，用而常寂，寂而常用，故終日説法，終日涅槃。如《華嚴疏》云，寂寥於萬化之域，動用於一虚之中也。○故知若不涉有，豈名大乘涅槃？若不證如，何名無染説法？言雖似反，意乃相符，善現約極違以申疑，如來據極順以通釋，理實深妙，光茲末篇。

△二、兼無著釋相，二。初、指論分文，二、隨文正釋。

初、指論分文。

疏　二、兼無著釋相。

疏　無著云，此偈顯示四有爲相，文四。

記　二、兼無著下，初、指論分文。○此偈者，魏經文也。四有爲者，即下自性等四。

△二、隨文正釋，四。初、自性相，二、著所住味相，三、隨順過失相，四、隨順出離相。

初、自性相，二。初、釋章意，二、別解文。

初、釋章意。

疏　一、自性相，此見相二用，識爲體，生死根本故。文三。

記　初自性下，二、隨文正釋，四。初文，二。初、釋章意。○此見等者，謂見相二分以自證分爲體，然此三法是生死之自性，一切生死從此而生，故名此三爲根本矣。〇此通八識也。

△二、別解，文三。初、星喻見，二、翳喻相，三、燈喻識。

初、星喻見，

疏 一、星喻見。〇無著云，無智暗中，有彼光故，有智明中，無彼光故。

記 一星下，二、別解，文三。〇初文見分者，雲云第六識也。計度分別，緣共相境，世間諸智，盡在其中，故以星光況於此識。〇此約執計強盛，故獨指第六，非不通八也。

記 無智等者，此中法喻相兼，文猶闕略。若具配屬，即法喻四對，謂以日喻智，以星喻識，以明喻悟，以闇喻迷。且如喻中意云，無日闇中，有星光故，有日明中，無星光故。法中，無智迷中，有識用故，有智悟中，無分別故。其猶昏夜，日光黯然，唯星獨存，略辨南北，杲日纔現，星光自沈。法中亦爾，生死迷中，本智未顯，意識分別似有鑒覺。若智顯彰，光明徧照，分別念慮，泯然無餘。〇無彼光者，此約分喻，喻中但無星光，而不無星體。法中融同一智，無別識心故。

△二、翳喻相。

疏 二、翳喻相。〇論云，如目有翳，則見毛輪等色。觀有爲法亦爾，以顛倒見故。

記 二中，如目等者，意云，翳若在眼，則見毛輪。執若在意，見實我法。〇若正配法喻，即翳喻第七識，毛輪等喻所見分。今標云翳喻所見分者，此有三意，一、密配第七識，謂若但取毛輪，則唯喻所見。第七意識，無因可收，故此密配，無所遺也。二、交互影略，以喻上舉能，法中言所，自然影略，該收所餘。三、顯示毛月無有體性，意雖在所，今却舉能以□所從能生，足知無體也。〇以顛倒見者，出無體所以。於無見有，故云顛倒。

疏　無著云，人法我見如翳，以取無義故。

記　取無義者，情有理無故。

△三、燈喻識。

疏　三、燈喻識。○燈約膏油，相續不絶，識依貪愛，生死無休。

記　三中燈喻識者，理則雖通，義當前五，以六、七、八識各有配故。○燈約等者，以膏油喻貪愛，以燈喻識。若無膏油，則燈光不起，若無貪愛，則識念不生。故論云，依止貪愛法住。

記　然此上三喻，皆是能熏，染汙根本，故通名自性相。其所熏第八識持種引心，配屬雲喻，如下所明。○或可星喻見分，翳目所見毛月喻相分，燈喻自證分。自證分即第八識，其後雲喻，但況識中種子爲未來法。

△二、著所住味相。

疏　二、著所住味相。

記　著所住味者，即是味著所住。

疏　論云，幻喻所依住處，以器世間種種差別，無一體實故。

記　幻喻等者，即約所幻境説，如結巾爲兔，結草爲馬，乃至變現種種境界。○以器下，所喻法也。六塵境界不一，故云種種。

疏　無著云，味著顛倒境故。

記　無著下，會釋科文。

疏　大雲云，幻出城郭誑人，識變山河不實故。

記　大雲釋意可知。能變之識，尚猶不實，所變之境，豈得有體？故《起信》云，一切境界，唯依妄念而有差別。若離心念，則無一切境界之相。

△三、隨順過失相，二。初、釋章意，二、正解文。

初、釋章意。

疏　三、隨順過失相，自身及受用是過失，觀此無常，是名隨順。

記　三、隨[三]下，二。初、釋章意。○自身等者，明身受當體是過失。○觀此等者，隨順出離也。

疏　又解云，隨順身受，即是過失。

記　又解等者，執著身受，是隨順過失也。所謂執身爲常，執受爲樂，即是顛倒。顛倒即過失也。

疏　文二。

△二、正解文，二。初、露喻身，二、泡喻受。

初、露喻身。

疏　初露喻身。○論云，身亦如是，少時住故。

記　初露下，二、正解，文二。

記　初者。○少時住者，如草上之露，日出即晞。衆生妄身，亦復如是。然有三意。一、命修短，有纔生即死故。二、比於上界，時極促故。三、念念遷謝，即生即滅故。有斯三意，故曰少時。

△二、泡喻受。

疏　二、泡喻受。○論云，所受用事，亦復如是，以受想因三法不定故。

記　二中，○受用事者，受能領納，即此領納，是受之用，即此受用，便名爲事。○受、想等者，因即是觸，受之因故，想能助受故。《俱舍》云，受同飲食，想同助味。○三法不定者，有三釋。一則苦、樂、捨三受不定也。二則受想因，於三法而不定。三法即違順等三境也。三則受、想、觸爲三，三皆不定也。以一不定，餘皆不定故。○然此雖説想觸，意明於受，如風水相投，即有泡起，觸想和合，則有受生，是故以泡喻於受也。故大雲云，水上之泡，出没不定。心中之受，苦樂不常。

疏　無著云，顯示隨順苦體，以受如泡故。

記　苦體等者，受是苦體，苦謂三苦。

彼苦身中，有苦生故是苦苦，破滅是壞苦，不相離是行苦。逐境住情，妄生樂想，故名隨順。

疏　功德施云，觀察壽如水泡，或始生未成體，或纔生，或暫停住，即歸散滅。

記　功德施下，意説壽命，不同前義。〇喻則可知。〇法中，始生等者，託藴腹中名生，形體未成，即有死者。纔生者，生下即死也。暫停住者，五歲十歲乃至百歲，通名暫住。初天所見，人間半百，尚同晝夜，況聖智乎？故《正法念經》云，有於胎藏中死，有生而已命終，有能行便亡，有能走便卒。雖修短之異，皆歸死處。故《淨名》云，是身虚僞，假以澡浴衣食，必歸磨滅。

△四、隨順出離相，三。初、釋章意，二、正解文，三、總結示。

初、釋章意。

疏　四、隨順出離相。無著云，隨順人法無我，故得出離。〇文三。

記　四、隨下，三。初、釋章意。〇隨順人法等者，二空真智，能出二死，方便觀察，名爲隨順。

△二、正解，文三。初、夢喻過去，二、電喻現在，三、雲喻未來。

初、夢喻過去。

疏　初、夢喻過去。

記　二、正解，文三。

疏　無著云，彼過去行，以所念處，故如夢。

記　初，如夢者，人之神遊也。以過去所作見聞事業，皆是所念之處，與夜來夢無有差别，憶之可説，掬之不見。如經云，如寤時人，説夢中事，心縱精明，欲何因緣，取夢中物。

疏　論云，應觀過去所有集造，同於夢境，但唯念性故。

記　唯念性者，以念爲體性故，念之似有，不念全無。

疏　功德施云，觀察作者如夢中，隨見聞之境，以念分別熏習住故。雖無作者，種種境界，分明現前。

記　觀察等者，謂白日見聞境界所熏，夢中宛然還見，雖即無人造作，境界分明現前。

疏　如是，衆生無始時來，有諸煩惱，善不善業，熏習而住，雖無我是能作者，而現無涯生死等事。

記　如是下，法合。〇過去業因所熏，感招現在果報，雖則無人造作，不免生死輪迴。故《淨名》云，無我無造無受者，善惡之業亦不亡。〇若夢寤時，則夢所見事，一無所有。若迷覺已，則生死輪迴，杜絶蹤跡。故《起信》云，應觀過去所念諸法，恍忽如夢。

△二、電喻現在。

疏　二、電喻現在。

疏　論云，以刹那不住故。

疏　功德施云，觀察心如電，生時即滅。

記　二中，不住生滅，文異義同。凡是有爲，即生即滅，無異時也，以無性故，體虚妄故。經云，因緣和合，虚妄有生，因緣別離，虚妄名滅。《楞伽經》云，初生即有滅，不爲愚者説。《起信》云，應觀現在所念之法，猶如電光。

△三、雲喻未來。

疏　三、雲喻未來。

疏　論云，以於子時，阿梨耶識與一切法爲種子根本。

記　三中，子時者，在種子位時。〇根本等者，應云阿梨耶識，在種子位時，爲一切法作種子根本，以一切諸法，從種子生故。

疏　無著云，彼麤惡種子似虚空，引心出故如雲。

記　麤惡種者，有漏種也，以無漏種子

爲細妙故。○似空者，喻多也。《華嚴》云，若此惡業，有體相者，盡虚空界，不能容受。○如雲者，空喻種子，雲喻未來所起現行之法，以雲依空，忽然起故。故《起信》云，應觀未來所現諸法，猶如於雲，忽爾而起。

△三、總結示。

疏　無著云，如是知三世行，則達無我，此顯示隨順出離相。

記　無著下，通明三事，結釋科文。

疏　大雲云，過未無體，現又不住，則三世空，達無我矣。

記　大雲下，顯無著科意，三世既空，憑何有我？執我既不出離，達無我者必出離也。故偈云，觀根及受用，觀於三世事，於有爲法中，得無垢自在。

△二、約諸經顯諸虚假喻之大意。

疏　二、約諸經顯諸虚假喻之大意。

記　二中，○諸經等者，謂如來説法，多以夢幻虚假之事，況諸法空義，或廣或略，散在諸經諸論。隨何經論，宗趣雖殊，大意皆破衆生徧計情執。或情執多者，不達法者，約喻生疑。病既連綿，藥還邐迤，以悟爲限，法喻重重。今約《華嚴·十忍品》疏文，兼《攝大乘論》意，勢顯諸喻意，令無混濫也。

疏　佛説一切法空。

記　一切法空者，此是義宗。若是上根，聞之便解。中根之類，一喻即明。下根之流，展轉生惑，更以諸喻，如下所辨。

疏　疑云，云何現見一切境界？故説如幻，幻法雖無，分明可見。

記　現見等者，難曰：諸法若不見，任説法皆空，現見歷然在，因何得是空？○故説如幻下，以喻釋喻也。下皆準此。

疏　又疑云，幻法既無，又何愛著？故説如陽燄，渴鹿謂之水，愛著奔趣。

記　愛著等者，難曰：衆生不愛著，任說法如幻。既生愛著心，云何得如幻？〇故說如燄下，釋也。

疏　又疑云，渴鹿畢竟不得水，貪者如何皆得受用？故說如夢，夢中所見，亦得受用。

記　不得水者，難曰：貪求若不得，任說法如燄。求者皆遂心，云何得如燄？〇故說如夢下，釋也。

疏　又疑云，夢造善惡，寤無業報，夢打尊長，寤無憂懼，故說如影如響。雖全無體，明鏡對色，空谷對聲，姸媸高低，一一皆應，必無雜亂，必無參差。

記　夢造等者，難曰：善惡無果報，任說法如夢。因果事昭然，云何得如夢？〇故說如影下，釋也。姸，美好也。媸，醜陋也。此說對鏡之色。高低者，此說對谷之聲也。一一應者，無一像而不應色，無一響而不應聲。無雜亂等者，必不對美現醜，對高應低故。

疏　又疑云，若都無實，菩薩何以作利樂事，故說如化。謂變化者，雖知不實，而作化事。

記　利樂等者，難曰：菩薩不化生，任說如影響。菩薩既化生，云何如影響？〇故說如化下，釋也。作化事者，不可謂作化事便言爲實，不可謂度衆生便謂衆生實有。良爲衆生即空，迷故不覺，爲說令覺。若實有體，化之何益。故《淨名》云，觀衆生如幻化，如水月鏡像，如龜毛、兔角等。文殊問云：若然者，菩薩云何行慈？維摩詰言：爲衆生說如是法，是真實慈也。

記　上來五重徵釋，皆顯法空。蓋因喻生迷，遂展轉訓曉，極茲後位，喻盡法彰，疑氷自釋。然諸經中，或說乾城、水月、杌鬼、繩蛇、翳目、空華、龜毛、兔角等，皆隨機隨說，引令得出，必不依次有是五重也。

△三、會通秦譯經本，二。初、指喻顯法，

二、正會廣略。初、指喻顯法，三。初、正釋。二、顯益，三、結歎。

初、正釋。

疏　三、會通秦譯經本。

疏　夢幻泡影，空理全彰，露電二喻，無常足顯。

記　秦經夢幻等者，以夢等四事皆無體性。若觀有爲諸法，如其夢等，則空理易明。露電二事，暫有即無，若觀諸法，如其露電，則無常自顯。

△二、顯益。

疏　悟真空則不住諸相，觀生滅則警策修行。

記　悟真空下，顯益。○不住相者，凡夫迷真空既住相，當知悟真空即不住相也。住即執取染著之義。○又凡夫顛倒，不了無常，故戀世間，不務修進。當知達彼一切悉無常性，念念遷謝，不住不久，由是怖畏生死，樂趣涅槃，如救頭然，寸陰是競。所以佛於涅槃會中，偏讚此觀，以爲第一。然二句中，各有解行，配釋可知。

△三、結歎。

疏　妙符破相之宗，巧示亡情之觀。

記　妙符下，結歎。○符破相宗者，歎前四喻也。然佛一代教門，就大乘中，宗塗有三：一、法相宗，謂《解深密》等經，《瑜珈》《唯識》等論。二、破相宗，諸《般若》等經，《中》《百》《門》等論。三、法性宗，謂《法華》《涅槃》等經，《起信》《寶性》等論。既《般若》宗於破相，今說有爲，喻以夢幻泡影，明妙符宗旨也。○示亡情等者，歎後二喻。若觀世間諸法，如電露等，自不繫情於身命財而生常解。○又由前四喻故慧解亡情，由後二喻故習定亡情。又前亡執有之情，後亡計常之情，若不覺空無常，即繫情於身命資具。今既悟此空無常理，則情念涅壞，真智現前。○斯則上合經宗，故云妙，下契物情，故云巧也。

△二、正會廣略，三。初、牒問，二、釋通，三、結歎。

初、牒問。

疏 魏譯九喻，秦本略者。

記 魏譯下，牒問也。或問曰：魏譯九喻，秦經略三者，何也？今此牒之。

△二、釋通。

疏 以星燈有體，雲種含生，恐難契空心，潛滋相想。

記 以星下，釋通。○有體者，雖星不如日，燈藉膏油，未是全空，故云有體。○雲種者，法喻雙舉。雲能含雨，種必生芽，故曰含生。○難契等者，本爲執情堅固，不了即空，由是設喻，以蕩分別。若觀有體之物，便同析色，難悟即空，空觀不成，故云難契。○潛滋等者，既不了無常，唯於境相而生常想，不能捨離，縱不故意，任運生情，不覺而起，故曰潛也。

△三、結歎。

疏 取意之譯，妙在茲焉。

記 取意等者，先德皆云，敵對唐梵，則奘稱能，取意譯經，則什爲最。

記 然雲等三喻，則直下剪除，於餘六中，又換一喻，謂以影代翳也。所以換者，影並於翳，空義顯故。

△三、流通分。疏二。初、隨經文別釋。

二、引論疏讚釋。

疏 第三、流通分。

佛說是經已，長老須菩提，及諸比丘、比丘尼、優婆塞、優婆夷，一切世間天、人、阿修羅，聞佛所說，皆大歡喜，信受奉行。

記 流通，經文可見。○佛說是經已者，本爲空生致問，故佛答降、住、修行。答問既終，便合經畢，仍以躡跡起疑，連環二十七段，洎乎此文，疑念氷釋。既善吉無問，故能仁杜宣。〇一卷經内，雖兼有師資，以其就勝，故但云佛説。〇長老等義，如前所解。

△初、隨經文别釋。

疏　尼者，此云女也。〇優婆塞，此云近事男。優婆夷，此云近事女。親近比丘、比丘尼而承事故。〇阿修羅，此云非天。

記　疏二。初、隨經文别釋。

記　近事男女者，標釋可知。亦云近住男、清信男等，並可知。〇非天者，亦非人也，謂非天人趣之所攝故，亦云無酒。

疏　皆大等者，《文殊所問經》云有三種義，歡喜奉行。一、説者清淨，不爲取著利養所染。二、所説清淨，以如實知法體。三、得果清淨。

記　如實等者，説理如理，説事如事故。果淨者，依解起行，得無漏故淨。

△二、引論疏讚釋，二。初、引論，二、引疏。

初、引論。

疏　無著云，若聞如是義，於大乘無覺，我念過於石，究竟無因故。

記　無著下，二、引論疏讚釋。〇無覺者，不發二空智也。〇二執牢固，如石之堅。石猶可磨可琢，聞經不能無我而解，不啻於石，故云過於。詩云，我心匪石，不可轉也。轉，猶動也。磨琢皆是動義。〇又論云，下人於深法，不能覺及信，世人多如此，是故法荒廢。〇無因者，無大乘正因，不得菩提故。

疏　天親云，諸法希有總持法，不可稱量深句義，〇從尊者聞及廣説，迴此功德施羣生。

記　總持法者，秘密般若也。深句義者，顯了般若也。或總持法是經文，深句義是本偈。從尊者，即彌勒無著也。〇廣説，即自指論文。

△二、引疏。

疏　大雲云，大聖説經，妙理斯畢，二空圓極，四衆奉行。

疏　肇云，同聽齊悟，法喜蕩心，服翫遵式，永崇不朽。

疏　資聖云，般若深經，三世佛母，聞經四句，已超惡趣之因，一念淨持，必護菩提之記，故人天異類，莫不虔受奉行矣。

記　佛母者，以能生諸佛及菩提法故。

○餘文易知。

疏　金剛般若經疏論纂要。終。

記　金剛經纂要刊定記。終。

金剛經疏記科會卷第十終

校勘記

〔一〕「二」，底本作「一」，據文意改。

〔二〕「隨」，底本作「觀」，據文意改。

（李勁整理）

○二五八

金剛經疏記會編（二）

清行策會編

金剛般若經疏記會編序

一切衆生自性般若，與諸佛平等。衆生唯妄執未謝，故波迸六道，甘淪溺而不之返。世尊爲說一切修多羅，不過令其於己躬下，證其本有如是之事而已。然諸契經演説不同，有曲有直，有純有雜，唯《金剛般若》一經，破執斷疑，最爲直説純説者也。此經總之則一，析之有三種。一曰實相般若，如金之堅，即理經也。二曰觀照般若，如金之利，即行經也。三曰文字般若，如金之光，即教經也。利根圓獲，鈍者淺執。昔六祖大師聞客誦至應無所住而生其心，中峯老人讀至荷擔如來阿耨多羅三藐三菩提豁然悟入，此頓見實相，最上利根也。其次則明觀照，又次則信文字。至於但信文字，根斯爲下矣。然末世頓入者少，故理由行證，行藉教明，則文字實又二種般若之津筏也。是經文則甚略，而義該大部，入位上流，乍難窺測。然自創譯已來，此方疏釋約數百家。深經淺解，已謂少益，況偏辭臆説，至有不堪聞見者乎。

昔佛滅後，西域有無著菩薩，入日光定，上升兜率，諮彌勒問此經義。彌勒以八十偈頌之，無著出定，與其弟天親各稟偈造論。二論互釋，經旨彌深，仍非淺智所了。唐圭山大師以妙悟之姿，泳遊教海，愍物興慈，遂正本二論，旁采諸説，述《纂要疏》二卷，辭精理極，爲衆釋中最。然一往讀之不了者，什猶六七。石壁師別爲《廣解》，又失之太繁。長水師復起而翦削之，成《刊定記》，而疏義顯矣。疏義顯，而後《金剛般若》教、行、理三經乃無不顯矣。但今宇內謬解偏多，傳講諸師又恒習世本，各封己見，以故鮮知宗尚。

嗟乎，獨不思聖凡愚智藐若雲泥。無著是登地菩薩，天親是地前加行菩薩，二人親稟彌勒，彌勒是補處大士，親稟釋尊。今疏悉依二論，則疏即佛語，佛語不宗，將誰宗乎。策昔因閲藏，幸遇斯文，精研三復，如獲重寶，但以《疏》《記》别行，尋討維艱，文義連綿，科章間錯，起止血脉，作者猶迷，於是不量庸愚，秉筆從事，校經節疏，會記編科，繕寫嚴覈，至三脱其稿，於中添削釐合，殊費斟裁。俾覽者無神昏目眩之嫌，有執謝疑除之益。特授剞劂，以廣流傳。或曰：子禪者也，乃事經疏之學耶。予曰：噫，子過矣。請無遠論，即圭山、長水二師，一則宗大鑑而徹禪源，一則叩琅邪而悟心要，亦皆績教内之真傳，即文字而直指。苟具正眼，豈存二見。況此般若者，乃覺體之異名，種智之殊號，性空緣會，法爾無差，功德發心，本無限齊。吾將流通如是之經，以期己他之兼利也。流通文字，用嚴化身，流通觀照，用嚴報身，流通實相，用嚴法身，如是則爲具足佛身。何以故。生了二因，決能成就故。經云：是經義不可思議，果報亦不可思議。諸有福智者，應作如是觀。

康熙甲辰歲仲夏之吉荊溪後學行策書於武林之河渚草堂。

校勘記

〔一〕底本據《卍續藏》。

金剛般若經疏記會編科文（存目）〔一〕

長水沙門子璿録

校勘記

〔一〕科文已收入《中華大藏經》正編第九七册第一八三三號，此處存目。

十八住階位圖

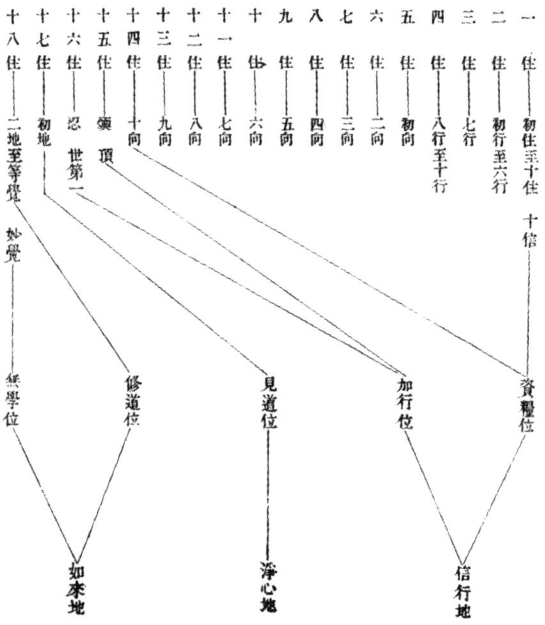

十八住階位圖說

第一住配初發心住，并攝前十信，及餘九住，共二十心。二中是六波羅蜜，故次配六行。四中法身，分言說、證得，於證得中開智相、福相，故配後三行。第十八中，有六種具足，初一具足配二地至等覺十位，後五無上具足，配妙覺位。其餘配屬可見。

詳夫諸教所説地位差互不同，或說五十二位，或將十信攝入十住，但說四十二位，於中或復開前合後，開後合前，或前後俱開俱合，開之則廣，合之則狹。又或借小明大，借權明實，名相位號，出入譎譌，狥名遺旨，多見差謬。乃至《楞伽》諸典，泯之全無，《瓔珞》等經，具說成有。若有若無，若廣若狹，皆隨宜之說也。惟《華嚴》行布萬殊，圓融一際，有無濶狹，悉皆無閡，方爲了義耳。所以者何。以約法則無，約人則有。今經云：一切賢聖，皆以無爲法而有差別。無爲故無，差別故有。於差別中，不無濶狹也。論主既仰師補處，深悉經義，以宗派兼明故。正住中道，不墮有無，以法喻齊顯故。初後中間，酌於濶狹，配十八住處，說三地五位，誠盡善矣。記主云：然其行人念念須冥佛境，反窮果海，自然階降不同。若預等級用心，畢竟障於證入。況此經宗無相，豈合列位淺深。但約情惑漸薄，地位轉高，義相稍同，故略配攝也。斯言得之。然今之人乃有以此而病無著者，嗟乎。不解即相離相，妄謂一向無相，所以墮增上慢，因果不分，謬執經宗，非毁先聖。好心學《般若》者，幸勿狗此一邊之見。住於中道，離障證真，依無爲法，入賢聖位，則庶乎其不差矣。

二十七疑脈絡圖

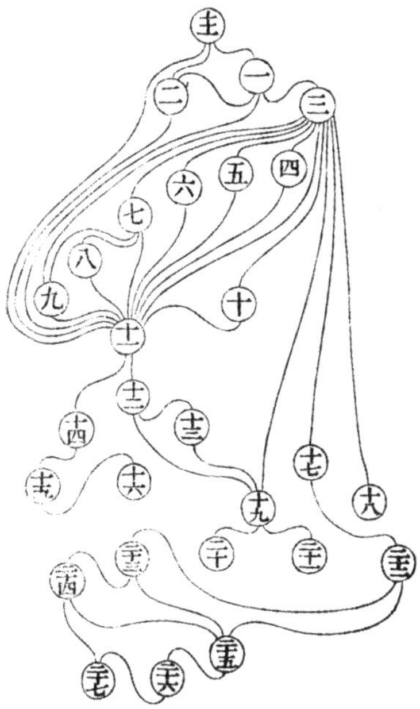

二十七疑脈絡圖説

首曰主者，即不住相布施也。以此是疑主故，展轉生起，至二十七。於中第三出十疑，第十一總承前疑，是爲脈絡肯綮處。餘疑可知。

佛乃不思議人，經名不思議説。不思議者，非思議能解也。非思議能解者，無思議者乃能解也。無思議能解者，非思議竟莫能解也。何以故。如上二十七疑，來自經文之外，已非思議所及。然有次序來者，有隔越來者，有通貫來者，有分承來者，次或可知，隔即難曉，况通貫分承乎。譬猶身中血脈，地中泉脈，經絡支派，潛伏流注，殊非尋常，義現於文，易開物解者比也。况加之以麤心淺心，狗臆見妄生穿鑿，何關經義。故曰非思議能解也。彌勒以補處之智，冥妙覺之經，演難思之偈，授登地之人曰斷種種疑。天親始理疑脈，以貫經曰斷二十七種疑。故曰無思議者乃能解也。昔者以文求義，矛〔二〕盾何多。今也以脈定文，參商斯絶，違惟見其順，塞惟見其通，斷惟見其續，暗惟見其明，細心深心，虚所見好古敏求之力也，故曰非思議竟莫能解也。好心學

《般若》者，當澄神攝慮，熟翫而細研之，將見此經全體血脈，朗然躍現於文字句偈之表。由是永斷羣疑，深解義趣，依解起行，行起解絶，不妨從思議中親到無思議處，即是親見不思議人，親聞不思議説也。尚勉之哉。

校勘記

〔一〕「矛」，底本作「予」，據文意改。

例言

一、此經六譯，秦譯稱最，傳布既廣，譌舛滋多，故校諸疏本，亦各差互。今經字句，一依北藏原本勘正。

一、此經注釋，無慮數百家。雖有數家正疏，然皆互有短長，其盡善盡美，唯《纂要》一疏而已。故今疏文悉遵原本，無敢移易。其《刊定記》文，既會歸本疏下，首末開合，不無增損字面，貴使文義允當耳。

一、凡疏鈔合本，多見以兩文並書，而首標疏鈔字者，其不便有二，一者遇條分縷析處，標字太煩，二則於義未安。蓋鈔不得與疏並列，猶之疏不得與經齊等。譬如經則父也，疏則子也，鈔則孫也，倫次自應有別。今初二卷，以疏文頂格書，記低一字。自三卷以去，則以經文頂格書，疏讓經一字，記復讓疏一字，不同他本之式。又記中有釋經之語，未涉疏意者，會在疏前，令不失次第。

一、此中分科，須辨四種不同，有記中所列之疏科，有疏中所列之經科，有疏中自列之疏科，并節釋之經科，重繁錯雜，初學多迷。今前二種，皆加圈別之，仍乃黑白，使疏、記首尾血脈通貫。其後二種，準疏文一例書之，庶井然易見。

一、《記》中科題，有遺前失後者，竊意補之。有應立不立者，增入之。有疏自列而記復列者，翦削之。或安科取便失次者，隨位置之。或科名未盡善者，略更易數字。非敢妄專，務期允當，覽者無以差脱見疑。

一、經文十八、十九二疑之間，有爾時慧命須菩提至是名衆生一段，計六十二字，秦譯原無，係後人添入，故《疏》不釋。然魏譯有之，二論亦皆釋之，添亦無失。況《記》有補釋之文，今從世本添入，如秦譯《法華·普門品》中添入隋偈，亦無失也。

一、配十八住處，斷二十七疑，爲兩論之綱宗，一經之樞要。若階位不明，則昧於横判，脈絡不清，則迷於豎釋。今各爲圖説，系於全科之後，使開卷按圖，瞭然在目，不致尋文難了。

一、《疏》《記》兩文之中，字句竝多錯謬，北藏且不可憑，何論他本。今則揆之文義，苟一字不安，必周徧披尋，得之舊册，或深思自悟，釋然無疑。具摘諸譌，附於卷末，一以見讎勘之難，一以出藏本之誤，惟覽者悉之。

金剛般若經疏論纂要刊定記會編

卷第一（存目）

秦三藏法師鳩摩羅什譯經

唐圭山大師宗密述疏

宋長水沙門子璿録記

清荆谿後學沙門行策會編

卍云：《疏記會編》之文出于《科會》，故今省之[一]。

校勘記

[一]《疏記會編》正文，見前〇二五七《金剛經疏記科會》。

（李勁整理）

○二五九

金剛經大意[一]

答屠息庵讀金剛經大意書

秀水止菴王起隆述

承以《金剛演説》示讀，竊嘆翁兄於古今疏經家，揉諸香爲丸，緝衆絲成錦，樂取人善，不恃己長，留心大乘最上乘，爲當今之優曇鉢華，儒門大有人在矣。疏經難，疏此經大難。疏此經如時師，爲他人説者，亦不爲難。疏此經而期精熟貫穿，不失佛意，不同謗佛，則難之大難。寧觀大意，無師心也；寧闕疑，無妄註脚也。

全經五千一百四十六字耳，昭明分三十二分，留支分十二分，無著分十八住，天親分二十七疑，彌勒成八十偈，功德施菩薩造論，傅大士造頌等，度佛眼觀之，盡虚空界畫也。相傳唐初疏此經者，多至八百餘家，世遠不可得見。前此則天台智者之《疏》，後此則圭峯之《纂》，楊圭之《集解》，長水之《刊定記》，中峯之《略義》，宗泐之《註》。暨今時疏，亦既充棟，將赤水玄珠，誰定爲象罔乎？

原夫《般若大經》，次《阿含》《方等》，而説凡六百卷，四處十六會。《金剛般若》爲第九會説，其一也。《金剛般若》之入中國，前後譯凡有六，而秦譯其一也。經有大頭顱，有大支幹，而血髓充周圓滿於其間。

大頭顱云何？經所謂金剛非他，即生、佛真如心是也。此真如心，不變隨緣，隨緣不變。不變者，生、佛同此真如心，刀砍不入，火燒不著，能壞一切而一切不能壞。故般若有百喻，此單喻如金剛，亦得強名曰無爲法。隨緣者，一切聖凡依正，皆以無爲法而有差别，名有爲法，喻如夢、幻、泡、影、露、電，不可取著，則屬生滅門收矣。弟於此經素苦葛藤，迄今老於憂患，讀之略見一斑。與深言之，無寧淺言之，與玄遠言之，無寧平實言之。全經文句，諄諄娓娓，疊疊層層，如關鎖勾連之骨，如迴環顧抱之沙。畢竟頭顱何在？則經文佛不云乎，一切法無我。竊謂此經五千一百四十六字，只疏得此五字耳。心、佛、衆生，三無差别。真如不守，動生無明，只一我爲大患。我相也，我見也，我能度生也，我能布施也，我能得果也，我能説法也，我能授記也，我能莊嚴佛土也，我能供養河沙諸佛也，我能捨身命也，我能持戒也，我能忍辱也，我能行善法也，我能集福德也。此點點我未忘，由此貪著我執、法執、法非法執，貪著正報執，貪著依報執，矜功爭能也，伐善施勞也，希求福利也，爲尊貴施墮也，爲人輕賤也，鬬諍堅固也。此所謂一合相也，此所謂諸心皆非心也，此所謂住於非住而不住於般若也，此所謂爲煩惱伏降而不能降伏煩惱也。我如堅城，如怨敵，千生萬劫，團合堅牢，如人入暗，一無所見矣。誠有能發菩提心，生清淨心，不住六塵。生心，應無所住。生心，於一切有爲法，凡度生、布施、得果、説法、嚴土、持戒、忍辱、集福等，洞然智照，觀度而無所度，觀施而無所施，觀得而無所得，觀説而無所説，觀記而無所記，觀嚴而無所嚴，觀供而無所供，觀身命而無身命，觀持戒而無持戒，觀忍辱而無忍辱，觀善法而無善法，觀福德而無福德，觀微塵而無微塵，觀世界而無世界，觀四相無四相，觀四見無四見，盡聖凡依正，統滙一真如，即有爲法而成無爲法。即假設我而見真常我，旅泊世間，無意、必，無固、我。於凡矜功爭能貪著之薰習之命根，徹盡源底，豁然蕩除，如日光明照，見種種色，即堅城粉碎矣，怨敵倒戈矣。心心般若，在在金剛，爲至人無己，神人無功，聖人無名矣。故曰：菩薩通達無我法者，如來説名真是菩薩。此於全經大頭顱，未敢曰穿透紅心，或者雖不中，不遠乎！

大支幹云何？一曰循經分以省謗，一曰標經

旨以舉要，一曰約經象以順文，一曰匯經意以領趣，一曰開經眼以豁疑。

循經分，何也？全經問在答處，答在問處，髣髴神龍出没，不可端倪。但點睛之手，畫龍身首。凡繚繞烟雲間者，不必盡畫也。茲循昭分，細審來龍。自第二分須菩提從大衆中起，至第四分菩薩但應如所教住止，爲經全龍之龍首。葢住心降伏義爲正宗，如《大學》之聖經，《中庸》之天命章，全經大旨已竟。自第五分可以身相見如來不起，至第十六分果報亦不可思議止，如《學》《庸》之有分章，只重重洗發住心降伏之義。自十七分起，空生重理住心降伏，起請問頭，諸家種種曲説，虚心尋繹，俱未確然。此正如《南華經》北溟有魚一則，兩見《逍遥》一篇之中，文字重彰，趣味無二也。循此十七分中，重説無法可得，重説大身非身，重説莊嚴非莊嚴，第十九分重説布施福德，第二十分重説不可身相見如來，第二十一分重説如來無所説法，第二十四分重説説經福德，第二十五分重説實無衆生滅度，第二十六分重説不可三十二相見如來，第三十分重説非微塵非世界。其他不重説者，亦字句多重。葢緣印度言音累複，佛慈悲重深，不違其俗，故無相、無見、無説、無得、無度、無福德等言，或三五出，或八九出。或爲鈍根諄誨，或爲後至重宣，不厭再三，實無岐異加之，或翻譯之失，或筆受之訛。但當牢持信心，求佛加被，自當有庖丁解牛披大郤、導大窾之時。若如諸家，必欲爭執前後不同，可解解之，不可解處亦必欲解之，牽强消文，横生穿鑿，疑團滿堆，佛口通可掛壁。果知其解者，旦暮遇之乎？自非不謬佛心，誹謗重僁，奚通懺悔。此經分之當循也。

標經旨，何也？諸經發起，必有綱宗。是經，佛於般若會上破相談空，以無上正等正覺，開演人空、法空、法非法空。彼凡夫不能斷惑，二乘不能轉識，其故有二繇，一住於證得，一住於福德耳。初祖西來，埽證得，則曰廓然無聖；埽福德，則曰並無功德。竊謂此經，佛旨簡要亦然。通玩經文，如無得無説也，我不作是念是阿羅漢也，於燃燈佛所於法實無所得也，於三藐三菩提無有少法可得也，實無有法發菩提心也，色見聲求爲邪道也，非所謂廓然無聖者歟？福德同虚空不可思量也，三千大千七寶施不及也，身命布施不及也，恒河沙身命三時布施不及也，供養那由他諸佛功德不及也，是福德即非福德性也，諸菩薩不受福德也，非所謂並無功德者歟？佛憫小乘爲有所得心所誤，愚迷凡夫爲人天小果、有漏之因所誤，墮存我覺我煩惱所知二障，墮界内界外分段變易二死，從生至生，不得清淨，不憚多方淘汰，譬滌淨器，方貯天漿。趙州所云，佛之一字我不喜聞；龐蘊所謂，我百千生爲布施累，意亦猶是。此經旨之當標也。

約經象，何也？分經必以三科，有序分，有正宗，末乃有結經流通。此經第十三分，空生請佛安名結經在半。凡讚法顯勝處，即係流通，不係經末，方爲流通。約象分文，每段説經一番，便間以較量福德一番。通計七重福德，第一重無住福德，爲見性福德。次五重福德，一重增勝一重，通爲有相福德，較見性福德，實算數比喻不及。後四段，則佛隨順機緣，破遣凡夫依正報執。末一切有爲法一偈，則總收全經，故不分正宗，不分流通。護念、付囑，婆心痛切，庠序秩如，似乎貫華，似乎散華，似乎正智，似乎方便，似乎山盡水窮，似乎坐看雲起。此經象之當約也。

涯經意，何也？凡佛説經，循其言句則知其意。是經以金剛命名，而經言則曰無諍，曰忍辱，曰無瞋恨，曰受輕賤，曰得成於忍，則非以剛爲剛，純以柔爲剛，此佛意也。佛言如來無所説法，如來無有定法可説，如來無法可説，若言如來有所説法，即爲謗佛。而經言則重信解、受持，重書寫誦讀，重受持四句偈等。曰爲他人説者四，曰爲人解説者二，曰廣爲人説者一，曰爲人演説者一，又曰如來爲發大乘者説，爲發最上乘者説，又曰如來是真語、實語、如語、不誑語、不異語。豈説時默，默時説，如來有自語相違乎？何以無法可説者，又專欲人説？所謂無離文字説解脱，雖復不依言語道，亦復不著無言説，此佛意也。經言凡有所相皆是虚妄，言若見諸相非相即見如來，言離一切諸相即名諸佛，而又曰一切諸法皆是佛法，又曰一切諸佛法皆從此經出，又曰以無我、無人、無衆生、壽者，修一切善法，又曰發阿耨多羅三藐三菩提心者，於法不説斷滅相，又曰成就最上第一希有之法，又曰成就第一希有功德，又曰成就無量無邊功德，又曰成就不可量、不可稱、無有邊、不可思議功德，又曰佛法無實無虚，將立時埽，埽時立，如來有世間過乎？無非揀盡相見之虚，彰明般若之實，此佛意也。經言一切衆生皆以無餘涅槃而滅度之。但十界唯心，衆生幻妄同於捏目所成，人於相見不能清淨，則起念便生無量衆生，自己不離衆生，何以度衆生乎？故他經佛告比丘，汝等心中一日一夜有百千萬億衆生起滅，若能智照，不起相續之念，即是度盡衆生。則知衆生有事度，有理度，有度世界之衆生，有度自心之衆生，有攝而順度衆生，有折而逆度衆生，並由理具，方有事用，必内外智照，如儒之盡人盡物，乃爲無餘涅槃，不同小乘樂小法者。故曰一切衆生即非衆生，曰彼非衆生非不衆生，曰如來説非衆生，是名衆生，曰實無衆生如來度者，此佛意也。凡此等語，如水面葫蘆，按捺不定，如明珠走盤，閃爍横斜，如揮運鏌鎁，縱奪殺活，莫敢攖鋒。但默領佛心，自見趣味汪洋，萬川歸墟，了無異水。此經意之當滙也。

開經眼，何也？佛於空生，數云於意云何，數云如是如是，此經中眼目也。將空生真有疑於佛耶？抑佛真有疑於空生耶？要知佛無疑也，空生亦無疑也。一部《金剛》，翻翻覆覆，代衆生作問答，代衆生開疑也。衆生不疑不信，不大疑不大信，故經中徹首徹尾，最重信心。如信心不逆，如於此章句能生信心，如一念生淨信心，如聞是經，不怖不畏，如或有人聞，心則狂亂，狐疑不信。其最嚴重，則曰信心清淨則生實相，實相即金剛也，即能壞一切，一切不能壞也。即太阿鋒，即大火聚，即光明鏡，即大日輪，即《楞嚴》之究竟堅固，即《圓覺》之非幻不滅，即《法華》之是法住法位，世間相常住。有爲法空也，非空無爲法也，諸相非相也，非空如來也。色見聲求邪道也，非空正道也。灼然離一切相，即一切法也。灼然幻有不有，真空不空也。故始之以如是住，如是降伏，終之以如是知，如是見，如是信解。如是觀，而衆生無餘疑矣，胥得度矣。若執空生有疑，佛真爲空生破疑，殊爲未夢現在。此經眼之當開也。

綜而論之，一經之中，有凡夫相見，有二乘相見，有相似菩薩相見。凡夫相見，見思惑也。二乘相見，塵沙惑也。相似菩薩相見，無明惑也。相見之惑，有從分别發起，有從俱生發起。分别二障麤猛易斷，極喜無也。俱生二障纏眠難斷，地地除也。離四句，絶百非，中有函蓋乾坤句，有截斷衆流句，有隨波逐浪句。佛説般若波羅蜜，函蓋乾坤也。即非般若波羅蜜，截斷衆流也。是名般若波羅蜜，隨波逐浪也。引而伸之，觸而類之，所謂擊首尾應，擊尾首應，擊中則首尾俱應，孰非經龍之鱗翼脊鬣，爲大支幹者乎？解此，則全經血髓，智見智，仁見仁，隨拈一字一句，充周圓滿，不可云喻，更無不節節支解者矣。要之，此金剛王寶覺，以如如不動爲體，以無餘度生、降伏其心爲用，以不住六塵、無住生心爲同虚空不可思量福德，以知一切法無我爲得成於忍，以是法平等，無有高下，脩一切善法爲莊嚴，以無相無見爲證得，以六如爲觀智。而最先證入，全性起修，全修在性，則必以信爲入門。凡佛所説六度、四果、五眼、三心，身如須彌山王、轉輪聖王諸類，無字不當尋義，無義不當求證。貴眼正，尤貴行履，於佛菩薩所云如幻金剛三昧，所云金剛道後異熟識空，庶幾其可躋乎？若口口談空，心心著有，如今之拍盲禪侶，戲論講師，背毀《金剛》，墮落惡道必矣。古德云，但願空諸所有，慎勿實諸所無，此諸家之説《金剛》也。古德又云，寧起有見如丘山，莫起無見如芥子，則不肖弟之説《金剛》也。横成嶺，側成峯，到處不同，正緣身在廬山，不能全見廬山面目。六祖曰：此在心行，不在口念。張無盡曰：我學佛而後知儒。此經非足目兼資，同堂面話，何以頭正尾正，領取本地風光。倘兄翁不棄蒭蕘，新年肯來酧唱激揚，當更有依義不依語者，相商不淺耳。率臆妄言，未罄瞽愚，台慈不罪。

善信李肇亨助銀壹兩，朱茂時、張晋徵、汪挺各助銀捌錢，徐機助梨板肆錢，刊此《金剛大意》。所願同明相見之妄，咸生清淨之心。福基命位，當體昌隆，智種靈苗，後嗣秀盛。旃蒙協洽林鍾月大士成道日，王起隆謹識。板貯楞嚴流通。

校勘記

〔一〕底本據《卍續藏》。

金剛大意自跋

此余甲午冬杪草答屠息庵書也。因息庵下問，不靳再三，感其至誠，遂呵凍滾滾成此一長篇絡索。師心臆妄，慮犯謗佛重愆，擬欲今夏齋質於靈峯素大師，丐其楷定，乃用示人，故併息庵來索看，未之敢出。不謂首春大師西逝已，求郢削無從，生盲蔽錮，永失金鎞，可勝傷痛。念息庵之意不可終虛，適闔户避兵，將此書分録三通。一焚告素大師，因不知所裁，冀常光照證也。一貽息庵，因詢於蒭蕘，不可忘酧答也。一存笥中，則藉以將來就正有道也。

嗟乎，此經大意難明，正繇高談龍肉人多，

實噉猪肉人少。既頭顱之罔揭，亦支幹之莫分，每每以穿鑿心測佛智，以瞞盰儱侗話消經文，無瘡剜肉，多歧亡羊，所以童習白紛，槩乎受病。余廣閲諸解，亦既有年，體會久之，稍窺端緒。茲據經説經，直抒所見，不敢遺諸解，不敢狥諸解，不敢違執經佛冤之訓，不敢背離經魔説之誡。緬惟佛意昭然，人自求之玄遠，有能解粘釋縛，觀照全經，我意西乾東魯，心理一如。佛之無我，即儒聖之何有空空。佛之度生，即至誠之盡性參贊。降伏其心，即《論語》克己爲仁之的旨。無住生心，即《大易》何思何慮之真詮。掃四相見，通於毋意、必、固、我。蕩滌凡小執心，不入斷滅，通於朝聞夕死，驅除迷蔽邪見。無法可説，豈非予欲無言，無行不與之宗傳？是法平等，豈非夫婦知能，渾同聖人之玅理？無實無虚，豈非顯諸仁，藏諸用，費而隱之聖諦？莫作是念，豈非我無能，我豈敢，大而化之玄風？荷擔菩提，豈非憲章祖述，在茲之仔肩？成就希有，豈非繼往開來，木鐸之功業？不受福德，豈非浮雲富貴，有天下不與之胸襟？得成於忍，豈非削跡伐檀，斯人我徒之願力？夫道一而已矣，何梵何夏，何佛何儒，何淺何深，何世出世？大開智眼，作如是觀，則下學便是上達，藏通便是別圓，看教便可見宗，知儒便可識佛。余德慧尠薄，堣屋中愚，然懷之已久，抒洩於今，下筆之時，一湧齊出。十目視，十手指，實不敢吐。口不如心，筆不如口，有欺片語，則時節因緣，息庵之大有起發於我也。儒佛兩門之賢者之交罪我乎，或原我乎？總不暇護也。昔黄梅、曹谿相傳，以《金剛》印心，爲宗門龍穴。其爲人演説，則曰但用此心，直了成佛。而昭明分分，方便鈍根，曩已有耆宿，雪其是功非罪者。余言平淡，無能爲大乘最上乘闡揚，只堅信儒佛，心同理同，則心言俱直，當爲佛菩薩聖賢悉見悉知。至於貫穿經文，嫌於破碎虚空，無所逃罪，亦因散錢索子，爲初機之權設而然。竊引昭明之例，或尚可通懺悔乎？深願見聞是書者，無督過余援儒入佛，昧殊塗同歸之性與天道，則至幸矣。

旹乙未午月朔日東海止庵王起隆自識於深息草堂。

（李勁整理）

〇二六〇

金剛經會解了義[一]

清徐昌治纂

金剛經會解了義自敘

予於戊辰燕邸，考授別駕時，誦起《金剛經》，閲今三十五載，口爲誦而心無解，欲以不解解之。初非此可解彼不可解，又非有可解有不可解，竊嘆義味何如是深奥究竟，無淺如何有深，無顯如何有奥。大而世界此也，細而微塵此也，明明可舉似，明明無可舉似。繁而生類此也，約而四相此也，實實有係屬，實實無所係屬。法可説，而法原無法，併説亦無説。物可度，而物無其物，併度亦非度。上而授記無授記，下而受持無受持，中而演説四句偈，無從而演説。諸相不立，歸於無我，造作不生，泯於無爲。總之無可住之法，便無可住之心，有住而無住之心，即是不降而降之法。故護念非不諄切，而去來坐臥先無定，付囑非不叮嚀，而夢幻泡影誰是真。予遍搜諸解，俱不過會文挈義，尋章摘句爾已。於其中煩者汰之，訛者訂之，晦者醒之，倒者整之，前後呼應者暢其詞，虚實轉變者通其意。謂直遡靈山會上，覿面吐露，覿面稟承，世尊不説説，須菩提不聞聞，阿難結集於儼然未散時，而會取當日情境，余則何敢。若以堅利喻金剛，余則曰，堅莫堅於此心，利莫利於此信法之心。心光即是佛光，人人有現成般若，證佛不如證心，在在有捷經六波羅蜜。至於非名是名，正第一義難形容處。如云：日出西方夜落東，桃華雪白李華紅。何獨不然。

時順治辛丑季春徐昌治覲周父書於大業堂中。

校勘記

〔一〕底本據《卍續藏》。

金剛經會解了義

三藏法師鳩摩羅什原譯
兄徐從治肩虞父　徐光治孟勛父仝訂
無依道人徐昌治覲周父纂
男徐升貞　徐乾貞　徐拱樞
孫徐頤貞　徐儲元仝校

金剛般若波羅蜜經

金剛二字，顯佛一片金剛心，能斷疑也。以世間常情不能知佛，及其日用行事，件件不與人同，未免見而生疑。即弟子中亦疑佛所説法，難信難解。今幸空生窺見世尊一班〔二〕，忽生讚嘆，故世尊因其疑而破之，乃披自己一片金剛心，令諸聞者群疑頓斷，抑且能斷衆生煩惱，故彌勒二十七疑斷發無剩義。

佛説《大般若經》，六百卷，一十六會。此經第五百七十七卷，給孤獨園第九會。金剛，乃護法力士所執之瑶，極堅極利，無物不破，以堅喻般若體，以利喻般若用。

般若云慧，乃不動智光，虚明神照，即是人人共有的本覺真性。

波羅蜜，云到彼岸。見性得度，即是彼岸。未得度者，即是此岸。其實彼岸乃固有之地，即此心極盡處也。

衆生業識，苦海茫茫。然海必從岸注，猶煩惱原以慧生。轉無邊煩惱爲無邊智慧，方到彼岸。是到原無到，迷者自不悟耳。般若云智慧，破愚痴故。智慧與愚痴俱無定體。悟此心，即愚痴是智慧；迷此心，即智慧是愚痴。

經，徑也，到彼岸之徑路也。經者，能貫能攝，貫穿所應説義，攝持所化衆生。佛滅二千餘年，正法不至散失，經之貫穿也。衆生流浪六趣，遵教咸歸正趣，經之攝持也。

釋經分三分：初、序分，二、正宗分，三、

流通分。

○法會因由分第一

法會因由指路途　修心道者滿江湖
欲行千里從初步　踏著家山是丈夫

如是我聞：一時，佛在舍衛國祇樹給孤獨園，與大比丘衆千二百五十人俱。爾時，世尊食時，著衣持鉢，入舍衛大城乞食。於其城中，次第乞已，還至本處，飯食訖，收衣鉢，洗足已，敷座而坐。【標】〔三〕正信序，發起序。

此是佛住世説法儀式。如是，指經。我聞，阿難自稱，我從佛聞也。一時者，師資會合之時。佛者，覺也，自覺覺他也。舍衛國，波斯匿王所居。祇陀，太子之名，華言戰勝，因王戰勝隣國而生，故名。祇樹，太子所栽。太子捨此園與須達長者，常給孤獨貧人。内立精舍，請佛住此説法。所共聞者有大比丘等，此名乞士，乞法於佛，乞食於人也。大者，人所敬仰。佛説妙諦，非大比丘不能頓悟也。衆者，會聚和合。千二百五十人者，佛成道後，先度憍陳如五人，次度迦葉等千人，後度舍利佛、目犍連等二百五十人，悉來園中聽法。俱者，主衆咸在。則此經之得聞自佛，更無疑矣。爾時者，將欲説經之時。世尊，乃十號之一，世出世間，福慧具足也。佛以日中食，食時是將食之時。著衣，即金色僧伽梨，二十五條衣也。鉢，即應量器。園在城外，自外入内。大城，處廣人多也。行乞，折自傲，破他慳。次第，不分貧富也。原歸園中飯食，置衣淨鉢。洗足，不令塵垢也。趺伽打坐，不令疲倦也。大聖行徑與凡人無異，其間多從容自在體態。三寶不具，法會不成。如是，法也。佛在，佛也。大比丘，僧也。凡欲流通佛法，全仗三寶之力。乞食威儀，戒也。敷座而坐，定也。自世尊行之，則皆慧也。戒、定、慧，乃三寶無漏學。

○善現起請分第二

善現起請問來由　進道何須向外求
佛本是心心是佛　靈山盡在汝心頭

一部《金剛般若》，全從空生一問發起。

時長老須菩提在大衆中，即從座起，偏袒右肩，右膝著地，合掌恭敬而白佛言：希有，世尊，如來善護念諸菩薩，善付囑諸菩薩。世尊，善男子、善女人發阿耨多羅三藐三菩提心，云何應住，云何降伏其心。佛言：善哉，善哉，須菩提，如汝所説，如來善護念諸菩薩，善付囑諸菩薩。汝今諦聽，當爲汝説。善男子、善女人發阿耨多羅三藐三菩提心，應如是住，如是降伏其心。唯然，世尊，願樂欲聞。【標】正宗分二。初、直明問答。二、躡跡除疑，即下文二十七段也。

般若真空，非解空者不能與佛互相激揚。須菩提，解空第一，華言空生，亦名善現。如來乞食趺坐時，雖則隨機晏座，無説無聞，却被須菩提忽然覷見這個時節，在大衆中，忍俊[三]不禁。即從座起，欲請大法，先肅敬儀。西方行禮，則偏袒右肩。右膝，尚右也。合掌，一心奉持也。大衆只見如來著衣乞飯，與衆一般，空生獨見得有與人不同處，真天上天下獨尊者，故開口説個希有世尊。希有，有三義：第一，能捨金輪王位。第二，身長丈六，紫金磨容，三十二相，八十種好。第三，性能含吐八萬四千法，三身圓備，福慧兩足。其護念付囑而曰善，乃密密方便而將就之，正是希有之事也。如彌勒云，巧護義應知，加彼身同行，真自利利他也。又云：不退得未得，是名善付囑。阿云無，耨多羅云上，三云正，藐云等，菩提云覺。圓明普照，故云無上正等正覺，謂正智覺真，偏智覺俗，皆不偏邪。發此心者，住於何法，降何等心。若謂有真實可住，虛妄心可降，便非男女發心求證佛果工夫。工夫只在修心，修心只期安定。佛因其問切身心，深讚其是，而答以不住一法是真住，降伏一切取相之心是真降。住、降無二法，不住一切法即降伏取相之心，降伏取相之心即不住一切法，總一阿耨多羅三藐三菩提耳。如是者，要得此心自住自降，政所謂法無可得，亦無可説，總包含於如是兩字。空生纔聞此語，直下領會，應個唯然願樂欲聞。菩提有五種：一、發心菩提，即十信是。二、伏心菩提，即三賢是。三、明心菩提，初地至十地是。四、出到菩提，八、九、十地是。五、無上菩提，即如來地是。

二祖侍達磨，乞安心法。磨云：將心來，與汝安。祖云：覓心了不可得。磨云：與汝安心竟。然在祖師門下一言便了，所以爲宗。今世尊説了許多安心之法，婆心漏逗，所以爲教，到底只是個覓心了不可得。故四祖以前皆以《楞伽》印心，至黄梅六祖，皆以《金剛》印心。故此經非文字相，全在離言之妙。

其經中凡言於汝意云何，皆反徵其疑也。降伏，乃離散亂、輕慢、顛倒，而生聞、思、修三慧。

○大乘正宗分第三

大乘正宗本不多　道實無言意若何
莫道無言皆是道　依然還在葛藤窩

此章是答降伏，而安住即在其中。

佛告須菩提，諸菩薩摩訶薩應如是降伏其心：所有一切衆生之類，若卵生、若胎生、若濕生、若化生，若有色、若無色，若有想、若無想，若非有想非無想，我皆令入無餘涅槃而滅度之。如是滅度無量無數無邊衆生，實無衆生得滅度者。何以故。須菩提，若菩薩有我相，人相，衆生相，壽者相，即非菩薩。

此耑答須菩提所問降伏其心一句。謂此心不能降伏，良由生類之繁，而四相之難忘耳。所有一切衆生之類，雖爲無量無數無邊，不出胎、卵、濕、化四生。四生之内不出身、心二法，論身不過有色無色，論心不過有想無想。

前念清淨，後念清淨，名爲菩薩。念念不退，雖在塵勞，心常清淨，名摩訶薩。

如來指示三界九地衆生各有涅槃妙心，令自悟入無餘。無餘者，無習氣煩惱也。涅槃者，圓滿清淨，貪求不生。度者，渡生死大海也。佛心平等，普願一切衆生同入圓滿清淨，同渡生死大海。祇爲凡夫不見自本心，執著諸相，不達無爲之理，是名衆生。若離此病，實無衆生得滅度者。

卵、胎、濕、化是情。情盡矣，猶有色。色盡矣，猶有想。想盡矣，猶有非非想。便描出個不得寂滅、不得無餘的樣子。菩薩滅度，即是將此種種差别，一眼看破。全無自性，徹底皆空，全衆生是涅槃，全涅槃是衆生，全衆生無衆生，全涅槃無涅槃。所以然者，正以無四相故耳。人、我、愛、憎，四病相因，而又皆生於我相。云我能滅度衆生，此我相也。而我能滅度，必有爲我所度之人，非人相乎。如此較量分别，其間起一憎心而不欲度之，云這個是衆生，此衆生相也。起一愛心而欲度之，云願汝百歲，此壽者相也。有此四相，顛倒妄想，此心安得降伏。所謂不正等也，非菩薩，便不是正覺。

降伏在住、修中。住中降伏，即實度者。修中降伏，即無住布施，便是離相。

○無餘有二義：一生行業，脱盡無餘。一切德業，攝盡無餘。

○妙行無住分第四

妙行無住印三千　印破三千見性天
鵲噪鴉鳴全體現　得方圓處且方圓

上章，降伏之法已説盡，即安住之法亦已説盡。但滅度二字拆不開，滅正在度處滅，度正在滅處度。六度正是涅槃實際處。

復次，須菩提，菩薩於法應無所住，行於布施。所謂不住色布施，不住聲、香、味、觸、法布施。須菩提，菩薩應如是布施，不住於相。何以故。若菩薩不住相布施，其福德不可思量。須菩提，於意云何，東方虛空可思量不。不也，世尊。須菩提，南西北方、四維上下虛空可思量不。不也，世尊。須菩提，菩薩無住相布施，福德亦復如是不可思量。須菩提，菩薩但應如所教住。

此復答須菩提所問云何應住一句，謂此心未能安住，良由作福祈報，未免著念耳。惟菩薩於無所住法，行於布施。布施有三，一財施，一無畏施，一法施。不住聲、色、香、味、觸、法施，此三種不住，不惟無其相，抑且無其心矣。菩薩應如是布施者，三輪皆空，無相可住，其福德遂如十方虛空不可思量。菩薩無上正等正覺之心，應如所教住矣。總之，一無所住於心，而心無弗住矣。

世界中大者莫過虛空，一切性中大者莫過佛性。此虛空中本無東西南北，若見東西南北，亦是住相。佛性本無我、人、衆生、壽者，若有此四相可見，即是衆生性，不名佛性，所謂住相布施也。應者，唯也。唯如上所説之教，住無相布施，即是菩薩。

彌勒偈云：檀義攝於六，資生無畏法。此中一二三，是名修行住。

〇無所住，不惟布施一法，乃至六波羅蜜，四無量心，菩提涅槃，俱無所住。無住而住，如十方虛空也。

〇如理實見分第五

如理實見本無差　聖凡同印一枝華
五葉聯芳千古盛　至今天下有虛誇

上文説個不住相，尚未説出所以不當住相之故。得無量福德，只説得無相的福報是應化邊事，不曾説得無相的源頭。至説凡所有相皆是虛妄，虛妄之法豈可住著。

須菩提，於意云何，可以身相見如來不。不也，世尊，不可以身相得見如來。何以故。如來所説身相，即非身相。佛告須菩提：凡所有相，皆是虛妄。若見諸相非相，即見如來。【標】一、斷求佛行施住相疑。

此段辨驗前説不住相布施。佛具三十二相，尚然非相，況布施而可著相乎。總之無相妙行，不在佛應化之相，而當見法身真體。世尊直告不可以相見如來，以如來所説之身即法身也，故云非身。

非相者，乃如來無爲之覺體也。既曰無爲，如何可見。蓋衆生只因妄念，起諸種種分別，所以見有諸妄之相，不見非相之真相。若妄念不起，分別頓亡，則真實覺體，自爾現前，所以云即見如來也。

○正信希有分第六

正信希有個中知　呈机利物在當時
和盤托出從君用　信手拈來早是遲

如來恐人看衆生太輕，看言説太重，所以佛答上半截是引衆生入淨信門，下半截是表淨信出言説外。可見佛之應身固是相，佛所説之法亦是相，必并法非法之相俱空，而後可以名淨信也。

須菩提白佛言：世尊，頗有衆生得聞如是言説章句，生實信不。佛告須菩提，莫作是説。如來滅後，後五百歲，有持戒修福者於此章句能生信心，以此爲實，當知是人不於一佛二佛，三四五佛而種善根，已於無量千萬佛所種諸善根。聞是章句，乃至一念生淨信者，須菩提，如來悉知悉見，是諸衆生得如是無量福德。何以故。是諸衆生無復我相、人相、衆生相、壽者相，無法相，亦無非法相。何以故。是諸衆生若心取相，即爲著我、人、衆生、壽者。若取法相，即著我、人、衆生、壽者。何以故。若取非法相，則著我、人、衆生、壽者。是故不應取法，不應取非法。以是義故，如來常説，汝等比丘知我説法如筏喻者，法尚應捨，何況非法。【標】二、斷因果俱深無信疑。

此正答住修降問也。無住行施，因深也。無相見佛，果深也。言説章句，即指前無相因果之説。持戒修福，不於一佛二佛，三四五佛而種善根，直從無量千萬佛所而種根者，此等大根衆生，即一念信心，所得福已無量矣。不但無四相，即一切有無諸相悉已皆空，故云無法相，亦無非法相。

在佛所種善則緣勝，在無量佛所種善根則根深。緣勝則諸佛護念，根深則般若熏心。此淨信人，直下自信自心，性光陡露，諸相消亡。法相既無，則空相便現。夫無四相則人空，無法相則法空，無非法相則空亦空。以清淨無相心，受清淨無相福。如渡海用筏，借法明心，心悟便當捨法。夫法是度生之具，尚不應戀，況非法元無體相可據，豈可取著乎。

無量千萬佛，即是本覺。一念生淨信，即是始覺。淨信，無所得信也。

歷事善友，故能積集信因。集因於多佛所，緣勝也。種諸善根，久伏三毒，因勝也。

○此不滯相、不執見之法，亦欲令捨，況滯相執見之非法，而可不捨乎。

○無得無説分第七

無得無説本無傳　默然良久别尋玄
商量據座無非咎　勘破分明出自然

承上章不可取法非法，而明無得無説之真法。

須菩提，於意云何，如來得阿耨多羅三藐三菩提耶。如來有所説法耶。須菩提言：如我解佛所説義，無有定法名阿耨多羅三藐三菩提，亦無有定法如來可説。何以故。如來所説法，皆不可取，不可說，非法，非非法。所以者何。一切賢聖皆以無爲法而有差別。【標】三、斷無相云何得說疑。

上言法非法皆不可取，則似乎無可得、無可說矣。無上菩提，超情離見，清淨本然，隨衆生心，應所知量。衆生根器無定，如來所說亦無定，何曾有一定法可執定說得。若以爲非法，則諸法既無，即真實相，實相不無，又不是非法。說是法不得，說是非法不得。凡一定是法，一定非法，可取可說者，皆屬有爲分別。菩提之法是清淨真如，不假分別，無所造作，曰無爲法。惟其無爲，則無有自體依住處可以取著、可以言說。不獨如來如是，一切賢聖離此別無修證之路。差別，言法無定相，莫從淩獵。不可說非法非非法，作一句讀。無爲者，以正覺還我自性也。

從非法非非法看來，法本無法，無法即法。以法爲法固非正，以無爲法不勝岐故有差別，正深著以無爲法之舛。

○依法出生分第八

依法出生正話頭　寸心剖出月中秋

不思善惡平懷處　不負平生海上流

此是較量持說此經功德，推明此經能出生佛法而不住於佛法，以見非他功德可比。

須菩提，於意云何，若人滿三千大千世界七寶以用布施，是人所得福德寧爲多不。須菩提言：甚多，世尊。何以故。是福德，即非福德性，是故如來說福德多。若復有人於此經中，受持乃至四句偈等，爲他人說，其福勝彼。何以故。須菩提，一切諸佛及諸佛阿耨多羅三藐三菩提法，皆從此經出。須菩提，所謂佛法者，即非佛法。

上文從無相無住、無人無法、無得無說，歸到無爲，則般若真宗已了然矣。菩提一現，萬法具足，無量福德從此生，無邊佛法從此出。不可取，却是取不盡的，不可說，却是說不盡的。故遂以福德言，福德非是有實性之福德，所以如影過鏡，不礙鏡光，如像在空，不離空色，福德亦何礙于多哉。若論真諦之理，本無染，安有淨。本無迷，安有悟。本無凡，安有聖。無依無住，從此出生佛法。

一切佛法，攝在四句偈中，更受之持之，爲人解説，如一燈傳千萬燈，其光明震耀，不掛一塵。比於三千世界，純施七寶，真實不虛，奚啻勝彼福德哉。此經從心出，而一切法及一切佛皆出此心。中峯謂經中凡言四句偈，必上有乃至字，下有等字，言於此經中受持一句二句乃至四句，以至十百千句等也。

○一相無相分第九

一相無相法中王　相中突出氣昂昂
輝天鑒地包今古　盡在吾人鼻孔藏

如來説佛法從此經出。此經二字全重在觀照般若上，因歷舉四果所證所得所修處，逐一徵之。空生法眼頓開，答個：甚大，世尊。隨又自徵云：如來何故説此大身。佛所説之大身，即是前所説諸相非相之如來身也。即是自己所説，以無爲法之賢聖身也。佛説非身是名大身，更不煩費一分修證，亦不待加一毫擴充。

須菩提，於意云何，須陀洹能作是念我得須陀洹果不。須菩提言：不也，世尊。何以故。須陀洹名爲入流，而無所入，不入色、聲、香、味、觸、法，是名須陀洹。【標】四、斷聲聞得果是取疑。

此聲聞乘初果也。因推入流之故，不著一念，不入一塵，是名入流。入，逆也，謂逆生死流也。言逆流，則非實有此可逆，有彼可入而住之也。不入六塵而入聖流，總是不取義。

須菩提，於意云何，斯陀含能作是念我得斯陀含果不。須菩提言：不也，世尊。何以故。斯陀含名一往來，而實無往來，是名斯陀含。

此聲聞乘二果也。彼雖願來一次受生，不著往來之相，是一往來，謂一來欲界，從此長往。此亦非有往來實住處也。

須菩提，於意云何，阿那含能作是念我得阿那含果不。須菩提言：不也，世尊。何以故。阿那含名爲不來，而實無不來，是故名阿那含。

此聲聞乘三果也。凡情思慮已斷，不願來欲界受生，亦不著不來之相，并無不來處可住。

須菩提，於意云何，阿羅漢能作是念我得阿羅漢道不。須菩提言：不也，世尊。何以故。實無有法名阿羅漢。世尊，若阿羅漢作是念我得阿羅漢道，即爲著我、人、衆生、壽者。

此聲聞乘四果也。雖三界俱斷，一心不生，無法可學，未嘗作念我是阿羅漢，亦非有可住之阿羅漢地。若阿羅漢自己作念，認著我是阿羅漢，此則與衆生知見一般，即著四相矣。不曰果而曰道者，聲聞之道至此圓滿，有異於三果也。

世尊，佛説我得無諍三昧，人中最爲第一，是第一離欲阿羅漢世尊。我不作是念我是離欲阿羅漢。

欲界思惑最多，塵念欲行，我念欲遣，猶如水火不相和合，謂之諍。四果中皆有無字，乃無爲之法。三昧，云正受，亦名正見。念念常正，無一邪心，得道忘言，即是無諍三昧。取捨情忘，故爲離欲阿羅漢。

世尊，我若作是念我得阿羅漢道，世尊則不説須菩提是樂阿蘭那行者。以須菩提實無所行，而名須菩提，是樂阿蘭那行。

阿蘭那，云無喧雜，亦云寂靜行。此須菩提自述，以考證世尊也。

阿蘭那，即無諍，即是清淨行。清淨行者，謂除去有所得心也。無諍而出於三昧，則非若世人有心忍耐之無諍，故爲第一阿羅漢。證果實落處，全在清淨無爲的菩提心。而此心元無體相，無依住，不可取，不可說。所以親到此地位，方知一毫執取不得。若才有可舉似執著處，便着四相，而非四果聖人矣。

○莊嚴淨土分第十

莊嚴淨土化人天　顯正摧邪總是權
權實竝行人借借　方知大道本無傳

此章是徵明佛菩薩之受記嚴土，不可取說。結勸諸菩薩，無住生心。因喻明無相身之大，而空生深解也。

佛告須菩提，於意云何，如來昔在燃燈佛所，於法有所得不。不也，世尊，如來在燃燈佛所，於法實無所得。【標】五、斷釋迦燃燈取說疑。

此世尊自述以證須菩提也。八王子皆師妙光，最後成佛者爲燃燈，乃釋迦受記之師。恐人疑有師傳，而須菩提已知之深，下一實字，見從師非無開導指示，但以心傳而非以法傳也。總之爲佛雖有次第，禪心只在無著。

須菩提，於意云何，菩薩莊嚴佛土不。不也，世尊。何以故。莊嚴佛土者，即非莊嚴，是名莊嚴。【標】六、斷嚴土違于不取疑。

上言法無可得，此又借莊嚴以喻之。莊嚴世間佛土，通修萬行六度。此莊嚴自心佛土，外貌美觀殊不足尚，故云即非，徒爲虛名，故云是名。生清淨心，是真莊嚴，亦以一切功德成就莊嚴也。

是故，須菩提，諸菩薩摩訶薩應如是生清淨心：不應住色生心，不應住聲、香、味、觸、法生心，應無所住而生其心。

住色，即生色心。住聲、香、味、觸、法，即生聲、香、味、觸、法心。不生所住心，自生清淨心。夫離相而至生清淨心，則住、伏不待言矣。修行之人只在六根門下應於萬境，而不可爲萬境所轉。單明自己靈心，權名爲心，本無此心，故曰而生其心。

須菩提，譬如有人，身如須彌山王，於意云

何，是身爲大不。須菩提言：甚大，世尊。何以故。佛説非身，是名大身。【標】七、斷受得報身有取疑。

又借人身以喻之，須菩提答言甚大，蓋指人心，非指人身。色身雖大，内心量小，不名大身。内心量大，等虚空界，方名大身。色身縱大如須彌山，終不爲大。

非土之土，常寂光也。非身之身，乃法身也。身土皆空，心境雙絶，始是般若極則，以顯法身無住之理。非身名身者，非有漏有爲身，是無漏無爲身，清淨身也。

○無爲福勝分第十一

無爲福勝别爲文　萬法歸源總一門

大事門開無可比　靈臺竪起鎮巍巍

此章是較量持經福德之勝，歷舉聲聞、佛菩薩俱從無爲法中現出許多差别，究竟歸於無爲。所以將恒河喻法身，以恒河中沙喻出生之佛法，以沙等恒河喻佛法中全體即非佛法。

○受持般若者，於心無所生，於法無所住，是謂無爲勝福。

須菩提，如恒河中所有沙數，如是沙等恒河，於意云何，是諸恒河沙寧爲多不。須菩提言：甚多，世尊，但諸恒河尚多無數，何況其沙。

恒河，從阿耨池東西[四]流出，周四十里，銀沙混流，沙細如麵，其數無量。以一沙成一河，如是沙等恒河，其多尚可量耶。

恒河，即殑伽河。佛近此説法，故取爲喻。福德前已喻較，頓説難信，故次第説來，爲漸化衆生，令信無上妙義。

須菩提，我今實言告汝，若有善男子、善女人以七寶滿爾所恒河沙數三千大千世界，以用布施，得福多不。須菩提言：甚多，世尊。佛告須菩提，若善男子、善女人於此經中，乃至受持四句偈等，爲他人説，而此福德勝前福德。

布施七寶，得三界中富貴報。講説大乘

經典，令諸聞者生大智慧，成無上道，當知受持福德，勝前七寶福德。約多福以顯勝施，感生死竟趨菩提。

○尊重正教分第十二

尊重正教在當人　遼天拄杖現全身
有時放下元無我　惟有娘生日逐新

此章是申明此經功德之所以勝，初明處可敬，二明人可尊，三明處有佛。

復次，須菩提，隨説是經，乃至四句偈等，當知此處，一切世間天、人、阿修羅皆應供養，如佛塔廟。

所在之處，如有人説是經，念常無念，心無得心，順衆生心而爲説，令諸聽者除迷妄心，悟得本來佛性，常行真實，感得天、人、阿修羅等皆來供養。

《大般若》説，天帝不在，諸天若來，但見空座，盡皆作禮供養。

何況有人盡能受持、讀誦。須菩提，當知是人，成就最上第一希有之法。若是經典所在之處，即爲有佛，若尊重弟子。

自心誦得此經，自心解得此經義，自心體得無著無相之理，所在之處常修佛行，念念無有間歇，即是心是佛。故言所在之處，即爲有佛。

尊重弟子，即指文殊、普賢諸大菩薩，道尊德重也。

「何況」二字有二意：一是説經之處尚如此，而況説經之人。一是隨説四句尚如此，而況受持全經之人。

洗心向此經典，於有相中悟無相，於有説中悟無説，自見凡相皆妄，離相即佛。

○如法受持分第十三

如法受持不用尋　三皈三學在中心
超然獨步須彌頂　大地山河一塊金

此章是如來特示經名，正是一部經點眼處。這般若，是上半部經的眼，下半部經的根源。

爾時，須菩提白佛言：世尊，當何名此經，我等云何奉持。佛告須菩提：是經名爲《金剛般若波羅蜜》，以是名字，汝當奉持。

須菩提已透脱四句妙旨，遂求直揭經名，得奉持之法。世尊但告之曰：是經名爲《金剛般若波羅蜜》。意謂此法即此心耳。奉持者，即以此心奉持此法。

親證菩提，必須以無爲法。要得無爲法，須具離相離名的智慧眼。如是堅固，如是猛利，全是般若的力用，唤作金剛劍，亦唤作金剛眼。此眼一開，則纖塵不留，四相俱掃。在四果非四果，在菩薩非菩薩，在佛非佛，在法非法。還著得一毫修證麽。還分得一毫漸次麽。所以佛將般若二字與此經安名，而又加以金剛二字，以見至堅至利，不與萬法爲侶，乃一切俱空，一切具足，到彼岸之般若也。

所以者何。須菩提，佛説般若波羅蜜，即非般若波羅蜜，是名般若波羅蜜。

佛既教人離相，却立出一個經名，殊不知般若即非般若，本來無相，則名亦非名也。般若即是人人清淨心體上一點靈光，故又轉一語曰：是名般若波羅蜜。離一切相，即一切法，盡大地無有一法是般若存住處，亦無有一法不是般若放光處。無著云：對治恐隨言執故。

須菩提，於意云何，如來有所説法不。須菩提白佛言：世尊，如來無所説。

須菩提知如來説法，心無所得，故言無所説。此方是真能奉持的人。無著云：第一義，不可説。

須菩提，於意云何，三千大千世界，所有微塵是爲多不。須菩提言：甚多，世尊。須菩提，諸微塵，如來説非微塵，是名微塵。如來説世界，非世界，是名世界。

《大雲》云：諸地塵，非貪等煩惱塵，是無記地塵。三千界，非煩惱染因界，是界爲塵。因塵不生煩惱，施爲福因，福生煩惱。

上文説般若即非般若，直到一法不立處，因甚忽然舉個至多的微塵來發問。向這裏得個活路，方纔不向無所説處坐定。空生於大而世界，細而微塵，尚未有這般廣大心胸，差別眼目，去包羅得他，辨別得他，所以呼其名而告之曰：這至多的微塵，衆生終日在裏許流轉，二乘一生向這裏脱離，若自如來看來，却是當體全空的。

世界即非世界，畢竟唤作甚麼。遂曰是名世界。不曾作念展拓他，亦不曾作念把住他，依舊無所説也。

須菩提，於意云何，可以三十二相見如來不。不也，世尊，不可以三十二相得見如來。何以故。如來説三十二相，即是非相，是名三十

二相。

因推廣世間難説之理，以證佛説般若之法。微塵該盡宇内人物，世界該盡天地終始。

盡十方世界是自己光明，如來説到這裏，將如來非身的大身一時邈出。然欲執之以見法身，何異執微塵以當世界。空生當下答個不可以相見如來，真是他自己見處。

三十二相，謂眼、耳、鼻、舌、身五根中修六波羅蜜是三十，意根中修無住、無爲，共三十二。觀相元妄，無可指陳，不妨相即無相，故曰即非身相。觀相元真，塵塵妙覺，不妨無相即相，故曰是名三十二相。

〇即非，掃跡也。是名，本具也。須菩提問云何奉持，故標名，不使其於受持處生執著也。

須菩提，若有善男子、善女人以恒河沙等身命布施，

世間最寶惜者身命，如尸毗王之救鴿捨

身，薩埵之飼虎捨命，非施七寶之比。然而猶見有身可捨，是未知身相之即非身相也，猶見布施身命，有恒河沙之多，是未能布施不住於相也。

若復有人於此經中，乃至受持四句偈等，爲他人說，其福甚多。

復舉持經功德之大。前說七寶，今說身命，布施更切矣。捨身命以救世，亦人所至難，畢竟無益於性分。世尊每說到法無其法，說無可說處，亟以持經功德示之，惟恐人玩易之也。已前領悟，以下陳情。

○離相寂滅分第十四

離相寂滅是虛無　無中唱出衆心孚
輕輕彈破虛無境　千古靈人幾合符

空生頓悟如來的大身即是非身，自家一向所悟的非身即是如來的大身，無爲法一時遍滿乾坤，自己報身與山河大地，當下豁開。解到這裏，不覺悲感自陳，發起下問。

爾時，須菩提聞說是經，深解義趣，涕淚悲泣而白佛言：希有，世尊，佛說如是甚深經典。我從昔來，所得慧眼，未曾得聞如是之經。世尊，若復有人得聞是經，信心清淨，即生實相，當知是人成就第一希有功德。世尊，是實相者，即是非相，是故如來說名實相。世尊，我今得聞如是經典，信解受持，不足爲難。若當來世，後五百歲，其有衆生得聞是經，信解受持，是人即爲第一希有。何以故。此人無我相，無人相，無衆生相，無壽者相。所以者何。我相即是非相，人相、衆生相、壽者相即是非相。何以故。離一切諸相，即名諸佛。

空生解後，既喜其聞，又悲其晚，所以喜極而悲，如忘忽憶，安能禁其涕淚悲泣而白佛言乎。歎個希有世尊。前贊希有，在度生上說，此歎希有，在說法處說。佛說如是甚深經典，不惟人空而且法空，并般若智相亦空。聞如是人法俱空之經而發信心，信得此外別無有法，此中亦無法相可得，便見真實性相迥然獨露，頭頭上明，物物上顯。實相既生，法身中具有恒沙性功德，自然觸處圓成，皆是第一義諦。纔見有一法可當情，便墮影響，故急轉一語曰：是實相者，非有相，非無相，非非有相，非非無相，非有無俱相。如來前説若見諸相非相則見如來，正説此非相乃爲實相耳。空生説到這裏，愈見淨信之難。恐末法人信不及，欲激勸將來，故曰，我今得聞是經，當佛世而親承佛誨，信而不疑，解而不惑，受而不逆，持而不忘，不足爲難。惟當末法無佛之世，不能親承佛慈提命，但憑文字得聞是甚餘經典而信解受持，是則真爲第一希有也。此信心清淨的人，四相俱無。爲他信心清淨，實相即是非相。五蘊本來空寂，我相即是非相。彼此元來絶待，人相即是非相。萬象一法所印，衆生即非衆生。億劫不出刹那，壽者即非壽者。四相所以不煩斷滅，而當體全空。由是見一切色，聞一切聲，盡是無爲真佛放光現相處，不復可以相名之矣。相即是佛，一切諸相即名諸佛。善財入一毛孔，過不可説世界，見微塵數佛，便是此證。

佛告須菩提：如是，如是，

佛印可須菩提所解，重言如是，深然其言也。

若復有人得聞是經，不驚、不怖、不畏，當知是人甚爲希有。

空生既深解，如來便要他實實去行六波羅蜜。離相起行，便是不思議境界，有許多可驚可怖可畏處，故將勸行六度，先以不驚怖畏發起。言是經淨信，説到離一切相的田地，也大難承當。若復有人得聞是經，初聞之而言下坦然，不作驚異想，繼思之而心下帖然，不作恐怖想，終修持之而荷擔毅然，不作畏縮想，當知此等人即是最上根器，直到彼岸而爲希有之人。

何以故。須菩提，如來説第一波羅蜜，即非第一波羅蜜，是名第一波羅蜜。

此不驚怖畏之人，何以便稱希有。以此經名爲般若。六波羅蜜中，般若是正因，餘五度爲助緣。如來説般若是第一波羅蜜，以法身最大最無上，惟般若能成就法身故。所以信此般若，功德、人品俱成第一。然此般若，無處所可住，無照用可尋，擬思即錯，動念即差。盡十方世界，求一般若體相不可得，盡十方世界，求一不是般若行相處亦不可得。本無第二，何有第一。此第一是對餘五波羅蜜言，而説六度總一般若，以起下忍辱布施、一切離相之意。

波羅稱彼岸，於中十種名：一、布施，二、持戒，三、忍辱，四、精進，五、禪定，六、智慧，七、慈，八、悲，九、方便，十、不退。是名十種波羅蜜。解空自性，名第一波羅蜜。

須菩提，忍辱波羅蜜，如來説非忍辱波羅蜜，是名忍辱波羅蜜。【標】八、斷持説未脱苦果疑。

六度中，最難離相者，無如忍辱一度。被人毁害曰辱，我能安受曰忍。然見有辱可忍，即不能忍矣。此忍辱，原從般若而出。本源之心寂然不動，遠離分别，泯絶能所，即忍辱非忍辱，所以名爲忍辱波羅蜜耳。

何以故。須菩提，如我昔爲歌利王割截身體，我於爾時無我相，無人相，無衆生相，無壽者相。何以故。我於往昔節節支解時，若有我相、人相、衆生相、壽者相，應生嗔恨。

忍辱，實實有此事相，何以言非忍辱。只爲能離四相故。如來因引己事明之。如來昔爲忍辱仙人，遇極惡王，出遊山中。王妃乘王寢，來禮仙人。王怒，問得四果否。答：不得，我常修忍辱道。王即割截仙人，先斬兩臂，次及兩足，後及耳鼻。四天王嗔怒，身即雨沙礫石。王懼懺悔。仙言我心無瞋，身即平復。王乃皈信。當是之時，如來身被割截，而外不見能割之人，內不見有所割之我，人我中間不見種種差別之衆生，一刹那間不見有前後相續之壽者，四相不生，分別不起，何曾見有辱可忍。

須菩提，又念過去於五百世作忍辱仙人，於爾所世無我相，無人相，無衆生相，無壽者相。

追念歌利王時，越今五百世，仍入山修道，略不涉嗔恨，見忍辱非一世也。無四相，方不亂真性。因須菩提離相即佛之語，深契佛心，世尊遂將自己引證，申明相之斷不可有。

是故，須菩提，菩薩應離一切相發阿耨多羅三藐三菩提心。不應住色生心，不應住聲、香、味、觸、法生心，應生無所住心。

菩薩欲證菩提果者，應離一切相發菩提心。離相，方能發第一心而稱無上。離相，方能發廣大心而稱正等。離相，方能發常心而稱正覺。要離我、人四相，先離六塵。我、人四相由住著六塵而起。前文止說布施應離六塵，此云發菩提，亦要離相。發菩提若不離相，即使一切色皆佛色，一切聲是佛聲，而佛見、法見猶存，菩提亦成法相矣。所以離却六塵，生無住心，方是菩提。

若心有住，即爲非住。是故，佛說菩薩心不應住色布施。

若心住涅槃，非是菩薩住處。不住涅槃，方是菩薩住處。即前說應無所住而生其心也。菩薩不爲自身而行布施，但爲內破慳貪心，外稱一切衆心，而行布施也。六塵中色爲第一，度生中施爲第一。

〇相見本空，智慧元顯。本空，故人、我、衆生、壽者全彰般若之光。元顯，則壽者、衆生、人、我總是金剛之體。

須菩提，菩薩爲利益一切衆生故，應如是布施。如來說一切諸相，即是非相。又說一切衆生，即非衆生。

欲使含靈盡被恩澤，豈可自隘其心。著我見，故見衆生。

不住色等諸相布施，然後自性獲清淨無爲功德，而衆亦受清淨無爲之益。

須菩提，如來是真語者、實語者、如語者、不誑語者、不異語者。【標】九、斷能證無體非因疑。

凡小之人一聞此經，有不驚之怖之畏之，以爲是如來之異語誑語乎。不知離相發心，理原如是，如來是真語者。離相發心，事亦如然，如來是實語者。離相發心，如理如事，如來是如語者。離相發心，惟此是實，如來是不誑語者。離相發心，千聖不易，如來是不異語者。

真即不妄，實即不虚，順理爲如。不誑，不欺世也。不異，不恠誕也。無非破衆生狐疑之見。

須菩提，如來所得法，此法無實無虚。須菩提，若菩薩心住於法而行布施，如人入暗，即無所見。若菩薩心不住法而行布施，如人有目，日光明照，見種種色。【標】十、斷如徧有得無得疑。

無實者，以法體空寂，無相可得。然中有恒沙性德，用之不匱，故言無虚。

於一切法，心有住著，即不了三輪體空，如盲處暗。若菩薩常行般若波羅蜜多無著無相行，如人有目，處於皎日之中，何所不見。

一心既等虚空，六度俱生實相。所謂離一切相，則名諸佛也。

須菩提，當來之世，若有善男子、善女人能於此經受持讀誦，即爲如來以佛智慧，悉知是人，悉見是人，皆得成就無量無邊功德。

人誠能離相發心，則是人成就第一，功德亦成就第一矣。當來之世，善男子、善女人能於此離相之經受持讀誦，此人智慧弘開，不住於法，豈獨二乘不能窺測。亦且菩薩不能盡之。惟有如來以佛光明普照之真智慧，方能悉知其存心，悉見其行事。生心動念，忍辱布施，無不利益衆生而爲功，長養菩提而爲德。由一行以推之萬行，由一世以推之百世。衆生無邊，利益亦無邊，菩提無量，長養亦無量。安有不成就最上第一希有之法者哉！

○持經功德分第十五

持經功德養天真　化外風光别有因
頓悟門開歸萬法　一歸何處本來人

在在處處，言經中有佛全身，人當在在尊敬也。

須菩提，若有善男子、善女人，初日分以恒河沙等身布施，中日分復以恒河沙等身布施，後日分亦以恒河沙等身布施，如是無量百千萬億劫以身布施，若復有人聞此經典，信心不逆，其福勝彼，何況書寫、受持、讀誦、爲人解説。

佛説末法之時得聞此經，信心不逆，四相不生，即是佛之知見。此人功德，勝前多劫捨身功德。

初日分爲早晨，中日分爲日午，後日分爲晚間。一日三時，布施功德。

菩薩一文一義，一句一偈，莫不從捨身命來。又曰觀三千大千世界，乃至無有如芥子許不是菩薩捨身命處。蓋顯信心難生，佛法難聞也。信力曰受，念力曰持。對文曰讀，背文曰誦。書寫、受持、讀誦者，自行也。爲人解説者，化他也。

須菩提，以要言之，是經有不可思議不可稱量無邊功德，如來爲發大乘者説，爲發最上乘者説。

以要言之，是言經義殊勝。大乘、最上乘，言人根殊勝。受持讀誦，述成人殊勝。無著云：不可思議者，惟自覺故。不可稱量者，無有等及勝故。

大乘説，最上説，如斬一握絲，一斬一切斷。最上者，一佛乘也。

若有人能受持、讀誦、廣爲人説，如來悉知是人，悉見是人，皆得成就不可量、不可稱、無有邊、不可思議功德。如是人等，即爲荷擔如來阿耨多羅三藐三菩提。

大乘者，智慧廣大，善能建立一切法。最上乘者，無垢法可厭，無淨法可求。不見衆生可度，不見涅槃可證，不作度衆生心，亦不作不度衆生心，是名最上乘，亦名一切智，亦名無生忍，亦名大般若。上根之人聞此經典，深悟佛意，持自心經，見自本性，究竟復起利他之行，能爲人解説，令諸學者自悟無相之理，得見本性如來，成無上道，了悟經理，將如來無上正等正覺以一身負任之。

○背負曰荷，在肩曰擔。荷擔即前無餘，直下擔盡也。

何以故。須菩提，若樂小法者，著我見、人見、衆生見、壽者見，即於此經不能聽受讀誦、爲人解説。

彼惟會得大乘最上乘之妙耳。若以小乘自限，雖不著相，猶未忘見，便於無相妙理，不能契合。自己未度，豈能化人。

須菩提，在在處處若有此經，一切世間天、人、阿修羅所應供養。當知此處，即爲是塔，皆應恭敬，作禮圍遶，以諸華香而散其處。

若人口誦《般若》，心行《般若》，在在處處，常行無爲無相之行。此人所在之處如有佛塔，感得天人供養，是人心中自有世尊，故云如。

恐人執忍辱之説，徒知捨命捐生而不知修全真性，故極言身命布施之不若持經功德，因讚般若法身常住。

○能淨業障分第十六

能淨業障本來空　千差萬别理難窮
個中若有江湖客　何必今朝又啓蒙

此章是言功德不可思議。首段是滅罪不

可思議，次段是證果不可思議，第三段是總結不可思議。

復次，須菩提，若善男子、善女人受持讀誦此經，若爲人輕賤，是人先世罪業，應墮惡道，以今世人輕賤故，先世罪業即爲消滅，當得阿耨多羅三藐三菩提。

前未及世人業報，故復次言之。夫非欲人堅此持經之念，宿世作業，應招惡報，因持經力，止受小挫，忍此辱而力加進修，當得無上菩提。

上言經在之處應恭敬供養，則持經之人其當尊重可知矣。乃善男子、善女人受持、讀誦此經，反爲人輕賤者何故，豈此經果無驗耶。由是人前世罪業，應墮三塗惡道，以今世持經之故，但爲人輕賤以償之。雖遭輕賤，以持《般若》，心不著相，罪性本空，菩提之體，自然明淨。

先世即是前念妄心，今世即是後念覺心。

圭峯云：此明持經轉罪爲福。修持無我等相，即煩惱障盡。極惡消滅，即業障盡。不墮惡道，即報障盡。三障既滅，三德必圓，故云當得菩提。

昔唐太宗註《金剛經》，至輕賤閣筆，問一禪師，答云：此經專摧種子故也。太宗當下了然，從此下筆，沛然無礙。葢現業易消，種業難滅，每遇善緣，多方阻撓，類有物以敗之者，皆種子爲之祟也。是以《楞嚴神呪》亦爲專摧種子而設。

先世有報障，今日受持經，暫被人輕賤，轉重復還輕。

須菩提，我念過去無量阿僧祇劫，於燃燈佛前，得值八百四千萬億那由他諸佛，悉皆供養承事，無空過者。若復有人於後末世，能受持讀誦此經，所得功德，於我所供養諸佛功德，百分不及一，千萬億分，乃至算數、譬喻所不能及。

佛自追思前生，歷無數劫。阿僧祇，華

言甚無數。又記在師前，遇無數佛。那由他，亦言甚無數。如此供養諸佛，可謂至多。有特出之英，持經見本性，豈區區敬佛可比數哉。供養只是供他佛，持經是供自性之佛，所以福德霄壤不侔也。

須菩提，若善男子、善女人於後末世有受持讀誦此經，所得功德，我若具說者，或有人聞，心即狂亂，狐疑不信。須菩提，當知是經義不可思議，果報亦不可思議。

上文屢言功德之多，猶是略說。若持經者所得功德，我若具說，彼常人聞之，必驚駭。所以然者，蓋以此經義趣是無相之旨，故其果報非可以言說求也。總是形容經典之甚重，持經功德之甚大，而惓惓期望後人之尊信耳。

○究竟無我分第十七

究竟無我絶三玄　真空妙理本無傳
人人自有黄金相　分付東君仔細參

菩薩度生無我，亦如佛之得菩提無法，以申明實無衆生得滅度之義。重問發心，正從不可思議來。

爾時，須菩提白佛言：世尊，善男子、善女人發阿耨多羅三藐三菩提心，云何應住，云何降伏其心。佛告須菩提，若善男子、善女人發阿耨多羅三藐三菩提心者，當生如是心：我應滅度一切衆生，滅度一切衆生已，而無有一衆生實滅度者。何以故。須菩提，若菩薩有我相、人相、衆生相、壽者相，即非菩薩。所以者何。須菩提，實無有法發阿耨多羅三藐三菩提心者。【標】十一、斷我住降伏有我疑。

復理前問，亦有分別。初問初皈依者，今問證佛果者。答言已發心過者，只要此心如如，非度生，則住、伏之心亦幾乎息矣。有可度之生，不起能度之念，若四相未除，如何住、伏其心而名菩薩。所以無上正等正覺心，原無法可得也。彌勒偈云：於内心修行，存我爲菩薩。此即障於心，違於不住道。

發菩提心，原實無有法。所云發心，只是性光發露，全性起修，全修在性。空生疑如何住、降，不知惟無能發之我、所發之法，然後名真住、降也。此文意與前同，前是破情顯智，今是忘智顯理。由此賢位，漸入聖階。

須菩提，於意云何，如來於燃燈佛所，有法得阿耨多羅三藐三菩提不。不也，世尊，如我解佛所説義，佛於燃燈佛所，無有法得阿耨多羅三藐三菩提。佛言：如是，如是，須菩提，實無有法如來得阿耨多羅三藐三菩提。須菩提，若有法如來得阿耨多羅三藐三菩提者，燃燈佛即不與我授記：汝於來世，當得作佛，號釋迦牟尼。【標】十二、斷佛因是有菩薩疑。以實無有法得阿耨多羅三藐三菩提，是故燃燈佛與我授記，作是言：汝於來世，當得作佛，號釋迦牟尼。何以故。如來者，即諸法如義。若有人言如來得阿耨多羅三藐三菩提，須菩提，實無有法佛得阿耨多羅三藐三菩提。須菩提，如來所得阿耨多羅三藐三菩提，於是中無實無虛。是故，如來説一切法皆是佛法。須菩提，所言一切法者，即非一切法，是故名一切法。【標】十三、斷無因則無佛法疑。

欲引己爲證，故云於意云何，先使其思。於然燈佛所，正引己證上也。法從心生，外心無法。如是如是，讚其言甚當也。設有法可傳，然燈何必授記後來作佛。來世，即然燈没後，廣度爲釋迦，清淨爲牟尼，是故然燈佛於我授記，以見無上菩提心從心自發。真性不動曰如如，稍加添著，即非如義。若有人言如來有法得者，總凡人言之耳。實無有法，決言以釋凡人之疑。無相無住則無實，安住、降伏又非虛，正見如如之妙。一切法即度生、布施、忍辱類，修行成佛，借此初入門。

降怨王請然燈佛入城，城中長幼盡迎，

因路泥，善慧布髮，佛於此授記。

自心是佛，豈向佛邊求佛。實無有法，得無上菩提者。菩薩離相，行六波羅蜜。如來要離相人個個解到這裏，故將一切諸法，生滅、垢淨、增減種種變異之相，皆從衆生顛倒、妄想分别而有。若人不生分别，性相常在，畢竟平等，本來寂滅，何嘗有甚變異。此即一切諸法的體性，全體如如。是即非一切法，惟即非一切法，是以法法皆同法界，而爲佛法一切法也。

須菩提，譬如人身長大。須菩提言：世尊，如來説人身長大，即爲非大身，是名大身。

復以人身譬法之非真有。大身非真有，則佛法非真有可知。

前説如須彌山王之大身，至此方見實際。空生從前悟得的，一時現前，直答云：如來説人身長大，非同一切法而和合成身，又非外一切法而别自爲身。

彌勒偈云：依彼法身佛，故説大身喻。身離一切障，及徧一切境。功德及大體，故即説大身。非身即是身，是故説大身。非身者，無有諸相故。大身者，有真如體故。

大身有二義：一者徧一切處即法身，一者功德大即報身。皆離諸相，故名爲非。

須菩提，菩薩亦如是，若作是言我當滅度無量衆生，即不名菩薩。何以故。須菩提，實無有法名爲菩薩。是故，佛説一切法無我、無人、無衆生、無壽者。【標】十四、斷無人度生嚴土疑。

彌勒偈云：不達真法界，起度衆生意。及經淨國土，生心即是倒。

菩薩亦如是，言菩薩度生，不見有度亦如是。我當滅度無量衆生，是自認普度功德。實無有法，言修行雖有佛法，而法非真性，法無其法。無我即度我法，無人即度人法，無衆生即度衆生法，無壽者即度一切輪迴生死法。

須菩提，若菩薩作是言我當莊嚴佛土，是不名菩薩。何以故。如來説莊嚴佛土者，即非莊嚴，是名莊嚴。須菩提，若菩薩通達無我法者，如來説名真是菩薩。

無著云：人無我，法無我。

再舉佛像言之。飾金寶於佛土，凡夫之見。佛惟清淨自心爲莊嚴，豈假外飾。度無相，施無住，皆無我法。前雖得聞，未必能通達。此法頭頭是法，法法無我，是真修行菩薩。

總之，由離相而無我之法行，由無我而離相之心化。

○一體同觀分第十八

一體同觀共一天　白雲明月自相便
森羅萬象同根本　昔日今時盡是權

此章以下正明一切法無我。智眼即般若波羅蜜。福德相好，是修餘五波羅蜜而成，説法亦從智波羅蜜而出，所謂一切法皆佛法也。上明五眼知見之周徧，下明五眼見處無一法可得。

須菩提，於意云何，如來有肉眼不。如是，世尊，如來有肉眼。須菩提，於意云何，如來有天眼不。如是，世尊，如來有天眼。須菩提，於意云何，如來有慧眼不。如是，世尊，如來有慧眼。須菩提，於意云何，如來有法眼不。如是，世尊，如來有法眼。須菩提，於意云何，如來有佛眼不。如是，世尊，如來有佛眼。【標】十五、斷諸佛不見諸法疑。

欲言如來照見世人之心，先以云何使其思。化身觀見爲肉眼，普照大千爲天眼，智燭常明爲慧眼，了諸法空爲法眼，自性常覺、憐念衆生爲佛眼。佛教除却迷心，即五眼開。

慧眼以根本智照真理故，法眼以後得智説法度人，在佛總名佛眼。古德云：天眼通非礙，肉眼礙非通，法眼難觀俗，慧眼了知空，佛眼如千日，照異體還同。

須菩提，於意云何，如恒河中所有沙，佛說是沙不。如是，世尊，如來說是沙。須菩提，於意云何，如一恒河中所有沙，有如是沙等恒河，是諸恒河所有沙數佛世界，如是寧爲多不。甚多，世尊。

佛說此河中沙，一沙況一佛世界。佛舉此衆國土者，欲明其中所有衆生，一一衆生皆有佛心也。

佛告須菩提，爾所國土中所有衆生，若干種心，如來悉知。何以故。如來說諸心，皆爲非心，是名爲心。所以者何。須菩提，過去心不可得，現在心不可得，未來心不可得。

心從無始以來未常變動，雖境分三際，心無二心，故不可得，謂三心俱無也。

人數既多，心數益多，以如來法眼照之，則爲染爲淨，種種差別無數，一一悉知。此有何法而能悉知如此。只因如來慧眼徹見三空，衆生心種雖多，不出染淨二者。此心本來如是，所以即此諸心之非心，便見一切種心，即菩提心。千聖相傳以來，不曾有一字說得著。如來却向一切衆生心皆非心處，隨轉一語曰是名爲心，如向虛空裏釘橛。當明星初見時，歎一切衆生皆有如來智慧德相，但以妄相執著，不能證得，便是這個消息。

諸心之所以爲非心，何也。衆生若干種心，或追憶過去，或執著現在，或攀緣未來，不出此三種。所以要覓心的落處，只就三際看，皆是虛妄生滅也。

○法界通化分第十九

法界通化獨爲尊　靈山一別至今存
人人都具金剛眼　聖與凡夫共一塵

此章明福德無我，衆生心是因，福德是果。

須菩提，於意云何，若有人滿三千大千世界七寶以用布施，是人以是因緣得福多不。如是，世尊，此人以是因緣得福甚多。須菩提，若福德有實，如來不說得福德多。以福德無故，如來說得福德多。【標】十六、斷福德例心倒疑。

即布施一節，亦當以無心處之。作善因，結善緣，認福德爲實，即成有漏之因。無心徼福，得福反多。總之，福有者取相也，福無者離相也。如來說因緣二字，點出非心名心之妙。空生亦答因緣二字，已深領此意，但未發明原故，所以又呼空生發明之。若住相布施，以福德爲實，有違於本來空寂無爲之體。惟隨緣布施能離於相，不見福德爲實。總之，本慈心而與人以樂，本悲心而拔人之苦，但暢本懷，全不住相，是無住福德，同於虛空無有邊際。

〇離色離相分第二十

離色離相是無生　無之一字强安名
有無邪正拈來看　句裏呈機自可評

此章是明相好無我。如來不應以具足身見，是發菩提實無有法之義。非具足，名具足，是一切法無我之義。

須菩提，於意云何，佛可以具足色身見不。不也，世尊，如來不應以具足色身見。何以故。如來說具足色身，即非具足色身，是名具足色身。【標】十七、斷無爲何有相好疑。

承上法無其法，心無其心，又番到相無其相。

佛恐衆生不見法身，但見三十二相、八十種好，以爲如來真身。不知三十二相即非具足色身，內具三十二淨行，是名具足色身。淨行者，即六波羅蜜也。於五根中修六波羅蜜，於意根中定慧雙修，是名具足色身。

須菩提，於意云何，如來可以具足諸相見不。不也，世尊，如來不應以具足諸相見。何以故。如來說諸相具足，即非具足，是名諸相具足。

如來無法相身，由無相，故現相，即三十二相也。

如來淨行成佛時，具有三十二相，始於首之白毫，終於足之輪相。果可執此以見如來之實相乎。然一切法皆佛法，三十二相乃佛法之見於相者，色身何嘗不是法身。具足者，無虧欠也。諸相者，種種變現神通之相也。如來以淨行具足三十二相，以智慧則具足八萬四千，具足三明、六通、八解脱，是以有諸相具足之名。

○非説所説分第二十一

非説所説應無方　言中有響破天荒
水流風動尋常説　土塊泥團盡放光

此章是説法無我，能信法之衆生亦無我。

六譯至是名説法爲一段。慧命下，秦譯本無。唐穆宗時，長安僧靈幽，入冥誦經，無此一段。冥王嘆曰：貫華之線，何斷而不續乎。增壽十年，令往濠州鍾離寺石壁上，摹本增入。

須菩提，汝勿謂如來作是念我當有所説法，莫作是念。何以故。若人言如來有所説法，即爲謗佛，不能解我所説故。須菩提，説法者無法可説，是名説法。【標】十八、斷無身何以説法疑。

又承上相無其相，番到説無其説。言如來有所説，是不由心悟，徒滋口説，即爲謗佛。不解所説，謂不悟真性，何由能解。故無法可説，乃真性難言也。況法離一切名相差別，本無自體，可以容人取説。

爾時，慧命須菩提白佛言：世尊，頗有衆生於未來世聞説是法，生信心不。佛言：須菩提，彼非衆生，非不衆生。何以故。須菩提，衆生衆生者，如來説非衆生，是名衆生。

爾時，須菩提智慧圓通，以慧爲命，誠恐末法難信，慧命不續，因白佛言：頗有衆生於未來世聞是經而生正信，因其説而悟其無所説，直契無我法之菩提法否。佛言：菩提之法人人有分，彼能信的人離言解義，迥脱根塵，豈是五蘊和合中人，非衆生也。然而菩提之法本來平等，彼能信的人，非出五蘊外，是非不衆生矣。何以故。蓋平等法界，原無高下，不但能信之衆生不可以衆生目之，即彼不能信之衆生，全身在五蘊内，自立主宰，是衆生中之衆生。

○無法可得分第二十二

無法可得得心空　心空境界本圓融
固知道本原無説　借路還家處處通

空生發此問，是他深解處，所以如來印可之。我於阿耨多羅三句，是就如來之如上説，以見如來無能得法也。

須菩提白佛言：世尊，佛得阿耨多羅三藐三菩提，爲無所得耶。佛言：如是，如是。須菩提，我於阿耨多羅三藐三菩提，乃至無有少法可得，是名阿耨多羅三藐三菩提。【標】十九、斷無法如何修證疑。

如來所説相好，言説福智等皆無我，則菩提亦復無我，豈非得而無得者耶。空生此問已解到極深處。如來要發心人個個向這裏歸根，所以即其言而印可之曰如是如是。菩提即心自性證得，非從外來，人謂菩提可得者必菩提本有實法而後可爲我得。我於阿耨多羅三藐三菩提，無有少法可得。蓋清淨真如本來空寂，一法不立，但以妄盡覺滿，名曰菩提耳。

○無所得，以本來各各具足故。衆生以迷爲失，諸佛以悟爲得，實於般若體不增一毫，故無少法可得。無少法可得，甚言其無，惟不著一毫知證，是名無上正等正覺。

○淨心行善分第二十三

淨心行善莫辭勞　久遠行持道自高
得失榮枯非在己　清虚境界杖頭挑

復次，須菩提，是法平等，無有高下，是名阿耨多羅三藐三菩提。以無我，無人，無衆生，無壽者，修一切善法，即得阿耨多羅三藐三菩提。須菩提，所言善法者，如來説即非善法，是名善法。

上言菩提無法可得，豈一切斷滅者耶。菩提非一切斷滅而無可得，正以一切周遍而無可得，復更端告須菩提曰：是一真法，十界平等，隨人分量所至，各見一般，而此法實無差别，總是一真法界，清淨遍滿，聖不能增，凡不能減，覺性平等，原來如是，名爲等覺，不即不存，豈更有上，是以名爲無上等覺耳。惟無有少法，則我相不立，是法平等，則不分我、人。以此無我、無人、無衆生、無壽者，清淨平等不住相之心，入在萬行門中，順性修爲，隨緣成辦，一毫法相不留，一切善法滿足。所謂得阿耨多羅三藐三菩提，無實無虚者，正謂此耳。然則如來之得菩提，修而無修，證而無證，豈非得而無得者耶。

彌勒偈云：法界不增減，論是法平等。是故名無上，以之無上上故。

○福智無比分第二十四

福智無比破無知　竪指擎拳總是癡
學海任從他運用　吹毛劍下不容絲

上半部説不住於相，單説個清淨法身，是根本智。歷舉功德較量，十三分遂説出經名，十四分因空生深解，遂説離相發心，行六波羅蜜，以至度衆生、嚴佛土、得菩提，福德相好説法，俱在修一切善法上。説一切法皆佛法，而總歸於無我，不出通達無我法之五眼，可見差别智不在根本智外，圓滿法身不在清淨法身外。所謂一切佛法皆從此經出，以見此經功德之大。故又重將功德較量，仍點出《般若經》名，以見無上菩提不出《般若》此經之外。

須菩提，若三千大千世界中所有諸須彌山王，如是等七寶聚，有人持用布施，若人以此《般若波羅蜜經》，乃至四句偈等，受持讀誦，爲他人説，於前福德百分不及一，百千萬億分，乃至算數、譬喻所不能及。【標】二十、斷所説無記非因疑。

將功德較量，點出《般若經》名，以見徹始徹終，更無二理，即因即果，更無二時，無上菩提，總不出此《般若經》名，此外别無善法。因呼空生而告之曰：一四天下，有須彌山王，三千大千世界則有億萬須彌山王矣。以此至高至廣之七寶持用布施，豈非善法中之至大至廣乎。然而善法不從《般若》出，則有漏功德也。善法若從《般若》出，則全海一漚也。若人以此《般若》受持四句，爲他人説，則無少法之清淨法身，無高下之平等法身，豈布施福德可及哉。彌勒偈云：雖言無記法，而説是彼因。是故一法寶，勝無量珍寶。

大鐵圍山高廣二百二十四萬里，小鐵圍山高廣十二萬里，須彌山高三十六萬里，以此名爲三千大千世界。

○化無所化分第二十五

化無所化道人家　古往今來更不差
三昧辨才徒指示　别生一見又拈華

説度而無度，在菩提得而無得之後，他人見如來度生，有種種護念付囑，一一見之實事，亦可言無滅度乎。爲遣此疑，故説雖有種種度生之法，而如來無我，則法本無法，凡夫爲凡夫，則度而無度，方了實無滅度之案。

須菩提，於意云何，汝等勿謂如來作是念我當度衆生。須菩提，莫作是念。何以故。實無有衆生如來度者。若有衆生如來度者，如來即有我、人、衆生、壽者。須菩提，如來説有我者，即非有我，而凡夫之人以爲有我。須菩提，凡夫者，如來説即非凡夫，是名凡夫。【標】二十一、斷平等云何度生疑。

般若智圓，自然衆生見盡，是名度衆生。若離受持《般若》外，別欲度衆生，則滯四相矣。

此復申明度生無相之旨，修得真空般若，便爲度生。苟離般若度生，是凡夫之以我爲我，而未能通達無我法，總是著相即妄，離相即佛。

上文言以無我修善法，則菩提得而無得。至於度生，如來現無邊身，説無量法，實實以同體大悲，不於自己心外見有衆生。如來自性自度，不於衆生心中見有生死。衆生本自涅槃，安有衆生如來度者。即此取相凡夫，如來以佛眼看來，法從緣生，了無可得。凡夫全體是佛，暫現凡夫之相，説名凡夫耳。如來無我，誰度衆生。凡夫即非凡夫，有何衆生可度。

○法身非相分第二十六

法身非相露真常　野鳥山華共一光
本地家風非外得　不勞彈指到家鄉

須菩提，於意云何，可以三十二相觀如來不。須菩提言：如是，如是，以三十二相觀如來。佛告須菩提：若以三十二相觀如來者，轉輪聖王即是如來。須菩提白佛言：世尊，如我解佛所説義，不應以三十二相觀如來。爾時，世尊而説偈言：若以色見我，以音聲求我，是人行邪道，不能見如來。【標】二十二、斷以相比知真佛疑。

前言諸相具足，即非具足，是名具足，是相好從無相中現出，好相原不離法身也。然則觀佛者，見法身之好相，便可以悟無相之法身矣。但觀字與見字有別，以相見佛，是以相觀佛也，以相觀佛，則以相雖非佛，而因此有相以觀無相之妙。須菩提曰：如是，如是。由無相觀相，見相便知無相，如見烟知火，蓋已真見非相之實相，則見諸相即非相。故曰若以三十二相見如來，則轉輪聖王亦具三十二相，循聲逐色，流轉妄識，名爲邪道，安可執此以見正等正覺之如來哉。

轉輪聖王管四天下，人壽萬歲時出世，七寶自至，輪寶、象寶、馬寶、女寶、如意珠寶、主兵臣寶、主藏臣寶常隨其身，遍照南閻浮提、西瞿耶尼、北欝單越、東弗婆提，常如輪之轉運，故曰轉輪王。以德化民，故曰聖王。以福業多，具三十二相。輪王有四，一金輪，二銀輪，三銅輪，四鐵輪。

○無斷無滅分第二十七

無斷無滅本來無　看破塵勞遍界敷
即境即心無二法　猶如明月映江湖

恐人疑修福因則得相果，不得菩提，修菩提因，則得菩提，失却福德，故又以斷滅破之。

須菩提，汝若作是念，如來不以具足相故得阿耨多羅三藐三菩提，須菩提，莫作是念，如來不以具足相故得阿耨多羅三藐三菩提。須菩提，汝若作是念，發阿耨多羅三藐三菩提心者，說諸法斷滅，莫作是念。何以故。發阿耨多羅三藐三菩提心者，於法不說斷滅相。【標】二十三、斷佛果非關福相疑。

佛正教人離相，不教人毀相，只怕人著相，非教人滅相。前以離相無我顯般若空相，不墮常見。今以即相修因，顯般若實相，不墮斷見。汝若作是念，與莫作是念，反覆開喻，俱叮嚀之意。不以具足相得菩提，是無上菩提之真性非外相可得也。然離身相而得菩提，猶有斷滅相。惟於法不說斷滅相，寂而常用，用而常寂，總見離相最要，又不可有意離相。

○不受不貪分第二十八

不受不貪守自然　黃虀淡飯且隨緣
無榮無辱家常事　一種平懷一種玄

上言不宜斷相以修菩提，此言得菩提亦不失福德。

須菩提，若菩薩以滿恒河沙等世界七寶，持用布施，若復有人知一切法無我，得成於忍，此菩薩勝前菩薩所得福德。何以故。須菩提，以諸菩薩不受福德故。須菩提白佛言：世尊，云何菩薩不受福德。須菩提，菩薩所作福德，不應貪著，是故説不受福德。

前以持經者較，今以得法者較，無非形容佛法之妙。從前説法，只無我盡之，木[五]知成功在忍。今智理俱融，人法兩空，得成於忍，入大乘境界，所以勝之。諸菩薩，非單頂布施。云何者，福所必得，云何不受。菩薩所作福德，止爲利益衆生，故不受福德。心無望報，受猶不受也。菩薩不受福德，是作而不受，抑不作不受。不知菩薩所作福德，無自己受用想，雖受而不貪著，總爲利益衆生，非是説斷滅相，不修諸度也。

無生法忍者，言人本具之性湛然常住。原無有生，亦無有滅，故名無生。此一點不斷不滅之靈光，惟獨自了，不能説以示人，强名曰忍而已。到此境界，其福德因果，豈布施可及。又豈同凡夫之貪著耶。

忍有印可意，從受此經而入。忍有安定意，從持此經而入。王匡石曰：《大般若》有安受忍、觀察忍。修此二忍，便得成無生法忍。忍力成，自得無生樂，故云得成。

○威儀寂靜分第二十九

威儀寂靜絶三玄　塵塵分開水底天
飛錫杖頭懸日月　一毛孔内納三千

此章是掃去應身不定之迹，指出如來常寂法身以示人。

須菩提，若有人言如來若來若去，若坐若卧，是人不解我所説義。何以故。如來者，無所從來，亦無所去，故名如來。【標】二十四、斷化身出現受福疑。

上言不可以相觀，如來不住於有。次言其不説斷滅，如來不住於無。然不能於法身上洞徹一源，豈能解我所説義哉。所謂如來者，不以應化爲身，以法性爲身，盡法界是一如如不動之體，本無去來。其來也，衆生心淨，緣至即現。其去也，衆生心垢，感畢即隱。譬如水清月現，月亦不來，水濁月隱，月亦非去。是知法身真佛，體絶去來，以不來故離一切法，以不去故即一切法。若顯現而成四威儀，不過爲化度衆生，現出之迹像，豈所以言如來哉。

○一合理相分第三十

一合理相原無二　寃親平等道方圓
是邪是正體分别　蕩蕩無拘樂自然

破一合則破分别，不言而喻。

須菩提，若善男子、善女人以三千大千世界碎爲微塵，於意云何，是微塵衆寧爲多不。須菩提言：甚多，世尊。何以故。若是微塵衆實有者，佛即不説是微塵衆。所以者何。佛説微塵衆，即非微塵衆，是名微塵衆。【標】二十五、斷法身化身一異疑。

佛説三千大千世界，以喻一一衆生性上微塵之數，如三千大千世界中所有微塵。一切衆生聞經悟道，覺慧常照，趣向菩提，念念不住，常在清淨，如是清淨微塵，是名微塵衆。聚塵爲界，破界爲塵，原無實體，如有實體，便可實説。

應現十方故非一，同依一體故非異。

世尊，如來所説三千大千世界，即非世界，是名世界。何以故。若世界實有者，即是一合相，如來説一合相，即非一合相，是名一合相。須菩提，一合相者，即是不可説，但凡夫之人貪著其事。

如來法身無來無去，猶合三千大千以成一界。如來法身現而爲應身，有來有去，猶碎三千大千以爲微塵也。如來設此一問，雖問微塵之多，而意顯界塵之無實性。如來説一合相，正以第一義言。一真法界，平等圓融，非色相可以摶聚，非心思可以湊泊。法身之與應身，無後無先，非因非果。有時拈一塵而全界宛然，有時現千界而一塵不立。一即一切，一切即一。誰爲能合，誰爲所合，而成一合相耶。止爲凡夫在事相上取著，見謂一切萬法，由分而合，由多而一，執見五蘊，取其和合，是貪著事。五蘊和合無實體，總之界歸於塵，無界可取，塵歸於識，無塵可取，四蘊離念，無心可取。衆生取著，皆由虚妄分別。見五蘊，不了法空，是法執。取和合，不達諸法，即我執。二執不忘，故名貪著其事。

無著云：爲破色身，故説塵界等，於中細末方便，及無所見方便。塵甚多者，是細末方便。佛意以界喻真身，塵喻化身。如來寧説碎爲微塵，不説合爲世界。纔説一，早落二三，纔説個合，便成差別。

○知見不生分第三十一

知見不生雲遮月　忽聞風掃現團圓
普天匝地光明朗　照破三千及大千

此章是示以知見無見之佛知見，而囑菩薩之住於正見也。

須菩提，若人言佛説我見、人見、衆生見、壽者見，須菩提，於意云何，是人解我所説義不。不也，世尊，是人不解如來所説義。何以故。世尊説我見、人見、衆生見、壽者見，即非我見、人見、衆生見、壽者見，是名我見、人見、衆生見、壽者見。

如來説一切衆生皆有佛性，是真我見。説一切衆生無漏智性本自具足，是人見。説一切衆生本無煩惱，是名衆生見。説一切衆生性本不生不滅，是名壽者見。

須菩提，發阿耨多羅三藐三菩提心者，於一切法，應如是知，如是見，如是信解，不生法相。

須菩提，所言法相者，如來說即非法相，是名法相。

於一切法，應如經中所言，如是知而明理，如是見而識別，如是信心解悟，如是便不生法相矣。法到悟時，法便不用，尚有法相乎，故曰即非，曰是名。言不生法相者，不於法取著也。如來所說是掃衆生之見而空之，非標自己之見而立之也。若衆生無此見，則如來亦無此說矣。總之，分別不起，諸相何自而生。不獨無我相，亦無法相，并非法相亦無，而無無之見亦無矣。如是知見信解，正所謂如是降伏、如是安住也。

○應化非真分第三十二

應化非真包古今　隨緣應世本無心
靈机一脉威音外　無口先生晝夜吟

凡言持受，必兼言爲他人說。受持之法經中說已詳盡，演說之法未曾闡明。所以於經末示之，是付囑處。

須菩提，若有人以滿無量阿僧祇世界七寶持用布施，若有善男子、善女人發菩提心者，持於此經，乃至四句偈等，受持讀誦，爲人演說，其福勝彼。云何爲人演說。不取於相，如如不動。

【標】二十六、斷化身說法無福疑。

七寶之福雖多，不如有人發菩提心，受持此經四句，爲人演說，其福勝彼。說法善巧方便，觀根應量，種種隨宜，是名爲人演說。所聽法人，有種種相貌不等，不得作分別之心，但了空寂如如之心，無所得心，無取捨勝負心，無希望心，無生滅心，是名如如不動心也。

無著云：爲說法不染故，以有如是大利，故決定演說。如是演說，即無所染。

何以故。

佛宜常住世間，爲衆生說法，何故入涅槃耶。恐人生疑，故下釋偈。

一切有爲法，如夢幻泡影，如露亦如電，應

作如是觀。【標】二十七、入寂如何説法疑 一三流通分。

　說經之終，復提醒四句偈等，總是萬法歸空，正申結諸相非相意。曰不取於相，總結相皆虚妄，以了離相即佛義。曰如如不動，總結無所住心，以了應住、降伏義。又以一切法作六種觀，觀此透徹，自然空視一切，此中渾是一個阿耨多羅三藐三菩提心，何弗安住，何待降伏哉。觀即般若妙智，能觀既是妙智，所觀無非妙境。如是觀，乃了化身即法身，法身不礙涅槃也。

　如夢，如幻，如泡，如影，如露，如電，悟心之人稱性而起，無作自成，隨緣而生，緣過即寂，何常有纖毫實法可容人住著。悟真空則不住相，觀生滅則警策修行。

佛説是經已，長老須菩提，及諸比丘、比丘尼，優婆塞、優婆夷，一切世間天、人、阿修羅，聞佛所説，皆大歡喜，信受奉行。

　此在祇園説經已畢，一切世間天神、世人，與鬼神中之兇類，誰不懼輪迴苦海，欣然回頭向佛。佛法感人如此。

　記者記經已畢，每説皆大歡喜，信受奉行。蓋信受而不奉行，并信受亦虚，即歡喜何益。世之持經者，宜於此處力加猛省。

金剛般若波羅蜜經竟

校勘記

〔一〕「班」，通「斑」。

〔二〕「【標】」以下，底本録於頁下，據注碼位置及文意移至此，下同。

〔三〕「俊」，底本作「悛」，據文意改。

〔四〕「西」，底本原校疑爲「面」。

〔五〕「木」，底本原校疑爲「本」或「不」。

（李勁整理）

金剛新眼疏經偈合釋（二）

清　通理　述

通敘大意

真空不空，妙有不有。妙有不有，有而性常自空，真空不空，空而性常自有。遮照無礙，存泯自由，不可得而思議者，其惟實相歟。因有而空，緣空而有。緣空而有，回萌蘖於焦芽，因有而空，挽狂惡於醉象。聖凡俱益，大小同軌，亦不可得而思議者，其惟《金剛般若經》歟。故我正覺，肇彼祇園，當食時而入城，情忘精舍，乞食已而還處，念絶人寰，是固以無所住心，隨緣而安住也。至若食訖收緣，洗足敷座，一念不動，諸法皆空，是又以無所動心，自然而降伏也。如是，則降心、住心之旨已昭然於敘分中矣。

正宗分中，諸家異判。或依無著分住，或依天親斷疑，或依梁昭明逐分銷釋，或依功德施因著立破，同中有異，異中有同。苟能得意忘言，無煩説非道是。然羣盲摸象，不妨隨摸異説，三獸渡河，亦許緣渡自知。今依本經次第淺深，分爲四分。第一，畧明降住生信分。第二，推廣降住開解分。第三，究竟降住起修分。第四，決定降住成證分。

第一分中，首自須菩提見佛舉止，驗佛威儀，在在無非護念，時時咸彰付囑，極口稱讚，爲衆表揚。第恐妄擬聖境，反招畫鵠之譏，爲憐初步，敬陳住降之請。於是世尊重讚善哉，深印其説，是猶欲其於着衣持鉢，去來行坐時，薦取世尊護念付囑意耳。其柰出廐良駒，已摇鞭影，傳經沉疾，須設治方，故世尊誡聽許説，而當機唯然承旨也。

夫菩薩以二利得名，降住從悲施入手。悲則能所雙寂，滅度一切衆生而無度相。施則内外俱空，徧行一切檀度而無住心。無住心則覺心可住，無度相則妄心可降。降心、住心，畧明如是。

第以布施一法，通乎上下。恐謂下濟衆生，可以不住生相，上供諸佛，豈可不住佛相。故問以可以身相見如來不。空生因問得悟，如來進示提持，不惟應化非真，乃至果報身相亦不應住，以凡所有相皆是虛妄故也。

然義意既漸入深微，而章句亦倍增玄妙。於是問答激揚，啟發淨信，展轉徵釋，結示增修。至云知我説法如筏喻者，則如來爲衆解粘去縛之意已深切矣。

然既遣之又遣，不合有得有説，爲防斯疑，故爾致問。當機答以得無定得，説無定説，則二乘隨法生取之堅執已摇動矣。法執既破，淨信斯生，因爲校量持福以終一章之義也。

第二，推廣降住開解分中，初約小乘因果以明降心者，爲其無我也。無我則無念，無念則有相皆離。心無可降，是真降心。次約大乘因果以明住心者，爲其無法也，無法則無執，無執則是法不住，覺元不昧，是真住心。自是校況持福，請名奉持，爲義畧周。而又進示説法無説，塵界非界，化相非相者，葢爲淨除餘疑，開廣知見。所以四句功德，雖恒沙身命布施未足爲校焉。緣茲當機深解，感悟涕泣，歎信解功德第一希有，驗當來有斯，倍更爲難，以能離一切相即名諸佛故耳。

如來欲令聞讚發心，見賢思齊，故以如是如是而印許之，復以不驚不怖不畏者而證成之。其次，又以般若非般若，例明忍辱非忍辱。佛意葢以六度萬行，一切俱非，故總結之曰，菩薩應離一切相發心，不應住色等生心，應生無所住心也。前此教以不住色等布施者，亦斯意耳。欲遮深疑，具示五語，爲助妙解，雙陳兩喻。良以有住行施，則永沉長夜，故以如人入暗喻之。無住行施，則徑達彼岸，故以如人有目喻之。然此推廣分中少示降心多示住心者，以覺心如主，妄心如客，但使覺心安住，自令妄心不興，亦如主人若悟，客邪不得其便也。至此顯示經功，生福與滅罪齊驅，校量持福，供佛兼承事莫及。總以是經義不可思議，果報亦不可思議，但辦肯心，必不相賺。解分極旨盡於是矣。

第三，究竟降住起修分中，重舉發菩提心者，謂信解之後，發起修習菩提心也。雖蒙開示，已解降住之宗，未歷真修，莫究降住之實，故重問云何應住，云何降伏。其意蓋欲究竟所解，以造其實耳。

答降心中，而有畧明、詳示二義。畧明中，教以如前所解而究竟之，故仍約度生無度，顯久行即修故。詳示之中，復分爲四。第一，得記離相。第二，感報離相。第三，修因離相。第四，知見離相。

第一，得記離相。雖事在然燈，與前解分中取意不同。前爲遣所授法以明無住，故問其於法有所得不。此爲遣能受法以示降伏，故問以有法得菩提不。答以無法，印以無法者，以有法則不契真如，佛不與記。無法乃適符如義，佛始與記。蓋以如來者，即諸法中如如不動義也。是知如來於菩提樹下，得成菩提，亦緣實無有法。雖曰實無有法，亦非一向永寂，故進示以所得菩提無實無虛。無實故，説有不有，説空不空，故無妨如來説一切法。無虛故，説有不有爲妙有，説空不空爲真空，爲欲顯示真空妙有，故無妨説皆是佛法。恐猶未了，仍復申明，故曰：一切法非一切法，名一切法。此又如來於正説降心法中，兼示中道第一義耳。

第二，感報離相者，謂法身性具，可説無得，報體修成，寧與同倫，爲防斯疑，故重拈解分中身如須彌山王之喻。而云譬如人身長大，此當機先所已悟，故纔聞舉處，便劈空攔住而自釋也。

第三，修因離相中，先約度生遣相。言菩薩亦如是者，謂菩薩非菩薩，亦如大身非大身是也。是知彼若起心作言，我當度生，則是以菩薩自負，却非真實菩薩。以彼若知實無有法，乃可名爲菩薩。彼既作言自負，故斥以不名也。至云是故佛説等者，乃承引如來已向所説，皆爲顯示二無我理以證成之。次約嚴土遣相中不名菩薩，準上可知。以彼若於嚴土之時，通達無我無法者，乃許其爲真是菩薩，以有二空之智，決定成佛故。

第四，知見離相中，既一佛而通具五眼，則是本惟一見，隨緣而成五見。其猶開池引月，因池之異而説月之異。若決堤通水，則又以池之一而説月之一。應知異固非異，一亦非一，以月例見，見豈有定相哉。既一知而悉知衆心，義似有體，其柰衆心虚妄，三際叵得。是雖知而本無所知，知豈有實相哉。據此，則佛知佛見尚無定實，況夫未到佛地妄知妄見，固知其爲徹體虚妄，不待降伏矣。

答住心中，亦有畧明、詳示二義。畧明中，滿界寶施，其福似多。而如來問以多不者，良以行布施時，有住相、不住之異。住相則福德有實，不可言多，以有漏故。不住則福德無故，可説爲多，以無漏故。然此修分之中，畧明降心，仍約度生無度，畧明住心。仍約布施無住者，爲顯行解相應，所謂如是而解，如是而修，如目與足，如是而見，如是而行也。

詳示之中，亦分爲四。一、見佛無住，二、聞法無住，三、得果無住，四、修因無住。

第一，見佛無住，義似複前，而有二意不同。一、兼正不同，二、化報不同。兼正不同者，以信分中明不可以身相見如來，而解分中明不可以三十二相見如來，其意皆是兼爲釋疑，非正示降住之文。今則正示住心，此兼正不同也。化報不同者，謂前二説身説相，初無具足之言，次有四八之數，明知其爲應化之身。今身相皆以具足見稱者，應指實報之身。葢必萬德莊嚴，方稱具足，以具足即圓滿義也。而又言非具足者，以既屬因感，即是緣起，緣起無性，豈真具足。意顯其不應住耳。

第二，聞法無住中，先明説者無住。言如來雖已隨機説法，皆以無緣而應，實不預爲作念我今當爲説何等法，是雖終日説法，而實無所住矣。次明聞者無住。而言彼非衆生者，以既信無住，即名爲佛故。又云非不衆生者，以雖名爲佛，但是理具故。徵釋中，言既非衆生而又名爲衆生者，謂佛以能信即佛説非，解修未極説是也。

第三，得果無住者，準前信分云無有定法名阿耨菩提，解分亦云實無有法得阿耨菩提，是當機之所已知。而今復以所得菩提爲無所得爲問者，蓋爲印證前語，以便觀察修習故也。如來印證而云無少法可得者，以還復舊時性，無有一法新故。

第四，修因無住中，而云是法平等無有高下者，乃申明上文無少法可得之意，以引生下文無我修善得菩提義也。意謂是法平等，無有高下，而現見生佛判然者，以凡夫有我，不得正覺，二乘不修，失於正等，菩薩修而不具，未及無上。佛以無我，異凡夫之不覺，名曰正覺。佛以修善，異二乘之偏枯，名曰正等。佛以具修一切善法，異菩薩之有上，名曰無上。故云即得阿耨等也。恐聞善法二字，又起有法之疑，故又以即非是名遣之。修分之旨，至此已極。因爲校量持福，以發行人勝進之意焉。

第四，決定降住成證分中，乃有三義。一、降心離相，二、住心無住，三、結歸問意。

初中畧明降心，亦約度生無度，而與前文逈異。謂前約菩薩，未得決定，是勉而行之。此約佛地，已得決定，是安而行之也。詳示降心，復有二義：一、觀相離相，二、離相亦離。觀相離相中，問雖同於解分，而所爲不同，謂前爲防疑，此爲破見。蓋當機歷承開示，相似心空，未免欲立心空之見。觀其答處，頓改前轍，其意以但自無心，則見色非干色，一切色是佛色矣。佛既不斥其非，未全非也，但恐其相似心空，未得決定，故以輪王三十二相而勘驗之。當機果是脚跟不穩，而云不應以三十二相觀如來。所謂依俙似曲纔堪聽，又被風吹別調中也。佛既不印其是，未全是耳，又恐其前無新證，退失故居，歷覽二際，自生艱險，故惟説偈以示離色離聲，且授之以把穩生涯也。

離相亦離者，以上示離相，乃爲遣取相之執。若更起離相之執，何異從冥入冥。故文中兩誡莫作是念，蓋恐其以盲引盲，致令一類發菩提心者説諸法斷滅，成焦芽敗種，墮一闡提，佛亦難救。所謂寧使着有如須彌山，不使着空如芥子許也。

畧明住心中，亦以不住施福爲言，然與前有異。以前文但顯不住福多，啟發修習之心，此中的指得忍菩薩决定不受福德，有志决定者，亦知取法可爾。詳示住心中，亦有二義：一、正報無住，二、依報無住。正報無住者，謂如來内證不變之體，外現隨緣之用，來去坐臥，一味隨緣，故曰如來者無所從來，亦無所去，故名如來。是知如來正報，尚不應住，降斯已還，豈應有所住乎。

次明依報無住者，謂界既可析，塵又可合，則塵界俱非實有。但凡夫之人，貪着其事，而入理菩薩宜應無所住矣。

又上文詳示降心中，佛以一切諸見束爲斷、常二見。二見不生，一切皆盡，是爲决定降伏。此中乃以一切諸法束爲依、正二報。二報不住，一切俱空，是爲决定安住。

結歸問意者，準前兩番請問，皆以住心在前，降心在後，兩番開示，皆以住心在後，降心在前。其意以妄心久熾，覺心乍興，乍興則力微，久熾則功著。功著則降不容緩，故在前；力微則住不宜速，故在後。

今當開示已竟，亦先結降心，後結住心。結降心者，以前兩答降心，皆令度生無我，且言若菩薩有我、人等相，即非菩薩。恐謂説由心生，如來既説人有我等相見，則是如來心中先有我等相見，爲防斯疑，故曰若人言佛説我見、人見、衆生見、壽者見，乃至云是人不解如來所説義，以如來説我非我，是名爲我。既所説尚惟是名，能説心中，豈先有我等相見。如谷答嚮，元無作者。此約决定無我以結。至云於一切法應如是知如是見等者，由前歷示降心之法，令其應於一切降心法中，如是由知而見，由信而解。信解之後，漸次究竟，以至决定降伏，則并前所説降心之法，心中亦復不生。此約决定無法以結。然此心中我等相見，及於法相，俱屬微細深惑。此既不有，尚有何妄。故此結歸，應前云何降心問也。

結住心中，而言滿無量僧祇世界寶施不及持説此經者，以不得此經，不成無住行故。又恐謂受持無住易，演説無住難，故徵其云何爲人演説，而示以不取於相。良以一切有爲總如夢事，眠時似有，寤時實無。况夫色陰如幻，無而忽有，受陰如泡，虚而無實，想陰如影，托外物現，行陰如露，乘夜氣生，識陰如電，假明暫發。一一皆是無常，法法總歸滅盡。作如是觀，自然不取於相，如如不動。此約决定無住，應前云何應住問也。

流通中，當機全身擔荷，餘衆隨分受益，三草二木各得增長，故云皆大歡喜。謂喜其成佛有分，非常喜也。

信謂忍其教，受謂領其理，奉則遵教循理，行則自行化他。夫如是則慧水常流，法脉永通，盡塵刦而不滯，利萬彙而無遺矣。

理也無知，謬承師印，向雖歷忝多席，曾未得聞是經。既在持誦之餘，用心研究，又於講演之際，加意尋討。將陳斯疏，尚冀資成，澄觀補處之偈，妙契大聖之心。依經求偈，偈得經而詞暢，藉偈通經，經因偈而義明。緣兹合釋，用此濟美，未善兩論，不敢强同。仍以乍異舊説，恐泥先聞，故總以《新眼》名之，賜覽者願少留意。

歸命本尊佛　演説微妙空
解空第一者　常隨衆聖賢
願以大威神　祐我成斯疏
隨喜并見聞　承此開新眼

校勘記

〔一〕底本據國家圖書館藏清刻本《金剛新眼疏經偈合釋》。

金剛新眼疏經偈合釋懸示

京西山勅建香界寺傳講沙門通理謹述

京西山萬壽戒壇寺嗣祖沙門了彙敬刊

將釋此經，預建章門。夫《雜華嚴飾》，爲諸經中王；賢首、清涼，乃一家之祖。十門通經，萬世標準。雖依法隨人，開合不定，而忘言得意，會理無殊。故今解釋此經，畧變其式，而爲六門：一、翻譯前後，二、宣説時處，三、教乘攝屬，四、因緣所爲，五、受持感通，六、釋題解文。

第一，翻譯前後者，以經是佛説，文屬梵言，翻梵成夏，必得其人。出譯憑時，乃堪取信。此經前後翻譯，閲有六師。

一、姚秦鳩摩羅什譯。

姚秦，譯經時也。後秦姚氏，建都長安，爲別前秦符氏，故稱姚秦。鳩摩羅什，譯主名也。具云鳩摩羅什婆，此翻童壽，以童年有耆德故。《開元釋教録》云：一名鳩摩羅耆婆者。外國製名，多以父母爲本。什父鳩摩羅炎，母字耆婆，故兼取爲名。祖居印土，家世相國。其父以聰敏見稱，避位出家，遊學龜茲。龜茲王聞，以女逼而妻之，乃生於什。什處胎日，母增慧辯，如舍利弗處胎相類。什生，母即出家，得證初果。什年七歲，亦俱出家，從師受經，日誦千偈。九歲，隨母到罽賓，依名德法師槃頭達多，習小乘經論。十二歲，其母携還。至月氏北山，有羅漢見而異之，謂其母曰：此子當善守之，如過三十五不毀戒，度人不減毱多。若破戒者，止可爲才明儁藝法師而已。又到沙勒國，見佛鉢，遂頂戴之，俄念鉢重，即不能勝，失聲下之。母問其故，即以唯心之義答之。及還龜茲，名蓋諸國，至於四圍五明諸論，陰陽星算等術，莫不窮微盡奧。後從卑摩羅叉學《十誦律》，又從須利耶蘇摩咨稟大乘，乃知從前學小之非，於是專習大乘，廣求要義。有頃，什母預知龜茲運衰，辭往天竺，進證三果。臨行謂什曰：方等深教，當闡秦都，但於自身少有不利，奈何。什曰：菩薩之行，利物亡軀，果其大化得行，雖當鑪鑊無恨。乃留住龜茲，止王新寺。後又到罽賓，爲其師槃頭達多具説一乘妙義，達多感悟，反禮什爲大乘師焉。自是道播西乾，聲流東震。當此土前秦苻堅建元九年，異星現於西域分野。太史奏曰：當有大德智人，入輔中國。堅曰：朕聞龜茲有羅什，襄陽有道安，得非此二人耶。於是先致道安，後遣驍騎將軍呂光，率兵七萬伐龜茲，致什至西涼。光聞苻堅爲姚萇所弑，乃自據涼土，即三河王位。什亦留止。萇即位，亦聞師名，屢請，呂光不允。萇卒，子興立，復請不允。光卒，子隆立。姚興伐涼，請什至長安，待以國師之禮，當弘始三年時也。因見舊譯經論率多不與梵本相應，乃集沙門八百餘人，新譯經論九十八部，凡三百九十餘卷。所譯此經名《金剛般若波羅密》。什臨滅，集衆謂曰：自以闇昧，謬充翻譯。若所傳無謬，當使焚身之後，舌根不壞。後果如之。是知師舌與如來廣長舌相，等無有異。所以此經六譯，而時所宗尚，皆弘秦本，今疏依之。細尋什師行狀，自古紀載不同。愚先註《法華指掌》，但據《大成》。今見《譯經圖紀》及《釋教録》所載，不惟與《大成》不符，即二書亦逓相齟齬。至於《金剛蒙引》所載，益難考稽。是疏且約《圖紀》《教録》，斟酌去取，恐有未妥，故述此以俟博覽者教之。

二、元魏菩提留支譯。

後魏元氏，初都恒安，南遷洛陽，後遷鄴，凡十三帝，一百五十五年。爲別前魏曹氏，故稱元魏。菩提留支，此云覺希，北印土人也。偏通三藏，妙入總持，志在弘法，廣流視聽。以魏永平之歲，至止洛京。宣武下勅，慇勤敬勞，處之永寧大寺，供待甚豐。七百梵僧，並皆周給。勅留支爲譯匠，創翻《十地論》。厥初命章，宣武親自筆受，然後方付沙門僧辯等，訖盡論文。佛法隆盛，英俊蔚然，相從傳授，孜孜如也，自是翻譯不輟。至永熙三年，洛京遷於漳鄴，留支亦至鄴翻譯，前後近三十年。始從洛陽宣武帝永平元年，終至鄴都孝靖帝天平二年，所出經論共三十九部，一百二十七卷。所譯此經，名同秦本。經有五種不同。一、起問不同。以魏本有四問，一問云何發心，二問應云何住，三問云何修行，四問云何降心。秦本則合問發於問住，該問修於問降，蓋以能住便能發，能降乃能修故。二、有無不同。以魏本於後半卷内有爾時慧命須菩提，乃至云衆生衆生者如來説非衆生是名衆生一段，秦本原無，乃後人依襄陽石刻補入，蓋什師譯漏也。三、答問不同。以秦本後半卷内，有佛問須菩提可以三十二相觀如來不，而須菩提答以如是如是，以三十二相觀如來。至魏本則答以不以相見。蓋留師秖知隨順前文，不知空生前後見異。雖後之四譯皆爾，而本疏以秦本爲是。四、詳畧不同。此有二處。一、魏本偈云：若以色見我，以音聲求我，乃至云法體不可見，彼識不能知，共有八句。秦本唯取前四句，以八句中，前四句反顯，後四句正明。餘四譯皆做魏本。什師以反顯足明，故畧後義。二、秦本偈云：一切有爲法，如夢幻泡影，如露亦如電，應作如是觀。唯有六喻。魏本則有九喻，餘之四本亦做魏譯。什師以六喻雖畧，約義可攝諸法，九喻雖詳，約義亦不出此。且四句難收，故不盡取。五、立分不立分不同。以魏本分此經爲十二分，前後五譯皆不立分。今秦本三十二分，乃梁昭明立。此五之外，仍有小異者，義則大同，不具述。

三、陳朝真諦譯。

陳氏莅朝，都建業，始自武帝永定元年，終至後主禎明三年，凡五主，共三十三年。譯經緇素三人，真諦其一焉。梵名波羅末陀，本西印土優禪尼國人，婆羅門種，姓頗羅墮。景行澄明，器宇清肅，風神爽拔，悠然自遠。羣藏廣部，罔不厝懷，志在弘通，隨方利物。於梁武帝太清二年届都邑，武帝面伸禮敬，安置於寶雲殿。自是傳翻經教，不羨秦時，更出新文，有逾齊日。無何梁季崩亂，所懷不果，雖復翻譯，栖遑靡託。逮陳武帝永定二年，乃還返豫章，又上臨川晉安諸郡。雖傳經論，道缺情離，遂欲泛舶往楞伽修國。道俗虔請，結誓留之，權停南越。至文帝天嘉四年，楊都建元寺僧宗、法准、僧忍等遠浮江表，親承訪問。諦欣其來意，爲翻《攝大乘》等論，首尾兩載。又至梁安郡，欲返西國，爲太守王萬賒所請，暫留海隅。後以泛舶西引，遇風，飄還廣州。適逢刺史歐陽穆公頠，延住制止寺，請翻新文。諦顧此業緣，西還無指，乃對沙門慧愷等，翻《廣義法門經》及《唯識論》等。後穆公薨，世子紇重爲檀越，相續翻譯。按，諦於梁代所出經論總十一部。梁末入陳，復出三十八部。其所譯此經，名亦同於秦本。經有四種不同，一、起問不同。以秦本唯二問，一問云何應住，二問云何降心。陳本則有三問，一問發菩提心行菩薩乘云何應住，二問云何修行，三問云何發起菩薩心。准餘本皆末問降心，或真諦誤譯降心爲發心耳。二、有無不同。此有二處。一、秦本前半卷內，於我從昔來所得慧眼未曾得聞如是之經下，別無徵釋之文。陳本則加何以故世尊說般若波羅密，即非般若波羅密，故說般若波羅密三句。魏本唯有前二句，餘本全無，疑是衍文。二、同魏本，此有無不同也。第三、答問不同。此亦二處。一、同魏本。二者，秦本於若以色見我之偈後，直接須菩提汝若作是念，如來不以具足相得菩提一段，中無別文。陳本則加須菩提於意云何，如來可以具足相得菩提不，乃至云如來不以具足相得菩提一段。蓋如來前說色見聲求不得，恐執此又墮斷見，故急掃之云汝若作是念等。疑是真諦不諭此義，强爲聯合，置此一段，仍依什譯爲是。第四、詳畧不同。亦同魏本，此外小異大同，不悉。

四、隋朝笈多譯。

隋，國號，楊氏御極之稱也。始於文帝，終於煬帝，二主共三十七年。文帝姓楊名堅，弘農華陰縣人。其父楊忠，仕北周有功，封隋國公。忠卒，堅襲爵。後繼周即位，建都長安，國號大隋，故稱隋朝。笈多，畧稱也，具云達摩笈多，此翻法密。南天竺羅囉國人，刹帝利種，姓虎氏。年二十三歲，往中天竺耳出城黄華色伽藍出家。二十五歲，方受具戒。受具之後，徧歷西域大小乘國。廣見博聞，藝業内充。後於迦臂施國，遇北路商人，聞説大支那國三寶興盛，遂結契來遊。跋涉積年，更歷諸國，隨所至處，不斷講説。於開皇十年，來屆瓜州。初契同徒，或留或没，獨顧單影，悲喜交集。尋蒙帝旨，延入京師，處之名寺，供給豐沃。初與崛多共衆傳譯，迨仁壽之末，崛多以緣他事，流擯東越，自是專主傳譯。及煬帝定鼎東都，敬重彌隆。勑於洛水南濵上林園内，置翻經館。始從大業初年，終於大業末歲，譯《大方等》《善住意》等經，《金剛般若》等論，共九部，計四十六卷，並文義澄潔，華質顯暢。今詳《釋教録》，九部内無此經名，唯彦琮《笈多傳》云：初笈多翻《金剛斷割般若波羅密經》一卷，及《普樂經》十五卷。未及練覆，值僞鄭淪廢，不暇重修。據此乃是後人搜訪傳流，因斷割過質，故以能斷易之，目曰《金剛能斷般若波羅密經》。譯對梵文，語多倒詞，意雖不乖佛旨，習乃有背時機，句且難尋，義應莫曉。葢即彦琮所謂未及練覆，不暇重修之故。然以餘本求之，亦皆小異大同，存之在藏，爲備衆考。倘餘本有疑未決，亦可取之旁通，厥功不泯，畧此述成。

五、唐玄奘法師譯。

大唐李氏，都長安。自高祖武德元年，至開元十八年，兼天后代，凡一百一十三載，譯經緇素三十七人，唯玄奘爲最。玄奘本名禕，俗姓陳氏，陳留人也，漢太邱長陳仲弓之後。曾祖欽，後魏上黨太守。祖康，北齊國子博士。食邑周南，子孫因家，又爲緱氏縣人也。父惠，英潔有雅操。隋大業中，拜江陵令，解纓而返。有四男，奘最小。其次兄長捷先出家，住東都淨土寺。以奘少罹窮酷，携以獎之，十一歲得度出家。其後隋氏失御，天下沸騰。昆季相携，届於京邑，住莊嚴寺。洎唐武德元年，國基草創，兵甲尚興，京城未有講肆，又從兄入蜀，歷席聽講。年滿二十，即於成都受具。自後偏叅諸方，咸罄其旨。乃自惟曰：余周流吴、蜀，爰逮趙、魏，末及周、秦，遇有講筵，率皆登踐。雖已布之言藴積胸襟，而未吐之詞解籤無地。若不輕生狥命，誓往華胥，焉能具覩成言，用通神解。於是於貞觀三年，奮志西征，遠歷多國，誠重勞輕，履險若夷。既達印土，無倦諮籌，師承戒賢，論制惡見。印土學人咸仰盛德。討論一十七周，遊覽百有餘國。當此土貞觀十九年正月二十四日，還届京師。見帝於洛陽宫，談敘真俗，無爽帝旨。帝曰：自師行後，朕奉爲穆太后，於西京造弘福寺，將來梵本，可就翻譯。既承明命，遂返西京，廣集碩學名德沙門靈潤等五十餘人，即於是年五月，開演梵文，翻譯《大菩薩藏》等經論。自是翻譯無輟，訖於麟德元年，總出大小乘經律論等七十五部，一千三百三十五卷。所譯此經，名《能斷金剛般若波羅密》。與秦本起問相似，一問云何應住，二問云何修行，三問云何攝心。葢攝之與降，皆治伏義，但多中間一問。又秦本唯説四相，此説八想，謂有情想、命者想、士夫想、補特伽羅想、意生想、摩納婆想、作者想、受者想，葢相即所想，但四八開合稍異。又秦本言如來者即諸法如義，而此言如來者即是真實真如增語，即是無生法性增語，即是永斷道路增語，即是畢竟不生增語。其與秦本答問不同，亦同魏本。而色見聲求偈亦八句，偈後加文，亦與陳本小異。後偈九喻，亦同魏本，餘皆大同秦本。但浮演之文過多，似未若什本直捷，令人樂讀耳。

六、唐義淨法師譯。

義淨，齊州人，俗姓張，字文明。齠齔之年，辭親出家，徧詢名匠，廣探羣籍。仰法顯之雅操，慕玄奘之高風，有志西遊，未能諧願。暨登具之後，誓期必往。於是於咸亨二年，三十有七歲，初結同志，數滿十人，洎乎泛舶，餘皆退罷。唯淨堅心，奮志孤行，備歷艱險，漸達印土。所至之境，皆洞言音，凡遇王臣，咸蒙禮重。鷲峯、鷄足、鹿苑、祇園，佛境靈跡，皆親瞻仰。恕那爛陀，禮菩提樹，凡所遊歷，三十餘國，往來問道，出二十年。於天后證聖之元，乙未仲夏，還至河洛。將梵本經律論近四百部，并金剛座真容一鋪，舍利三百粒。天后敬法重人，親迎於上東門外，洛陽緇素，備設幢幡，兼陳皷樂，在前導引。勅於佛授記寺安置，所將梵本，并令翻譯。初共于闐三藏實叉難陀譯《華嚴經》。久視已後，方自翻譯。權輿於天后久視元年庚子，投筆於睿宗景雲二年辛亥，歷福先寺、西明寺、薦福寺等處，總出經律論五十六部，凡二百三十卷。所譯此經，名同奘本，起問處亦同。其與秦本不同者，秦本於若是經典所在之處即爲有佛，若尊重弟子下，别有請名奉持一段，魏、陳、隋、奘四本大畧皆同。此本則直接説法無説，塵界非界，現相非相等文，而乃將請名奉持移於聞經悲泣嘆昔未聞之下。其意蓋以説經未久，不合突然請名，必是空生自嘆，從昔未聞是經，因知非常，故爾請問。雖似有理，但與五譯相違，恐是臆見，非佛本旨。又秦本於色見聲求偈後，恐其立斷滅見，故誡以莫作是念，如來不以具足相得菩提。以若作是念，恐令發菩提心者説諸法斷滅，承上接下，似爲得理，而魏、陳、隋、奘四本雖各添餘文，亦大同小異。至此本，則直問發趣菩薩乘者其所有法是斷滅不，既與什譯不符，視餘本亦似有缺。其餘文義大同奘本，而删去浮詞，尤得什師之妙。翻譯前後竟。

第二、宣説時處者，以如來法不浪施，因機

而說。機有生熟，說有前後，是故一代聖教，說分三時。

第一，日出先照時，爲圓頓大根衆生，轉無上根本法輪，名爲直顯教，令彼同教一乘人等，轉同成別。譬如日出，先照須彌山等諸大高山。其所說經，即是《華嚴》《梵網》等也。

第二，日昇轉照時，先總，後別。總者，此轉照時，爲下中上三類衆生，轉依本起末法輪，名爲方便教，令彼三乘人等轉三成一。譬如山地有高下，故照有先後。別者，於此一時中，復分三轉，謂初轉、中轉、後轉也。初轉時者，謂佛初於鹿苑，爲鈍根下類衆生轉小乘法輪，名爲隱實教，令彼凡夫外道轉凡成聖。譬如日昇，轉照黑山。其所說經，即是《提胃》《阿含》等也。中轉時者，謂佛次於中時，爲中根一類衆生轉三乘法輪，名爲引攝教，令彼二乘人等轉小成大。譬如日昇，次照高原。其所說經，即是《深密》《方廣》等也。後轉時者，謂佛次於後時，爲利根上類衆生轉大乘法輪，名爲融通教，令彼權教三乘轉權成實。譬如日昇，然後普照一切大地。其所說經，即是《妙智》《般若》等也。

第三，日没還照時，爲上上根衆生，轉攝末歸本法輪，名爲開會教，令彼偏教五乘人等轉偏成圓。譬如日没，還照高山。其所說經，即是《法華》《涅槃》等也。

然此經既屬《般若》，應在後轉時說，但《般若》有八部，謂《大品》《小品》《放光》《光讚》《道行》《勝天王》《文殊問》《金剛》。唐譯爲六百卷，四處十六會說。一、王舍城鷲峯山七會，山中四會，山頂三會。二、舍衛國給孤獨園七會。三、他化天摩尼寶藏殿一會。四、王舍城竹林園白鷺池側一會。此經則第二處第九會，第五百七十七卷，單部別行，世所共見。文出大部，或有未知，故此分別，令悉源委。餘部別行，亦準此知。唯《仁王般若》一部，不在其數。然時處既已分明，而宣說的出金口，憑茲翻譯，尤爲可信。

第三、教乘攝屬者，此復有二。一、辨教，二、分乘。辨教者，謂西域、東夏，弘闡之流，於一代聖教，或合爲一教，或開爲二三，再開之而至四五，人兼緇素，凡有一十八家。甲順乙違，難盡他宗，事精理備，無越賢首。因依賢宗諸祖，畧述五教。

一、小乘教，亦名愚法二乘教，異大乘故，逐機設故，隨他語故。説諸法數一向差别，以其揀邪正，辨聖凡，明因果，分欣厭。然其所説法數，惟七十五，但説人空，不明法空。縱説法空，少不明顯。唯依六識三毒，建立染淨根本，未盡法源，故多諍論。

二、大乘始教，亦名分教。但明諸法皆空，未盡大乘法理，故名爲始。但明一切法相，有成佛，有不成佛，故名爲分。廣談法相，少及法性，其所云性，亦是相數。説有百法，決擇分明，故少諍論。

三、終教，亦名實教。謂明緣起無性，一切皆如，定性二乘，無性闡提，悉當成佛，方盡大乘至極之説，故名爲終。以稱實理，故名爲實。多談法性，少及法相，其所云相，亦會歸性。盡大乘説，故無諍論。

四、一乘頓教。但一念不生，即名爲佛，不依地位漸次而説。如《思益經》云：得諸法正性者，不從一地至於一地。《楞伽》云：初地即爲八，乃至無所有何次等。既不同前漸次修行，亦不同後圓融具德，故立名頓。總不説法相，唯辨真性。一切所有，唯是妄想，一切法界，唯是絶言。五法名、相、妄想、正智、如如。三自性緣起、妄想、成。皆空，八識二無我俱遣。訶教勸離，毁相泯心。生心即妄，不生即佛，亦無佛無不佛，無生無不生，如淨名默住等。别爲一類離念機故，亦爲對治空、有，俱存三種着相人故。

五、圓教。統該前四，圓滿具足，一位即一切位，一切位即一位，十信滿心，即攝五位成等正覺，故名爲圓。所説唯是無盡法界，性海圓融，緣起無礙，相即相入，如因陁羅網，重重無際，微細相容，主伴無盡，十十法門，各攝法界。

今此經者，正屬始教，以《般若》一往屬空宗故。兼屬終、頓，如云是法平等，無有高下，既無有高下，則一切衆生悉當成佛，即終教義，又云離一切相即名爲佛，既離相即佛，則不依地位漸次而説，即頓教義。若以一音説法，隨類各解，亦通於圓，如云當知是經義不可思議，果報亦不可思議是也。

分乘者，謂教義有淺有深，被機有勝有劣，微細分之，品類實繁，大畧收録，乘行有三。一、聲聞乘。依四諦法，慇懃精進，欲速出三界，自求涅槃，如羊車。二、辟支乘。依因緣法，慇勤精進，求自然慧，樂獨善寂，深知諸法因緣，如鹿車。三、大乘。對上二小乘爲言，亦名菩薩乘。依六度法，勤修精進，求一切智等，利益天人，度脱一切，如牛車。然有權有實，若住相之行因果歷别，則名爲權。若無住之修，因果該徹，則名爲實。此經屬菩薩乘，實一分攝，以空生兩番請問，俱爲發菩提心者起見，且經中始終具示降心離相，住心無住義故。

又三乘之外，前加人天，後足佛乘，名爲五乘。言人天乘者，依戒善禪定之法，求下界五欲、及上界淨妙之樂，如最小之車。《法華經》火宅喻云，乃至不與最小一車，猶不虚妄，葢譬人天也。言佛乘者，依萬行因華嚴一乘道果，如大白牛車。此經屬佛乘攝。如文云：菩薩爲利益一切衆生故，應如是布施。檀含萬行。又云：此經爲發最上乘者説故。若以此攝彼，雖人天不遺，以是法平等，無有高下，一切衆生皆當成佛，餘可凖思。教乘攝屬竟。

第四，因緣所爲者，謂教深乘廣，足發深省，再辨因緣，以資勝解。然因緣有二，一總，二别。總謂如來一代聖教，無非爲一大事因緣，所謂欲令衆生開示悟入佛知見故。别則别就當經，畧爲十種因緣。

第一，爲示降心住心法故。良以覺心、妄心

勢如漢賊，妄心不降而覺心難住，覺心不住而妄心難降，是故覺心要住，妄心須降，爲此雙示，一得兩成。如世尊食時入城，乞已還處，正示不住一法，而覺心常住。食訖收緣，洗足敷坐，正示不起一念，而妄心自降。第以如來境界，初心莫擬，爲此説經，令其言薦。

第二，爲破我執法執障故。良以我、法二執，凡小病源，凡夫依之而起煩惱，小乘因之而成所知，輪轉生死，礙正知見，如夢如醉，不自覺知。佛爲破此，因説是經。如云：無我相，無人相，無衆生相，無壽者相。如是語類，皆爲破我執也。又云：無法相，亦無非法相。如是語類，皆爲破法執也。

第三，爲斷現行種子疑故。良以一翳在眼，亂華起空，片疑介心，萬妄馳性。約已起當起，而障現未之勝解，或疑理疑事，竟成煩惱之根本。無智自解，唯佛能釋，故説此經，通爲遮斷。如經中當機有問，如來爲答者，皆爲斷現行之疑。如來反徵於意云何等，皆爲斷種子之疑。又在當時皆爲現行，謂佛智鑑機，知其已起故。望後世總名種子，謂假彼空生，利及將來故。

第四，爲轉重業輕業報故。良以假使百千劫，所作業不亡，因緣會遇時，果報還自受，惟有懺悔力，乃能得除滅。然懺悔之力，此經最大，故爾宣説，令知受持。如經云：若有人受持讀誦此經，若爲人輕賤，是人先世罪業應墮惡道，以今世人輕賤故，先世罪業即爲消滅，當得阿耨菩提。據此則是轉當來重報，而以現前輕報抵之。至於轉輕全消，經雖無文，義則必然，以重業既輕受，輕業應不受故。

第五，爲顯行解必相應故。良以超凡入聖，以信解爲入門，從因至果，緣修證取實效。是故有解無行，必墮狂慧，有行無解，定落有爲。故此經於信解之後，當機重問住、降。蓋自覺信解雖成，習氣難除，對境起念，住、降莫致。而如來答降心，仍約度生無度等，答住心，仍約不住施福等言者，乃欲其漸次修習，務令行與解相應耳。

第六，爲顯空有無礙義故。良以真空不空，妙有不有，由不達真空義故，二乘逃形於界外，由不達妙有義故。凡外沉迹於域中，各住一邊，俱違中道，爲此説經，顯無礙義。如經云：如來所得菩提，於是中無實無虛。乃至云：所言一切法者，（總該空有。）即非一切法，（謂説空不空，説有不有故。）是名一切法。（謂説空不空爲真空，説有不有爲妙有，故無妨假立名字，説爲一切法。）如是語類，皆爲顯空有無礙義也。

第七，爲救知見立知弊故。《楞嚴》云：知見立知，成無明本，知見無見，斯即涅槃無漏真淨。是知金屑雖貴，落眼成塵，因明立所，萬法從生。依妄生妄，積迷成迷，不唯無功，反成大過。爲救此弊，因説是經。如經云如來有肉眼不等，乃至云過去心不可得，現在心不可得，未來心不可得。是佛知佛見尚不應立，況夫未到佛地，日燈隙明者哉。

第八，爲遣即相離相見故。言即相觀佛，固爲常見，離相觀佛，尤墮斷滅，均爲不見佛性，終成凡外種族。今説此經，爲令雙遣。如經云，若以三十二相觀如來者，轉輪聖王即是如來等，遣即相見也。又云，須菩提，莫作是念，如來不以具足相故得阿耨菩提等，遣離相見也。

第九，爲破依正二報相故。夫受報以根身爲正，器界爲依。根身乃四大假和，器界以衆微積聚，總屬緣生，皆爲幻妄。衆生不知，認爲實有，執我執法而輪轉於中，保之守之而莫由出離。爲破此相，因説是經。如經云，若有人言如來若來若去，若坐若卧，是人不解我所説義等。是知如來應身尚自無實，況夫衆生色身，豈當有據。又云，善男子、善女人，以三千大千世界碎爲微塵，乃至云一合相者即是不可説等。此則世界總相尚非實有，況夫隨業所感別相，勢若燈輪，寧可堅執。

第十，總示我法二空觀故。言總示者，以前

之九種展轉生起，以此經兩番請問，皆爲降心、住心，故有第一。住降之要，首在破執，故有第二。執欲破而疑惑潛生，故有第三。信未立而業報卒至，故有第四。業報既轉，正解斯成，行與解違，終難契入，故有第五。欲契真空，不外妙有，故有第六。空有無礙，任運修行，歷位漸證，中途多滯，故有第七。不滯中途，攀仰妙果，即相離相均非實證，故有第八。縱獲實證，證亦不住，現身而不住身相，令衆生知根身唯妄，攝界而不住界相，令衆生悟器界非真，故有第九。如是九種別義，遞互相資，門門可入，皆爲方便。設於是中懼不速成者，總以二空觀門濟之，無弗克理。如經云：佛説我見、人見、衆生見、壽者見，即非我見、人見、衆生見、壽者見，是名我見、人見、衆生見、壽者見。此示我空境也。又云：於一切法，應如是知，如是見，如是信解，不生法相，須菩提所言法相者，即非法相，是名法相。此示法空境也。又云：云何爲人演説，不取於相，如如不動。此示能觀智也。又云：一切有爲法，如夢幻泡影，如露亦如電，應作如是觀。此示以智對境，理易顯而觀易成也。此經正屬空宗。且約二空言之，密示俱空，非顯了説，如我法纔言即非。又云，是名以即非則是二空，是名則空亦不立，非俱空乎。灌頂《直解》云，始教中空宗，亦是密説頓門。此之謂也。如是十種因緣，前九爲別，隨機各入故，後一爲總，總能成彼故。總別合論，又統爲一大事因緣。細尋於此，不待披文而勝解成矣。因緣所爲竟。

第五，受持感通者，因緣既深，教起亦大，未知受持讀誦，有何感通。故授此門，以爲有志修行者勸。然感應靈跡，莫可殫述。今依灌頂《直解》，擇其馴雅者録之。《直解》云：受持者，僧如法藏，聞仙樂而往樂邦，尼如淨真，覩寶蓮而生上品。法藏，隋時僧，居鄜州寶室寺，寫《金剛經》百卷，壽至九十九歲。臨終陞座，説偈別衆。空中彌陀佛現，仙樂幢旛，引往西方。○淨真，唐時尼，居長安積善寺，誦《金剛經》十萬徧。語弟子曰：是五月內，十度見佛，兩度見寶蓮華，吾已生上品矣。遂逝。男如孫老翁，坐石不飢，女如吳道媪，龜身長髮。唐政和中，真州石匠孫翁，日持此經三卷。後同二十餘人，入山鑿石。山忽崩，盡喪其中。經二十年，郎鑿到此，見翁端坐石窟。語曰：始因食一酥餅，至今不飢不渴。還家取經視之，上有一孔，恰如餅狀。○《現果録》云：媪，吳氏，濟寧人，隨夫唐某至松江。年四十三，長齋，持經六載。四十九時，忽告人曰：吾將逝矣，經云金剛不壞身，可留身三年驗之。乃說偈曰：風捲雲霧散，明月碧團圓。了然無罣碍，池內現金蓮。没後龜身，三年啟視，果不壞，頂髮長一寸。提督梁公，遂爲漆身，建庵供奉，額曰坐化。惡如任氏脱劍樹之苦，趙妻解蟹山之冤。唐龍朔中，任五娘暴死月餘，托夢弟妹曰：我好食肉，殺害禽畜，活魚作鱠，今受刀山劍樹地獄之苦。可將我遺下户資，求淨土寺寶獻大師，寫《金剛經》七卷，即脱身上七刀之苦。弟妹依囑。圓時，復夢來謝。○趙妻者，泗州趙璧妻李氏也。氏亡，璧及第歸，夢氏來語曰：奴在生，每於蟹出之時，買作醉蟹，恣意食噉。今墮蟹山地獄，羣蟹鉗咬，晝夜難當。乞將房奩變賣，爲奴寫經流通，乃可救拔。璧如其言。完夕，夢妻謝曰：承斯脱苦生天矣。畜如螺螄送經，蟒蛇聽法。唐王待制，船至漢江，風浪擊作，遂將平昔所持經本投中，遂得風息浪靜。後至鎮江，見舟尾百

步許，有物似毬狀，使漁者取之，乃無數螺螄團成一毬。剖之，外濕內乾，視中即向所投經也。○唐武德間，陳昭，江陵人，長齋誦經。時有大蟒來聽，經畢即退。鄰人力昌，疑而殺之。暴卒，托夢於妻曰：蟒願聽經百卷，可以昇騰，只少七卷，被殺不甘。懇爲寫經七卷，誠肄七徧，彼得生天，乃放捨此事矣。妻如其言，子遂出家，名爲僧護，大興佛法。又若自持則箭不能傷，教誦則鬼不能縛。唐富陽徐玘爲府吏。一夜，賊刼其家，綑玘在箭垛上，射之不著。問有何術，玘曰：每日五更，持《金剛經》三卷，方入公門，曾無間斷，別無他術。賊聞釋放，並回心出家。○唐王陀染瘴疾，發心每日念《金剛經》五卷。一日，見二鬼曰：王令追汝，且止念經。陀聞之，念經益虔，鬼莫近。少頃，又見一鬼報曰：念經善人，王令權放。自是晝夜受持，壽延九旬。施捨則起死回生，隨喜則脱畜還人。宋紹興間，宋承信，秀州華亭縣人，患翻胃病，百藥無效。一夜，夢梵僧謂曰：汝施《金剛經》千卷，病苦可除。信寤，即捐資行施，其病漸瘥。○宋蘇州朱進士遊虎丘寺，值佛印禪師講一切有爲法四句偈，聞之甚喜。次午睡去，夢二吏引五人同行，朱亦隨後。到一家厨房，桶內有湯，五人俱飲。朱思經偈，渴亦欲飲，吏呵曰：聽佛法人，不可飲此。乃驚覺，訪之彼家，厨養六犬，內一死者。朱遂棄業持經，壽八十九。八月十五日立化，臨終偈曰：八十九年朱翁，

兩手劈破虛空。脚下踏着白雲，立化菩提樹東。如斯感應，備在本傳。普勸來學，幸勿自輕。况此經猶如佛母，譬同金剛，信願熏修，定成智種。受持感通竟。

金剛新眼疏經偈合釋卷上

六、釋題解文，二。一、總釋名題，二、別解文義。初二，一、經題，二、譯人。初。

金剛般若波羅密經

釋此經題，畧作三法。一、能所作對，二、分別義相，三、爲存古式。

能所作對者，通題八字，能所具有四對，一、能詮所詮對，二、能到所到對，三、能揀所揀對，四、能喻所喻對。能詮所詮對者，謂理不自明，必得義以析之，義不自顯，必得經以詮之。是則經爲能詮，上七字爲所詮。能到所到對者，以梵言波羅密，此云彼岸到，譯隨梵言，爲語仍倒，若依此方順義迴文，合云到彼岸。是知般若爲能到，涅槃彼岸爲所到也。能揀所揀對中，復具兩重，一揀諸經，二揀當會。揀諸經者，以佛説修多羅藏通名爲經，若不揀別，恐濫前後所説，故以般若揀之，見者即知非餘經故。則般若爲能，餘經皆所。揀當會者，般若一會所説，經分八部，皆帶般若之名，若不揀別，恐濫餘部，故加金剛二字揀之，見者即知非《道行》《光讚》等故。則金剛二字爲能，餘部皆所。能喻所喻對者，以般若理微，劣機難入，取像金剛，庶有發明。故《法華》云：諸有智者，要以譬喻而得開悟。是知金剛爲能喻，般若爲所喻。

分別義相者，先釋所詮，次釋能詮。

釋所詮中，首言金剛者，梵言跋折羅，亦云嚩左羅，天帝所有，力士所執，金中最剛，故以金剛名之。其體最堅，一切無能壞，其用最利，能壞於一切。如《涅槃》云：譬如金剛，無能壞者，而能碎壞一切諸物。無着云：金剛難壞，金剛能斷。又晉武帝《起居注》云：武帝十三年，燉煌有人獻金剛寶，生於金中，色如紫石瑛，狀如蕎麥，百鍊不銷，可以切玉如泥。是知堅利之極也。用此爲喻，喻下般若，不知般若者可以凖思。

般若，正翻爲慧。《智度論》云：因位名般若，果位名智。是則慧爲智之因，智爲慧之果。《纂要》疏云：若依《大品經》，般若字通智慧二義，故智與慧名義少殊，體性無別。《刋定記》釋云：此明字界字緣。若字是字界，般那都爲緣。若以般爲緣，助於若字，則名爲慧。若以那爲緣，助於若字，則名爲智。常途亦有不分，以智即是慧，慧即是智，故般若二字一往翻爲智慧。如《法華》云：我所得智慧，微妙最第一。是果中亦名爲慧。又云：色力及智慧，斯等皆減少。是因中亦名爲智。既有教可憑，今亦不分。然譯主不翻，仍存梵言者，以尊重故。《金剛錍》云：般若者，衆生之心，有實相、觀照之殊。實相者，心本無相，以遠離虚妄，真實有體，不可破壞。無相之相，强名實相，此亦即是心體，可同金剛之堅。觀照者，心本非照，以遠離分別，真明皎然，有執皆破。無照之照，强名觀照，此亦即是心用，可同金剛之利。法喻合明，故云金剛般若。以斯命名，蓋欲衆生即金剛之堅利，識般若之體用，因中破執，依實相而起觀照，果中證理，依觀照而契實相。如珠發光，光照珠體。故知下之涅槃彼岸，即是究竟實相，曾無一法從外來者。《楞嚴》云，圓滿菩提，歸無所得，於此可見。

波羅密，譯梵爲華，迴倒爲正，已於能所作對中明。今約此方正語釋之。《刋定記》云：彼岸即是涅槃，爲對生死之此，故號涅槃爲彼。到之一字，義兼事理。若於因中信知本有實相般若，依之而起觀照般若，觀照功極，當下執空，頓悟實相般若，即是到於彼岸，此理到也。若於既悟之後，自覺習氣難除，雖曰執空，任運還起，對境逢緣，力不自由，由是重起觀照，抵對妄習，加以六度萬行，漸次磨礪，果到妄盡理圓，始稱究竟彼岸，此事到也。學般若者，切忌以悟爲證，自滯中途。《纂要》云：離生死此岸，度煩惱中流，到涅槃彼岸。今疏云：執空妄盡，即是度煩惱耳。又永康云：西域風俗，所作究竟，皆云到彼岸。據此則是稱讚般若，以此經所詮般若，於諸般若中爲最勝故。

釋能詮者，即是經字，梵語修多羅，或云修妬路，或云蘇怛覽，約義翻爲契經。契謂契理契機，以能上符佛理，下叶人心故。經謂貫穿、攝持，以能貫穿所應説義，攝持所應度生故。若按西域修多羅，一名而召四實，謂聖教、席經、井索、線也。古德見此方聖教稱經，遂半取席經，爲順兩方聖教之義，又恐濫於儒道之經，故上以契字揀之。若通作梵言説者，應云欲底修多羅，以欲底翻爲契故。不翻井索及線者，有二意。一、别指彼物故，二、此方不貴故。或言經者常義，謂過去諸佛已説，現在諸佛今説，未來諸佛當説，三世無能易故。或言經者法義，謂菩薩依之成佛，二乘依之廻心，衆生依之發意，一切皆應遵故。此經是佛所説，非餘四人。合上所詮，理應信受。

爲存古式者，復有四義。一、辨虚實，二、判離合，三、成比量，四、明題法。辨虚實者，但言金剛，不知所喻何法，但言經字，不知所詮何義。二皆爲虚，般若波羅密爲實。判離合者，經是能詮，屬體。般若能生信、發解、起行、證果，屬用。經上加即字，持業釋也。又金剛般若等，是所詮實法，得勝之義。經之一字，是能詮虚文，得劣之義。密下加之字，依主釋也。又經非般若，以能詮般若名般若經，有財釋也。又般若乃大部之名，此既别行，仍稱般若者，以相近故，隣近釋也。若謂般若有二，二即般若，亦通帶數。若謂金剛是喻，般若是法，舉法及喻，比類發明，亦通相違。成比量者，般若是有法，無能破者，能破一切宗，因云體最堅，用最利故，同喻如金剛，異喻如餘金。明題法者，立題之法，通有七種，謂人、法、喻三，單複具足，今是法喻爲題。

經題竟。

二、譯人

姚秦三藏法師鳩摩羅什譯

姚秦者，譯經朝代。若論正統，當言東晉。以譯經在秦，故以秦朝紀之。揀異前秦苻氏，故曰姚秦，乃後秦姚興在位時也。三藏法師者，譯主德號。三藏者，經、律、論也。法師二字，義兼兩利。若以三藏聖法爲自宗師，則是自利。若以三藏聖法師範人天，則是利他。譯主兼二，故總以三藏法師稱之。鳩摩羅什者，譯主法諱。華梵行實，詳見第一門中。譯者，易也，易梵語成華言也。總釋名題竟。

二、別解文義，三。一、序分，二、正宗分，三、流通分。

此是道安法師所判。凡屬佛經，無論豐約，皆準此科，以其冥符西域，理應今古通遵。初，二。一、證信序，二、發起序。

初、證信者，謂説聽時處，主伴分明，證是佛説，令人生信故。亦名通序，諸經通有故。亦名經後序，佛説經時，未有此序，既説之後，結集建立故。建立此序，有因有意。建立因者，謂佛於將涅槃時，阿難愁惱，阿泥樓豆謂言：汝是持佛法人，且須裁抑，當詣佛所，咨問後事。阿難言：云何後事。阿泥樓豆告曰：汝問佛在世時以佛爲師，佛滅度後以誰爲師。佛在世時依佛而住，佛滅度後依誰而住。佛在世時惡性比丘佛自調伏，佛滅度後如何調伏。佛在世時説法度生，佛滅度後結集法藏，一切經首當置何語。阿難承教，一一咨問。佛告阿難：我滅度後，當以戒爲師。依四念處住。惡性比丘，默而擯之。一切經首，當置如是我聞，一時佛在某處，與某大衆若干等語。建立意者，有三。一、斷疑，二、息諍，三、異邪。斷疑者，謂如來滅後，結集法藏時，阿難陞座，感身相好如佛，衆起三疑，一疑佛重起説法，二疑他方佛來，三疑阿難成佛。一説此言，三疑頓斷故。息諍者，謂阿難與衆德位相等，若不推從佛聞，則諍論起，故唱此言，顯是佛説，羣諍自息故。異邪者，西域外道經初多置阿憂二字，今言如是等，爲異彼故。

如是我聞：一時，佛在舍衛國祇樹給孤獨園，與大比丘衆千二百五十人俱。

準《智度論》，此段具六種成就。以六緣缺一，教則不興，興則必具，故云成就。首言如是，即信成就。以信者言如是，不信者則言不如是故。論云，佛法大海，信爲能入，故居其首。《華嚴》云：信爲道元功德母，長養一切諸善法。是故根力善法，皆以信爲首也。若連下我聞，則是指法之詞，謂如是之法我從佛聞也。

次言我聞，即聞成就。以聾者無聞，佛不與説故。我者，揀他，顯是自己親聞，非私淑讀古者類故。聞謂耳根發識，聲在可聞處，作心欲聞，即便得聞。今唯言我，不言耳識等者，蓋是廢别從總，以我爲一身之總故。又雖言我聞，實不計我，以阿難此時已證四果，已達我空故也。經云願樂欲聞，佛乃有説，故云成就。《楞嚴》云：此方真教體，清淨在音聞。欲取三摩提，實以聞中入。是故七聖財中，亦以聞爲財也。

三言一時者，時成就也。一者，始終究竟之謂。時者，遷流轉變之法。體是不相應行，或否或泰，皆可言時。今云一者，應是清泰之時，以否則説聽不能究竟，不得稱一故。

不紀歲月者，以如來說法，通乎上下，滅後結集，達於遐邇，約上下延促不等，約遐邇紀歷不同，歲月難稽，故惟言一時。蓋即取說無異座，聽無異席，二俱究竟，爲一時也。古德云：時節若至，其理自彰。《法華》云：今正是其時，時爲如實說。則時之所關，亦大矣哉。

四言佛者，即主成就。具云佛陀耶，此云覺者，謂自覺覺他，覺圓滿故，異彼凡夫、二乘，及與菩薩。以凡夫不自覺，二乘不覺他，菩薩覺不滿，故讓如來獨擅其名。若以本經釋義者，自覺則無有定法名阿耨菩提，覺他則滅度一切衆生而無度相，覺滿則離一切相即名爲佛。的指其人，即本師釋迦文也。此法唯佛能證，唯佛能說，餘則不能，故讓佛爲主。又設若無佛，望前則信無所歸，聞無所從，時唯虛度，望後則衆無所依，處亦空陳。是知餘五成就，皆賴主成就耳。

五言舍衛等，即處成就也。舍衛，亦名舍婆提，新云室羅筏悉底，蓋五天梵音不同。此云豐德，或云聞物，以國豐四德，爲物所聞故。四德者，謂欲塵、財寶、多聞、解脫也。義淨三藏譯爲名稱大城，亦聞物義。此城在中印土憍薩羅國。今但言舍衛者，以南印土亦有憍薩羅國，恐濫彼故。此總處也，下乃別處。祇樹者，祇陁太子所施樹也。祇陁，此云戰勝，是波斯匿王太子。生時王征外國，戰勝而還，因以爲名。園中樹木是其所施，故名祇樹。給園者，給孤獨長者所施園也。長者，本名須達多，是波斯匿王大臣，或名須達拏，此云善施，以好善行施爲名。給孤獨是其德號。給，周給也。幼而無父曰孤，老而無子曰獨。長者善施，又偏能周給此二，世美其德，故以此稱。買園建舍，長者爲主，故云給孤獨園。按《刋定記》引云：波斯匿王有一大臣，名須達多，爲兒聘婦，躬至王舍城，寄止長者删檀那家。删檀那中夜而起，莊嚴舍宅，營辦餚饍。須達問言：欲請國王爲婚姻之會耶。答言：非也，爲欲請佛。須達聞已，身毛皆竪，復問何等名佛。删檀那即爲備述佛之功德。須達喜，問佛在何處。删檀那言：今在迦蘭陁竹林精舍。時須達多一心念佛，忽然天明，見有光明，即尋光處，至城門下。佛神力故，門自開闢，尋路而往。爾時，如來出外經行，須達見已，歡喜踴躍，不知禮法。時首陁天化作四人，至世尊所，接足禮拜，胡跪問訊，右繞三匝，却住一面。須達見已，依而行之。世尊即爲説法。須達聞已，得證初果。乃請佛言：唯願臨顧，至舍衛城，受我微供。佛言：卿舍衛國頗有精舍能容我衆共居止否。須達多言：必見垂顧，便當營辦。爾時，世尊默然受請，令舍利弗同往舍衛，指授處所，唯太子園可容佛僧。於是須達躬詣太子，議買其園。太子戲曰：能以金磚布地，即賣與卿。須達即出金藏，爲磚布地。太子感發，并樹施之，共搆精舍，請佛及僧於中住止。此猶畧述，廣如《涅槃》《賢愚》等經，及《四分律》《西域記》説。今説此經，即在此處。設無此處，佛僧何依。六成就中，此亦叵少。依真諦《記》，住處有二。一、境界處，爲化俗故，即舍衛也。二、依止處，爲統僧故，即祇園也。《善見論》云：舉舍衛，令遠人知。舉祇園，令近人知故。

六言與大比丘等，即衆成就也。與者共義，顯聽非一人，復有所共之衆故。人非泛常，故名爲大。依《纂要》有二義。一、名高，謂稱譽廣遠，是人皆知，到處皆聞故。二、德重，謂行業恢隆，外現聲聞，内祕菩薩故。然此二義亦互相資，以德重故顯名不浪得，以名高故顯德是實有。是則名德俱大，故總以大稱。比丘名含三義：一、破惡，謂修戒定慧，能破見思煩惱惡故。二、怖魔，謂魔王驚怖，恐出三界，損其黨故。三、乞士，謂離四邪命，乞食資身，利檀那故。翻一遺二，故存梵名。五不翻中，含多不翻。和合名衆，謂多人共住，事理俱和。事和則戒同持，見同解，利同均，身同住，口無諍，意同悦。理和則擇滅無爲同證。設不爾者，雖多非衆也。千二百五十人者，佛初成道，度憍陳如五人，次度三迦葉波，兼徒總一千，次度舍利弗、目犍連，各兼徒一百，次度耶舍長者子五十人，經舉大數，故減五人。此等皆向修異道，空無所獲，遇佛得證，感恩不捨，爲常隨衆也。非無餘衆，意準流通中知，不具敘。證信序竟。

二、發起序

發起者，乞食往復，食訖敷坐，默示住降，發起正説故。亦名别序，别在當經故。亦名經前序，未説經前，先以相顯，引發上根，密令當機故。

爾時，世尊食時，着衣持鉢，入舍衛大城乞食。於其城中，次第乞已，還至本處，飯食訖，收衣鉢，洗足已，敷座而坐。

爾時者，大衆成就，機感盈前時也。機感盈前，不得不説。説不遽説，必待請問，故爾默示住降，以發當機之問端也。

世尊者，十號之一。《成實論》云：具上九號，爲物欽崇，故曰世尊，天上人間所共尊故。

食時者，人間飯食時也。按《金剛蒙引》，約十二時，分四食分。丑、寅、卯三，諸天食分。辰、巳、午三，人間食分。未、申、酉三，畜生食分。戌、亥、子三，鬼神食分。今論乞食，且約辰時爲言，此有二意。一者，當日初分，求乞易得，不惱自他故。二者，乞已還園，正當巳時，如常齋法故。

著衣者，著僧伽黎衣。以律載，凡入王宮及陞座説法，聚落乞食，應著此故。持鉢者，持四天王所獻紺瑠璃鉢，以是維衛佛所遺之法器故。又佛必著衣持鉢者，亦是爲衆作軌，寓有四意。一、異俗，二、揀外，三、肅己，四、益他。異俗者，在家着樂，多尚錦衣寶器，縱恣身心，出家異彼，以身所着衣唯許麤疎麻布，手所持鉢〔三〕唯許鐵瓦二器故。揀外者，外道盲修，躶形捧飯，致招訶醜。僧衆揀彼，以伽黎著身，不至躶露如畜，應器持手，不至摶食似鬼故。肅己者，衣像水田，著之則身有所矜，不敢妄行。鉢唯應量，持之則心有所限，無復過貪故。益他者，有威可畏，有儀可仰，生他敬信故。

入者，由遠及近，自外向內。《纂要》云：園在城東南五六里，故須入也。舍衛乃中印名都，故稱爲大。準《西域記》云：國周六十餘里，內城周二十里。《智度論》云：居家九億。據此則地廣人稠，亦可以大城稱之。

乞食者，爲欲顯示頭陀功德，令放逸者知慚愧故。準《纓絡女經》說，化佛身如全段金剛，無生熟二藏。《涅槃》云：如來之身，非雜食身。今云乞食者，利益他故。又佛教比丘離四邪命，乞食自活，故自乞食，所謂有諸己而後求諸人也。若準《纓絡經》說，佛自乞食，有十種意，避繁不引，今畧取三意。一、折伏餘衆憍慢故，二、憐愍障閡衆生故，三、顯示不應畜積故。折伏憍慢者，以佛爲王種，出世成佛，尚爾乞食，何況餘衆，豈可自生憍慢而不行乞。憐愍障礙者，如婦女、受制、老病、無能等，不得見佛，不得行施，皆名障礙。佛爲愍此，自行乞食，令其得見，隨便行施。示不應畜者，以末法僧倫多事畜積，致干非法，佛慧預知，因示乞食，令知畜積法所不應。

於其城中者，已到舍衛，正當人民等居住處也。

次第者，挨門沿户，無所揀擇。必如此乞者，依《纂要》有五意。一、內證平等理故。

謂佛性平等，無有高下。凡小未證此理，遂於衆生見有差別。佛既證此，一體同觀，以不見有貧富等相，故能次第而乞。二、心無貪慢故。無貪則不趣富貴，無慢則不傲貧賤。持心平等，慈無偏利，故能次第，無所揀擇。三、表顯威德故。以小乘律中，不許入惡象家，恐彼損害。不許入婬女、沽酒家，恐生染心，以其無有威德，故爾禁制。佛乞不爾，故次第也。四、破二乘分別心故。如大迦葉捨富乞貧，意在令生福德。須菩提捨貧乞富，意在不欲惱他。各有遮限，皆爲分別。佛爲破此，故爾次第。《楞嚴》云開闡無遮，即斯意也。五、爲息凡夫猜嫌故。謂捨富從貧，多致凡夫生猜，捨貧從富，多致凡夫生嫌。佛以次第而乞，二過俱免。《楞嚴》云度諸疑謗，即斯意也。然此五意，雖出《纂要》，而釋義稍詳，爲取易明，不費尋討。後二義易前爲後者，爲取順便易釋，以猜嫌由偏乞致故。乞而云已者，非謂乞偏一城，但滿鉢則已也。

還至本處者，由城返園，正當巳午，如常齋法時也。若論佛不須食，爲令他福得滿，亦應隨衆，以佛若不食，他福不得滿故。若依《寶雲經》說，隨所乞得，分爲四分，一擬與同梵行者，二擬施貧病乞人，三施水陸衆生，四分自食。《十二頭陀經》唯說三分，除梵行者，《刊定記》釋云：以自乞故。今約有因緣故不暇自乞者，故應分與，故梵行與貧病乞人而言擬與擬施，蓋不一定，以來者則與之施之，不來則不須也。若水陸衆生，一定應施，故不言擬。然處字下，文缺飯食，影在下句，以有訖即有正食時故。飯食訖者，無論美惡精粗，一飽則訖也。

衣鉢不收，心有勞慮，不能成定，故須收好。佛實不爾，但示現爲後軌耳。爲護生故，跣足行乞。恐着塵染故，須洗已而坐。問：《阿含經》說佛行離地四指，蓮華承足，何用洗爲。

答：不欲衒異，隨順世間故。

敷座者，自敷坐具於座。魏譯云如常敷座，以如來每説般若，皆自敷坐具，爲般若是諸佛之母，表敬法故，今亦如常。

而坐者，端身正住，一念不生，所謂身體及手足，靜然安不動，其心常澹泊，未曾有散亂也。魏譯云：結跏趺坐。今雖不言跏趺，準常可知，以諸佛坐必跏趺，無異式故。《智論》云：見畫跏趺坐，魔王尚驚怖。何况入道人，端身不傾動。是故佛及弟子通依此法。又跏趺有四種利益：一、由身攝斂，速發輕安。二、能經時久，不速疲倦。三、不共外道，彼無此法。四、形相端嚴，起他敬信。由此四義，可爲後軌，故知佛坐必用跏趺。此是隨文銷釋。

若明發起正説意者，有説著衣持鉢，次第行乞，通名爲戒，敷座而坐，乃名爲定，意顯因戒生定，因定發慧。今以欲談般若深慧，先示戒定而爲發起，此亦有理。但本疏所取，意在言外。良以此經妙旨，惟在降心、住心。要知一有所住，則覺心便亡，纔欲施降，而妄心愈熾。是須以無降而降，無住而住，乃爲真降心、真住心也。試觀世尊於未到食時，其心本自不動，一到食時，便爾着衣持鉢，入城便入，初無繫念於祇園，乞食便乞，何曾有心於彼此，以任繁華射眼。佛自乞已還歸，所謂如如而去，如如而來，於我本覺真心，何曾動著絲毫，此正如來密示住心法也。遽爾收緣洗足，敷座而坐，一念不生，萬慮皆亡，五藴既空，四相何有，此又如來密示降心法也。

準《楞嚴經》，阿難乞食，於未乞之先，則曰方行等慈，度諸疑謗等，已有許多計算。於將乞之際，則曰徐步郭門，嚴整威儀，又有許多做餙。於正乞之時，則曰肅恭齋法。然既曰肅恭，則是住著，是覺心已無所住。至被摩登伽女攝入婬席，其妄心又何能降哉。兩經對觀，則降心、住心之旨，思過半矣。

但此意人所難知，唯有空生覷破，故向下開口便讚。又以如來境界非初心所能及，由是連興二問，以啟正説之端。所謂發起者，意在是耳。敘分竟。

二、正宗分，四。一、畧明降住生信分，二、推廣降住開解分，三、究竟降住起修分，四、決定降住成證分。初，四。一、當機誠請，二、如來許説，三、當機願聞，四、如來開示。初，二。一、承前讚善，二、因機設問。初。

時長老須菩提在大衆中，即從座起，偏袒右肩，右膝著地，合掌恭敬而白佛言：希有，世尊，如來善護念諸菩薩，善付囑諸菩薩。

時，即如來乞食還園，食訖晏坐時也。空生仰觀調御，明明護念付囑，俯察羣機，昏昏如盲如聾，正當請問，故爾修敬讚德，以啟發問之端。

長老者，德臘俱尊之稱。唐譯云具壽，唯顯臘尊。魏譯云慧命，唯顯德尊。空生兼二，故什師以長老譯之。須菩提，當機人也。含多義故，經存梵名，謂或翻空生，以初生時，其家庫藏空故。或翻善吉，以相師占云，此子善吉，不須慮故。或翻善現，以既生七日，其家庫藏復現，父母稱善故。按《西域記》云：是東方青龍陀佛，影現釋迦之會，示跡聲聞，發揚空理。據此則初生藏空等，即後來解空之兆。

從座起者，有所諮詢，不應坐故，如曾子避席之類。偏袒右肩者，執弟子禮，取服勞之便。右膝着地者，示下役相，取領命之速。此上皆身業虔誠。合掌者，端秉一心。恭敬者，尊重其事。此表意業虔誠。而白佛言等，乃發語讚歎，又口業虔誠也。

去來動靜，任運合道，唯佛一人，餘非所論。空生見此，不勝歎異，故曰希有世尊。

天親論云：善護念者，依根熟菩薩説。謂與智慧力，令成就佛法，與教化力，令攝受衆生。善付囑者，依根未熟菩薩說，懼其退失，付授智者，囑令教化。此約起後意説，謂先讚後請也。今約承前，另爲一理。言善護念者，約未得住心者說。言覺心難住，或三月不違，或日月一至，如來時時加護，心心憶念，務令常得安住。善付囑者，約未得降心者說。言妄心難降，或對境而起，或任運而興，如來付以方法，囑令降伏，務令永以不生。二俱言善者，若待起心護念，則護念有時，若待發言付囑，則付囑無多，不名爲善。今以如來入城還園，如如不動，密示住心，標榜後進，正是加護憶念。又以食訖晏坐，一念不生，密示降心，模範新意，正是付授誡囑。如天不言，四時運行而無間，地不言，萬物生成而不遺，是不唯護念、付囑，且二者俱善，空生開口歎希，良有以也。孔子曰：二三子以我爲隱乎。吾無隱乎爾，吾無行而不與二三子者，是丘也。今佛不自說，必待空生註破，爲令引發同類機故。

偈：

巧護義應知　加彼身同行

不退得未得　是名善付囑

合云：上二句頌善護念義。巧即善也，護亦攝念，謂身護必由心念起故。應知者，應知即在日用動用中也。加即加被，亦是護義。彼指未得住心者言。身指佛身。同行者，謂同行乞食之事。蓋佛不須食，但爲加護於彼，示現自身與其同行。彼若果能同佛行處而行，不患乎覺心不能住矣。下二句，頌善付囑義。不退二字，雙通得與未得。言妄心已降則是不退已得，妄心未降即是不退未得。但降與未降，得與未得，初心不自覺知，故如來示現食訖晏坐。一念不生，無妄可降，即是降心。彼若果能如佛降處而降，即不退已得。設未能者，即不退未得，當自黽勉，務令同佛。親切提持，無踰此者，故云是名善付囑也。

承前讚善竟。

二、因機設問。

世尊，善男子、善女人發阿耨多羅三藐三菩提心，云何應住，云何降伏其心。

先稱世尊者，示問有所屬故。世尊去來動靜，總爲護念付囑。空生雖知，其奈餘衆未諭，第恐妄擬聖境，有類畫鵠，故特舉善男善女等以問也。男子以剛徤爲德，女人以柔順成美。此雖稱善，猶通外教。今言善男善女者，顯是佛教中人，以是宿植善根，現從佛化之男女故。

發者許發，謂許身於佛，發起上求下化之心，期證無上果也。然義通能所，以上之善男善女爲能發，下之阿耨等爲所發故。

梵語阿耨多羅，此云無上。梵語三藐，此云正等。梵語三菩提，此云正覺。合云無上正等正覺。言無上者，究竟圓滿之號。正等正覺者，悲智雙運之稱。以正等即悲，謂平等普度，無偏黨故。正覺即智，謂覺了自心，離邪外故。亦可正覺揀凡夫，以凡夫有我，不能自覺，縱有所覺，亦屬邪外，非正覺故。正等揀二乘，以二乘無平等心，不能修善度生，縱有所度，亦墮偏黨，非正等故。無上揀菩薩，以菩薩雖修善度生，不能修一切善，度一切生，猶有可上，非究竟故。故後文云以無我、無人、無衆生、無壽者，修一切善法，即得阿耨多羅三藐三菩提。是知無上屬果，正等正覺屬因。所發之心，通乎因果。先言無上者，正是所求故。欲求無上，須假度生，故次云正等。欲度衆生，要先自悟，故次云正覺。逆次而言，即是自覺覺他，覺圓滿也。

良以初發是心，輕若鴻毛，不能同佛隨緣安住，故問云何應住。意是求佛説出，有何方法能令相應而住。又以妄心數起，狀如野燒，不能同佛自然降伏，故問云何降伏。意是求佛説出，有何方法能使任運而降。然此二問亦互相資，以覺心住則妄心不降而降，妄心降則覺心不住而住。所謂漢賊不兩立者，可爲譬耳。當機誠請竟。

二、如來許説，二。一、讚善印是，二、誡聽許説。初。

佛言：善哉，善哉，須菩提，如汝所説，如來善護念諸菩薩，善付囑諸菩薩。

空生二問，皆有切於初心，故重言善哉以讚之。讚已呼名者，示讚有所屬。葢明獎空生，密感衆心也。如汝所説者，非印其所問，乃印其讚佛之説，猶云如汝所説者是矣。如來二句，原是空生讚佛之語，今佛極力承當，猶是欲令會衆於如來着衣持鉢、去來動靜處，薦取護念、付囑之意。

二、誡聽許説。

汝今諦聽，當爲汝説。善男子、善女人發阿耨多羅三藐三菩提心，應如是住，如是降伏其心。

汝今諦聽者，諦有二義。一者，真實義。謂誡以真實心聽，勿得以生滅心而聽實相法故。《楞嚴》云，汝等尚以緣心聽法，此法亦緣，故須真心。二者，審思義。謂誡以審思而聽，勿得過耳成空，如不聞故。《智論》云：聽者端視如渴飲，一心入於語義中。踊躍聞法生歡喜，如是之人可爲説。故應審思。具上二義，既無緣心聽法之愆，亦無漏文失義之過。此而不説，則爲失人，故云當爲説也。

前當機設問，原爲善男善女發心者起見。今如來許説，故亦約善男善女發心者言之。上云當爲汝説，但是許説，不知當説何法。此云應如是住等，乃應其所問而再許之。佛意以初發心人固不能如我所住，如我所降，亦自應有漸次住心、漸次降心之法，謂應當如是如是而住，如是如是而降。是知自下所説，乃至正宗分盡，唯一住心、降心，無異法也。如來許説竟。

三、當機願聞。

唯然，世尊，願樂欲聞。

文語曰唯，野語曰阿，皆應諾之詞，故《老子》云：唯之與阿，相去幾何。今於唯下繼之以然者，蓋直應連應，猶既云阿，復言是也。《金剛錍》云：聞有三種，曰聞言，曰聞義，曰聞意。聞言者，耳根發識，但聞於言。聞義者，意識於言採取其義。聞意者，神凝心一，尋義取意。良以說者依意而現於義，由義而發於言。聽者因言而尋於義，以義而取於意。得意忘義而遺言，則近道矣。今云願樂欲聞者，知不唯聞言聞義，將必至得意忘義，而況於言乎。觀後之涕淚悲泣，自嘆從昔未聞，則願樂欲聞之語爲不虛也。

若以字義釋者，願是心許，樂是好樂，欲是希求。若唯是心許而不好樂，聞或不切，又雖亦好樂而不希求，聞或不深，故曰願曰樂曰欲。《華嚴·十地品》云：如渴思冷水，如饑思美食，如病思良藥，如衆蜂依蜜，我等亦如是，願聞甘露法。即願樂欲聞義也。

四、如來開示，三。一、開示降住，二、成就信心，三、較量持福。

初，三。一、降心之方，二、住心之方，三、兼釋伏疑。

初，三。一、標示，二、正明，三、徵釋。

初。

佛告須菩提，諸菩薩摩訶薩應如是降伏其心。

佛告者，前許今說也。菩薩者，畧梵語，具云菩提薩埵，此翻覺有情。釋有三義，一、約自利，二、約利他，三、兼二利。約自利者，謂覺已分證，餘有情識故。約利他者，謂說法度生，覺悟有情故。兼二利者，謂上求佛覺，下化有情故。

摩訶薩，亦畧言也，具言摩訶菩提薩埵。摩訶云大，謂是大菩薩故。問：請許皆爲初心，何故此約大菩薩說耶。答：此有二義，一、約發心勝劣，二、約說經前後。發心勝劣者，若發住相之心，或滯有漏，但稱菩薩。今發離相之心，定是無漏，故兼以摩訶薩稱之。説經前後者，此經前後分爲四分，信解二分爲初心説，修證二分爲深位説。是則諸菩薩者，對前二分稱之，摩訶薩者，對後二分稱之。然菩薩與摩訶薩，各有降心之法，故兩言之。前雖總許，但以言不并彰，且先示降心，故再爲别標，而言應如是降。又如是二字，對上二種菩薩，意含淺深。猶言諸菩薩應如是如是而降，以有信降解降異故，摩訶薩應如是如是而降，以有修降證降異故。據此則上釋諸菩薩摩訶薩，二義之中，後義爲正。標示竟。

二、正明。

所有一切衆生之類，若卵生，若胎生，若濕生，若化生，若有色，若無色，若有想，若無想，若非有想非無想，我皆令入無餘涅槃而滅度之。如是滅度無量無數無邊衆生，實無衆生得滅度者。

所有句，總顯所度之廣。一切者，總該之詞。衆處受生，衆法相生，各有其類，繁難俱悉，故以一切衆生之類該之。若卵下，畧分十種異生。從古註家，所説各異。有取《楞嚴》十二類生之義釋者，然數既不符，無庸强會。有約受生差别、依止差别、境界差别之義釋者，受生差别，意指四生。依止差别，意指有色、無色。境界差别，意指有想、無想等。但語出論文，不甚曉暢。今取易明，畧以三界各别收之。胎、卵、濕、化，約欲界言，以欲界五趣雜居，四生具故。如古德頌云：人旁生具四，人四生者，常人胎生，毘舍佉母卵生，奈女濕生，刼初之人化生。旁生四者，如《正法念》云：化生金翅鳥，能食四生龍。餘可例知。地獄及諸天，中有唯化生，三皆化生。鬼通胎化二。地行羅刹及鬼子母，屬胎生，餘皆化生也。若釋其相者，卵謂從卵殼出，胎謂因胎藏生，濕謂因濕氣有，化謂因變化成。《楞嚴》云：卵唯想生，胎因情有，濕以合感，化以離應。蓋約一念之差，而分四生之異。上二界唯有化生，生不具故，不以生論。有色約色界言，雖有凡聖外道，皆具身相，故總以有色名之。望欲界言，色相勝妙，故獨擅有色之名。無色約空處言，以其無身相故。上三雖亦無身，另有可稱，故無色之名，獨讓空處。有想，約識處言，以其無色，唯以想心相續爲命故。無想，約無所有處言，以其諸識都滅，雖賴耶獨存，而無分別，分別尚無，豈復有想，故以無想名之。非有想非無想，即非非想處天也。以此天欲盡賴耶，深入滅定，以定障故，似賴耶盡，故作非有想。滅定稍虧，似賴耶存，故作非無想。如《楞嚴》云如存不存，若盡非盡是也。此分二類。《楞嚴》云：此等窮空，不盡空理，從不還天，聖道窮者，如是一類，名不迴心鈍阿羅漢。若從無想諸外道天，窮空不歸，迷漏無聞，便入輪轉。合前卵、胎、濕、化，乃至有想、無想，是爲十種異生。

我皆下，示以度生降心。我之一字，即指發心菩薩，如來代彼説故。若論菩薩不應計我，爲揀所度，假名爲我，非彼凡夫偏計及外道邪計。令者，使令，謂説法度之也。而言皆令者，顯示平等心故。

涅槃，畧梵語也，具云般涅槃那，此云圓寂。謂無眞不圓，無妄不寂故。秦言滅度，謂證寂滅，度生死故。故下言而滅度之，使華梵互影也。

無餘有二：一、約小乘。若子縛已斷，果縛猶存，名有餘依，以猶有最後身智爲所依故。若灰身泯智，滯寂沈空，爲無餘依，以不受後有，無餘所依身故。二、約大乘。若五住究盡，二死永亡，證轉依果，住於涅槃，爲有餘依，以猶有涅槃爲所依故。若不住涅槃，還度衆生，雖度衆生，不住生死，名無餘依，以無餘涅槃，無餘生死，爲所依故。今約大乘言之，準《唯識論》説，有四種涅槃。

一、自性清淨涅槃，凡聖同有，真本自圓，而妄本自寂故。二、有餘依涅槃，出煩惱障，有苦依身故。三、無餘依涅槃，身出生死，苦無依故。四、無住處涅槃，悲智相兼，生死涅槃兩無住故。四中初唯性具，次二小乘，後一大乘，今是後一。

而滅度之，之字非但語詞，寓有證得之義。若連上文，則是令入涅槃而滅度證得也。

無着云：何故願此不可得義，生所攝故。何故句，難詞也。意以五性衆生三分半不得成佛，是不可得度者，何故願皆令入。是明知不可而虛發是願，何所益乎。生所句，通詞也。意以三分半衆生，亦是衆生所攝。既是衆生所攝，莫不有心。《涅槃》云：凡是有心，定當作佛。何不可度。又云：卵濕無想有頂，則不能，云何普入。有三因緣：一、難處生者待時故。二、非難處生，未成熟者成熟之。三、已成熟者解脱之。卵濕等亦難詞，意以卵濕二生是畜生難，無想有頂是長壽天難。既有難緣所障，則不能入，云何普入。普即皆也。有三下，亦通詞。意以難處者，納種待時。非難處種，未成熟者令成熟，已得成熟者令解脱。是雖種、熟、脱三，淺深不同，而今後中間，遠近得度，何不可入。又《金剛錍》云：爲菩薩者，但當發此滿足之心，行此滿足之行，不必其一時即有此滿足之事。地獄未空，誓不成佛，一夫不被，若己溺之，可證此義。如是滅度等者，正教以降心之法。

言一切衆生，畧明十類，詳分則有無量無邊。若待如是滅度，恐無盡時。此念一萌，則是妄心。設不能降，其行必退，故示以實無衆生得滅度者。

言實無衆生等，依古德説，有五義。一、性空故，二、同體故，三、本寂故，四、無念故，五、法界故。今合本寂、無念爲一，爲順始、終、頓、圓四教義故。言性空者，謂一切衆生緣會而生，緣會而生則生法本無，本無即性空義也。言同體者，謂自身他身同一真如，真如無別，豈復見有衆生爲我所度。言本寂者，以無念故，謂無念則無分別，無分別則不見衆生，故本寂也。言法界者，謂一真法界無法不融，言我則一切皆我，誰爲所度。言生則一切皆生，誰爲能度。能度所度，稱性混融，豈復見有衆生滅度。始、終、頓、圓，依次分配，雖淺深不同，同一無生滅度。知此義者，則終日度生，不見生相。一切衆生一時成佛，盡亦可，不盡亦可，度亦得，不度亦得。既無疲勞，焉有退墮。此降心之第一法也。正明竟。

三、徵釋。

何以故。須菩提，若菩薩有我相、人相、衆生相、壽者相，即非菩薩。

何以故者，徵起之辭。言既曰如是滅度，而又言實無衆生得滅者，何也。須菩提等，乃重呼當機而釋成之。意謂設若菩薩計我爲能度，則有我相，計他爲所度，即有人相。若更計所度無量無邊，必待長時度脱，則有衆生、壽者二相。如是度生，必見退墮，故云即非菩薩。是知爲遣四相，故示以實無等，以既無所度，則無能度。能所尚無，況計數多，及與時長。則四相俱遣，任運成就菩薩行矣。

偈：

廣大第一常　其心不顛倒
利益深心住　此乘功德滿

合云：此通頌上科及此科義也。言一切衆生我皆令入涅槃，即廣大心。不唯令入涅槃，且是令入無餘涅槃，即第一心。實無衆生滅度，不見生相，則無疲勞，即是常心，爲遣四相，故言實無等，即是不顛倒心。如是利益，成深遠心，而住菩薩之行，則此大乘自利利他一切功德皆圓滿也。降心之方竟。

二、住心之方，三。一、正示其方，二、徵釋其意，三、勸如教住。

初，三。一、標示，二、指釋，三、結示。

初。

復次，須菩提，菩薩於法應無所住，行於

布施，

降心約度生，住心約布施者，以度生降心難，逆事難忍故，布施住心難，順境易入故。復次等者，謂復於降心之次，再呼當機進示住心法也。法該內、外、中間，及自身、報恩、果報等法，言但有所住，則覺心便晦。欲令覺心安住，故示以於法應無所住。修一切行，皆當如此。且約行於布施言之，以布施率萬行之首，又能含攝於萬行故。

偈：

檀義攝於六　資生無畏法

此中一二三　名爲修行住

合云：此頌布施能攝萬行之義。檀，畧梵語也，具云檀那，此翻布施。義含三施，能攝六度。此總標也。資生句，先釋檀義有三。一、資生，即財施，資養形命故。二、無畏施，能與無畏故。三、法施，隨機授法故。此中句，次釋攝於六義。言此中第一資生，即攝六度中布施，謂一攝一也。此中第二無畏，即攝六度中持戒、忍辱，謂二攝二也，以持戒不殺，忍辱不報，能令人無畏故。此中第三法施，即攝六度中進、禪、慧三，謂三攝三也，以精進則爲人不倦，禪、慧則能與授法故。既三施能攝六度，則六度可開萬行。是知但行布施，則爲修菩薩行而住菩薩地矣。標示竟。

二、指釋。

所謂不住色布施，不住聲、香、味、觸、法布施。

所謂者，指釋之詞，言上云應無所住者，不住何等法也，故云所謂不住等。準天親論，但指三事，謂自身、報恩、果報。今云不住六塵者，以六塵即含三事。謂若計六塵爲己受用，不行布施，即是住於自身。若於受者望其以六塵酧我，即是住於報恩。若計我能施，將來得大福德，即是住於果報。是知不住六塵，則三事皆不復住。又三事中，初有施物相，次有受施相，後有能施相。既已不住三事，則中間無物，外無受者，內無施者，是爲三輪體空。如是布施，乃成無漏因矣。

偈：

自身及報恩　果報斯不著
護存己不施　防求於異事

合云：此通頌此科及上科義也。上二句，標。斯字即指三事，謂三事皆不着也。下二句，釋。護，猶遮也，亦同下句防字。存爲己想，不行布施，是所應遮，以住自身相故。防，猶止也。異事者，異含二義。一、對自名異。求異事，即是望彼酬我。二、對因名異。求異事，即是要來世福。此二皆所應防，以住報恩及果報相故。指釋竟。

三、結示。

須菩提，菩薩應如是布施，不住於相。

菩薩者，即前發心菩薩。示以應如是布施等者，以不住於相，則安住覺心，一色一香，有施皆迴向菩提，一聲一味，無因而不契佛果。發菩提心願成佛果者，理應爾也。正示其方竟。

二、徵釋其意。

何以故。若菩薩不住相布施，其福德不可思量。須菩提，於意云何，東方虛空可思量不。不也，世尊。須菩提，南西北方、四維上下虛空可思量不。不也，世尊。須菩提，菩薩無住相布施，福德亦復如是不可思量。

文分三義，一徵釋，二喻例，三法合，在文可見。初中徵者，謂以何以故而言應如是布施等耶。釋中言不住相布施，福德不可思量者，以是無漏因故。反顯住相布施，縱有福德，亦可思量，以是有漏之因。如永嘉云，住相布施生天福，猶如仰箭射虛空。勢力盡，箭還墜，招得來生不如意。爭似無爲實相門，一超直入如來地是也。喻例中，首舉東方虛空者，以是方之首故。不住之施，是無漏因，如虛空性，不可破壞，故以虛空喻之。正以虛空不可破壞，所以橫徧竪窮，難可思量，以喻無漏之因廣大甚深，非心識思量所能及也。問以可思量不者，令其因喻知法。答以不也者，是空生於喻中已知故。更以南西北方四維上下虛空喻者，顯空不住方，隨方異稱，以喻無漏之因，不住諸位，隨位各證。雖隨位各證，亦互相攝，故皆以不可思量喻之。蓋欲以一空知一切空，一位見一切位故。法合中，言不住相施福德亦如是等，正見如來所謂應如是布施等者，非無謂耳。徵釋其意竟。

三、勸如教住。

須菩提，菩薩但應如所教住。

言如上所教，即是住心之方，而發心菩薩但應如我所教而住，無勞別求住心之法。住心之方竟。

三、兼釋伏疑。

偈：

調伏彼事中　遠離取相心
及斷種種疑　亦防生成心

合云：此是結前起後頌也。調伏彼事中，謂調攝覺心令住於彼行施事中，降伏妄心令滅於彼度生事中。遠離取相心者，若見有生可度，有施可行，皆爲取相。前於度生則曰實無衆生等，於行施則曰不住色聲等，則是於取相心已能遠離。此結前也。及斷種種疑，亦防生成心者，謂及此又復斷種種疑，亦是防其因前生疑，及展轉成疑之心。此起後也。

經文分二，一、釋因生疑，二、防轉成疑。初。

疑云：布施一法，通乎上下，下濟衆生，不住生相可矣。以爲超有漏因故，上供諸佛，豈可不住佛相。然佛是無漏，不住佛相，恐不成無漏之因，施何益哉。爲有斯疑，故爾釋斷。

須菩提，於意云何，可以身相見如來不。不也，世尊，不可以身相得見如來。何以故。如來所說身相，即非身相。

於意云何者，探問之詞也。如來意謂，設汝疑佛相爲可住者，吾今問汝，於汝意地之下以爲云何，將謂可以金色之身三十二相得見真如來不。若果以身相得見，是則可住。設不爾者，則非真實，云何欲住而要依之成無漏因，其猶以手攀空而欲依之爲不墜因，固知其不可得矣。答以不也者，因問方醒。不可以身相得見者，是空生已知，雖上供諸佛，佛相亦不可住。良以法身如水，報身如水面之光，應身如光所現影，若認影爲真而欲依之，必遭陷溺之患，故不可也。

二、防轉成疑，二。一、防報相可住疑，二、防究竟無佛疑。初。

疑云：應化之身三十二相固不可住，或別有報身無量相海爲可住耶。恐轉此疑，故爾防斷。

佛告須菩提：凡所有相，皆是虛妄。

佛意不惟應化身相爲不可住，即報身無量相海亦不可住。良以報身如水面之光，光即是水，豈離水而有光。是知報相即是法身，豈離法身而有報相。特由十地菩薩微細念相不盡，妄見有報身無量相海。若住此相，不見法身，故總遣之曰：凡所有相，皆是虛妄。蓋是令其不住報相，親見如來真法身故。

二、防究竟無佛疑。

疑云：報化不住，法身無相，又不可見，將究竟無佛可供耶。恐轉此疑，故爾防斷。

若見諸相非相，即見如來。

佛意以住應相，仍滯有漏，住報相，不見法身，其猶住影有陷溺之患，住光無得水之益。若見應報諸相非是真相，不生住者，不唯報身是佛，而應身亦是佛，其猶識影是幻，了光無體，不惟全光全水，而全影亦全水，故云即見如來，謂親見如來真法身故。是知但不住相，供報應佛，即是供養法身如來，不患其不成無漏之因，豈究竟無佛可供哉。

偈：

分別有爲體　防彼成就得
三相異體故　離彼是如來

合云：此總頌因生疑及轉成疑中義也。分別有爲體者，分別指能緣心智，有爲體指所緣佛身。佛身有報有應，分別有粗有細。雖有粗有細，同一未離念相，故總名分別。雖有報有應，總是修因所成，故同號有爲。如《唯識》云：應身有爲有漏，報身有爲無漏。可證此義。防者，不可義。防彼成就得者，謂不可以此有爲身相，成就建立得見如來義故。三相句，具釋上成下二義。釋上者，言有爲身相不可以成就得者，正以既屬有爲，即具生、住、滅之三相，非是法身體故。成下者，正以有爲之身屬於三相，非是真體，所以離彼即是如來。言離彼者，即是不住於相。不住於相，全相全真，故云是如來也。總結開示降住竟。

二、成就信心，四。一、顯信具德，二、展轉徵釋，三、結示進信，四、重釋伏疑。

初，二。一、深生實信德，二、一念淨信德。

初，三。一、當機問信，二、如來答有，三、顯示其德。初。

須菩提白佛言：世尊，頗有衆生得聞如是言説章句，生實信不。

上文因取無漏，果取無爲，因果俱深，取信良難，以衆生修因多着有漏，期果多趣有爲故。當機恐有不信，失大利益，故白佛以問也。頗者，可也，還也。問以可還有者，即恐有不信之意。言説二字，義通能所。佛爲能言説，章句爲所言説，蓋通指因深果深文也。文中有章段，有句逗，故言章句。此但舉能詮，即該所詮，以章詮大旨，句詮細義，不言可知故。

實信者，非但信其章句，必能信其旨義，

以但信章句爲浮，兼信旨義乃實。如纔聞度生無相，行施無住，便信其爲無漏之因。纔聞不以相見，離相是佛，便信其是無爲之果。決定忍可，不生疑懼，是爲生實信者。不者，兩可之詞，應上頗字，蓋是問以或有或無，希佛明示耳。

魏譯云頗有衆生於未來世等，意以佛答有如來滅後等言，故爾足譯，取問答必相應故。今本不言於未來世者，意以空生恐現在即有不信，如來答後世尚有能信，有以後況今意故。或亦梵本原無，故什師不譯。當機問信竟。

二、如來答有。

佛告須菩提：莫作是説，如來滅後，後五百歲，有持戒修福者於此章句能生信心，以此爲實。

佛意以高山流水自有知音，耳提面命，豈無信者，故教以莫作是説，恐中下之機以難信生怯怖心耳。又莫作是説者，示以莫説現在，故向下約未來以況。

如來滅後，正法、像法各一千年，末法一萬年。於中初五百歲解脱堅固，次五百歲禪定堅固，三五百歲多聞堅固，四五百歲塔寺堅固，五五百歲鬬諍堅固。今云後五百歲者，當末法五百年，正是鬬諍堅固，顯當惡世時也。

持戒者，三聚精修。修福者，三施齊行。此二爲能信之緣，顯破戒無福者不能信故。良以持戒者必信罪福，修福者必信因果，故曰於此章句能生信心。而言以此爲實者，以無漏因爲真實之因，以無爲果爲真實之果，決定忍可，不生疑懼，空生所問實信是也。此中有兩重況顯：一、滅後尚信，何況現在。二、後五百歲尚信，何況前四。且不可以難信生怯，有失大利。

偈：

説因果深義　於後惡世時
不空以有實　菩薩三德備

合云：此單頌此科義也。因取無漏，果

取無爲，即指前之所説，揀彼有漏有爲，故曰深義，以彼爲淺義，易知信故。於後惡世時，即指如來滅後，後五百歲時也。不空二字應作逗，謂教不空設。以有實三字連下讀之，謂以有真實菩薩，持戒、修福、生信三德備故。是蓋以戒德、福德助成信德也。

三、顯示其德。

當知是人不於一佛二佛，三四五佛而種善根，已於無量千萬佛所種諸善根。

言生信固以戒福助成，戒福亦由宿善所發，故曰當知是人不於一佛二佛，三四五佛而種善根。意以見佛若少，供佛聞法亦少，供佛聞法既少，宿世善根不深，現世未必能持戒修福而助成信心，信心豈易言生哉。已於無量千萬等者，正顯其見佛多，供佛多，聞法多，善根既深，乃能於現世之中，持戒修福，助成信心。據此則欲信般若者，當願生生世世見佛、供佛、聞法，種善根也。

偈：

修戒於過去　及種諸善根

合云：此亦單頌此科義也。意以今生持戒，亦由修戒於過去佛時，今生修福，亦由種善於過去佛時，蓋善習致之然也。經中但云種善，亦該持戒，以戒亦善法攝故。深生實信德竟。

二、一念淨信德。

聞是章句，乃至一念生淨信者，須菩提，如來悉知悉見，是諸衆生得如是無量福德。

佛意以宿種善根，今生實信，得福無量，不待言矣。設有聞是章句，或經年受持，或月日讀誦，乃至不必如此，但只一念之間頓空四相，於此因果深義生清淨信無介纖疑者，其所得福德亦非淺鮮，故重呼當機而再告之。言如來悉知悉見者，顯其得福無虛。天親論云：若不説見，或謂如來以比智知。若不説知，或謂如來以肉眼見。故須二語，意顯如來知處悉見，非比智知，見處悉知，非肉眼見故。得如是無量福德者，謂亦得如是前人無量福德，良以頓漸雖殊，能信無二，况後云：信心清淨，即生實相。其所得福德，豈讓前人哉。

偈：

戒具於諸佛　亦說功德滿

合云：此亦單頌此科義也。言雖一念淨信，亦由持戒具足於過去諸佛之所。不言種善者，戒亦該善，以三聚中有善法戒故。亦說功德滿者，如來悉知悉見，其功德自應無量，故亦同前人說其功德圓滿。總結顯信具德竟。

二、展轉徵釋，三。一、承徵承釋，二、轉徵轉釋，三、再徵再釋。初。

何以故。是諸衆生無復我相、人相、衆生相、壽者相，無法相，亦無非法相。

初、徵起。言如上所說二種能信之人，以何以故得無量福德耶。是諸下，釋成。無我相者，即已達我空，無我執也。《纂要》云：執取自體爲我，計我展轉趣於餘趣爲人，計我盛衰苦樂種種變異相續爲衆生，計我一報命根不斷而住爲壽者。前一爲本，後三皆依我上而起，此總一我相也。無法相者，已達法空，無法執也。無非法者，已達空空，無空執也。以非法即是空，無非法即并空亦空故。然既三空俱朗，見處同佛，如是而信，宜乎其得福無量。

偈：

彼壽者及法　遠離於取相
亦說知彼相　依八八義別
差別相續體　不斷至命住
復趣於異道　是我相四種
一切空無物　實有不可說
依言辭而說　是法相四種
彼人依信心　恭敬生實相
聞聲不正取　正說如是取
佛不見果知　願智力現見

求供養恭敬　彼人不能説

合云：此單頌承徵承釋義也。於中前十六句，合頌無我無法。後四句，别頌亦無非法。

前中首二句，畧明二相俱離。彼字指能信之人，壽者即是我相，及法即是法相。不言我相而云壽者者，以我相有四，壽者難破，菩薩以别代總，令知壽命無常，則我相易攻，餘亦易破耳。遠離於取相者，謂於我於法已能遠離取相心也。亦説下，是彌勒許彼之詞，言不唯佛説彼能離於我法，我亦説其知彼我法二相。云何知也。言我法二相，相依而生八相，則有八義差别，下偈自見。

差别者，盛衰苦樂種種變異。相續者，前滅後生，即衆生相。所依之體，計以爲我，即是我相。相續不斷，而至計命久住，即壽者相。計我展轉復趣異道，即是人相，是皆依我執起，故云我相四種。

一切者，總該諸法，即是有相。若了性空，本無有物，即是空相。若謂二俱實有，此不可説，謂不可説其實有空義，實有有義，即雙非相，爲度衆生，離二邊故，依言詞而説有，依言詞而説空，即雙亦相。是皆依法執起，故云法相四種。

彼人者，仍指能信之人。依信心者，依於二種信心。恭敬者，尊重於法。尊重於法，心開意解，實相理顯，義言生也。實相既生，依實相而聞法，雖聞説我之聲，不直取於我相，雖聞説法之聲，不直取於法相，故云聞聲不正取。正，猶直也。若説我空、法空，是爲正説。如是取者，謂依佛所説，如是而取二空義故，故經云無我相、無法相也。

佛不下四句，頌無非法。言上云如是而取，亦非決定取於空義，以何義故不決定取耶，以佛不見果知故。果者，決定義，謂佛不立見我決定知二空義故。若爾何故説空，但以大願大智力故，爲遣二執，示現見有我空法空之義。此法唯佛能説。若世間邪師及佛教之爲利説法者，求供養，求恭敬，彼人不能説此。是知能信之人，隨順佛意，亦不決定取空。故經云亦無非法相。

二、轉徵轉釋。

何以故。是諸衆生若心取相，即爲着我、人、衆生、壽者。若取法相，即着我、人、衆生、壽者。

初、轉徵，言上許是諸衆生無我無法，兼無非法者，何以故耳。是諸下，轉釋，言無論我相、法相、非法相，但若心中有所取相，即著我、人、衆生、壽者，以既有所取之相，即有能取之我，既有能取之我，則人等三相相依而興，既四相依然，豈能於此離相因果，深生實信及頓生淨信也哉。若取下，防辨。恐有辨云，二乘已達我空，但取法相，似應無我，何言若心取相，即著我、人、衆生等耶。故此防云，若取法相，即著我、人、衆生、壽者。

三、再徵再釋。

何以故。若取非法相，則著我、人、衆生、壽者，是故不應取法，不應取非法。

何以句，再徵。若取下，再釋。以若取非法，尚著四相，况復取法，不言可知。總以能所未忘，我未真空。《圓覺經》迷智四相，可證此義。迷智四相者，心有所證，不忘能所，爲我。悟我爲非，此智不祛，爲人。了我人非，存有所了，爲衆生。覺所了者，業智潛續，爲壽者。詳在彼文，茲不繁述。是故下，總結。謂以是上來取法取非法，皆爲着我義故，所以汝諸聲聞，雖不取我，還要知不應取法，不應取非法，以但有能取，即屬我相故也。此上二科彌勒不頌者，以是相因而説，非正意故。總結展轉徵釋竟。

三、結示進信。

以是義故，如來常説，汝等比丘知我説法如

筏喻者，法尚應捨，何况非法。

以是義故者，謂以是我相、法相、非法相三相皆不應取之故，所以如來尋常作是説也。汝等比丘知我説法者，是如來尋常之間呼諸比丘，教以應知我所説法之意。如我初説我空，爲度我執，次説法空，爲度法執，後説空空，爲度空執，故曰如筏喻者。言初結小筏，爲渡河而至江，次結中筏，爲渡江而至海，後結大筏，爲渡海而至寶山。是知，守小筏不能渡江，守中筏不能渡海，守大筏不能上山採寶。是三筏雖有勝劣，而及時俱應捨離，佛法亦然，故云法尚應捨。此中法字，不同前法相之法，蓋是指佛所説法。下句非法，亦不同前之非法，蓋是指世間所有名譽利養等事。言佛所説法，及時尚應捨離，何况世間名譽利養等，非佛法者，益應無所取著。此又世尊爲後世之口口談空，步步行有者，作解粘去縛法耳。

偈：

彼不住隨順　於法中證智

如人捨船筏　法中義亦然

合云：此是約義而頌，文勢與經文稍異。經文承三相俱不應取，引尋常所説爲喻。此中指能信之人，直取捨船筏爲喻。若釋其義者，彼指能信之人，信知佛所説法，皆爲隨順時機，不生住取，故曰彼不住隨順。但於佛所説法，隨分取證，故曰於法中證智。智謂我空智、法空智、空空智也。雖證三空之智，然亦不住三空，故曰如人捨船筏。以喻方法，法必同喻，故曰法中義亦然。結示進信竟。

四、重釋伏疑，三。一、防疑示問，二、當機裁答，三、徵起釋成。初。

疑云：如上所説，一切皆不應取，不合有得有説，何故如來得道説法，爲防斯疑，故先示問。

須菩提，於意云何，如來得阿耨多羅三藐三

菩提耶，如來有所說法耶。

佛意，以實際理地，一法不立，建化門頭，一法不少，若謂有得有說，即墮常見，亦違前語，若謂無得無說，又落斷見，亦乖化門。故問以如來得菩提耶，如來有所說法耶。觀二耶字，則如來已操必勝之勢，左來左擒，右來右擒，且看空生識機不識機耳。古德云：辭雖得否雙兼，意則在於無得。此說似不解空生答詞。

二、當機裁答。

須菩提言：如我解佛所說義，無有定法名阿耨多羅三藐三菩提，亦無有定法如來可說。

空生亦善戰老將，借彼之勢，還攻於彼，故曰如我解佛所說義。蓋即指前說一切皆不應取之義，意以雖一切皆不應取，亦非一向無得，但只無有定法名阿耨菩提。以凡言得菩提者，俱屬應化之身，有機則現，無機則隱故。亦非一向無說，但只無有定法可說，以凡言說法者，俱屬方便，有機則說，無機則默故。是知有得有說，固不可說，無得無說，亦不可說，則空生可謂善解中道者矣。雖然，不因提起，幾乎忘却。

偈：

應化非真佛　亦非說法者

合云：意以應化之身，隨機隱顯，故非真佛。此頌無定法可得。方便之智，隨機說默，故非說者。此頌無定法可說。

三、徵起釋成。

何以故。如來所說法，皆不可取，不可說，非法，非非法。所以者何。一切賢聖皆以無爲法而有差別。

首句，承徵，蓋承前雙徵得無定得，說無定說意也。如來下，承釋。單釋說無定說者，以說例得故。如來句，通指昔年所說。皆不可取者，謂不可有能取所取執故，所謂遠離諸性相，能取所取執是也。不可說三字連下讀之，通貫非法及非非法。言不可説非法者，謂不可説其不是法，以是如己所證，漸次説故。言不可説非非法者，謂不可説其是法，以既是漸次而説，皆爲方便，非真實義故。所以句，轉徵。言既不可説非法，又不可説非非法，所以然者何也。一切下，轉釋。一切賢聖者，總該三賢、十聖、佛也。無爲者，自性清淨之心本自具足，非作得故，故曰無爲。三乘賢聖離此無可取證，故曰皆以，謂皆以無爲法爲所證故。賢聖既爾，如來亦然，是知如來凡有所説，皆依自證無爲，豈可説其非法。而有差別者，謂雖以無爲爲證，而賢聖地位不同，前後淺深有異。是知如來凡有所説，皆爲隨順機宜，方便非真，豈可説其非是非法。所説既爾，所得亦然，以是如其所得説故。既可例思，故不另釋。亦可以何以下釋説無定説，所以下釋得無定得。言既皆以無爲，不可説有得，以本自具足故，而有差別，不可説無得，以宛有位地故。若準彌勒之偈，前意爲正，以彼亦唯釋説故，如下自見。偈：

説法不二取　無説離言相

合云：上句，頌不可取，謂佛所説法，不可於中有能取所取二種執故。下句，頌不可説非法、非非法，謂佛所説法，無能於中説非説是，以法離言相不可説故。伏疑既破，淨信斯生。總結成就信心竟。

三、較量持福，三。一、能較量，二、所較量，三、釋伏疑。初。

須菩提，於意云何，若人滿三千大千世界七寶以用布施，是人所得福德寧爲多不。須菩提言：甚多，世尊。何以故。是福德，即非福德性，是故如來説福德多。

開口便言於意云何者，欲其著意故，後皆倣此。若人者，謂設若有人，以下所説乃假設之事故。三千大千世界者，《俱舍》偈云：

四大洲日月，蘇迷盧欲天。初禪各一千，（上覆二禪。）名一小千界。此小千千倍，（上覆三禪。）說名一中千。此中千千倍，（上覆四禪。）名爲大千界。論偈義少不周，雙書小字乃今疏加之。末二句亦少更易。詳論意，蓋是以三次言千，疊成大千世界，謂三千之大千，依士釋也。

七寶者，金、銀、瑠璃、玻璃、硨磲、赤珠、瑪瑙。（見《彌陀經》。）佛意以大千地廣，七寶珍貴，以珍貴之七寶滿大千之界地，用爲布施，其福可謂勝矣。寧，猶可也。問以可爲多不者，欲假此福，形顯下之二福爲最勝故。答以甚多者，已諭佛意故。恐招濫許之難，故又徵起而瓜豆之。言是福雖勝，但是財施所感有爲有漏，名福德相，即非法施所感無爲無漏，名福德性。即此二語，已顯此福不及下之二福，以相屬可壞，性是不可壞故。又相有分限，性屬無分限故。是故如來四字，畧斷一斷，說福德多，另作一句，猶云以是非福德性之故。今對如來說以福德甚多，以有分限故，意顯若是福德性者，我則不說甚多，以無分限故也。能較量竟。

二、所較量。

若復有人於此經中受持，乃至四句偈等，爲他人說，其福勝彼。何以故。須菩提，一切諸佛及諸佛阿耨多羅三藐三菩提法，皆從此經出。

科首應有佛言或須菩提字樣，以此下皆屬佛語，或譯者脱故。若復有人者，謂設更有人。於此經中者，即指前所說。淨信既生，爲義畧周，故得以此經稱之。是知自下所說，但推廣此中之義。受持者，領受執持，謂文義雙攝，且約自利言之。乃至者，超畧之詞，謂多則全分半分，少則乃至四句偈，或再少而至一句，故置等言。

問：上唯長行，何以言偈。答：此有二說。一者不必一定四言、五言、七言，但以四句義周，則爲一偈，如圭峯指凡所有相四句可例。

二者長行恐難記憶，貫成伽陁，如慈氏依經作偈之類。

爲他人説者，以己所見，説之於人，乃約利他言也。其福者，即指持説之福。勝彼者，超過前人，以是法施所感無爲無漏，是福德性故。恐猶未明，故再徵釋。一切諸佛者，能證人也。阿耨菩提者，所證道也。皆從此經出者，有三因緣。一者是福德性，性能隨緣，隨修因之緣而成佛，隨成佛之緣而證道故。二者經是信分，能生淨信，爲道之元，爲功德母故。三者信心清淨，即生實相，實相無爲，成佛證道，皆以無爲有差别故。

偈：

受持法及説　不空於福德

福不趣菩提　二能趣菩提

於實名了因　亦爲餘生因

唯獨諸佛法　福成第一體

合云：前四句，合頌能較所較。受持法及説者，謂受持此法，乃至四句偈等，爲他人説也。此具二種福德，一持，二説。空，猶徒也。不空於福德者，謂此持説不徒説於福德，且是福德性故，意顯財施徒説福德，但是福德相耳。福不趣菩提者，謂財施福德不趣菩提，以是有爲有漏福故。二能趣菩提者，謂此持説二福能趣菩提，以是無爲無漏福故。校量文勢，與經少異。經中以財施校法施，顯法施福勝。此中以法施校財施，顯財施福劣，其意一也。

後四句，别頌徵起釋成。偈無徵詞，準經中説，故若取周備，應補徵詞云所以趣菩提以何因緣故，再接本偈讀之，義則暢矣。實即本覺，亦即衆生自性。久隱情識，唯持説可了，故曰於實名了因。餘即始覺，亦即菩薩地位。萬行修習，唯持説得生，故曰亦爲餘生因。此猶未顯極勝，唯獨諸佛及法皆以此福所成，此福乃第一最勝，有真實體，所謂能趣菩提者以此。所校量竟。

三、釋伏疑。

疑云：如我前言得無定得，説無定説，佛既無詞，即是忍可，佛今又言佛及佛法從此經出，然佛法有出，似是菩提可得，是經能出，似有此法可説，得毋[二]前後相違，令兩處義宗皆不成耶。釋云：

須菩提，所謂佛法者，即非佛法。

言我所謂諸佛菩提及所説法者，即非諸佛菩提及所説法。以佛本無我，雖成佛不見成相，雖得菩提不見得相，雖説法不見説相，仍與前語不相違反，復何疑哉。

偈：

不可取及説　自果不取故

合云：取者，證義。不可取及説者，謂不可説有菩提可證及有法可説。此明得菩提不見得相，説法不見説相。自果即佛，謂成自佛果也。不取者，於成佛時不生執取。此明成佛不見成相。故者，通承上三，謂以是三相俱不見故，所以與前所説義不相違。總結大科，畧明降住生信分竟。

金剛新眼疏經偈合釋卷上

校勘記

[一]「鉢」，底本作「鉢」，據文意改。

[二]「毋」，底本作「母」，據文意改。

金剛新眼疏經偈合釋卷下

京西山敕建香界寺傳講沙門通理謹述

京西山萬壽戒壇寺嗣祖沙門了彙敬刋

二、推廣降住開解分。

降心、住心，事非一端，故須推廣。畧聞已隨語生信，廣聞合依義開解。此復有三。一、推廣降住，二、成就解慧，三、顯示經功。

初，三。一、正與推廣，二、畧示周足，三、盡斷餘疑。初，二。一、推廣降心之法，二、推廣住心之法。初，四。一、初果離相，二、二果離相，三、三果離相，四、四果離相。初。

須菩提，於意云何，須陀洹能作是念我得須陁洹果不。須菩提言：不也，世尊。何以故。須陀洹名爲入流而無所入，不入色、聲、香、味、觸、法，是名須陀洹。

佛意以前示降心，唯約度生，恐於證果時，依然不能降伏，故此又約小乘四果，以推廣降心之法。須陀洹者，小乘初果之名，梵語須陁洹，此云入流。謂於凡夫地中，發出界取滅之心，以十六心斷三界見煩惱盡，乍見空理，得入聖人之流類故。或云預流，謂雖非極聖，亦能參預於其類也。然雖乍見空理，而已知無我，昧理故念自然不能。如來問以能不者，亦明知不能而故問焉。我即我相。是知能作念者，則我執俱在，有違空理。空生乃過來之人，故直以不也答之，言入流聖人，斷不能自昧其理，故作有我之念，是固知其無我相矣。又雖曰無我，若我所不忘，我相猶未全離，故承此徵起，以進明我所亦無。言須陀洹，不過名爲入流，而實無所入，以空無形相，豈真有所入之跡。既無所入之跡，所謂依空理而入聖流者，亦唯名字而已。然名不虛彰，必有所以，故云：不入色、聲、香、味、觸、法，是名須陀洹。言不入色等者，約斷見爲言，以見惑乃對境分別，既斷見惑，則無對境分別，故云不入色等，以色等皆所對境故。是但不入於此，義似入彼，故以入流爲名，豈真有所入哉。知此義者，則不唯無我，兼亦無有我所，二者俱無，乃真無我。無我則無念，無念則無妄可降，如來示問，良有以也。

二、二果離相。

須菩提，於意云何，斯陀含能作是念我得斯

陁含果不。須菩提言：不也，世尊。何以故。斯陀含名一往來而實無往來，是名斯陀含。

斯陀含者，小乘二果之名。梵語斯陁含，此云一往來，謂前於見道位中，已斷見煩惱盡，今於修道位中，先斷欲思。但欲界思惑，有九品，謂上上品、上中品、上下品、中上品、中中品、中下品、下上品、下中品、下下品也。上上品，潤二生，謂兩生天上，兩來人間，方能斷故。上中品、上下品，各潤一生。是上三品，合潤四生也。中上品，潤一生。中中品、中下品，共潤一生。是中三品，合潤二生也。至此已斷欲思前六品，即證二果。餘有下上品，潤半生。下中品、下下品，共潤半生。是下三品，合潤一生。謂一往天上，一來人間即斷，以是二果名一往來。然入理既深，益不能昧理作念，亦故問也。答意準前可知。

何以下，亦進破我所之執。言斯陀含不過名一往來，而實無有往來，以我空理中，豈有往來之跡。既無往來之跡，所謂依空理而證一來果者，亦唯約已斷前六品思，是名斯陀含耳。降心意準上可知。

三、三果離相。

須菩提，於意云何，阿那含能作是念我得阿那含果不。須菩提言：不也，世尊。何以故。阿那含名爲不來而實無不來，是故名阿那含。

阿那含，三果名也。梵語阿那含，此云不來。謂前於二果位中，進斷欲界下三品思，即證三果，自此欲界無潤生之惑，不復還來受生，以是義故，名爲不來。然入理又深，猶其不能昧理作念，故問實答俱同前說。徵釋中，言阿那含，亦不過名爲不來，而於我空理中，實無不來之相，但以欲界無潤生之惑，是故假立名字爲阿那含。是亦以理中本無，進破我所執也。

四、四果離相，二。一、問答顯離，二、

引己作證。初。

須菩提，於意云何，阿羅漢能作是念我得阿羅漢道不。須菩提言：不也，世尊。何以故。實無有法名阿羅漢。世尊，若阿羅漢作是念我得阿羅漢道，即爲着我、人、衆生、壽者。

阿羅漢，四果名也。雖具三義，爲順一來不來義故，且約不生釋之。謂前於三果位中欲界思盡，上生色界，於那含天中進斷上二界七十二品思惑盡，超出三界，永不受後有之生，故以不生爲名。然見理既圓，深證無我，自不能作有我之念，亦故問而實答也。

徵釋中，言實無有法名阿羅漢者，以我空理中，實無不生之法可名羅漢。以理無形相，既不見生，豈有不生之相。所謂尋名責實，實無當名之義，則我所亦空矣。作念我得羅漢，即爲著我等者，以我、我所執二俱在故。我相既在，餘三可知，以皆依我相生故。問答顯離竟。

二、引己作證。

世尊，佛說我得無諍三昧，人中最爲第一，是第一離欲阿羅漢。世尊，我不作是念我是離欲阿羅漢。世尊，我若作是念我得阿羅漢道，世尊則不說須菩提是樂阿蘭那行者。以須菩提實無所行而名須菩提，是樂阿蘭那行。

恐謂念在於心，作與不作，誰其見之，故重啟世尊而引己作證。佛說者，指在異時，謂佛於異時曾有此說，但未見教乘耳。無諍三昧者，理無能所，事忘角立，不與物競，名曰無諍。初修勉強，不成三昧，久而自然，則三昧成矣。如《涅槃》云，須菩提住虛空地，若有衆生嫌我立者，我當終日端坐不起，嫌我坐者，我當終日立不移處，由此不與物競，物無勝者，故於人中最爲第一。不但人中最爲第一，且是第一離欲羅漢。以無諍由於離欲，無諍之極，即離欲之極。是羅漢雖皆離欲，而空生猶爲第一，以是任運離欲，不假功動。

即此可爲降心標準，况是佛説，足徵不虛。於此不矜，倍更爲難。空生不爾，故重啟世尊，而云我不作是念我是離欲阿羅漢。空生所以作是説者，意顯我已至此，尚不作念，况餘羅漢，其不作念也必矣。又恐謂汝今自説不作是念，誰其信之。故再啟世尊，而言我若作是念我得阿羅漢道，則是我及我所二執俱在，佛則不説我須菩提是樂阿蘭那行者，以阿蘭那此云離諠，亦云寂靜，即無諍義。其意以我、我所執爲諠諍本，即不寂靜，若俱在者，世尊豈妄許哉。此反顯也。

下乃正明，正以我須菩提實無所行之念，而世尊乃名我須菩提是樂阿蘭那行。此中行即是作，名亦同説，但畧變其文耳。然推廣降心偏約小乘四果説者，意顯降心不難，但如小乘四果，離於我我所相足矣。

偈：

依彼善吉者　説離二種障

合云：上句者字，應連下句説字。此通頌四果四段，以四段皆依善吉者説故。離二種障，即是所説之義，謂説初果離見惑障，説後三果離思惑障，以能障我空理故。又見惑即我執分別，思惑即我執俱生，離二則無我，無我即降心法也。總結推廣降心之法竟。

二、推廣住心之法，二。一、修因無住，二、得果無住。初，三。一、得記無住，二、嚴土無住，三、總以結示。初。

佛告須菩提：於意云何，如來昔在然燈佛所，於法有所得不。不也，世尊，如來在然燈佛所，於法實無所得。

佛意，前示住心，唯約布施，恐於修因期果，依然不能安住，故此又約得記、嚴土等，以推廣住心之法。然燈佛乃釋迦第二僧祇授記本師，故自述云如來昔在然燈佛所。蓋昔之一字，即指第二僧祇説也。如來於爾時已登八地，似於授記之法實有所得，其實不爾，故問以有所得不。佛意以有得即有住，有住則覺心不能住矣。答以不也者，是空生已知如來於授記法無所得也。渾言不也，恐不明顯，故又以如來在然燈等而申明之。良以所得之法，唯是自心自智所現，不從授記而得。是知所謂授記者，亦唯授記語言名字而已。既唯語言名字，知不應住，不應住則不住，不住則覺心常住。如來示問，蓋爲此也。

偈：

佛於然燈語　不取理實智
以是真實義　成彼無取説

合云：首句，謂佛於昔日在然燈佛所蒙彼授記語也。不取者，謂於彼授記之語不生住取，以授記中實無有法爲可得故。若爾，位登八地，證無生忍，彼無生理，何所自耳。以其理實唯自智所現，故曰理實智也。

以是真實義者，謂以是自心自智中所現真實義故。所以雖能成就彼忍，而亦無取於然燈所説，故云成彼無取説也。得記無住竟。

二、嚴土無住。

須菩提，於意云何，菩薩莊嚴佛土不。不也，世尊。何以故。莊嚴佛土者，即非莊嚴，是名莊嚴。

雖得記無住，恐於嚴土時猶未忘懷，故此又約嚴土以明無住。莊嚴佛土者，因中於此行道，果上於此成佛，則行道者正莊嚴果上之報土也。依於此義，似有土爲可嚴，其實不爾，故問以莊嚴佛土不。佛意以有嚴則有住，覺心不住，亦同上説。答以不也者，空生已知無土爲可嚴也。何以句，徵。莊嚴下，釋。言所謂莊嚴佛土者，唯是莊嚴自心，非是莊嚴報土，故曰即非莊嚴。良以果上報土，皆是唯心唯識所現。莊嚴自心，即是莊嚴報土，以心淨則佛土淨故。是知所謂莊嚴者，但是名字，故曰〔二〕是名莊嚴。既是名莊嚴，則嚴土不應住矣。

偈：

智習唯識通　如是取淨土

非形第一體　非嚴莊嚴意

合云：首句，言菩薩欲嚴報土，必先依觀照般若，修習唯心識定，若了三界唯心，萬法唯識，即是通也。次句言既了三界唯心，萬法唯識，即依如是唯心唯識之義而取淨土，是則所嚴者非形相之土，乃第一義諦。而言體者，以第一義諦即是自心，爲諸土體故。末句，結會經文。言所謂非形者，即經中非莊嚴意。所謂第一義諦爲諸土體者，以心淨土淨，即經中名莊嚴意也。嚴土無住竟。

三、總以結示。

是故，須菩提，諸菩薩摩訶薩應如是生清淨心，不應住色生心，不應住聲、香、味、觸、法生心，應無所住而生其心。

是故等者，謂以是上來二俱不住之故，呼須菩提而結示之。意以大凡諸菩薩摩訶薩，於一切時，一切處，皆應如是不住而生清淨之心。蓋清淨心，即指覺心説也。不應住色生心者，謂見色之時，不應住著於色而生其心，以住色生心即妄心故。不應住聲等生心，例此可知。應無所住者，謂應於一切法都無所住，都無所住而生其心，即是覺心。夫如是，則覺心常住。總結修因無住竟。

二、得果無住。

須菩提，譬如有人，身如須彌山王，於意云何，是身爲大不。須菩提言：甚大，世尊。何以故。佛説非身，是名大身。

雖修因無住，猶恐於得果時未能忘懷，故此又約果報身以顯無住也。譬如有人，意喻大乘菩薩願行周圓，果報於色究竟處示現一切世間最高大身，故以須彌山王喻之。既以須彌山王爲喻，似是最高大身，其實不爾，故問以是身爲大不。佛意以若取於相，不名爲大，以有數量故。蓋須彌者，四洲中央大主山也。梵語須彌，此云妙高。體是四寶所成，故名爲妙。出水八萬四千由旬，故名爲高。超出七金之上，故名爲王。然出水既唯八萬四千由旬，是雖大而有數量可紀。答中不唯言大，且言甚大，葢須菩提亦知如來所説，不取於相故。

徵釋中，言佛説非身者，謂佛雖説身如須彌，非是取於有相之身，所以我説甚大，以離相觀身，絶數量故。若唯取於有相之身，不過是名爲大，非是真大。既非真大，則報身可無住矣。

偈：

如山王無取　受報亦復然
遠離於諸漏　及有爲法故

合云：首句先約喻言，謂如彼山王雖高雖大，而不自取我高我大，以山王無住心故。次句乃以法合，謂佛受果報之身，而亦不取果報，以佛無住心故。準喻可知，故云亦復然也。不住果報，即果報而見法身，故曰遠離諸漏及有爲法，以法身是無爲無漏性故。無爲無漏之性，横徧竪窮，彼報身者又何足爲大哉。總結正與推廣竟。

二、畧示周足，三。一、校量持福，二、取劣况勝，三、請示經名。初，二。一、能校量，二、所校量。初，二。一、極顯恒河沙多，二、極顯寶施福多。初。

須菩提，如恒河中所有沙數，如是沙等恒河，於意云何，是諸恒河沙寧爲多不。須菩提言：甚多，世尊，但諸恒河尚多無數，何况其沙。

恒河中沙，其細如麵，以沙論數，其數可謂多矣。又復以如是沙計河之數，與沙數相等之恒河，其河可謂多矣。是諸恒河所有沙數，自然甚多。問以寧爲多不者，佛不自説，欲令空生答出，借此顯下界數多故。空生答以甚多，而又言但諸恒河等者，正以見所答之不虚耳。

二、極顯寶施福多。

須菩提，我今實言告汝，若有善男子、善女人以七寶滿爾所恒河沙數三千大千世界，以用布施，得福多不。須菩提言：甚多，世尊。

我今實言句，説雖在此意爲所校量福，恐福勝難信，令其必信故。爾，猶彼也。爾所恒河者，謂彼諸所有恒河，即指前一恒河沙所計恒河言也。沙數三千等者，又以此多河中沙而計世界之數，則世界甚多可知，而乃以七寶滿中用爲布施，其得福甚多，不待言矣。問以得福多不者，亦佛不自説，欲令空生答出，爲下持説之福作能校量故。答以甚多者，不知持説之福猶勝於此也。總結能校量竟。

二、所校量。

佛告須菩提，若善男子、善女人於此經中，乃至受持四句偈等，爲他人説，而此福德勝前福德。

乃至受持等，準前可知。而此福德勝前福德者，前是有爲有漏，此是無爲無漏福故。《蒙引》云：恒沙寶施，不了自心。持説此經，言下見性，見性成佛，福孰可校。故説此福勝前。古德云：摩尼一枚，壓倒海寶千般。可爲此譬。校量未久，重復校量者，義漸深故。

偈：

説多義差別　亦成勝校量

後福過於前　故重説勝喻

合云：上二句，頌重復校量意。言多義差別者，指解分以來所説，謂望前信分有多種不同。如前示降心，唯約度生，此則別約小乘因果言之。前示住心，唯約布施，此則別約大乘因果言之。亦者，例前信分。言信分中業已顯勝校量，此既望前多義差別，亦得成立顯勝校量之義。下二句，頌能校勝前意。言信分能校之喻，唯約一界寶施，此中能校之喻，乃約衆多恒河沙世界寶施者，以持説後分之福過於持説前分之福，故於能校量中重説勝前之喻。蓋喻者比也，以寶施爲能比法也。總結校量持福竟。

二、取劣况勝，二。一、隨説尚勝，二、何况盡持。初。

復次，須菩提，隨説是經，乃至四句偈等，當知此處，一切世間天、人、阿修羅，皆應供養，如佛塔廟。

恐謂持説雙行，自他兼利，福德勝前，無可議者。設若自無受持之功，隨便爲人演説，未必有福，故此約隨説之處，以顯勝也。復次須菩提者，謂復於校顯之次，重呼當機而再告之。隨説是經者，謂機無論大小，文無論豐約，處無論勝劣，時無論長短，隨便演説，非誠意説故。四句偈等，約説之最少者言。此處者，即隨説之處。人多忽之，故教以當知，顯不可忽耳。一切世間，意攝四衆。天、人、修羅，意攝八部。皆應供養者，人是佛遺，法是佛説，代佛宣揚，即同佛在故。如佛塔廟者，塔安佛身，廟像佛容，舉世知供，故爲喻也。《法華》云：能竊爲一人説《法華經》，乃至一句，是人則爲如來所遣，行如來事。今經隨説，亦應同彼，故其處最勝。又處尚最勝，人可知矣。隨説尚勝竟。

二、何况盡持。

何况有人盡能受持、讀誦，須菩提，當知是人成就最上第一希有之法。若是經典所在之處，即爲有佛，若尊重弟子。

此復有二。一、正况人勝。恐謂隨説是經，尊勝若此，設有雖不能説而能盡持者，其人又當何如，故即承隨説之人而况顯之。言隨説之人尚爾尊勝若此，何况有人盡能受持、讀誦，自應益勝，故再呼當機而教以當知等也。成就者，圓滿具足之義。實相般若，名爲最上，以是諸佛所證故。觀照般若，名爲第一，以是發覺初心故。文字般若，名爲希有，以是待時而説故。三種般若，盡在此經，故盡能受持者，即能成就。

若是下，二、兼顯處勝。恐謂隨説之處，尊勝若彼，設若經所在處，又當何如，故即約經所在處而顯示之。經典所在者，無論支提、脱闍，寺、塔、壇、幢等，凡有安供處即是也。即爲有佛者，是佛法身故。又若有尊重弟子者，具差别智故。弟子而言尊重者，謂各具一德，可尊可重，如舍利慧、目連通等，各稱第一是也。又經是無爲，賢聖共依，故曰即爲有佛，若尊重弟子。《蒙引》云：如益州新繁荀生者，指畫虚空以寫經，即成一片金剛地，至今慶雲時罩，雨不濕而草不生。此經殊勝，不信然乎。

偈：

尊重於二處　因習證大體

合云：此合頌上科及此科義也。尊重者，尊敬珍重。二處者，謂説經處及經在處也。又尊重亦攝供養，謂一切衆生皆應尊敬珍重，種種供養，不可忽耳。因習句，出其所以。謂因於二處，可聽可持，有熏習義，能證大體故。言大體者，即是法身。横徧竪窮，故稱爲大，爲報化本，故稱爲體。總結取劣況勝竟。

三、請示經名，二。一、當機請名奉持，二、如來如請爲示。初。

爾時，須菩提白佛言：世尊，當何名此經，我等云何奉持。

降住之功用既彰，校況而殊勝又顯，似應無説，故當機請名奉持。當何名此經者，謂當以何等名字而目此經。此請名也。古德云：依文解義，三世佛冤，離經一字，即同魔説，爲遮此二，故問云何奉持。此請持也。

二、如來如請爲示。

佛告須菩提：是經名爲《金剛般若波羅密》，以是名字，汝當奉持。所以者何。須菩提，佛説般若波羅密，即非般若波羅密，是名般若波羅密。

是經名爲《金剛般若波羅密》者，以此中所詮般若同金剛之堅利，是究竟法，能到彼岸，非餘經所能及故。此示名也。以是名字汝當奉持者，謂以是金剛般若到岸名字，汝等當因名思議而奉持之。

徵釋中，言如來所以教其以名奉持者，何也。以金剛有堅、利二義。由堅義故，知般若不壞，實能到岸，故佛説般若波羅密，當依言奉持。由利義故，知般若不住，到無所到，故即非般若波羅密，當離言奉持。是則名惟假有，故曰是名等也。

偈：

彼因習煩惱　此降伏染福
苦身勝於彼　希有及上義
彼智岸難量　亦不同餘法
堅實解深義　勝餘修多羅
大因及清淨　福中勝福德

合云：首四句，對前顯勝。彼字，指寶施福德，因是有漏，有熏習義故，能生一切煩惱，如貪、瞋等，皆依有漏熏習生故。此，指是經。降伏者，對治義。染福二字，應連下句苦身二字，以染福是有漏之福，能爲苦身因故。是經能對治彼，故能勝於彼。是則此經非世間所有，故曰希有。能超出世間，故曰及上義也。

彼智下，正頌經義。彼智是般若智，爲能到。彼岸是涅槃岸，爲所到。二俱甚深，故曰難量。亦不同餘法者，揀異小乘及於法相，非甚深故。堅實者，如金剛之堅。解深義者，如金剛之利。不約破惑明利者，與上降伏染福互影説故。勝餘句，顯以是名字當奉持也。佛説般若波羅密，能成大因，即非般若波羅密，能令清淨。如是而持，於諸福中爲最勝福德，所謂亦不同餘法是也。總結畧示周足竟。

三、盡斷餘疑，三。一、斷是名何必强説疑，

二、斷無説云何攝界疑，三、斷名界云何現相疑。初。

須菩提，於意云何，如來有所説法不。須菩提白佛言：世尊，如來無所説。

恐謂如來説法，不立名相，既唯是名，何必强説。故問以於意云何，將謂如來有所説法不。佛意以如言取執，則似有法可説，若得意忘言，豈當固執文字。是故如來臨滅度時，文殊請佛再轉法輪，佛言我住世四十九年未曾説著一字，汝將謂我曾轉法輪耶。佛今示問，亦同於彼，但看空生如何理會耳。空生亦伶俐納子，一提便醒，故答以如來無説。所謂歸家罷問程，到岸不須舟也。

二、斷無説云何攝界疑。

須菩提，於意云何，三千大千世界所有微塵，是爲多不。須菩提言：甚多，世尊。須菩提，諸微塵，如來説非微塵，是名微塵。如來説世界，非世界，是名世界。

空生雖答無説，不是一向無説，所謂但去其病，不存其藥，恐有執藥成病者。言若果一向無説，云何攝化三千世界而爲説法主耶。由是如來呼當機之名而探問之，良以三千世界乃聚微而成，故問以界所有塵是爲多不。佛意以塵可析空，界是假有。其奈須菩提未會佛意，而答以甚多，所謂好箇阿師，又恁麼去也。如來見其不會，乃呼其名而救之曰：所謂諸微塵者，如來説非微塵，以展轉分析，可使空故。是知微塵無體，但是假名，故曰是名微塵。以是而知，如來説世界，非世界，以合時似有，析時便無故。是知世界亦唯假名，故云是名世界。

三、斷名界云何現相疑。

須菩提，於意云何，可以三十二相見如來不。不也，世尊，不可以三十二相得見如來。何以故。如來説三十二相，即是非相，是名三十二相。

恐謂世界唯名，無可依者，云何如來依

界現相，爲防此疑，故問以於意云何，將謂可以三十二相見如來不。佛意以界既非界，相亦非相，二俱從緣，何碍相依。喜空生已知佛意，直答以不也世尊，不可以三十二相見如來。其意以離相方見真佛，應自有真界爲所依耳。

徵釋中，言如來説三十二相即是非相者，以依性現相，執相者必至迷性，故曰即非。是知三十二相，但有其名，故曰是名三十二相，且不可執相而迷性也。然一切衆生所以得度者，佛也。一切諸佛所依現相者，界也。攝界度生，所依成化者，法也。若有定法可説，則不能攝界，以界無定故。若有實界可依，則不能現相，以相隨緣故。是知如來隨衆生緣，現水月相，依空花界，説谷響法。了三者唯是假名，用繁興而無住，純一覺不存纖礙，智常靜而鑑周。雖曰盡斷餘疑，亦示覺心令住。此三科彌勒無偈者，以從請示經名中生，非正説故。總結推廣降住竟。

二、成就解慧，五。一、校量經功，二、信解感嘆，三、類明餘度，四、會合前語，五、遮疑助解。初。

須菩提，若有善男子、善女人以恒河沙等身命布施，若復有人於此經中，乃至受持四句偈等，爲他人説，其福甚多。

餘疑已盡，勝解將成，寶施外財無能校量，故此又約身命内財校之。言衆生所最愛者身，最重者命也。身施或易，命施猶難，今兼二施，其功德可謂大矣。且一生只有一個身命，今言恒河沙等者，顯非一生十生，及與百生千生等，將生生世世皆以身命布施，其功德可謂多矣。雖曰大曰多，若施相不忘，仍住有漏。如世之殺身成仁，捨命居名，比干、介子之流，曾未聞有成佛事也。此經雖一偈一句，如一枚一粒金剛，受持演説，如自食食他，終竟不銷，出則有用，故言其福甚多，以恒沙身命布施所不及故。

偈：

能忍於苦行　以苦行有善　彼福不可量
如是最勝義　離我及瞋恚
實無於苦惱　共樂有慈悲
如是苦行果　爲不捨心起
修行及堅固　爲忍波羅密

合云：首三句，頌内施福多。恒沙身命布施，即是能忍苦行。以若不能忍，雖一身一命，施之猶難，况於恒沙等乎。以苦行有善者，謂由彼苦行，成就有漏善法，以未能忘相故。彼福不可量者，謂雖屬有漏善法，以世智觀之，彼所得福德亦不可量矣。

次四句，頌持説福勝。如是最勝義者，指此經所詮，乃勝義中真勝義性故。持此則不見有我，故云離我。離我則絶諸對待，故及瞋恚亦離，以瞋恚生於對待故也。既離瞋恚，不見苦惱，故曰實無。反顯彼雖能忍，時或有瞋，未能全忘苦惱相故。若説此者，願他共樂，兼有慈悲，是持説皆成無漏。彼内施福德，殆不可同年而語明矣。

末四句，出勝所以。言如是能忍苦行，所感福果，所以不及持説者，爲其於受福之時，或有慳貪不捨心起，因之而造業者有之。又如是依教持説，修二利行，及堅固力，所以能勝内施者，爲其於持説之時，成就堅固能忍之力，因之而到岸者有之。校量經功竟。

二、信解感歎，三。一、當機聞解悲感，二、讚嘆信解功德，三、如來印許證釋。初。

爾時，須菩提聞説是經，深解義趣，涕淚悲泣，而白佛言：希有，世尊，佛説如是甚深經典，我從昔來，所得慧眼，未曾得聞如是之經。

爾時者，從正宗已來，以至此番校量已竟時也。初聞畧示降住，不過隨語生信。次聞推廣降住，乃覺胸次漸銷，請示經名時，已有微解。三疑淨盡處，徹底通明，且聞内財校量不如，自是義天星象燦著，故云聞説是經，深解義趣。又義者，差别義相，如分析降心、住心，隨事各别。趣者，理之所歸，如顯示降心、住心，總一無爲。若但解其義，尚不名深，兼解其趣，乃名爲深也。又初聞畧示，但是以自心燭經幽旨，故唯成淨信。繼聞推廣，乃能以經意照鑑自心，故兼成深解。喜極成悲，所以涕淚悲泣，如久違慈親，一朝邂逅，自不禁中心凄然而傷其一向不遇也。鼻出曰涕，目出曰淚，大慟曰悲，微痛曰泣。謂始而涕淚，繼而大慟，後而微泣。微泣者，收痛將陳，故曰而白佛言。

希有者，有三義：一、讚自能聞，以此法能聞者希故。二、讚佛能説，以此法能説者希故。三、兼讚二所，以此法時至方聞，時至方説，非常聞非常説故。此亦深解之後，方知三皆不易而讚嘆之也。甚深經典者，揀異小乘曰深，并揀法相曰甚深。此明所説希有，唯佛所説如是，則是能説者亦希有也。我從昔來者，從阿㝹觀佛已來。所得慧眼者，已得人空慧眼。此經不唯空人，兼能空法，故未曾得聞，此顯能聞希有。唯如爲是之經，則是所聞者亦希有也。當機聞解悲感竟。

二、讚歎信解功德，二。一、現前信解功德，二。

二、當來信解功德。初。

世尊，若復有人得聞是經，信心清淨，即生實相，當知是人成就第一希有功德。世尊，是實相者，即是非相，是故如來説名實相。

空生意謂，我以得聞是經力故，始而信心清淨，繼而即生實相妙解，自覺向去成益良多。設若復有一人，如我得聞是經，如我信心清淨，如我即生實相妙解，以我方彼，應無少異，故曰當知是人等也。成就者，亦具足義。第一希有，仍指觀照、文字二種般若。言此二種般若，皆以實相爲體，是人既生實相妙解，則二種般若不期具足而自無不具矣。

破自他惑，名之爲功，成二利行，名之爲德。此正明也。

世尊下，乃兼防轉執。恐聞能成功德，轉執實相爲有，故曰是實相者即是非相。此有二釋。一者，金屑雖貴，落眼成塵，雖生實相妙解，此解亦不可住，故言非相，正見其不可住耳。二者，若實有相，即屬可壞，是不堅法，不名實相，故言非相，謂不唯非有相，亦復非無相，正顯其不可壞也。是故如來説名實相者，亦有二義。一者，實相妙解，雖不可住，有因緣故，亦可得説，是故如來爲彼不解實相義者説名實相，令因名而思義也。二者，有不能有，無不能無，是堅實法，不可破壞，是故如來爲欲顯示不可壞義，説名實相，顯除此皆不實也。現前信解功德竟。

二、當來信解功德，二。一、正以讚歎，二、展轉徵釋。初。

世尊，我今得聞如是經典，信解受持，不足爲難。若當來世，後五百歲，其有衆生得聞是經，信解受持，是人即爲第一希有。

我今得聞者，顯是親承教諭。如是經典者，通指以前所説。然既親承教諭，雖信心清淨，妙解實相，自是領受執持，是皆不足爲難，以如來三業殊勝，見聞隨喜，即能感發信解受持心故。若當來世後五百歲者，顯是去聖時遥，其有衆生得聞是經者，唯是展轉傳受。然既當去聖時遥，又係展轉傳受，信心清淨即難，妙解實相尤難，況復領受執持。非有宿因，定係佛遣，故曰是人即爲第一希有，以能依實相之體，發起觀照、文字二種般若用故。

二、展轉徵釋。

何以故。此人無我相，無人相，無衆生相，無壽者相。所以者何。我相即是非相，人相、衆生相、壽者相，即是非相。何以故。離一切諸相，即名諸佛。

文分三段。初承徵承釋。言信解受持之人，以何以故名爲第一希有。以此人久無四相，密爲如來所遣，行如來事。若不然者，何能於後五百歲濁惡世中，突然躍出常流，而信解受持此離相甚深法哉。所以下，轉徵轉釋。言我、人等相所以必要無者，抑又何也。以我、人等相皆爲非相，以是依他法故。若更於中執有我、人等相，則是於依他法上重起徧計，誠爲妄中之妄，故須無也。

何以下，合徵合釋。言縱達非相，亦不執有，以何以故便爲第一希有。葢以久無四相之執，已離我相，又達四相非相，并法相亦離。既能離一切相，則内之根身，外之器界，應念化成無上知覺，故曰即名諸佛。所謂第一希有者，宜矣。此上彌勒無偈者，以是當機之語，非佛説故。總結讚歎信解功德竟。

三、如來印許證釋，二。一、正與印證，二、徵起轉釋。初。

佛告須菩提：如是，如是。若復有人得聞是經，不驚、不怖、不畏，當知是人甚爲希有。

如是如是者，印其兩説皆不謬也。言此經甚深，現在信解即難，當來信解尤難。此亦空生解後方知，故得所説無謬。猶如過來人，指示向去路，自然的當，故如來二皆印許。葢欲現在、當來得聞此經者，亦求如空生焉可矣。若復下，乃以劣證勝，猶見其所説爲不謬故。有人等者，無論現在、當來，但法音經耳者皆攝也。不驚者，信是佛説，不生驚惶，非真信也。不怖者，知是大乘，不生怕怖，非真解也。不畏者，尋行數墨，不生畏避，非真能受持也。如是之人尚爲甚希，況復真信、真解、真能受持者，自應稱爲第一希有，非過譽耳。

二、徵起轉釋。

何以故。須菩提，如來説第一波羅密，即非第一波羅密，是名第一波羅密。

言不驚、不怖、不畏，只是尋常，以何以故得名甚希。以如來隨説隨掃隨立，理無一定，語似有違，聞之而不生驚惶、不生怕怖、不生畏避者，誠難其人矣。言第一波羅密者，即指今經所詮般若度也。如《金剛錍》云：六波羅密中，般若最勝。以六度若無般若，則在因無破惑之功，在果無法身之德。是知破惑證真，不離般若，故稱第一。然此之釋詞，即前請示經名中語。但彼云般若，此云第一，雖畧變其文，葢即取彼，以見易驚、易怖、易畏之一端耳。總結信解感歎竟。

三、類明餘度，二。一、類明忍度，二、總結一切。初，二。一、正以類明，二、引事證釋。初。

須菩提，忍辱波羅密，如來説非忍辱波羅密，是名忍辱波羅密。

言此經所以易驚、易怖、易畏者，不唯般若之一端。即如依此經而行忍辱波羅密者，如來亦説非忍辱波羅密，以無我故。不過爲彼不能忍者對治瞋恚，假立是名，呼爲忍辱波羅密行。不善會者，鮮有不驚怖而畏避者矣。忍辱説非之義，至下引證自見。

二、引事證釋，二。一、詳引近事，二、略引遠事。初。

何以故。須菩提，如我昔爲歌利王割截身體，我於爾時無我相，無人相，無衆生相，無壽者相。何以故。我於往昔節節支解時，若有我相、人相、衆生相、壽者相，應生瞋恨。

文分爲二。初承徵承釋。言忍辱波羅密，如來説非者，何以故也。引釋中，如我昔爲等者，據《法苑》引《涅槃》義云：我念賢刦中，生於南天竺國富單那城婆羅門家，爲衆生故，林野禪思。時國有王，名迦羅富，此經譯爲歌利，陳譯迦陵伽，唐譯羯利，梵音少異耳。此云極惡，以彼經云：其性暴惡，憍慢自在故。率諸婇女出城遊玩。王倦少憩。諸女因採華果，來至我所，而爲說法。王從覺已，不見諸女，仗劒尋至，瞋怒責曰：何將幻術誘我諸女，與貪欲耶。我時報言：我持淨戒，實無染心。王問：以何爲戒。我答：以忍爲戒。王即以劒斷我手足及兩耳鼻，責云：忍不。我言：假使大王分我殘質，猶如微塵，我終能忍，不起瞋念。羣臣爭諫，王怒不息。時四天王雨金剛砂，王見恐怖，回瞋懺謝。我即立誓：若我實無瞋念，令我此身平復如故。作是誓已，身即還復。更願我於來世先度大王，是故我今成佛，先度憍陳如也。此是約義而引，至今經又促舉其事耳。爲，猶被也。割截身體，即指斷手足及耳鼻事。無四相者，正顯其無瞋，以無我則無受者，無人則不計報復，無衆生則不見苦相，無壽者則不護命根，是皆可以離瞋念也。

何以下，轉徵轉釋。謂正當被割截時，以何以故見其無有四相。以我於往昔被其割截手、足、耳、鼻，節節支離解散之時，若有我、人等相者，應生瞋恨，以有受思報、不忘苦、護命根故。試思我昔尚願先度，豈復有瞋。故知彼時無有四相。詳引近事竟。

二、畧引遠事。

須菩提，又念過去於五百世作忍辱仙人，於爾所世無我相，無人相，無衆生相，無壽者相。

恐謂身被割截，能忍即難，况復無瞋。彼婆羅門子，何以遽能爾耶。故又引遠事而證釋之。過去指賢刧以前，應是莊嚴刧中時也。五百世作忍仙者，見其行忍之久。爾所世無四相者，顯其習空已熟，由久行故能忍，由熟習故無瞋。有志行忍者，亦求如佛焉可耳。

偈：

習彼能學心

合云：此合頌此科及上科義也。能學心，即指忍行，以忍行能學菩薩求菩提心故。但忍不遽成，故須習彼。謂生生世世練習彼行，如佛於五百世作忍仙等是也。類明忍度竟。

二、總結一切。

是故，須菩提，菩薩應離一切相發阿耨多羅三藐三菩提心。不應住色生心，不應住聲、香、味、觸、法生心，應生無所住心。若心有住，即爲非住。

文分三段。初正結。布施居六度之首，故首言布施離相。般若居六度之後，故次言般若離相。忍辱亦攝精進，居六度之中，故類明中言忍辱離相。初、後、中間既爾，餘可例思。以是義故，呼當機而總結之曰：菩薩應離一切相，謂持戒離戒相，修禪離禪相，乃至萬行繁興，離萬行相。如是而發菩提之心，則覺心可安住矣。

不應下，反顯。不應住色生心者，謂不應住着於眼所見色而生染心，以色如熱金丸，執之則燒故。不應住聲、香、味、觸、法生心者，謂不應住著於耳所聞聲，乃至意所緣法而生染心。以聲如塗毒鼓，聞之必死，香如憋龍氣，嗅之則病，味如塗蜜刀，舐之則傷，觸如卧獅子，近之則嚙，法如入室賊，不防則害。故此又於住心中，兼示降心之義。應生無所住心者，謂色等來時，無所粘染，色等去時，亦無踪跡，如鏡現像而無取於像，如風度樹而不留於樹。夫如是，雖萬境紛然，而於我菩提覺心無所與矣。若心下，結示。若心有住即爲非住者，謂一有所住，則是妄心。妄心一興，則爲不住菩提之心。有志住心者，其念之哉。總結類明餘度竟。

四、會合前語，二。一、正與會合，二、兼釋伏疑。初。

是故，佛説菩薩心不應住色布施。

不應住色等布施，是如來前示住心之語。今承上文義便，又復會合前語，謂以是有住則爲非住之故。所以如來最初便説菩薩之心不應住色等布施，顯始終無有異説，尤見其可信也。

二、兼釋伏疑。

須菩提，菩薩爲利益一切衆生故，應如是布施。如來説一切諸相，即是非相。又説一切衆生，即非衆生。

此中伏疑有二，一、承生疑，二、轉成疑。

承生疑者，謂承前離相發心，布施亦可不行，何故強要行施。既要行施，又何必定要不住相耶。故此釋云：菩薩爲利益一切衆生故，應如是無住布施。以不行布施，則不能利益衆生，住相布施，又不能利益一切諸衆生故。

轉成疑者，恐謂利益衆生，衆生豈不是相，況衆生所依五陰，豈不是一切相耶。故此釋云：如來説一切諸相，即是非相，以色陰如聚沫，受陰如水泡，想陰如陽燄，行陰如芭蕉，識陰如幻化故。又説一切衆生，即非衆生，以是五陰和合，假立名字。陰且不實，名復何有。是雖利益衆生，仍與無住行施，義不相違。

偈：

修行利衆生　如是因當識

衆生及事相　遠離亦應知

假名及陰事　如來離彼相

諸佛無彼二　以見實法故

果雖不住道　而道能爲因

合云：此合頌此科及上科義也。修行者，經中承上文義便，但言不住行施，此則渾言修一切行耳。恐謂離相發心，何必強要修行，故以利衆生釋之。如是因當識者，因即是行，識即是知，謂如是無住之行，應當識知，能利益一切諸衆生故。又恐謂利益衆生，衆生豈不是相。所依陰事，豈不是一切相耶。故次云：衆生及事相，遠離亦應知。謂菩薩於所利衆生，及彼所依五陰事相，不碍遠離，亦應了知。

以衆生假名，及彼所依陰事，二俱非相，以如來離彼相故。恐謂如來有何所見，而離彼相，故次云：諸佛無彼二，以見實法故。實法即性，以見性是真，自能了相爲妄，故無彼二。

據此則見性證果，不住利益衆生之道。而菩薩學佛，亦不應利益衆生，何故必要修行利衆生耶。故言果雖不住道，而道能爲因，謂果中雖不住利益衆生之道，而利益衆生之道能爲佛因。如《華嚴·行願品》云：因於衆生，而起大悲。因於大悲，生菩提心。因菩提心，成等正覺。此菩薩所以必要修行利衆生耳。總結會合前語竟。

五、遮疑助解，二。一、以語遮疑，二、以喻助解。初。

須菩提，如來是真語者、實語者、如語者、不誑語者、不異語者。須菩提，如來所得法，此法無實無虛。

恐有疑云：如佛所説，菩薩應離一切相，似約真諦説之，又令發阿耨多羅三藐三菩提心，似約俗諦説之。既真俗角立，似非如所如説，莫是誑彼初學，真俗異説耶。故此遮云：如來是真語者等。《楞嚴》云：無上法王，是真實語，如所如説，不誑不妄。《指掌疏》釋云：顯示真諦曰真語，如云無是見是也。顯示俗諦曰實語，如云無非見是也。顯示中道曰如所如説，謂如己所證真如之理而説。如上反覆致詳，是非雙絶，妄情俱盡是也。不誑者，不欺初學。不妄者，無異彼此。此示義同五語，相應深信。

今云菩薩應離一切相，亦是顯示真諦，故曰真語。又令發阿耨多羅三藐三菩提心，亦是顯示俗諦，故曰實語。至云不應住色等生心，應生無所住心等，反覆致辨，亦是顯示中道，故曰如語。爲對偏執，並非誑彼初發心人，故曰不誑語。所説必驗，不異彼此，同彼《楞嚴》無妄，故曰不異語。如是而説，復何疑哉。此遮承生疑也。

又恐疑云：如語妙契中道，應是真實，真語實語，各據一邊，豈得不涉虚妄、誑初學、異彼此耶。故轉遮云：須菩提，如來所得法等，言真諦、俗諦，亦是如來所得之法。依此説法，皆無有實，以是對治門故，亦無有虚，以能如説證故。此又遮轉成疑耳。

偈：

以諸佛實語　彼智有四種
實智及小乘　説摩訶衍法
及一切受記　以不虚説故
隨順彼實智　説不實不虚
如聞聲取證　對治如是説

合云：前六句，頌遮承生疑也，爲遮前疑，顯示所説不虚，故云以諸佛實語。此之實語，總該下之五種，非是五種中實語，如十一色法之色，非是眼所對色故。此先總遮，下乃詳明。彼智句，標四智，該五語也。實智即佛之所證，説此者名爲如語。小乘四諦中，滅諦是真，餘三皆俗，説此者名爲真語實語。摩訶衍，此云大乘，爲深位説，不誑初心，即不誑語。一切受記，所説必驗，即不異語。又不異語，不止受記一法，蓋是取一法爲例。真語實語，不止説小乘準知。以不虚説句，乃結歸前之遮詞，以不虚即實語故。

後四句，頌遮轉成疑也。言如語固是實智，而真語實語亦是隨順實智而説，以能成就彼故。如是而説，不實不虚。云何不虚。以能如所聞聲而取證故。云何不實。以爲對治偏執如是説故。以語遮疑竟。

二、以喻助解。

須菩提，若菩薩心住於法而行布施，如人入闇，即無所見。若菩薩心不住法而行布施，如人有目，日光明照，見種種色。

承前重重開示，已解住心之法。第恐習

氣深重，行與解違，爲助妙解，故重拈布施之法，雙陳二喻，以顯住法、不住之得失也。於中先顯住法之失。謂設若菩薩心中，明知法不應住，至行施時，力不自由，依然住着於法，是謂住法行施。住法則無智能照，故以如人入闇喻之，以闇能障目，可喻無智能照義故。無智能照，不得真如，故以即無所見喻之，以無見則觸途成窒，可喻不得真如義故。

若菩下，次顯不住之得。謂設若菩薩心中，既知法不應住，至行施時，元解不昧，備達三輪體空，是謂不住行施。不住則有智受法，故以如人有目，日光明照喻之，以目能受明，可喻智慧受佛法義故。智慧受法，能得真如，故以見種種色喻之，以種種色相可喻真如，具恒沙淨德義故。

偈：

時及處實有　而不得真如
無智以住法　餘者有智得
闇如愚無智　明者如有智
對法及對治　得滅法如是
於何法修行　得何等福德
復成就何業　如是說修行

合云：初八句，正頌經意。經中单約施言，偈中義含萬行，故不言施而但言時處，謂修行之時及修行之處也。住相者，必以時長生退，處多生厭，名爲實有。如是修行，不得真如。云何不得真如，以無智故。云何無智，以住法故。餘有不住法者，不覺時長，不嫌處多，以有智故，能得真如。此先頌法中之義。

經中依法立喻，故曰如人入闇。此中以喻比法，故曰闇如愚無智等。闇者，境闇障目。愚無智，即指住相修行者言。明者，有目受明。有智，即指無住修行者言。對法及對治等者，謂無住修行，是能對治法，住相修行，是所對治障。以能對所，故得滅彼住相之執。

住心之法，如是而已。

次四句，兼釋伏疑。恐謂何不亦同經中单約布施説耶。釋云：於何法修行，得何等福德等，意以前説檀義攝六，乃約大略言之。其實於何法修行，得何等福德，謂以因感果，非全同也。果既不同，依果所起業用，亦自不同，故云：復成就何業。依如是義，應通説修行，雖不言施，而義可攝。

問：推廣分中，少示降心，多示住心者，何也。答：覺心如主，妄心如客。但使覺心安住，自令妄心不興。亦如主人若悟，客邪不得其便。總結成就解慧竟。

三、顯示經功。

信解既成，修證可期，傳持此道，專望知音，故爾顯示，以發衆生讀誦、受持、爲人演説之勝心也。分四。一、分門畧顯，二、四義詳示，三、引因校量，四、總以結歎。初，三。一、顯示自持功德，二、校量聞信功德，

三、況顯兼説功德。初。

須菩提，當來之世，若有善男子、善女人能於此經受持、讀誦，即爲如來以佛智慧，悉知是人，悉見是人，皆得成就無量無邊功德。

當來之世，應指末法，如前所謂後五百歲時也。宿植善根，現具正信，名爲善男、善女。受謂領受其文，持謂執持其義，皆默憶也。讀謂對本而讀，誦謂背本而誦，皆顯念也。言時當末法，人多不善，貪着成風，法尚有爲，若有善男、善女別具超常之見，能於此經或受持，或讀誦，是不唯過去因深，已足見當來果勝，故曰即爲如來以佛智慧等。悉知者知之悉，悉見者見之悉。謂無始盡際，前因後果，纖芥無遺故。不言心知眼見，而云智慧知見者，以妄心肉眼各有限量，智心慧眼乃無障碍故。皆得者，受持、讀誦無不得也。成就有二，謂以今驗昔，爲已成就，以今驗後，爲當成就。此經既密通於圓，而

因該果海，果徹因源，故皆言無量無邊。謂前因後果，一切功德，不可限量，無有邊際，除佛一人，餘皆無能知無能見也。

二、校量聞信功德。

須菩提，若有善男子、善女人，初日分以恒河沙等身布施，中日分復以恒河沙等身布施，後日分亦以恒河沙等身布施，如是無量百千萬億劫以身布施，若復有人，聞此經典，信心不逆，其福勝彼。

文三。初、能校行勝。恒沙身命，其施可謂重矣。日以三時，其行可謂勤矣。況經無量百千萬億刦，如是而行，其時可謂長矣。以長時而勤行重施，非具神通妙用，分身促時者不能也。若復下，所校機劣。聞此方及解分，其聞可謂少矣。信心但曰不逆，其信可謂微矣。況得聞不過一時，其時可謂促矣。以促時而少聞微信，凡有宿因及現前根利者皆能也。其福句，果報反勝。然既能較行勝，所校機劣，而劣者之福反勝於彼者，畧有三義。一者，彼是示現，此是實行，示現捨身易，實行住信難。如幻人蠲軀，固不若書生入泮之爲勝故。二者，彼約深位，但期常居因門，不欲速成。此約淺位，信心便是初基，誓期圓證，是乃以速成佛不速成佛而分勝之與劣。如舉子不務上進，生員矢志連登，可爲譬也。三者，彼是假設，謂設能如此，亦屬有漏，以不聞此經，不信無漏法故。故知聞信不逆，其福勝彼。又此與前番校量，均屬内施。而前番能校者劣，以但言恒沙命施，不言日以三時及久經多刦故。此番所校者劣，以但言聞信不逆，不言受持及演説故。是則前番以劣行校勝機，雖勝不爲勝。此番以勝行校劣機，其勝乃爲勝。良以前方推廣降住，此則徹底悟解，勝劣天淵，固其宜矣。

三、況顯兼説功德。

何況書寫、受持、讀誦、爲人解説。

承前聞信不逆，尚超最勝施福，何況書寫此經，受持、讀誦，兼復爲人解説，其福益勝可知。

偈：

名字三種法　受持聞廣説
修從他及内　得聞是修智
此爲自淳熟　餘者化衆生
以事及時大　福中勝福德

合云：此合頌分門畧顯中義也。名字，指能詮之法，不出名言及文字故。此亦是教。三種，指所詮法，以所詮之法不出理、行、果故。受持義該讀誦，聞亦攝信。廣説，即爲人解説。此同一弘經，而爲門不同也。既爲門不同，何故先讚受持。以受持、讀誦是修行門故。次讚聞信者，以修必先從他聞，次及内信，謂聞而信，信而修也。是則得聞者，乃起修之智，故因修而讚之也。然此聞信受持，皆爲自己淳厚善根，成熟道種。餘者，即指廣説，以自利之餘，乃能廣説故。説而云廣者，長時利他，故云化衆生也。

問：受持功德，經唯直顯，而聞信獨用校量，兼説獨用況顯者，何也。答：以事及時大，福中勝福德，言聞信事大，以是起修智故。兼説時大，以是長時説故。事大福勝，非校量莫顯，時大福勝，非況顯莫知。故爾校況，顯此二種福德，乃是福德中勝福德故。

總結分門略顯竟。

二、四義詳示，四。一、約教理顯德，二、約行果顯德，三、約依處顯德，四、約功用顯德。初。

須菩提，以要言之，是經有不可思議、不可稱量、無邊功德。

受持聞説，福德靡涯，意欲盡言，言不能盡。佛以少言而該多義，故曰以要言之。是經即教，不可思議等，即理也。言語道斷，心行處滅，心將緣而慮亡，口欲談而詞喪，故云不可思議。仰之彌高，鑽之彌堅，故不可稱，謂讚莫能盡也。瞻之在前，忽焉在後，故不可量，謂測無能窮也。法音，經耳。功報彌劫，一念信心，永爲道種，故云無邊功德。教理如是，受持聞説者福德可勝言哉。

二、約行果顯德。

如來爲發大乘者説，爲發最上乘者説。若有人能受持、讀誦、廣爲人説，如來悉知是人，悉見是人，皆得成就不可量、不可稱、無有邊、不可思議功德。如是人等，即爲荷擔如來阿耨多羅三藐三菩提。何以故。須菩提，若樂小法者，著我見、人見、衆生見、壽者見，即於此經不能聽受讀誦，爲人解説。

文四。初爲大機。謂此經教理既大，信解亦大。依此發心，名爲發大乘心者，爲此人説，顯此經行果俱大故。然大乘有權有實，如大乘始教爲權，終、頓、圓三爲實。此經不唯是權，亦兼是實，謂進之可入終、頓，再進之可入圓乘，故云爲發最上乘者説，以終、頓屬上乘，圓教爲最上乘故。

若有下，示大行。受持、讀誦，自利行也。廣爲人説，化他行也。從性起修，全修即性，全修即性，性無不備，故曰如來悉知悉見，皆得成就等。又皆得成就等者，以此經是一切諸佛本所乘故，如《起信》説。

如是下，顯大果。背負曰荷，肩任曰擔，此喻言也。言是人既能受持、讀誦，又能廣爲人説，則是大智上求，大悲下化，以三藐三菩提爲己任，誓期必證，不至於阿耨多羅而不已，故曰即爲荷擔如來等。又即爲荷擔等者，以一切菩薩皆乘此法到如來地故，亦如《起信》。

何以下，揀非機。樂小法者，聲聞、緣覺也。聲聞、緣覺已達我空，而云著我見者，以雖空我相，若空我之心未亡，仍屬我見。人見、衆生見、壽者見，例此可知。即於此經不能聽受、讀誦、解説者，以此經不唯空我，乃并彼空我之心亦俱空故。既不相應，雖聽受、讀誦、解説，皆不相應，故直以不能斥之。由此觀之，則受持、讀誦、解説，功德偉矣。

三、約依處顯德。

須菩提，在在處處若有此經，一切世間天、人、阿修羅所應供養。當知此處，即爲是塔，皆應恭敬，作禮圍繞，以諸華香而散其處。

在在處處者，無論城邑聚落、莊宅園舘、僧伽藍摩等。若有此經者，無論琅函貝葉、白氎素紙、粉牆石壁等。一切世間天、人、修羅所應供養者，尊重於法也。當知此處等，出其應供之故。即爲是塔者，塔安佛身，以經所在處，即是佛在故。恭敬者，志念專注，意業虔誠。作禮者，五體投地，身業虔誠。圍繞者，相向讚詠，口業虔誠。華散其處者，借此爲因，回向佛乘，以一華稱性，一切因行皆具足故。依處尚爾，況復受持、讀誦、廣爲人説，其人不益可恭敬供養乎哉。

四、約功用顯德。

復次，須菩提，若善男子、善女人受持、讀誦此經，若爲人輕賤，是人先世罪業，應墮惡道，以今世人輕賤故，先世罪業即爲銷滅，當得阿耨多羅三藐三菩提。

經所在處，尚應恭敬供養，受持、讀誦，反爲人所輕賤，其故何也。恐有是難，故復於其次呼當機之名而告之。爲，猶被也。或罵詈毁辱，或訕謗憎嫉，或杖木瓦石而打擲之，皆名輕賤。是人下，出其深故。先世罪業應墮惡道者，顯是罪之極重，如五逆十惡，及毁謗大乘等。以今世人輕賤者，顯是報之最輕，以輕報而可償重罪，故曰先世罪業即爲銷滅。然善惡之報，如影隨形，假使百千刦，所作業不亡。今既以輕報而銷重罪，則罪之輕者自應不報可知。非緣經功，何以能爾。不唯此也，且能以此爲因，不壞道種，因緣會遇，必當作佛，故云當得阿耨等。則此經功用，詎可思議。

偈：

非餘者境界　唯依大人說
及希聞信法　滿足無上界
受持真妙法　尊重身得福
及遠離諸障　復能速證法

合云：此頌四義詳示中義也。餘者，指聲聞、緣覺。二種教理可思議，可稱量，有邊際。是經有不可思議不可稱量無邊功德，故曰非彼境界。此頌約教理顯德。又此亦含下文中揀非機義，以下文云，樂小法者，著我見等，不能聽受、讀誦、爲人解說，亦非彼境界義也。唯依大人說者，大人即大乘之人，所謂是經爲發大乘者說故。希聞信法者，謂希求聞法生信。滿足無上界者，界即是因，無上界即是佛因。滿足者，由信而修，圓滿具足。如是之人，則爲荷擔如來阿耨菩提。及者，兼義，所謂爲發最上乘者說故。此頌約行果顯德，約依處顯德。彌勒不頌者，以易知故。

受持真妙法者，真妙法即指此經。正屬始教空宗，曰真，兼攝終、頓、圓三，曰妙。經云受持、讀誦此經是也。尊重者，以是當來成佛人故。不唯當來成佛，亦能現身得福，以是世間所應供故。此約先世無障者說。若先世有障者，重則輕受即銷，輕則直銷不受，故曰及遠離諸障。不唯離障，且以此爲因，當得菩提，故曰復能速證法，蓋法即菩提法也。此頌約功用顯德。總結四義詳示竟。

三、引因校量。

前云日以三時各捨恒沙身命，經無量百千萬億劫，不及聞信功德。若受持、讀誦，於後末世時者，又將何以校之。恐有是疑，故自引因中實跡，而爲校量。

須菩提，我念過去無量阿僧祇劫，於然燈佛

前，得值八百四千萬億那由他諸佛，悉皆供養承事，無空過者。若復有人於後末世，能受持、讀誦此經，所得功德，於我所供養諸佛功德，百分不及一，千萬億分，乃至算數譬喻所不能及。

我念過去者，以宿命智憶念過去劫也。刧非一、十、百、千、萬等，僅可以無量阿僧祇計之。阿僧祇，此云無央數，乃《華嚴》十大數中第一阿僧祇。阿僧祇，爲一無量。今云無量阿僧祇者，蓋是以僧祇積至無量，復以僧祇所積無量而計僧祇，極言其所經之刧，唯佛能知耳。此等刧數，俱在然燈佛前。準權教，然燈佛是釋迦佛第二僧祇授記本師。據此，則然燈佛前只有一箇僧祇。今云無量僧祇者，顯尋常所説三祇煉行，亦對機方便之言。故《法華》云我説然燈佛等，又復言其入於涅槃，如是皆以方便分別。

值，遇也。得值八百四千等者，即無量僧祇刧中所遇佛也。《金剛錍》云：十億爲洛叉，十洛叉爲俱胝，十俱胝爲那由他，則那由他當千億矣。今以八百四千萬億而計那由他者，極言其所遇之佛，亦唯佛能知耳。悉皆供養者，如意奉贍，如飲食、衣服、卧具、醫藥等。悉皆承事者，順命侍使，如執巾、司餅、汲水、採果等。一一佛所，不缺不越，故曰無空過者。不言聞法者，對下顯劣，且約福門言之。後末世時，法久弊生，波旬熾盛，人根淺薄，況復離相無爲之經，拂情違世之道，率多憎嫉，誰能信順。今日能受能持，能讀能誦，其猶火裏蓮華，固不可以等閒論也。於字，應作以字。言此人所得功德，以我所供佛功德校之，則供佛功德百分，不及受持此經功德一分，不唯百分，即千分、萬分、億分，亦不及一分。若究極而言，洛叉分、俱胝分乃至算數所不及分，譬喻所不及分，皆不及一分。良以多福不如少慧，以福爲苦因，慧爲道種，福可盡，慧不可盡，寸金丈鉛，可爲明喻。故達磨答梁武帝云：造寺齋僧，實無功德。性淨妙圓，體自空寂。性空之中，功德無極。通前五番校量，初以一界寶施，不及持說，二以無量世界寶施，不及持說，三以恒沙身施，不及持說，四以無量恒沙身施，不及聞信，至此解分將終，内施外施，無可校量，故特引佛因供佛而校量之，則解之所關者重矣。引因校量竟。

四、總以結嘆。

須菩提，若善男子、善女人於後末世有受持、讀誦此經，所得功德，我若具說者，或有人聞，心即狂亂，狐疑不信。須菩提，當知是經義不可思議，果報亦不可思議。

文二。初、顯示難以盡說。恐謂佛因校量，尚不能及，盍具說之，以生信樂。故如來重呼當機而進示之。言善男、善女當彼末世之時，猶能獨具正見，受持、讀誦此經，就其所得功德，誠難具說。我若不辭饒舌而具說者，有能信樂，則誠善矣。設或有人不得意者，一聞此說，心即狂亂狐疑。良以中行之士，難得其人，率多流於狂狷。狂者有過高之行，一聞此說，勢必成就高狂知見，惑亂自心。狷者多不及之弊，一聞此說，既不敢必以爲是，又不敢决以爲非，是非兩疑，如狐履冰，名曰狐疑。此二者皆不能信，具說無益。若更以此破法，則不惟無益，而反有損矣。

須菩下，結嘆二不思議。雖不具說，亦應總示，故教以當知。一往似屬空宗，沉思亦兼終、頓，密通於圓，無義不收，故曰是經義不可思議。隨機修證，淺深自殊，深證固能該淺，淺證亦可通深，故云果報亦不可思議。所以至德難校，具說多疑者，此也。

偈：

成種種勢力　得大妙果報

如是等勝業　於法修行知

合云：上二句，頌後攝前。經義不可思議，

故能成就種種勢力，如斷惑證真，降魔制外，嚴土、利生等，皆勢力也。果報亦不可思議，故能得大勝妙果報，以始、終、頓佛皆大，圓佛則妙也。而云攝前者，以佛因難校，具説多疑者，正由此故。下二句，結前起後。如是成力得果，此等皆爲勝業。此結前也。而云起後者，以雖爲勝業，要必於前所解之法，精進修行，乃能證知。此亦下屬修分之一證耳。

總結大科推廣降住開解分竟。

三、究竟降住起修分，二。一、當機重問降住，二、如來原問發明。初。

爾時，須菩提白佛言：世尊，善男子、善女人發阿耨多羅三藐三菩提心，云何應住，云何降伏其心。

此中發菩提心與前不同。前約博地凡夫，發起上求下化之心，懸期佛果。此約信解之後，發起稱理修行之心，剋求必證。前或有退，以是從邪定聚入不定聚故。此則無退，以是從不定聚入正定聚故。仍稱善男善女者，行起解絶，還同未解，以便幻修。設立解者，勢必以菩薩自居，修則不力故。重問住降者，謂雖解其理，未驗於事，第恐習氣深重，行與解違，故重問發菩提心，歷事進修時，云何應住，云何降伏，其意葢欲究竟所解以造其實。昭明判爲究竟無我，或有見於此耳。

二、如來原問發明，三。一、降心離相，二、住心無住，三、校量持福。初，二。一、畧明，二、詳示。初。

佛告須菩提：善男子、善女人發阿耨多羅三藐三菩提心者，當生如是心，我應滅度一切衆生，滅度一切衆生已，而無有一衆生實滅度者。何以故。須菩提，若菩薩有我相、人相、衆生相、壽者相，即非菩薩。所以者何。須菩提，實無有法發阿耨多羅三藐三菩提心者。

文四。初、標示。善男子等，牒其所爲之人。言重問降住，正爲進發修習菩提心人故。當生句，示以應生。渾言如是，下乃明示，但以當生之言，教令留意耳。我應下，正明。我應滅度等者，以一切衆生與我一體，彼苦即同我苦，我欲滅度，亦應令彼滅度。同體慈悲，法如是也。

要知我應二字，則是降心要訣，以我應則不以爲功，不以爲功，自能忘我、人等相。進發修習菩提心者，不可不知。滅度一切衆生等者，謂縱至盡令滅度，亦不見有一滅度者，以忘相故。何以下，徵釋，謂以何義[三]故無有滅度。故以若菩薩等而反顯之，正明既是菩薩，自應無有我、人等相。既無我、人等相，豈復見有滅度相哉。謂之實無，固其宜矣。所以下，轉釋，言所以有相即非菩薩者，何也。以實無有法可發菩提心者，以一切衆生本來是佛故。是則佛果尚不應住，果是菩薩，豈復更著我、人等相。知此意者，一念不生，生如是心，無妄可降矣。

偈：

於內心修行　存我爲菩薩
此則障於心　違於不住道

合云：此畧頌本科義也。於內心修行者，謂勝解既成，內心無住，即於內心無住中修習菩薩度生之行，所謂稱理起修是也。既稱理起修，若更存我相，而謂我爲菩薩者，此則障於內心，違於不住之道，所以經中斥以即非菩薩。偈中不顯度生，但渾言修行者，以上云於法修行知，承上語便，足攝度生義故。畧明竟。

二、詳示，四。一、得記離相，二、感報離相，三、修因離相，四、知見離相。初，四。一、問答畧明，二、印證詳釋，三、徵起轉顯，四、結示中道。初。

須菩提，於意云何，如來於然燈佛所，有法得阿耨多羅三藐三菩提不。不也，世尊，如我解佛所說義，佛於然燈佛所，無有法得阿耨多羅三藐三菩提。

文二。初、如來示問。此亦承前發端，恐謂無法發心，亦應無法得果，何故如來於然燈佛所有法得果而蒙然燈之記，爲防此難，故問以於意云何，將謂如來於然燈佛所有法得菩提不。佛意爲顯實無有法得阿耨菩提，但不欲直言，乃故爲示問，使當機神會自諭。

問：設言有法得菩提者，當有何過。答：畧有二過：一者，因果不類，以前云實無有法發菩提心故。二者，安心難降，以若有法可得菩提，則能所宛然，分別從生故。

不也下，當機裁答。以佛説爲定量，故直答不也世尊，顯無疑也。佛所説義，即指上科所説無法發心之義。言如佛所問如此，若如我解佛上來所説之義，以因例果，果必類因，則佛於然燈佛所無有法可得菩提。是知所謂然燈授記者，亦屬方便語耳。問答畧明竟。

二、印證詳釋，二。一、印證，二、詳釋。

初。

佛言：如是，如是。須菩提，實無有法如來得阿耨多羅三藐三菩提。

以因例果，因前知後，所説不謬，可啟衆迷，故印言如是，謂如汝所説者是也。重言者，顯決定故。既已印定，而又言實無有法等者，自明本意便是如是。是空生所答不唯可啟衆迷，且深契佛心，尤足爲降心者作司南耳。

二、詳釋。

須菩提，若有法如來得阿耨多羅三藐三菩提者，然燈佛即不與我授記：汝於來世，當得作佛，號釋迦牟尼。以實無有法得阿耨多羅三藐三菩提，是故然燈佛與我授記，作是言：汝於來世，當得作佛，號釋迦牟尼。

文二。初、反顯。若有法可得菩提，則是能所未忘，法我俱在，心且難降，詎堪作佛，故然燈不與授記。授記者，謂授以當來作佛之號，令其分明記憶，取驗於後時也。汝於來世等，即昔日授記之語。

梵語釋迦牟尼，此云能仁寂默，上姓下名可知。若合取其義者，慈悲普覆曰能仁，無爲密證曰寂默。住相則不能普覆，有法則乘於無爲。佛不授記，無足異也。以實下，正明。無法可得菩提，則理絶能所，執空我法，一念不生，即心是佛，故然燈與我授記，許以當得作佛。而云號釋迦牟尼者，能仁則不住涅槃，寂默則不住生死，名德相符，記斯可矣。總結印證詳釋竟。

三、徵起轉顯。

何以故。如來者，即諸法如義。若有人言如來得阿耨多羅三藐三菩提，須菩提，實無有法佛得阿耨多羅三藐三菩提。

文三。首句，徵起。謂以何以故，有法得菩提則不與記，無法得菩提乃與記耶。如來下，轉顯。以佛稱如來，如來者，即諸法中如如不動義也。有法可得菩提，即不如如。無法可得菩提，適符如義。此與記不與記之所以耳。

若有下，防難。難云：既無法可得菩提，然燈授記亦虛，何故人言如來於菩提樹下得菩提耶。故此防云：若有人言如來於菩提樹下得菩提者，須菩提，你便向他説道，實無有法佛得阿耨多羅三藐三菩提。據此，則離相得記，離相得果，二義相符，同歸無念。進發修習菩提心者，不可不知。徵起轉顯竟。

四、結示中道。

須菩提，如來所得阿耨多羅三藐三菩提，於是中無實無虛，是故如來説一切法皆是佛法。須菩提，所言一切法者，即非一切法，是故名一切法。

文三。初承前遮疑。恐謂無法發心，無法得記，無法成佛，將一向無法永沉斷滅耶，爲遮此疑，故云如來所得阿耨多羅三藐三菩提，於是中無實無虚。云何無實，方便示現故。云何無虚，隨緣成益故。無實故不違前説，無虚故不沉斷滅。執藥成病，於醫何與哉。是故下，正爲結示。是故者，謂以是無實無虚之故也。無實故，無妨如來説一切法，以説有不有，説空不空故。無虚故，説有説空，皆是佛法，以説有不有爲妙有，説空不空爲真空故。

須菩下，重以申明。以上云説一切法，皆是佛法，恐猶未了，故重呼當機而申明之曰：所言一切法者，皆爲對治方便，故云即非一切法。謂説空對有，説有對空，非真實也。雖非真實，爲欲顯示真空妙有義故，是故假立名字，説一切法。此又於開示降心中顯示中道第一義也。

偈：

以後時授記　然燈行非上
菩提彼行等　非實有爲相
彼即非相相　以不虚妄説
是法諸佛法　一切自體相

合云：此通頌得記離相一大科義也。亦應承上疑云，菩薩既不存我，亦不住道，無法可得，何故昔在然燈，以後時作佛授記，故彌勒以此偈釋之。言昔在然燈，以後時作佛授記者，正以佛於然燈佛所修菩薩行，不自以爲上，故經云無法得菩提，然燈佛與授記也。反此不記可知，故彌勒不頌。至於菩提樹下得成菩提，亦不以爲上，故曰與彼行等。此即經中實無有法佛得菩提義也。人言反此可知，故亦不頌。恐生斷滅之疑，故曰非實有爲相。言如來所得菩提非實，方便示現故。此則不違前説，即經中無實義也。雖曰非實，而是有所作爲之相。此則不沉斷滅，即經中無虚義也。彼即非相相者，言彼所謂得菩提者，即是於非相中立相。既於非相中立相，而說亦於無説中立説，以故如來曾不虚妄説法，蓋説必如所證故。如是説法，説空不空，説有不有，説空不空爲真空，説有不有爲妙有，皆是諸佛所證之法。故經云：如來説一切法，皆是佛法。據此，則一切法，即非一切法，是名一切法，顯唯有中道，爲一切諸法，實自體相。總結得記離相竟。

二、感報離相。

須菩提，譬如人身長大。須菩提言：世尊，如來説人身長大，即爲非大身，是名大身。

此亦承前發端，恐謂應化非真，可説無得，報體修成，豈亦無得耶，爲防此疑，故曰譬如人身長大。此重拈解分中須彌山王之喻。以彼云譬如有人，身如須彌山王，言須彌横海，落羣峯之高，以此喻身則長而且大可知，故此但言人身長大，即知是仍取前喻。若不然者，何故纔説人身長大，空生便悟。蓋是前所已知，暫時忘懷耳。一提便醒，故不容佛説而自釋言：世尊，如來説人身長大，若但取於相，即爲非大身。以有數量故，不過對小言大，但是假立名言，説爲大身。蓋必離相觀身，乃爲真大，又何容生心於其間哉。

偈：

依彼法身佛　故説大身喻

身離一切障　及徧一切境

功德及大體　故即説大身

非身即是身　是故説大身

合云：此頌本科義也。法身有二。一、自性法身，謂自性清淨即法身故。二、報得法身，謂無量功德法之所成故。今是第二，即果報身也。報身雖大，以有數量可比，故依之而説大身之喻。若自性法身，理絶數量，無可喻者，故知非彼。

又報身有二：一、自報，二、他報。偈云離一切障，即是自報，即滿淨義也。徧一切境，即是他報，即光明徧照義也。功德及大體者，約能依兼所依說。能依者，萬德莊嚴，故曰功德。所依者，千丈金軀，故曰大體。爲對世間小身，故即說爲大身，非是真大。若解此身非身，即是自性法身，理絶數量，乃爲真大。是故經中，如來說譬如人身長大，蓋爲令知非大身義也。感報離相竟。

三、修因離相，二。一、承前總以例明，二、約事別爲遣相。初。

須菩提，菩薩亦如是。

言菩薩非菩薩，是名菩薩，亦如人身長大是也。所以例者，以衆生多以我能修因，自稱菩薩。殊不知我爲能修，因爲所修，二相俱在，非是真實菩薩，但是對彼不能修因者，假立名字，說名菩薩耳。

二、約事別爲遣相，二。一、約度生遣相，二、約嚴土遣相。初。

若作是言，我當滅度無量衆生，即不名菩薩。何以故。須菩提，實無有法名爲菩薩。是故佛說一切法無我、無人、無衆生、無壽者。

文三。初就言出過。作言者，有自負意，自謂既是菩薩，應以度生爲任，故云我當滅度無量衆生。儒典云：以斯道，覺斯民，非予覺之而誰與。畧同此意。然此意固善，但不可作言自負。若作言自負，則是心中實有我爲能度，生爲所度，故斥以不名菩薩。

問：前言我應，此言我當，同耶，異耶。答：字義似同，心意實異。前是憶念同體，此是自負其能。觀前文，下有無生滅度之言，此中下有斥非菩薩之語，其意異可見。何以下，徵起釋成。徵意可知。釋中謂一切諸法緣會而生，緣會而生則生法本無，故曰實無有法。無法則無我，無我則諸相俱盡。解此俱盡者，則是入無生忍，故曰名爲菩薩。上既反是，所以不名也。

是故下，結應離相。是故者，承上二義言之。言不名菩薩如彼，名爲菩薩若此。以是義故，所以佛於三十年來，説一切大小乘法，總爲顯示二無我理。無我，則人相、衆生相、壽者相一切皆無。佛説如是，爲菩薩者宜應離相。約度生遣相竟。

二、約嚴土遣相。

須菩提，若菩薩作是言，我當莊嚴佛土，是不名菩薩。何以故。如來説莊嚴佛土者，即非莊嚴，是名莊嚴。須菩提，若菩薩通達無我法者，如來説名真是菩薩。

文亦三。初就言出過，義同上科，但隨事異説可爾。何以下，徵起釋成。釋中言如來説莊嚴佛土者，土唯心現，嚴亦心生，唯是一心，唤誰嚴誰。故曰即非莊嚴。是知莊嚴佛土者，但約建化門頭，假立名字，故曰是名莊嚴。須菩下，結應離相。言既莊嚴唯是假名，則知無我無法。若菩薩於莊嚴佛土時，通達無我無法者，進可成佛，如來説名真是菩薩，嚴土菩薩，可弗離相。

偈：

不達真法界　起度衆生意
及清淨國土　生心即是倒
衆生及菩薩　知諸法無我
非聖自智信　及聖以有智

合云：此通頌一大科義也。一真法界，離能所，絶對待，自他無二，依正同源。不達乎此，所以起度生意及嚴土心。清淨即莊嚴義也。然起意即是生心，既違法界，即是顛倒，所以經中斥其不名菩薩。及，猶至也。若是衆生果能至於菩薩地者，自能了知法無我理，離於諸相，契真法界。雖未成佛，非是大聖，而自覺聖智可信，將來必及於聖。以有我法二空之智，以爲成佛階降，所以經中許以真是菩薩。總結修因離相竟。

四、知見離相，二。一、見無定相，二、知無實相。初。

須菩提，於意云何，如來有肉眼不。如是，

世尊，如來有肉眼。須菩提，於意云何，如來有天眼不。如是，世尊，如來有天眼。須菩提，於意云何，如來有慧眼不。如是，世尊，如來有慧眼。須菩提，於意云何，如來有法眼不。如是，世尊，如來有法眼。須菩提，於意云何，如來有佛眼不。如是，世尊，如來有佛眼。

此亦承上發端。恐謂度生不見生相，嚴土不見土相，果必類因，成佛時亦應不知不見，果其爾者，何故前言如來悉知悉見。爲防此疑，故示知見離相。今且約見以示。

《金剛錍》云：肉眼者，色、香、味、觸四塵名肉。勝義淨根，依肉而住，依肉而發，有所照見，名爲肉眼。然其功能，但觀障内之色。天眼者，謂作觀行，依肉眼邊，想外境界，觀想成故，方能見障外之色。慧眼者，根本實智，照真空之理也。法眼者，後得權智，照差別之事也。佛眼者，智無不極，照無不圓。故古德頌云：天眼通非礙，肉眼礙非通，法眼能觀俗，慧眼了真空，佛眼如千日，照異體還同。又《金剛錍》云：初二通於凡夫，後二聲聞所無，菩薩但無佛眼，而復各各淺深不同。唯佛則圓具前四，一一殊勝，皆名佛眼。其如四河入海，河不可得。是故凡夫肉眼，唯見障内，天眼障外，佛之肉眼見無數世界。二乘天眼唯見一大千界，佛之天眼見恒沙界。二乘慧眼唯照我空，地上菩薩亦皆分證法空。佛之慧眼圓照三空，洞徹真性。菩薩法眼所知未盡，各有分限。佛之法眼所知皆盡，無有分限，故曰一一殊勝。然如來各以於意云何及有不爲問者，有二意：一、顯無見之見，無所不見，猶如明鏡，無心現物，乃無物不現。此約釋疑説也。二、顯雖能盡見，無有定相，以本唯一見，隨緣而成五見。其猶開池引月，因池之異而説月之異。若決堤通水，則又以池之一而説月之一。應知異固非異，一亦非一，以月例見，豈有定相。

此約離相説也。

偈：

雖不見諸法　非無了境眼

諸佛五種實　以見彼顛倒

合云：此頌本科義也。見謂於諸法中而起分別情見，佛無是事，故曰不也。了謂離於分別情見，而遇境便了，佛有是事，故曰非無。雖之一字，乃應其所疑而縱依之，言雖依所疑，無有分別妄見，非無了境真見，何疑乎如來悉見義也。下二句，乃釋成上二句義。言如來所以能了境者，謂諸佛五種皆實，以是從性起故，以何以故不見諸法。以若見彼諸法，則有分別心生，名爲顛倒，見無定相竟。

二、知無實相。

須菩提，於意云何，如恒河中所有沙，佛説是沙不。如是，世尊，如來説是沙。須菩提，於意云何，如一恒河中所有沙，有如是沙等恒河，是諸恒河所有沙數佛世界，如是寧爲多不。甚多，世尊。佛告須菩提，爾所國土中所有衆生若干種心，如來悉知。何以故。如來説諸心，皆爲非心，是名爲心。所以者何。須菩提，過去心不可得，現在心不可得，未來心不可得。

文四。初叠河論沙顯界多。言如來説法，凡遇數之多者，往往以恒沙説之。問答可知。次云於意云何等，謂以前一河中沙而論恒河之數，以顯恒河多也。是諸恒河等，乃又以多河中沙而論世界之數，是不唯顯世界之多，且甚多也。其問答亦可知。

佛告下，約界論生顯心多。爾所國土者，即指上多河沙世界言之。所有衆生者，如《華嚴》云：十方刹海，所有衆生，種種差別。所謂卵生、胎生、濕生、化生，或有依於地、水、火、風而生住者，或有依空及諸卉木而生住者，種種生類，種種色身等。其心行差別可知，故云若干種心。若干，猶如許也。如來下，約佛能知顯彼妄。如來悉知者，以彼有念故。佛自徵云：以何以故能悉知也。又自釋云：如來説諸心，皆爲非心，謂非是真心，不過以其暫有用故，是名爲心，顯其是妄心也。

《蒙引》云：昔南陽忠國師，代宗迎止光宅。時有西天大耳三藏，自謂得他心通，宗令師與驗試，師頃曰：汝道老僧即今在甚麼處。藏曰：和尚乃一國之師，却去西川看競渡。師少頃又問：即今又在甚麼處。藏曰：却在天津橋上看弄猢猻。師寂然少頃，再問，藏即不知。師斥曰：野狐精，他心通在甚麼處。藏無對。是知機心纔動，早被他知，若曰一念不生，佛亦莫知其兆。

所以下，釋妄顯知亦無實。所以句，徵起。言衆生之心所以非真是妄者，何也。蓋以三心皆不可得，謂已滅不可得，不住不可得，未生不可得故。然佛以一知而悉知衆心，義似有體。其柰衆心虚妄，三際叵得，是雖知而本無所知，豈有實相。

偈：

種種顛倒識　以離於實念
不住彼實智　是故説顛倒

合云：此頌本科義也。種種即若干義，言衆生若干種心，皆爲顛倒之識，以是離於實智，起妄念故。如來不住於彼妄念，名爲實智。是故能知於彼，説名顛倒，顛倒即非心名心義也。由此兩科觀之，佛知佛見尚無定實，况夫未到佛地妄知妄見，固知其爲徹體虚妄，不待降伏矣。總結降心離相竟。

二、住心無住，二。一、畧明，二、詳示。初。

須菩提，於意云何，若有人滿三千大千世界七寶以用布施，是人以是因緣得福多不。如是，世尊，此人以是因緣得福甚多。須菩提，若福德有實，如來不説得福德多，以福德無故，如來説得福德多。

文二。初、問答施福。前言無住施福，猶如虛空，不可思量。恐於修行之時，行未相應，重疑施福，故又約假設之事，比例言之。若有人者，謂設若有是人也。滿界寶施，其福似多，若住相則不多，爲顯斯義，故問以以是因緣得福多不，試看空生如何理會。答以以是因緣得福甚多者，亦知如來爲顯無住福也。須菩下，重爲揀辨。如來見其答處依俙，恐墮似是，不避饒舌，重爲眉目。而言若住相布施，不達性空，福德有實者，汝雖説多，如來不説爲多。以是無住布施，已知性空，福德無故，不惟汝説爲多，如來亦説爲多，但只要所修之行，與無住相應耳。然此修分之中，畧明降心，仍約度生無度，畧明住心，仍約布施無住者，爲顯行解相應。所謂如是而解，如是而修，如目與足，如是而見，如是而行。若行不如見，恐誤前程，行與解違，亦復如是。

偈：

佛智慧根本　非顛倒功德
以是福德相　故重説譬喻

合云：此頌本科義也。上二句，言前説無住布施，是佛智慧根本，以能生佛智慧故。非同住相布施，名爲顛倒功德，以不出輪廻苦故。但恐不知無住布施是福德性者，以爲是福德相。以是之故，重説滿界寶施之譬而比喻之，以顯無住福多義也。畧明竟。

二、詳示，四。一、見佛無住，二、聞法無住，三、得果無住，四、修因無住。

初，二。一、見身無住，二、見相無住。

初。

須菩提，於意云何，佛可以具足色身見不。不也，世尊，如來不應以具足色身見。何以故。如來説具足色身，即非具足色身，是名具足色身。

此與下科義似複前，而有二義不同，一、正兼不同，二、化報不同。正兼不同者，以信分中，明不可以身相見如來，而解分中，明不可以三十二相見如來，其意皆是兼爲釋疑，非正示降住之文。今乃正示住心，故不同也。化報不同者，謂前二説身説相，初無具足之言，次有四八之數，明知其爲應化之身。今身相皆以具足見稱者，應指實報之身。蓋必萬德莊嚴，方稱具足，以具足即圓滿義也。良以修行漸深，將見報體，設有所住，亦碍法身，故又約此以明無住。最高大身，勝妙之色，無少不足，故云具足色身。問以可以等者，恐其有住心故。答以不應等者，以住則成碍，不見法身故。徵意可知。釋中如來説具足色身者，以是刧海修因之所感故。然既屬因感，即是緣起，緣起無性，故曰即非具足色身。但爲舉果勸樂生信，假立名字，故曰是名具足色身。既曰是名，應當求實，明知其不應住矣。

二、見相無住。

須菩提，於意云何，如來可以具足諸相見不。不也，世尊，如來不應以具足諸相見。何以故。如來説諸相具足，即非具足，是名諸相具足。

色身爲總，諸相爲别。諸相爲能嚴，色身爲所嚴。所嚴之妙，全在能嚴，猶爲難忘，故復約此以明無住。準《華嚴·相海品》，畧明有九十七種大人相，廣明有十華藏世界海微塵數大人相。一無少欠，故云具足。即非是名等，準上可知。

偈：

法身畢竟體　非彼相好身

以非相成就　非彼法身故

不離於法身　彼二非不佛

故重説成就　亦無二及有

合云：此合頌此科與上科義也。於中復二。前七句，正頌。言佛真法身畢竟有體，非彼相好及於身相，故經言不可以色身見，不可以諸相見也。經中無好有色者，色必具好。

偈中去色存好者，與經影顯故。以非相成就者，非字應作無字，謂以法身無相，隨緣成就具足身相，所以經言即非身相者，謂非彼法身故。又言是名者，以身相不離於法身故。何故身相不離於法身耶。以彼二原依法身現起，非不是法身之佛，所以既云即非，而又重説隨緣成就。隨緣成就，即是名義也。末句，拂執。亦無二及有者，謂如來爲破有故，亦説無二，爲破無故，亦説有二。是知經言即非是名，皆爲對機施設，而淨法界中，不唯有不可説，即無亦不可説耳。總結見佛無住竟。

二、聞法無住，二。一、説者無住，二、聞者無住。初。

須菩提，汝勿謂如來作是念，我當有所説法，莫作是念。何以故。若人言如來有所説法，即爲謗佛，不能解我所説故。須菩提，説法者無法可説，是名説法。

恐謂既不可以身相見佛，將必要見法身真佛，但法身無形，何以對機作念而説諸法。佛知空生已萌斯疑，故不待其問而遮之曰，汝勿謂如來作是念等。言如來雖已隨機説法，皆以無緣而應，實不預爲作念，我今當爲説何等法。是雖終日説法，而實無所住矣。《纂要》云：谷中無人，能作音聲。亦顯法身不念説法，故以勿謂遮也。既遮勿謂，而又言莫作是念者，言不唯不可説，即是念亦不可作故。

何以句，徵意可知。釋中謂設若有人言如來有所説法者，即爲謗佛。法執未空，以實有所説即法執故。若論佛無敢謗，所以謗者，非是有心，以不能解我所説如谷響，同法界故。此是反顯法不應住。下乃正明，言如來凡言説法者，皆爲隨機施設。淨法界中，都無是事，故云無法可説。是知説法唯是假名，正顯其不應住也。

偈：

如佛法亦然　所説二差別

不離於法界　說法無自相

合云：此頌本科義也。例上佛既不可以身相見，法亦不可以音聲求，故曰如佛法亦然。說有說無，對機不同，故云所說二差別。雖有差別，不離法界，以所說之法，唯依他起，無自相故。說者無住竟。

二、聞者無住。

爾時，慧命須菩提白佛言：世尊，頗有衆生於未來世聞說是法，生信心不。佛言：須菩提，彼非衆生，非不衆生。何以故。須菩提，衆生衆生者，如來說非衆生，是名衆生。

此段約魏本有，秦本則無，近時秦本中乃後人補入。《纂要》不釋，《刊定記》畧要敘釋。今見彌勒偈中義有，故准前後釋之。

名冠慧命者，以魏譯長老爲慧命，約智慧能續法身故。

佛不可以相見，法不可以聲求，二義俱深，末法衆生恐難信受，故問以頗有衆生於未來世等，顯現在或庶幾耳。佛意以非無信者，但彼非衆生，以能信此理者，即名爲佛故。雖名爲佛，若不發解起行，終無實證，故曰非不衆生。謂依然還是衆生，此寓有策修意也。徵意可知。釋中言此等衆生應名爲佛，所以還名衆生者，以雖名衆生，如來以能信故，說非衆生，又以未能解修，假立名字，說爲衆生，豈可自住衆生之相而起抱迷絶分之見哉。偈：

所說說者深　非無能信者

非衆生衆生　非聖非不聖

合云：此亦頌本科義也。所說即法，說者即佛。佛不可以相見，法不可以聲求，故二俱言深也。非無能信者，語出反顯，正明亦有信者，但此人非是衆生，以能信即佛故。依然還是衆生，以無解與行故。解行不圓，終無實證，故非聖。此釋還是衆生義也。能信即佛，畢竟當成，故非不聖。此釋非是衆生義也。總結聞法無住竟。

三、得果無住，二。一、空生問得爲無，二、如來印答無得。初。

須菩提白佛言：世尊，佛得阿耨多羅三藐三菩提，爲無所得耶。

空生意謂，如我前言無有定法名阿耨菩提，指在信分。至後如來亦言，實無有法得阿耨菩提。指在修分。今觀能信之人，如來説其非是衆生，以是成佛人故，但以解行未圓，而説是名衆生。是知若有解行，決定成佛。況今如來現得阿耨菩提，是皆與前相違。試問如來，佛今所得阿耨多羅三藐三菩提，爲是無所得耶。此問蓋爲印證前語，以便進修，非有無雙疑，觀下印答自知。

二、如來印答無得。

佛言：如是，如是，須菩提，我於阿耨多羅三藐三菩提，乃至無有少法可得，是名阿耨多羅三藐三菩提。

文二。初、印定。空生雖知無得，尚有所疑，故問爲無。如來極力承當，徹根爲斷，故印言如是，謂如汝所問者是矣。重言者，顯決定故。須菩下，二、申答。謂應其所問，申明其義而答之也。言我於阿耨菩提，初似有得，其次漸無，乃至最後無有少法可得。以一念不生故，但以妄盡理圓，假立名字，説爲阿耨菩提，故曰是名等，固知其不應住耳。

偈：

彼處無少法　知菩提無上

合云：此但頌印答無得義也。彼處者，指修證之處，猶言地位也。若有少法可得，則是妄未盡，理未圓，不名無上。故必至無有少法，乃證知菩提無上。總結得果無住竟。

四、修因無住。

復次，須菩提，是法平等，無有高下，是名阿耨多羅三藐三菩提。以無我，無人，無衆生，無壽者，修一切善法，即得阿耨多羅三藐三菩提。須菩提，所言善法者，如來説即非善法，是名善法。

文三。初理本無修。恐謂果既無得，因亦無修，何故菩薩發心修善。故如來先以理本無修示之。是法，即指菩提，三種中且約自性菩提言之。平等者，在凡不減，在聖不增。在聖不增，故無高。在凡不減，故無下。無高無下，絶諸對待，是名阿耨多羅，謂無上也。性本具足一切善法，是名三藐，謂正等也。性本不爲四相所弊，是名三菩提，謂正覺也。然此但約理具，非關事造，故亦唯是假名，顯非實證，縱至信解相應，亦不可執理廢事。永嘉云：豁達空，撥因果，莽莽蕩蕩招殃禍。蓋深救此弊。

以無下，事須有修。言既曰是法平等，無有高下，而現見生佛判然者，蓋以凡夫爲四相所弊，不得正覺，二乘不修善法，失於正等，菩薩修而不具，未及無上。佛以無我、無人、無衆生、無壽者，異凡夫之不覺，名爲正覺。佛以修善，異二乘之偏枯，名曰正等。佛以具修一切善法，異菩薩之有上，名曰無上，故曰即得阿耨等。是知發心菩薩，要須於無修中立修，而如來證果，亦唯向無得中立得，仍不違無得義也。

須菩下，顯不應住。恐聞具修善法，又起住因之見，故曰所言善法者，如來説即非善法，以無我、人等相，修同無修故。但爲斷妄復真，假立名言，説爲善法，故曰是名。知此則修因不應住矣。

偈：

法界不增減　淨平等自相

有無上方便　及離於漏法

是故非淨法　即是清淨法

合云：首二句，頌理本無修。法界者，一真法界，即是自性菩提。經言是法者指此。

不增減者，出平等義。淨平等者，立平等名，謂清淨平等，離差別染也。自相者，自性天然之相，無高下，絶對待，非修得故。

次二句，頌事須有修。言雖曰清淨平等，亦惟理具。若欲事造，亦有無上菩提，方便法門。如經言，無我、人等相，即方便法門也。既得方便法門，還須具修衆善，故云及離於漏法。離於漏法，即指無漏善法，是所應修故。是故下，頌顯不應住。是故者，謂以是依於無我等方便，修習離於漏法故，自然不住於相，故非淨法，經言即非善法是也。但爲斷妄復真，假立名言，故云即是淨法。經言是名善法是也。總結住心無住竟。

三、校量持福。

須菩提，若三千大千世界中所有諸須彌山王，如是等七寶聚，有人持用布施，若人以此《般若波羅密經》，乃至四句偈等，受持、讀誦，爲他人說，於前福德百分不及一，百千萬億分，乃至算數譬喻所不能及。

文三。初舉能校。準教中，一大千內有百億須彌，今以如是須彌山等七寶爲聚，用作布施，其施可謂大矣。若人下，明所校。經惟以此偈至四句，甚至等於不及，受持、讀誦兼說，其行可謂微矣。於前下，顯不及。於前福德者，謂以後持說之福，校於前之福德，百分不及一等，謂以前寶施福德，不及此之持說。此亦由於福不趣菩提。此能趣菩提故，百千萬億等，準前可知。按，前五番校量，初以一界寶施，二以無量界寶施，三以恒沙身施，四以無量恒沙身施，五以如來因地供佛，從劣向勝，顯法漸深，無可議矣。今當第六校量，但以百億須彌等寶施，尚劣第一，何況第二，乃至第五，後劣於前，於理何申。蓋以修前信解難，解後修證易。《大經》云：發心究竟二不別，如是二心先心難。難則校量須勝，易或隨便拈題。此則爲是修分已終，聊用校量，以發行人勝進之意耳。

偈：

雖言無記法　而說是彼因

是故一法寶　勝無量珍寶

數力無似勝　無似因亦然

一切世間法　不可得爲喻

合云：此約義而頌也。前四句，先顯經勝。言欲得菩提，須修善法，而修習善法，要在持說此經。但經唯名句文身，是無記法，云何持說能得菩提，爲遮此難，故曰：雖言無記法，而說是彼因。謂雖言此經是無記法攝，而亦說此經是彼菩提之因。是故此一法寶勝彼無量珍寶，無量珍寶即指經中等百億須彌之寶聚也。

後四句，次顯持勝。言寶施之數，極盡其分析之力，無能似於此經之勝。經既無能似者，而持說爲因亦然。況復一切諸世間法，不可得而爲喻，而等須彌之寶聚，自應校量不及。總結究竟降住起修分竟。

四、決定降住成證，分三。一、降心離相，二、住心無住，三、結歸問意。

初，二。一、略明，二、詳示。初。

須菩提，於意云何，汝等勿謂如來作是念，我當度衆生。須菩提，莫作是念。何以故。實無有衆生如來度者。若有衆生如來度者，如來即有我、人、衆生、壽者。須菩提，如來說有我者，即非有我，而凡夫之人以爲有我。須菩提，凡夫者，如來說即非凡夫，是名凡夫。

文三。初、預遮謬疑。恐謂如來歷示降心，皆言度生無度，何故佛於最初成道，三七思惟，作念度生。如《法華經》說。佛知空生已萌斯疑，故不待其問而遮之曰：須菩提，於意云何，汝等勿謂如來作是念，我當度衆生。佛意以三七思惟，作念度生，是約小機所見，非真實耳。既遮勿謂，而又教以莫作是念者，決定遮故。何以下，徵顯無度。徵意可知。顯中，先正明，次反顯。正明中，言如來證真法界，無法不融，一切衆生一時成道，豈復見有能度、所度。反顯中，若果見有衆生爲如來所度，則是如來以我爲能度，故曰有我。我相既立，人相、衆生相、壽者相將必因之俱有。如來不爾，故知無度。

須菩下，兼防謬難。恐謂佛若無我，何故如來最初成道，而言我是如來應供、正徧知，我是一切知者、一切見者等。亦如《法華經》説。爲防斯難，故云：如來説有我者，即非有我。以是最初成道，爲揀邪宗，非徧計故。而彼世間凡夫不知斯意，以爲如來有我，亦謬計也。又恐謂既無衆生，焉有凡夫，而言凡夫之人，以爲有我，故防云：凡夫者，即非凡夫。謂凡夫亦法界故。雖亦法界，但以未能證故，對彼聖者能證，假立名字，故曰是名凡夫。

偈：

平等真法界　佛不度衆生

以名共彼陰　不離於法界

取我度爲過　以取彼法是

取度衆生故　不取彼應知

合云：此單頌徵顯無度中義也。首句，明所證之理。言一真法界，凡聖平等，故云平等真法界。佛證此理，不見衆生可度，故云佛不度衆生。以名二句，顯無衆生。共，猶與也。言佛所以不度生者，以衆生之名與彼所依五陰，二皆不離一真法界，謂緣起無性故。取我四句，顯無能度。取，猶執也。取我度爲過者，謂若執取我爲能度，則爲二過。爲，猶成也。二過者，以取彼法是，取度衆生故。彼法，指所依五陰，是猶實也。取彼五陰是實，則是法執。取所度衆生之名，爲我所度，則是我執。是則經中，但顯有我，不顯有法，偈則雙顯，蓋經亦意含也。末句，言佛不取彼五陰及名，應知無度。問：此中度生無度，與前何别。答：前約菩薩未得決定，勉而行之，此約佛地已得决定，安而行之，是證修亦自不同。况夫信分中無度，視此更天淵矣。無降而降，唯佛極證，發心菩薩，可爲準的。略明竟。

二、詳示，二。一、觀相離相，二、離相亦離。

初，三。一、探定本見，二、驗出非真，三、權以偈安。初。

須菩提，於意云何，可以三十二相觀如來不。

須菩提言：如是，如是，以三十二相觀如來。

文二。初就相探問。蓋以空生歷承開示，相似心空，未免欲立心空之見。若果心空，相即無相，故問以於意云何，可以三十二相觀如來不。佛意，蓋爲只恐不是玉也。問：前於解分中已有此問，與此何别。答：有二不同。一者，前爲斷除餘疑，此爲探其本見。二者，前云見，是約現量，此云觀，是約比量。蓋如來已知空生相似心空，未能親見相即無相身耳。須菩下，依問呈見。如是者，謂如佛所説者是矣。重言者，顯决無異説故。其意以但自無心，一切色是佛色，故無妨以三十二相觀如來。所謂是則也是，非則實非，著眼。探定本見竟。

二、驗出非真。

佛言：須菩提，若以三十二相觀如來者，轉輪聖王即是如來。須菩提白佛言：世尊，如我解佛所説義，不應以三十二相觀如來。

文二。初約喻以驗。空生唯知順水推舟，如來故爲簸糠眯目。而言若以三十二相觀如來者，如彼轉輪聖王，亦具三十二相，應亦即是如來。然輪王是如來，世間不許，佛不可以相觀明矣。須菩下，果異前説。空生不解逆風把柁，而言如我解佛所説義。然既云解佛所説，其見處不穩可知。况又云不應以三十二相觀如來，出乎爾，反乎爾，空生决不如此。蓋爲後世之脚跟不點地者，示現作覆轍耳。

問：山河及大地，全露法王身。况夫如來三十二相，豈不即是法身。何故如來不許即相觀，反令離相觀耶。答：如來不許即相觀者，非是不許，但恐其見墮相似，終碍實證。至云若以相觀，輪王即如來者，非是教令離相，乃勘驗龍蛇之語。空生若果頭角崢嶸，終不隨他撥波覓水。所謂竿頭絲線從君弄，不犯清波意自殊。其柰一沙在眼，觸途迷蒙，而云不應以三十二相觀如來，是又被世尊舌頭瞞矣。驗出非真竟。

三、權以偈安。

爾時，世尊而説偈言：

若以色見我　以音聲求我
是人行邪道　不能見如來

應化非真佛，故不可以色見。亦非説法者，故不可以聲求。若以色見聲求，非正知見，縱有所修，必陷邪徑，故曰是人行邪道。且色、聲皆法也，見求皆執也。法執既未盡祛，法身豈能全露。故曰不能見如來。然佛説此偈者，良以不以相觀，是空生舊見，可以相觀，是空生新解。新解既被摇動，仍歸舊見，舊見自覺非是，豈甘固守。正是前無新證，退失故居，歷覽二際，自生艱險。故如來不敢更斥其非，且暫安其心，令其守舊，而示之以離色離聲。至於竿頭進步，佛意容再圖之耳。

偈：

非是色身相　可比諸如來
諸佛唯法身　轉輪王非佛
非相好果報　依福德成就
而得真法身　方便異相故
唯見色聞聲　是人不知佛
以真如法身　非是識境故

合云：經有三科，偈無探定本見，唯存後二。於中前八句，義頌驗出非真。非是色身等者，謂非是金色之身三十二相可以比知諸佛如來，以諸佛如來無别色身相好，唯有法身獨存。如轉輪王雖具三十二相，是王非佛，可知此義。非相好等者，謂由上輪王之喻觀之，足知如來非相好有爲有漏果報，依因中植福修德成就。而其所得者，乃真如法身。彼色身相好者，殆爲方便度生，隨機示現别異相故。空生之意如是，其所言可以相觀者，似解非真矣。後四句，義頌權以偈安。唯見色等者，謂唯以見色觀佛，聞聲求佛，是人縱有所修，必陷邪徑，不能知見於佛，以真如法身離言説相，離心緣相，非是眼識、耳識及意識境故。如來所説如是，其教以安心守舊，意有所待矣。總結觀相離相竟。

二、離相亦離，二。一、遮念離相，二、明遮所以。初。

須菩提，汝若作是念，如來不以具足相故得阿耨多羅三藐三菩提，須菩提，莫作是念，如來不以具足相故得阿耨多羅三藐三菩提。

恐謂諸佛如來既不可以相見，亦不可以相得，若爾則修因種相，皆爲徒勞，大心不須發，小乘宜自守耶。纔萌斯念，佛即遮之曰：我言色見聲求是行邪道者，乃爲遣有相之執。汝若因此便作是念，如來不以具足相故得阿耨菩提者，是又執無相爲是，其猶執藥成病，出囥而入網矣。出囥入網，解脱良難，執藥成病，纏綿更甚。故誡以莫作是念等，蓋深遮之，斷不可萌斯念耳。

二、明遮所以。

須菩提，汝若作是念，發阿耨多羅三藐三菩提心者説諸法斷滅，莫作是念。何以故。發阿耨多羅三藐三菩提心者，於法不説斷滅相。

文二。初出過重叮。言如來所以教汝莫作是念者，以汝是衆中標榜、後學龜鑑。汝若作是念者，致令一類發菩提心者，説諸法斷滅，成焦芽敗種，墮一闡提，佛亦難救，所謂寧使着有如須彌山，不使著空如芥子許也。恐其是念已萌，未能遽忘，故重教莫作是念，以示諄諄叮嚀之意。何以下，徵釋其故。言如來所以諄諄叮嚀莫作是念者，何以故耶。良以發菩提心者，於法不説斷滅相。今汝亦屬發菩提心人，更作是念，夫豈可哉。《華嚴》云：色身非是佛，音聲亦復然。亦不離色聲，見佛神通力。前二句，義當觀相離相。後二句，義當離相亦離。是知有執則墮斷常，遞互相背，無執則合中道，遞互相成。讀是經者，但求盡執焉可矣。

偈：

不失功德因　及彼勝果報

合云：此約義略頌也。修因種相，功無唐捐，故曰不失功德因。以因感果，勝報必成，故云及彼勝果報。若此者，豈可作念不以具足相故得菩提耶。總結降心離相竟。

二、住心無住，二。一、略明，二、詳示。

初，二。一、無住福勝，二、明其所以。

初。

須菩提，若菩薩以滿恒河沙等世界七寶，持用布施，若復有人知一切法無我，得成於忍，此菩薩勝前菩薩所得功德。

滿恒沙世界七寶布施，約未知法無我理者言之。若復有人亦約行布施者言之，但於行布施時了知一切諸法皆悉無我，由是内不見施者，外不見受者，中亦不見所施所受，一體空寂，忍可於心，故曰得成於忍。又得成於忍者，謂堪忍行施，毫無動念於其間也。此等菩薩，可謂决定無住，故得勝前菩薩所得功德，以前之菩薩未知法無我理，未得决定無住行故。

二、明其所以。

何以故。須菩提，以諸菩薩不受福德故。須菩提白佛言：世尊，云何菩薩不受福德。須菩提，菩薩所作福德，不應貪著，是故説不受福德。

文二。初承徵自釋。不受福德者，不願

自己受用，但願回此功德以向佛道。如《法華經》諸天回向偈云，我所有福業，今世若過世，及見佛功德，盡回向佛道是也。反顯前之菩薩受福德，不回向，此勝劣之所由分耳。須菩下，因問答釋。不受福德，此事良難，問以云何，蓋欲得其意而取法之也。答以不應貪著者，以一有貪著，即墮有漏。不知法無我理者，固應如是。菩薩既知法無我理，自然不應。以是故，我說得忍菩薩決定不受福德。問：此與信分、解分、修分略明住心中皆約不住施福爲言，何所異耶。答：前三唯顯不住福多，啟發信解修行之心。此則的指得忍菩薩，決定不受福德，有志決定者，亦知所取法可爾。

偈：

得勝忍不失　以得無垢果
示勝福德相　是故說譬喻
是福德無報　如是受不取
是福德應報　爲化諸衆生
自然如是業　諸佛現十方

合云：此通頌略明住心一科義也。首二句，言菩薩於行布施時，知法無我，得成勝忍，永無退失，以此能得無垢之果。無垢，即佛果也。示勝二句，言爲欲顯示勝福德相，是故重說恒沙世界七寶布施之譬而比喻之。是福二句，言是福是德，無有果報，以於如是受用不取著故。後四句，恐謂既無果報，空說福德，何所益耶。故又言是福是德，應有果報，必待爲化諸衆生時，以爲化衆生，自然顯現如是相好之身，勝妙業用。如彼諸佛顯現十方，其福德何其勝哉。略明竟。

二、詳示，二。一、正報無住，二、依報無住。初。

須菩提，若有人言如來若來若去，若坐若臥，是人不解我所說義。何以故。如來者，無所從來，亦無所去，故名如來。

文二。初防疑斥言。疑云：因中既不受福德，果上自應無有相好莊嚴，何故現有人言，如來以相好莊嚴之身，去來坐卧，爲諸衆生作利益事耶。防云：設若有人作如是言，如來若來若去，若坐若卧，利衆生者，亦是尋常聞我所説。然是人雖是聞我所説，而實不解我所説義，以彼執實有，非我所説義故。何以下，徵起申明。謂以何以故斥其不解我所説義。以我言如來者，謂内證不變之體爲如，外現隨緣之用名來。如是則來唯隨緣，迎之莫知其所以來，故云無所從來。去亦隨緣，追之罔識其所以去，故云亦無所去。去來既爾，坐卧亦然。現前既爾，又復應知從兜率天下閻浮提，亦唯如如不動而來，由拘施城詣娑羅樹，亦唯如如不動而去。是如來正報，尚不應住，降斯以還，豈應有所住乎。

偈：

去來化身佛　如來常不動

於是法界處　非一亦非異

合云：此頌本科義也。首句，言有去有來，唯是應化身佛，隨緣而來，隨緣而去，非真實也。次二句，言法身如來，常自寂然不動於是法界之處。所謂隨緣赴感靡不周，而恒處此菩提座也。末句，言化身與法身非一，謂應化隨緣，方便非真故。方便非真，勿認波而忘水。若認波忘水，必招陷溺之患，故佛斥言：是人不解我所説義。又化身與法身非異，謂從真起應，全應全真故。全應全真，勿離波而求水。若離波求水，終無得水之益。故佛常言，如來若來若去，若坐若卧。由此觀之，則應化之身不過隨緣成益。若住著於彼，則不可也。正報無住竟。

二、依報無住，二。一、微塵無住，二、世界無住。初。

須菩提，若善男子、善女人以三千大千世界碎爲微塵，於意云何，是微塵衆寧爲多不。須菩提言：甚多，世尊。何以故。若是微塵衆實有者，佛即不説是微塵衆。所以者何。佛説微塵衆，即非微塵衆，是名微塵衆。

文四。初如來示問。以三千界碎爲微塵者，《金剛錍》云，約大乘宗，知色唯識現，於觀行中，假想分析和合麤色，以至極微，非若小乘之實有塵可析也。問以於意云何寧爲多不者，驗其執實不執實故。須菩下，空生解答。答以甚多者，以既不執實，無妨言多。何以下，徵起釋成。徵中，謂以何以故而説甚多。釋中，言實有佛則不説，反顯説則必非實有。非實有故，雖説爲多，抑又何碍乎。所以下，轉徵轉釋。徵中，謂實有佛則不説，所以又説者，何也。釋中，言佛説微塵衆即非微塵衆，以重合成界，再析成無，塵名、衆名二俱失故。是知塵名、衆名但就分析和合麤色，假立名字，故云是名等也。然既唯是名，其不應住也明矣。

偈：

世界作微塵　此喻示彼義
微塵碎爲末　示現煩惱盡

合云：上二句，言世界碎作微塵，則微塵不實可知。用此爲喻，示彼一切可作之義，皆不實故。下二句，碎猶析，末猶無也。言微塵再析，則歸於無有，示現不應執實。不執實，則煩惱盡矣。微塵無住竟。

二、世界無住。

世尊，如來所説三千大千世界，即非世界，是名世界。何以故。若世界實有者，即是一合相。如來説一合相，即非一合相，是名一合相。須菩提，一合相者，即是不可説，但凡夫之人貪著其事。

文三。初示不應住。三千世界，析之可爲微塵，故曰即非世界，以界名、一名二俱失故。是知世界但約衆塵和合，假立名字，故曰是名世界。既唯是名，即不應住，以無實故。何以下，徵顯無實。徵意謂以何以故但唯是名，無實體也。顯中，謂世界若是實有，則是實有一相，實有合相。世界不爾，以如來説一合相即非一合相，以一可爲衆，合爲可析故。須菩下，印説防謬。言如上所説，一合相者，即是不可説，以一不定一，合非定合故。恐謂既不可説，即應永默，何必説已又遣，故爲饒舌防云，但以凡夫之人迷昧其理，貪著其事，輪轉於中，莫由出期，不得已而隨説隨遣。設永默者，憑何所遣，令解法空之義。

偈：

非聚集故集　非唯是一喻

聚集處非彼　非是差別喻

但隨於音聲　凡夫取顛倒

非無二得道　遠離於我法

合云：此頌世界無住義也。聚集者，和合義。言如上所説，微塵尚無，説誰聚集。故曰非聚集。正以非聚集故，無妨假立名字説聚集也。非唯是一喻者，謂此聚集之法，非唯是一法之喻，以一切聚集之法皆同此故。聚集處非彼者，謂聚集之處得世界名，非彼微塵。云何非彼微塵。以微塵是差別之喻，喻一切可作之法。此是總相之喻，喻一切聚集之法，故曰非是等也。若但隨於音聲，聞説微塵，便執微塵實有，聞説世界，便執世界實有，是爲凡夫執取。於無我中計我，無法中計法，故以顛倒名之。若解二者俱非，則真空無二，當下得道，以能遠離於我、法執故。

按上文詳示降心中，佛以一切諸見束爲斷、常二見。二見不生，一切皆盡，是爲決定降伏。此中乃以一切諸法束爲依、正二報，二報不住，一切俱空，是爲決定安住。總結住心無住竟。

三、結歸問意，二。一、結歸云何降心問，

二、結歸云何住心問。初。

準前兩番請問，皆以住心在前，降心在後。兩番開示，皆以降心在前，住心在後。其意蓋以安心久熾，覺心乍興，乍興則力微，久熾則功著。功著則降不容緩，故在前。力微則住不宜速，故在後也。今當開示已竟，承上義便，故亦先結降心，後結住心。文二，一、拂我顯無，二、拂法結問。

初，二。一、問答拂我，二、徵起顯無。初。

須菩提，若人言佛説我見、人見、衆生見、壽者見，須菩提，於意云何，是人解我所説義不。不也，世尊，是人不解如來所説義。

準前歷示降心，皆令度生無我，且言若菩薩有我、人等相，即非菩薩，恐謂相由見生，是如來心中先有我等相見，方説人有我等相見。設若如來心中原無我等相見，憑何説人有我等相見，如人心中無事，即便無所説故。爲防斯疑，故曰若人言佛説我見、人見、衆生見等。問以於意云何等者，爲明佛無我等相見，説非真説故。答以不解等者，是空生已知佛無我等相見，説非真説。解斯義者，必不言佛有説故。

二、徵起顯無。

何以故。世尊説我見、人見、衆生見、壽者見，即非我見、人見、衆生見、壽者見，是名我見、人見、衆生見、壽者見。

徵意，謂以何以故説彼不解如來所説義也。釋中，言世尊説我見、人見、衆生見、壽者見，即非我見、人見、衆生見、壽者見，以如來心中原無我等相見。説非真説如谷響，無實性故。但爲對治彼故，假立名言，而説彼有我等相見，故曰是名等也。然説既是名，而説已便休，心中曾無絲毫影跡。豈若世間衆生，未及口説，先已心形，口説既盡，心中影跡猶未全銷。此是微細深惑，唯佛能盡，故假空生拈提，以爲菩薩未到佛地者法。

偈：

見我即不見　無實虛妄見
此是微細障　見真如遠離

合云：此合頌此科與上科義也。首二句，言若於心中見彼有我者，即不見真如，依然是無實虛妄見故。此是地上菩薩微細惑障，必待佛地圓見真如，乃能遠離。是知如來雖說我等相見，心中實無我等相見。蓋爲機之所至，暫現有說，如雲雨無心而巨細咸潤耳。

總結拂我顯無竟。

二、拂法結問。

須菩提，發阿耨多羅三藐三菩提心者，於一切法，應如是知，如是見，如是信解，不生法相。須菩提，所言法相者，如來說即非法相，是名法相。

按，前空生兩番請問，皆爲發菩提心者起見，故今結歸問意，亦約發菩提心者言之。

一切法，通指正宗以來所說降心之法。知者，聞而知，比量知也。信者，知而信，隨語信也。見者，照而見，現量見也。解者，見而解，如理解也。此約信、解二分爲結。不生法相者，謂信解之後，漸次究竟，以至決定降伏，則並所說一切法相，心中亦不復生。此約行、證二分爲結。

佛意以空生兩番致問發菩提心云何降心，前已歷談降心之法，故今教以於前所說，如是知，如是見等。果能如此，則妄心不待降矣。恐謂既落言詮，已屬法相，依之信解修證，心中何得不生。故又遣之曰，所言法相者即非法相，以如來心中原無法相之見。雖說法相，如吹籟，無少留故。但爲對彼執法相者，假立名言，故曰是名法相。知此義者，自然不生，以無可生故。是則上科除我執細相，此科除法執細相也。

偈：

二智及三昧　如是得遠離

合云：此偈義少不足，應問云法執細障遠離云何，故云二智及三昧。如是得遠離，謂法執細障，必以初地見道智，二地已上修道智，及等覺位中金剛三昧，如是漸次而斷，至佛地乃得遠離。總結結歸云何降心問竟。

二、結歸云何住心問，二。一、校顯持説，二、示説結問。初。

須菩提，若有人以滿無量阿僧祇世界七寶持用布施，若有善男子、善女人發菩提心者，持於此經，乃至四句偈等，受持、讀誦，爲人演説，其福勝彼。

按，前歷示住心，皆顯無住布施，其福最勝。恐謂若實爾者，但應無住行施則已，受持、讀誦此經，爲人演説，似不必耳，何故自正説已來，數數校量，勸持勸説耶。如是如來重爲校量，而言滿無量僧祇世界七寶持用布施者，即約無住行施者言。持此經者，持有二義，一、持以自利，二、持以利他。乃至四句等者，無論多持與少持故。此總標也。受持、讀誦，則是持以自利，爲人演説，則是持以利他。此別明也。其福勝彼者，不得此經妙旨，無住之行不能成故。

二、示説結問，二。一、示説不取，二、不取之故。初。

云何爲人演説。不取於相，如如不動。

恐謂受持無住易，演説無住難，故自徵云：云何爲人演説。又自釋云：不取於相，如如不動。言不取於相者，謂不取説者聽者及所説所聽法相。如是而説，三輪體空，唯如如理，常時現前，寂然不動，所謂無説無聞，是名真説般若，其所得福勝於寶施者宜矣。

偈：

化身示現福　非無無盡福

諸佛説法時　不言是化身

以不如是説　是故彼説正

非有爲非離　諸如來涅槃

合云：此通頌上科與此科義也。言此經乃化身示現所説，持説此者似應無福，故曰此福非無。且是無盡之福，以諸佛説法之時，不言我是化身，若言是化身所説，福則劣矣。正以不如是説，是故彼説名爲中道正法。蓋以不取於相，如如不動，不住有爲。又雖言如如不動，而亦不廢説法，不住無爲。不住有爲則不沉生死，不住無爲則不滯涅槃，是爲妙契中道，即諸佛如來無住處大涅槃法。持説此者，必當作佛，豈前寶施所能校量。

二、不取之故。

何以故。

一切有爲法　如夢幻泡影

如露亦如電　應作如是觀

徵意，謂以何以故不取於相耶。釋中，言一切諸相，皆屬有爲之法，如夢、幻等故。若詳釋者，復有三義：一、正釋秦本，二、兼出魏譯，三、兩經會合。

正釋秦本者，一切即相，不止如上所釋，而如上所釋亦在其中，以凡屬因緣和合之法皆有爲攝故。然有爲攝法雖多，束之不出五陰色心。喻中有總有别。總則猶如夢事，眠時似有，寤時實無。五陰色心亦爾，迷時似有，悟時實無故。别則幻謂幻事，由幻術力，换愚人眼。色陰亦爾，由心緣力，迷者執有故。泡謂水泡，因雨擊生，起滅不恒。受陰亦爾，因境感現，現無常現故。影謂鏡影，托外物現，無物無跡。想陰亦爾，托塵似有，離塵實無故。露謂朝露，乘夜氣生，日照則無。行陰亦爾，無明業運，智鑑元空故。電謂電光，虛明暫發，閃爍無定。識陰亦爾，妄照忽起，變現靡澄故。是知一一皆是無常，法法總歸壞滅。作如是觀，自然不取於相，如如不動，故云應也。空生兩問住心，至此方以結歸，以果能如是，無患乎覺心之不住矣。又《金剛鎞》云：夢、幻、泡、影皆喻本空。如露如電，同彰迅滅。妙符破相之宗，巧示忘情之觀。亦可不作斷疑，但是解釋不取相等。以觀諸有爲，如夢如幻等，自不取不着，契合真如，無有分別動摇矣。

兼出魏譯者，魏本云：一切有爲法，如星翳燈幻，露泡夢電雲，應作如是觀。前後二句，全同秦本。中二句有九喻，可喻九種有爲。九種有爲者，别相有六，總相有三。别相六者，見、相、識、器、身、受也。見即見分，準《楞嚴》，乃真見中妄見，如淨目中翳，九喻中第二翳喻似之。相即相分，由妄見生，如患翳者，目前見金星等，九喻中第一星喻似之。法中先見後相，喻中先相後見者，法約生起爲次，喻約還滅爲次故。識即賴耶，迷位有用，如燈能照夜，九喻中第三燈喻似之。器即器界，敗壞無常，猶如幻事，第四幻喻可比。身即根身，三相遷移，猶如朝露，第五露喻可比。受即領納，起滅不恒，猶如水泡，第六泡喻可比。總相三者，過去法、現在法、未來法也。過去叵得，猶如夢事，第七夢喻如之。現在暫停，猶如電光，第八電喻如之。未來莫辨，如雲虚覆，第九雲喻如之。

兩經會合者，問：魏本九喻，秦本六喻，兩經不同者何也。答：什師義翻，以六攝九，謂色攝相、器，以相分屬細色，器界屬麤色故。受攝受用，以受用即受陰故。五陰總相攝身，以根身乃五陰合故。想行攝三世，以三世體是行陰，但行陰密移，憑心想現故。識攝見、識，以見即賴耶之見分，同爲識陰攝故。法既可攝，喻亦隨法。六九本不相違，五陰法相常見。什師妙譯，爲取易明。讀是經者，得意忘言可也。

偈：

九種有爲法　妙智正觀故

見相及於識　器身受用事

過去現在法　亦觀未來世
觀相及受用　觀於三世事
於有爲法中　得無垢自在

合云：偈有三義：一、總標正觀，二、別明有爲，三、顯示無礙。經承上文，釋不取相意。偈承上文，釋非有爲二句意也。言所以非有爲非離等者，以於九種有爲法中，以空有無碍之妙智，正觀中道故。此總標也。

別明中，合魏經九喻言之。見即賴耶見分，相即賴耶相分，識即賴耶，此是細相三法。器即器界，身即根身。受謂器身相對中間所生覺受，謂於違、順、中庸等境而生苦、樂、捨之三受。此是麤相三法。過去現在句，乃總結上之六法。以細相屬過去，麤相是現在法故。亦觀未來世者，未來未至，例現在觀故，所觀之法同乎現在，故曰相及受用。此相與上不同，上是相分，此兼身、器故。此上合星、翳、燈、幻、露、泡六喻，如經文釋。觀於三世事者，此又總觀過去事如夢，現在事如電，未來事如雲也。後二句，顯示無碍。言果能如上觀察，則於一切有爲法中，得無垢染。所謂不取於相，如如不動是也。既得如如不動，然後應機説法，得大自在，猶如塵盡鏡明，萬象斯鑑。所謂非有爲非離，諸如來涅槃是也。總結正宗分竟。

三、流通分。

佛説是經已，長老須菩提，及諸比丘、比丘尼，優婆塞、優婆夷，一切世間天、人、阿修羅，聞佛所説，皆大歡喜，信受奉行。

一卷經内，説通師資，但云佛説者，就勝爲言故。生信、發解、起行、證果，利益已周，故云説是經已。首舉須菩提者，爲長老，是當機故。次舉比丘者，是知識，爲常隨故。比丘尼，隨佛出家，依衆修行，應在比丘之後。優婆塞、優婆夷，此云淨信男、淨信女，亦云近事男、近事女，蓋是具清淨信，持齋奉戒，又能親近三寶，承事供養者也。一切世間，總該多衆。天、人、修羅者，畧舉天上、人間及非天神衆，餘以意含。此等皆權實未定，或亦内祕菩薩，外現護法跡耳。皆大歡喜者，以當機全身擔荷，餘衆隨分受益，三草二木各得增長，乃喜其成佛有分，非常喜也。信謂忍其教，受謂領其理，奉則遵教循理，行則自行化他。夫如是，則慧水長流，法脉永通，衍塵刧而不滯，利萬彙而無遺矣。

回向偈曰：

輕塵足泰嶽　墜露添瀛流
筆舌力有限　高深義莫求
我聞持説功　財命施難儔
願以回生界　同躋般若舟

金剛新眼疏經偈合釋卷下

校勘記

〔一〕「曰」，底本作「口」，據文意改。

〔二〕「義」，底本作「以」，據文意改。

（李勁整理）

○二六二

金剛經郢說[一]

自序

清徐發詮次

原夫理根於性，性必有所受之途，形區於命，命必有攸造之府，真一之雎，握筌藏領，良彌邃矣。是以聖靈言道，緲追聲臭之無，覺德開宗，捫絶色空之寂。自有入無，自無而入無無，猶之萬象生於太極，太極生於無極，本末精粗，理跡相並，循模歸化，候亦隨之，在昔先民闡之鑿矣。顧入無而不能出有，非脱穎之妙也，無極而不能立極，非凝獨之用也。故體無者又貴徹於無非無，而宗極者又環通乎物物極。物物極則一中非中，而隨時皆中。已發之和，即未發之中，體用一貫矣。無非無則執空非空，而色相歸空，不生之相即不滅之空，根塵無二矣。大道所由同源，而淵脩亦遵共轍也。慨自淳風既邈，埈氣彌氛，建標之立，替真於岸分，逐影之馳，矜得於樊籬，梟智之儒，入室而操戈，流遁之夫，抱璺而衒玉。緣使真言滯於競辯，宗諦雜於奇衺。是否貿亂，名實乖僭，贗璞盈前，精華愈竭。不惟姬孔失其傳，而迦文亦罕其嫡。嗚呼，以水救水，以火救火，命之益多，疇能定乎。盖心無垢浄，猶水無清濁，珠沉之則清，象入之則濁，清濁雖同一水，而不得言水外無象無珠，則所以澄之擾之者，即心也，非心也，非心也，即心也。此《金剛般若波羅蜜經》，所以勤勤懇懇於降心無住，而爲萬法之宗也。第守法而不明無法，則本覺未圓，覺由識昧，故又歸宅乎捨法。然捨法而不先修行，則曰地不立，果亦難成，故又發藥於斷滅。夫斷滅者，執空以爲空，見空而不見法，空即累法。不斷滅者，隨所見而皆空，以空治見，見即圓空。所以善捨得捨，捨爲登岓之津梁，而托捨求捨，捨即沉淪之墜石。善空成見，見即明鏡之加磨，而滅見爲空，空猶暗室之求照。故曰：一切有爲法，如夢幻燈翳。盖自有爲以歸空，而非滅爲以貌空。至人靈響，叟理環結，雲章昦鬱，較若列眉。無如世之説者，但曰無爲已耳，空相已耳。於是真心向學而失之者，以寂滅爲空，以了獨爲無爲，名心向學而失之者，以不滅爲空，以任放爲無爲。至於江湖日下，而刑名貨利，結權甚傲，禽業獸毒，溷聚饕滛，無不可自標以菩薩之目矣。嗟夫，佛之所以度人者，度人於出生死之門也。降心以净其塵，無住以精其進，布施以濟其功，空相以究其竟，四者不可邊舉。若能净能進而不思究竟，半途之廢也。直取究竟而不必精進，不揣其本而齊其末也。喜施喜度而不自了義，下品之檀也。能自了義而不能利他覺他，非無上菩提也。梅子熟有時，風靜水自定。救此弊者，莫若專明解行，解行深到，究竟自圓。予生也鈍，不能有知，然末法之懼，豈無憬乎。偶曰持誦真經，率爾遂多筌蹄，既不能超所見于語言文字之外，抑且贅其喙於章句演説之間。盖絕理而譚宗，則吾豈敢。若曰文以顯義，或有取焉。愚者千慮，必有一得，蒭蕘之言，聖人所擇。則勺海一掬之勤，鋪地一毛之劾，或亦覺皇所在宥哉。苐較諸舊疏，杜撰實多，知我罪我，當必相半。故不敢倚重于名題，并不敢借光於碩譽，良懼蒹葭冠玉，涉累鴻宗，聊自述其所見如此，以俟十方慧眼論㝎云。

南湖圃人徐發

校勘記

〔一〕底本據《嘉興藏》。

攷異

按：《金經》有五譯，而世之誦者，秦譯也。然近本多與古本不同，要亦歷有增改。以愚觀之，總不如古文之妙。況靈跡真源，何可增改耶。嘗聞老僧説，誦《金經》者，功德最神，但錯一字即無騐，可不慎諸。今悉遵趙子昂石本刋録，其與近本不同，及諸家有攷證者，並存於此。

第二分，應云何住，今本作云何應住。按住字已非實相，不當更添應字。然會譯原本，秦、周俱作應住，惟魏譯作應云何住，則趙刻亦非無所本也。

十三分，今本或少是名般若波羅蜜七字，而趙刻有之。然會譯本實無此七字，今亦以趙本理近，世多從之，故仍存。

十四分，應生瞋恨，今本或作瞋眼，按會譯并趙刻俱作恨。

忍辱波羅蜜，如來説非忍辱波羅蜜下，今本又有是名忍辱波羅蜜七字，會譯并趙刻俱無。按，第一波羅蜜句是結上語，故義全，忍辱波羅蜜句是啓下語，故不全。不當添足，今依趙本。

爲利益一切衆生下，今本多一故字，會譯、趙刻俱無，今删去。

十七分，佛告須菩提，若善男子、善女人發阿耨多羅三藐三菩提心者，今本無若字，趙刻、宗泐奉勑註皆有。此是論現在，故有若字，語氣甚活，當從。

二十四分，百分不及一下，今本又有一百字，或於千字下多一分字，魏譯、趙刻俱無，句讀不明，有礙理解。

二十六分，爾時世尊而説偈言，周、魏譯皆作言字，今本作偈曰，係俗筆所改，依趙本作言字。

三十分，是微塵衆寧爲多不下，今本添須菩提言四字，會譯、趙本俱無。

若全經則字，今本多改即字，凡二十餘見。則、即二義雖不甚遠，而語氣微有不同。即乃已然之詞，則乃未然之詞。如轉輪聖王則是如來，語氣甚活，改作即字，便一板呆煞，所以有輪王實同如來之誤解。他如若心取相則爲着我、人、衆生、壽者，如然燈佛則不與我受記，如實有佛則不説是微塵衆，諸則字俱斷斷不可改。其餘雖義或兩可，而雅俗自别，俱依三譯，趙本改正。

按諸譯不同甚多，惟秦譯最簡，出之最先，以後漸增漸詳。葢創者難爲力，而繼者易爲工，理固然耳。顧增華飾美，不如還淳反樸之得其真。所以世本獨尊秦譯，良非無謂。今攷異文，亦不能盡述，獨魏譯十二分第頗簡要，足爲章句發明，并附叅攷。

如是我聞，至敷坐而坐，爲序分第一。

時長老須菩提，至善付囑諸菩薩，爲護念付囑分第二。

世尊善男子，至願樂欲聞，爲住分第三。

佛告須菩提，至但應如所教住，爲如實修行分第四。

須菩提於意云何，至則見如來，爲如來非有爲分第五。

須菩提白佛言，至一切賢聖皆以無爲法而有差别，爲我空法分第六。

須菩提於意云何若人滿三千大千，至此法無實無虛，爲具足功德較量分第七。

須菩提若菩薩心住於法而行布施，至何況書寫受持讀誦爲人解説，爲真如分第八。

須菩提以要言之，至果報亦不可思議，爲利益分第九。

爾時須菩提白佛言，至如如不動，爲斷疑分第十。

四句偈言，爲不住道分第十一。

佛説是經已下，流通分第十二。

此十二分第，比道安爲詳，比昭明爲略，頗得綱領。而須菩提重問以後，皆作斷疑，尤爲正見。又十七分須菩提重問善男子善女人發阿耨多羅三藐三菩提心，魏譯於前則曰云何菩薩大乘中發阿耨多羅三藐三菩提心，於後但曰云何菩薩發阿耨多羅三藐三菩提心，除去大乘中三字，顯有淺深二義。蓋所謂大乘者即如來法也，後問不言大乘者，顯就現在脩菩薩行言也。其文亦足爲三世因緣一證。予於既脱稿之後得閲此本，頗自幸其不大盭戾于昔人。因思袁了凡先生曰，看《金剛經》有不會處，但讀各譯自見，益爲信然。

又，陳真諦譯本云：如如不動，恒有正説，應觀有爲法，如暗翳燈幻，露泡夢電雲。所謂恒有正説，猶云恒言中有成説也。予謂末後四句乃相傳古偈，此亦一證。既成書，錢登明兄示予三譯本，始得見之。又中峰禪師《略義》云：如來於第四時説《般若經》六百卷，《金剛經》乃其一也。議者於六百卷之綱目，以融通淘汰四字攝之。蓋如來嘗於第二時，在鹿苑轉四諦法輪，證諸小乘，入有餘涅槃。以未稱本懷，由是第三時《維摩》彈斥，使其耻小慕大。然後廣説《般若》一味真空，專爲小乘人融其所執，通其所滯，淘之汰之，如滌穢器，使之清淨，然後以上乘圓頓甘露之味注之。但《金剛經》局於文約，幾不能句讀，義意深邃，寄之六百卷間，於中或有不能通處，正不必致疑，但存一念深信，久當自解。發按，所謂一味真空，專爲小乘人融其所執，通其所滯，此語足盡《金經》全蘊。蓋小乘人與初學佛人不同，其功行已深，特未造大乘耳，正所謂有爲法也。故曰：一切有爲法，應作如是觀。其論尤足爲四句偈發明。因思昔趙吴興師事中峰，手書此經，施師展讀，今石刻是也。諒其中字句經一巨眼，決無謬誤，則予之《攷異》悉遵石本改正，亦足憲矣。

又第六分，無法相亦無非法相下，《集解》謂舊本又有無相亦非無相句，故彌勒偈曰：依八八義則。今按留支譯曰：無法相亦非無法相，無相亦非無相。真諦譯曰：無法想，無非法想。無想無非想，諸譯同一轍，則舊本確矣。朕趙刻亦無，相沿既久，不敢擅增。但余詳味末後八分，如佛雙收，實有此二義。蓋就過去如來言則曰相，就現在佛言則曰法，理即一揆，文實異趣，故余于《章句》中分别出之。蓋此二語，實提綱挈領之要也。大約佛語必舉全體，而後德易墮邊見，故删去之。此即中峰所謂不可通解處是也。譬如孔子只重一仁，孟子復兼舉義，説一仁而義自在其中，兼舉義則仁反似非全德，此聖賢地位有不同處。後之學者自須究極根柢，不可以耳食師説，便依樣畫葫蘆也。

又三十二分，若有善男子、善女人發菩薩心者，薩字俗本多誤作提字。按會譯原本、趙刻石本、宗泐奉勅註本、雲棲《鎞論》皆薩字。蓋此句正結完十七分空生爲現在祇園會上善男子、善女人問菩薩行意，故前於實義，則既曰菩薩亦如是，又曰通達無我法者名真是菩薩，於福德則曰此菩薩勝前菩薩所得福德，至此盡處，則又曰若善男子善女人發菩薩心者，前後照應，脈絡如線。若改作菩提，便泛濫無緒，此章法所以不可不明也。

説略總論十則

一、佛法有宗、教二門，要其竟訖，原屬一歸，如儒家生知、學知，同歸于聖耳。今宗門只説頓悟，無論不須注脚，並經亦儘饒舌。予思《楞嚴》謂精覺妙明，非因非緣，亦非自然，則不惟教不必立，宗亦何有。然釋迦升座，文殊舉椎，五百外道見影而走，爲何復有許多言教，至三千五百餘卷。蓋佛性人人所具，而鈍根、利根萬有不同。故《楞嚴》又曰：理則頓悟，事非頓除。所以《見道品》後，畢竟又說修道，猶如《中庸》誠明明誠不可偏廢，乃有三無漏學、四種律儀等序，以引進之。要之明覺雖圓，非言教不爲功，時雨之化，有其候也。若執途人而名之頓悟，彼岍焉得有許許跡耶。近日宗門頗號極盛，而教法訖以不明，良由取捷徑而厭勞功，究之捷取原無到岍，而厭勞徒自喪真。高者罔罔半生，盡成魔障，劣者緣塵反縛，造業益深。故予茲集，務從粗淺訓詁，但使初學易知，尋門得路，自能升堂入室，行積功深，自能了空悟徹，不徒爲言荃添蛇足，要使忘言者弗墜八無相。若大智龍象，衣中有珠，固無藉此螢照矣。

一、《金經》註家無慮數百種，鈞天廣樂已張，何復須下里巴人。肰有不能自已者。竊見從來註疏皆以禪宗參話，舊德舉義，編綴成書。兼之昭明三十二分蔽錮眼光，即有翻脫窠臼，掃却畦町，而零雜瑣碎，不求章脉，不辨前後淺深，故取義愈博而經旨愈晦。夫舉義參話，猶儒家時文制藝也。隨拈一題，便有一番議論，要非到家不得本文真面目。譬之時藝，摘段段做講說，誰能理會題神書氣耶。予素性讀書不喜註疏，故茲集亦專取經文諷誦，潛思默悟者數年，不意經中自有天然層級、問答因緣，即彌勒偈亦已指出。奈從來講家因循成說，直取空相，并彌勒偈語亦多錯解。不知此經原從有相說到空相，借須菩提三世異相之疑，說到三世一法之無相，專在如來與佛有過去、現在分別相。故十七分後，空生重問佛法，而佛言無我法以破其異相。今說者俱不致分別，所以後來種種疑竇、種種敲剥，俱似重衍。相見如來之問有四層，福德較勝之例有九級。拙者再四申理而不覺其冗，巧者曲意穿鑿而不覺其謬，將迦現一番問答淺深源委全然埋沒。譬之掩塞門路，夸言堂奧，豈是真見。此予所爲不能自已也。今姑略標一二領要，取正法眼，餘見說中。葢非徒好異以顯前人之踈，實恐因循以重後人之誤耳。

一、如來，舊解但曰真性自如，如理而來，不指何人。説者則謂佛即如來，如來即佛，經旨空相，何必分疏。予謂此是究竟實理，若詮註演説，則如來本釋迦佛因地法身號，乃過去相也。故此全經須菩提所稱如來，意中實指佛，而佛却就因地答，故屢稱如來所説、如來常説、如來滅後，昔在燃燈佛所與我授記當得作佛，蓋然燈亦號如來也。《圓覺經》文殊師利菩薩白佛言：大悲世尊，願爲此會説於如來本起因地法行，使未來衆生求大乘者不墮邪見。所謂因地，亦指過去。此經特省文耳。所以佛首答降心，次答無住，又次答見如來，三問三答，前後圓徹，佛法大段實止于此。要此乃千古如來相傳心法，故佛亦自名爲經。至五分以下，乃又因須菩提問信心奉持而推廣言之，曰無取，曰無説，曰無得，曰第一希有，曰忍辱布施，曰消滅罪業，皆不出降心、修行、無住、無相之義。此予所謂如來法者，實指過去之如來也。然須菩提本以如來稱佛而佛不自認，焉知佛與如來不別有法乎。於是十七分又親切爲現在祇園會中諸菩薩問現在佛之法，佛則以無我法破之。我字雖從四相中來，而語意實對照過去如來。然無我正是我與如來無異相處，故即以然燈授記作佛證之，又以三世心不可得闡之，下又以佛與如來兩相比竝問之。蓋至此佛始和盤托出，自認爲如來，而須菩提亦了然佛即如來，三世無二相矣。於是更將未來衆生申問一番，而三世一法，粲肰大備。末後段段將佛與如來三世竝勘到底，盡歸無相一法。此祇園會上問荅因緣真面目也。要自異相説到一相，故曰不一亦不異。由三世説到一法，故曰如是知、如是見、如是信解，不生法相，此正所謂三世如來也。今諸家混混，不得不辨。

一、四句偈，一切有爲法四句是也。蓋此偈乃自古流傳之偈，人所稔聞稔知，故於末後出之，其義實包佛法全體。後人錯解有爲法三字，但以一空詮之，又倒裝在後，故忽而疑之，不知佛法不墮一邊。《楞嚴》曰：空心現前，長斷滅解，則有空魔入其心腑，乃謗持戒，名爲小乘。菩薩悟空，有何持犯。是人則破佛律儀，誤入人罪，當從淪墜。《涅槃經》曰：一切衆生，不退佛性，名之爲有，決定得故。《智度論》曰：無智人聞空解脱門，不修功德，但欲得空，是爲邪見，斷諸善根。蓋由不得般若波羅蜜法故，入阿毗曇門則墮有中，入空門則墮無中，入蜫勒門則墮有無中。《寶雲經》曰：非無人故名之曰空，但法自空，非色滅空。若以得空而依于空，佛説是人則爲退墮。善男子，寧起我見積如須彌山，莫以空見起增上慢。所以者何。一切諸見以空得脱，若起空見，則不可治。故《宗通》曰：應云何住，所謂住者，非如凡夫住于相，亦非如二乘人住于空，乃住于真如實際，非假非空，中道諦也。云何降伏其心。所謂降伏者，非如凡夫所修按伏六識，亦非如二乘所修斷滅七識，乃八識心田，微細習氣，以真如熏之，令轉識成智，譬降賊衆爲良民，此正所謂有爲法也。蓋佛法實非一空所了，故全經皆從有法説到無法相，末後又明白説出，不作斷滅相。所以取喻六事，六事皆自有入無，佛法亦自有爲而入無爲，故曰一切有爲法。若經中所謂降心、無住、信心、奉持、第一希有、忍辱布施、應無住而生其心、成於忍、修一切善法、不作斷滅相、持於此經、爲人演説，皆所謂有爲法也，而皆底于無法相，故曰應作如是觀。此即所謂無餘涅槃，乃真空也。今説者將有爲法三字誤作衆生界内遷流造作等解，不思彌勒偈曰：於有爲法中，得無垢自在。明明指出中字得字。若舍法而求空，乃頑空，非真空矣，豈此偈正義耶。予看一部《金經》，千言萬語説來，只了得此偈此義。故將何以故一句接出，明是憲章祖述，相傳要訣。乃有謂二十六分四句者，不悟二十六分上文有爾時世尊而説偈言等字，則爲世尊問荅間一時所唱可知，何得預先道著。況二十六分後，獨不可持誦演説乎。又有謂我相、人相四句者，不知釋偈原有體裁四種，一、阿耨窣覩婆，二、伽陁，三、秪夜，四、緼馱南。初皆以三十二字爲一偈，葢即古體四言八句也。後漸變而或五言，或七言，則偈自有偈體。若四相等句爲偈，何處不可爲偈而但稱四句乎。至有以金剛般若波羅蜜經八字分作四句者，有以四句詮義究竟便稱偈者，又有謂一句、二句、三句乃至四句及十百千句者，更爲穿鑿，竟不知牟尼珠光自現空中，而無人肯信也。

一、過去心不可得，現在心不可得，未來心不可得，三句乃全經關鍵。正因空生重問有分別相，故以三世心皆不可得破之。所以歷敘五眼，層層説來，要知三世世界衆生諸心甚是難知，而佛悉知，故爲奇特。若今解者，謂一日一時中有此三種心，援引《未曾有經》作證。不知《未曾有經》妙吉祥菩薩救度殺業人，要見一念轉頭迅速成佛之意，故就一時中分別過去、現在、未來，引人起信。若此經從上佛法無我來，與一時三心何涉。若一時中三心，何必遠取五眼世界衆生，鄭重言之如此。況《未曾有經》本文亦云三世俱不可得，故原未嘗專屬一時也。至如莊嚴佛土，葢言諸菩薩在如來佛土會上設莊嚴想否，或乃謂實實建造殿宇等相。身如須彌山王，是喻言無可得意，故上特加譬如二字，明非實語，乃或以爲實言三丈金身。若尊重弟子，言如弟子之恭敬佛耳，乃倒裝文法。釋典極多此例，所謂釋教用逆，西方語氣如此。即如是我聞，不也世尊，俱是倒裝。他如於意云何、何以故等句，俱倒提逆入。全經實理皆然，所以四句偈亦留末後，葢語氣如是，故文法、章法皆如是。乃或以爲若佛之尊重高弟文殊、普賢等，不知師之敬弟畢竟不如弟之敬師，豈如是甚深經典如佛塔廟而僅同于師之敬弟乎。身相之問，凡四舉矣。如理實見分之身相，色身相也。乃就過去現在粗跡而探之，由淺及深，故曰：凡所有相，皆是虛妄。正即境引悟，佛機之妙。如法受持分之三十二相，法身相也。法身非耳目所及，因世界非世界，微塵非微塵，以見法身亦非真相，此較色身非相，已深一層。至離色離相分，以色身問佛，以法身問如來，皆非具足而皆名具足，則見皆非見，而非見皆可名見。其理乃圓，較前更深。若法身非相分，可以三十二相觀如來否，觀與見不同，見在彼，觀在我，見在外，觀在内，其義比前三問最爲入微，故須菩提曰如是如是，亦妄想未淨處，佛乃以輪王反醒之。前後四言身相，淺深層次，顯有不同，而説者一概玄言，茫無分别，以至須菩提應三十二相觀如來上强添不可字，如是如是改作佛語，注謂錯簡。轉輪聖王則是如來，則字改作即字，實作輪王與如來一相説。又以佛可以具足色身見不配八十種好，如來可以具足諸相見不配三十二相，俱屬杜撰。總由佛與如來三世因緣不曾分别明白，致此臆猜。後人相沿傳習，膏肓深錮，遂將迦文正法永爲障蔽，良可浩歎。故予不揣，一一正之，知我者釋人矣，罪我者釋人矣。

按：須菩提言如是如是，以三十二相觀如來，魏譯留支實改作：不以相成就得見如來，佛言如是如是。而唐玄奘譯《大般若經》亦從之，然此乃後人報佛恩之意，實不必也。

一、彌勒偈親承佛教，自宜爲滴派大宗，但句語簡略，向以絫義視之。近者《集解》《鎞論》始分繫經文，逐段註釋，可爲印月之妙。予於最後得閲，不意三世要義瞭然脗合。無如從來説者亦多昧昧，不惟分釋經文前後錯誤，而三世宗旨更多異解，總由成見錮蔽，不肯移舟就岸，反執認璞爲鼠。故予特標簡端，并爲詮註。其略如自身及報恩，果報斯不著，護存已不施，防求于異事，此正釋但應如所教住也。舊説移作不住色布施，不住聲、香、味、觸、法布施解，與果報義何涉。調服彼事中，遠離取相心，及斷種種疑，亦防生成心，此正釋可以相見如來不之問也。故天親菩薩開列二十七疑亦於此始。舊説亦作應如是布施、不住于相解，尤遠。分别有爲體，防彼成就得，三相異體故，離彼是如來，此正釋若見諸相非相即見如來也。以上降心、無住、布施皆是有爲體，非真如來，以有三相之異也。三相，化身、應身、法身，離却應、化，獨顯法身，方是真如來。此正因空生以現在之佛稱如來，故特爲指明三身異故，以顯三世因緣。説者乃以行、施、住爲三相，亦謬。然其説實本于天親論，予不能無膺托之疑也。以後凡言三身，不一而足，如應化非真佛，亦非説法者，應、化正指過去如來言。依彼法身佛，故説大身喻，法身正指現在佛言。蓋以形相論，則化身爲過去，應身爲現在，法身三世皆有。以本體論，則應化皆爲過去，法身爲現在。故下又曰：法身畢竟體，非彼相好身。言現在之佛雖具法身，畢竟是形相，非真法相。以非相成就，非彼法身故，言過去如來雖有法身，究竟亦非真法所在。佛與如來，兩兩並説，顯有淺深。但同歸一非相，而又皆不離于法相。故下又曰：不離于法身，彼二非不佛。故重説成就，亦無二及有。所謂二者，正並指佛與如來。故下又曰：如佛法亦然。如即如來，非若字虚語也。

今人因不分别此節兩稱具足諸相，遂重衍叠出，滋無着落。又曰：非是色身相，可比知如來。諸佛唯法身，轉輪王非佛。此以内觀言，故三十二相亦爲色身，淺深益顯。又曰：去來化身佛，如來常不動。於是法界處，非一亦不異。言若來若去，若坐若卧，乃現在佛應化之相，非真如來相，然同在法界中，則雖不一相而亦不異體矣。此去、來、坐、卧，實指現在佛言，當作應身，因與如來對看，故曰化身。不一，正照上二字。蓋佛語至此，始自明認如來，故曰非一亦不異。又曰：化身示現福，非無無盡福。諸佛説法時，不言是化身。蓋説法者皆化身佛，無法相，故曰不言是化身。以上偈語，惓惓于化身、法身者，所謂三相異體故，正三世一法之要也。其末又彰明較著而總結之，曰：觀相及於識，器身受用事。過去現在法，亦觀未來世。觀相及受用，觀于三世事。於有爲法中，得無垢自在。蓋統全經三世大旨而言觀相及識，正於三世一法中得無垢清淨之真法，何等明白曉暢。此予所取獻而自信者。不意從來謬誤，將總收八句，單證爲人演説如如不動，不知所謂三世及過去、現在、未來等語竟何着落。將彌勒一片苦心，親承真諦，垂教後人，翻成疑障，不得不辨。

一、昭明三十二分各標四字，亦如天親標二十七疑但標大意，不循章句，故致後人淺觀，譏其割裂。然摘取四字，實得全經淺深要領，大非無見地者。其是非亦有數條，爲略言之。如第九、第十，自四果以至如來菩薩莊嚴佛土，皆不可取不可得，正所謂一切賢聖之差別也，文義貫串，不可分截，而昭明分之，後人遂多支離見解。又如慧命須菩提以下，別起問端，明爲未來衆生説法，而昭明不分出，此則昭明之疎也。然既爲唐僧靈幽感夢所增，則昭明時或原無此六十二字耳。若第二曰大乘正宗，以降心爲大乘全體，第三曰妙行無住，標出行字，極得竅要。今人以體用合説，乃究竟之論，而非入門詮解。第四如理實見，足標全經宗旨所在，與後人作開逗疑端者大不同。第十八曰一體同觀，最得三世一體之義。第二十曰離色離相，以色身、法身二相並列，尤有分曉。二十六曰法身非相，標出法身二字，分別更細。二十九曰威儀寂靜，只就現在釋迦佛説，尤得三世因緣。三十二曰應化非真，亦就現在釋迦説。觀其取義精確，一字不苟，俱從全經理會淺深得來，絶非近人看東遺西，瞻前失後，深合三世如來宗旨，與彌勒偈實相表裏。今人以其分段之疎，而并忽其標義之妙，妄謂昭明杜撰，真鵷鶵之嚇鳳，蜩鳩之笑鵬也。予初讀之，亦頗覺無緒不足恃，及既卒業，而後知高辛之先我，空谷足音矣。乃特與彌勒偈並列簡端，以資叅證。其餘諸家足資經文真面目者，採録一二，總不欲徒夸奥博以欺人耳目也。

一、無着、天親二菩薩論，近世所最宗仰者，然其論本從彌勒偈來，却不甚相合，或亦神聖各自顯其所得，不必拘拘於形跡也。若二十七斷疑，正因經文紆廻無跡，段落難曉，故從立言所以然處，尋出有此二十七層發意因緣，乃爲凡庸衆生當有此種種疑竇，故借須菩提問荅開示之。今人過於依傍，反失經旨，并爲略舉大意，以資叅考。如初斷求佛行施住相疑，言行施乃實實功用，何得無相。況既曰住，是明有地位語，凡庸人豈不疑惑。故下以如來身相問之。蓋身相乃有形之相，有形雖變而如來常在，則諸有爲功用之相皆不足存矣。其理不過如此，而説者謂行施本爲求佛果是相，多一層折，反覺韜晦。至謂行、施、住即彌勒偈中三相，夫行施二字，豈得拆作二相耶。二、斷因果俱深難信疑，身相乃因地修行之相，如來乃現在法相之果。能見非相之相，即見如來，正因果俱深而説者乃以施住爲因，佛相爲果。能修行，自然成佛，有何難信。空生不宜鄙近至此。佛雖爲庸人説法，亦未必淺觀至此。三、斷無相云何得説疑，《集解》有或云不可以身相見佛，此須菩提之言也，如何於自語生疑，乃謂是恐後來衆生有此疑，正不得拘拘，可謂善理會天親斷疑者矣。愚意所謂無相即上文無法相也。既無法相，爲何諸如來皆説法，故下以有得有説不破之。説者乃遠追不以相見如來上説，且謂釋迦云何于菩提樹下得法説法。此處所稱如來，何曾佛肯自認耶。四、斷聲聞得果是取疑，因上文云如來所説法皆不可取、不可説，恐人疑如來大乘不可取，下此聲聞乘或有可取，故復以四果及佛菩薩一一證之，要見皆不可取意。説者又添出須陀洹[一]等各取自果，如證而説。經文本謂四果皆不自得，乃添出一層在前耶。五、斷釋迦然燈取説疑，六、斷嚴土違於不取疑，七、斷受得報身有取疑，三疑皆歸無取章旨，正眼光遠照，脉理清徹處。則經文是故須菩提諸菩薩摩訶薩以下，當作總承六問，而説者以三疑分截，遂單頂莊嚴，所謂轉得三灣，便不識前路矣。若譬如二字，斷當作借喻説，而天親實詮得報身，乃從實理上會意來，今人亦泥看。八、斷持説未脱苦果疑，乃即本章須菩提涕淚悲泣，有見于第一希有之法，不當復存身命相也。故即第一非第一下，緊緊接出忍辱非忍辱以醒之，而説者乃遠纏外財較勝感得人天苦果等語，亦殊葛藤。九、證無體非因疑，無體即彌勒偈所謂道也，即指上文如來説一切諸相即是非相，又説一切衆生則非衆生二説字，即道字，即無體。恐人疑無體之言不能爲證果之因，故下以四種實智明之。而説者亦遠纏持經較量，甚是不必。十、斷如遍有得無得疑，即從上此法無實無虚來。無實無虚，言上四種智之實相也。無體言説有如此實相，豈不曰人人皆可有得乎。然非心不住而實實行之，雖聞言能信，究竟何益。故下以心住而行，心不住而行，兩並明之。時説又遠纏一切賢聖句，不必。十一、斷住修降伏是我疑，無我固是此章章旨，然亦就空生重問有異相意，故摘出我字言之，即從實理處深求細説亦無礙。蓋佛語本八面玲瓏，不必拘拘。所以天親斷疑，亦從實理説。然須菩提重問，不過疑佛與如來有異相耳，實無我見在胸中，而説者遂謂空生疑意既無我，誰爲降住，誰爲修行，將我字弔起在前，反似穿鑿。十二、斷佛因是有菩提疑，因上文言實無有法，恐人不信，疑佛於因地不能無菩提也。提字，今本誤作薩字，且爲轉解，不知上文説有四相則非菩薩，所以者何，以實無有法發菩提心也。此以下皆實明無菩提心，豈是薩字耶。十三、斷無因則無佛法疑，言無因地之菩提，則亦當無現在之佛法矣，故下以如來名字解之。蓋不惟現在之佛如是，即過去諸如來無不如是，故諸如來一切法即佛法，至此佛纔自明與如來一法，故斷疑中亦指出佛法二字。十四、斷無人度生嚴土疑，此人字，從上譬如人身長大來。大身非大身，是人亦非人矣，將誰度生，將誰莊嚴佛土。要知此人字，不是人我之人，乃即身字意，故下即以我當滅度衆生、我當莊嚴佛土則非菩薩明之。十五、斷諸佛不見諸法疑，即從上無我法是真菩薩來，言度生莊嚴皆非菩薩，而無我法者乃真菩薩，則豈諸佛皆不見有諸法乎。故下以三世心不可得明之。蓋心不見三世，故佛亦不見諸法，正是實理，而佛與如來一法隱然在言外矣。十六、斷福德例心顛倒疑，顛倒即世俗心也。言三心即不可得，豈果報亦不可得乎。不能無疑，故下以福德無實明之。要見福德之多，專以無性故，則無法菩薩非真無福德，而顛倒心亦可以絶矣。十七、斷無爲何有相好疑，上文無我、無法、無二世、無福德，皆是無爲也。言既如此諸法皆無，何以佛有應化身。如來有諸相法身，兩並言之，顯有淺深。庸衆疑情總屬一竇，故斷疑亦總言之，而説者因渾作一佛看，乃强以天親論八十種好、三十二相分配，不知天親論亦是總言，何曾分説。八十種好、三十二相，皆法相也，有何分别。十八、斷無身何以説法疑，言既無三身諸相，何以又能在世説法。蓋欲併説法盡遮于無也，故下以無法可説明之。天親云，若如來色身相好不可得見，云何言如來説法，正是此意。説者乃謂既無色身，何處發聲，是反將無法要説做有法矣。十九、斷無法如何修證疑，因上文諸法皆無，則現在作佛將如何修證，此正親切問現在佛也。故經文前稱如來，此獨稱佛，前以有得、無得兩意並問，此以有得爲無得一意專問，正爲如何修證疑人指開門路，乃了義語，與前大不同。天親論云：若如來不得一法，名無上菩提，如何離上上證，轉轉得無上菩提。所謂無上菩提，正詮以得爲無得之爲字也。眼光極細，所謂離上上證轉得無上，詮如何修證，亦高一層。説者又遠纏第三、第十等語，直作不得菩提説。此是句讀不明，不知淺深之故。二十、斷所説無記非因疑，上言修一切善法得菩提，意持經演説，畢竟無記性，或非因果所係，故下又以福德較勝言之。然此亦是巧於生發，指引後人處，若論經文，實段段有福勝作結，未必如是拘拘也。解者亦當善理會，不必泥執。二十一、斷平等如何度生疑，言衆生既是平等，皆有佛性，何必又要如來度生。

下乃以實實無度順證之，即是首章實無衆生得滅度者解。而說者乃謂如來度生實有高下，實不平等，大非經旨。二十二、斷以相比知真佛疑，以相觀如來，譬如認羊作虎，豈得比于真知，故以輪王醒之。觀與見不同，故特曰知。說者不悟觀見之淺深，仍以法身相好等話，重衍疊見，直是隔靴搔痒。二十三、斷佛果非關福相疑，承上言以相內觀，亦可謂微細節目矣，猶且不可。然則佛果全然無相矣。蓋全經敲剥非相至此，直是一毫不可着念，焉得不起頑空之疑。故下急以莫作斷滅相繳定，而說者又以福德果報溷入，經旨反晦。二十四、斷化身出現受福疑，上文言此菩薩勝前菩薩所得功德，言現在諸說法菩薩也，故曰化身出現。下文佛亦明以現在去來坐臥明之，要知現在說法者雖是化身，而仍有真法身在，則受福不亦宜乎。然既曰菩薩宜受福德，則化身與法身無異，而又曰無所從來，亦無所去，則法身與化身又不一，豈不疑惑。故二十五曰斷法身化身一異疑。而下文乃以塵界實理明之，要見化身、法身之異，由于塵界起見，若塵界之見泯，又何法與化之異乎。至此，佛與如來三世一法已和盤托出，而說者猶不悟三世之理，不知化身、法身等字將何着落。觀此則二十七疑實與彌勒偈相表裏，而說者只渾渾也。二十六、斷化身說法無福疑，前言菩薩宜受福矣，此又何復疑化身無福也，蓋因若去若來節宜受福，意實在言外，不曾明說，而下章又言知見信解，皆不生法相，故復疑化身說法無福也，下乃以最勝之福明之。然此最勝之福，專在不取相之如如。何也。如來實法如是也。此一語實是全經宗旨，全部總結，下四句偈只詮得此意。然恐庸衆不曉，但以寂滅爲如如，故又以何以故跌出偈語明之。偈語正從有爲法中看出無相，不是純任無爲一邊。故二十七疑曰入寂如何得說疑，要見如如與偈義，正不是頑空入寂也。天親云：若諸佛如來常爲衆生說法，云何如來入涅槃，亦是爲庸衆人淺見說想。說者遂以涅槃二字實詮如如不動，乃又以頑空詮偈語。不知解疑者正要反其所見。若以頑空詮偈語，直是入寂不說法矣，豈是破疑之意。予看二十七疑，專爲庸衆人尋門覓路，無頭緒中討出頭緒，一片苦心，段段從上文想來，絶無支蔓。不意後人過爲穿鑿，舍近求遠，反使經文韜晦，真是邢和遭棄，寶劍蒙塵。不有識者，誰能正之。予因諸疑雖是恒情所不免，然終非章句段落可分，若倚爲墻壁，反多葛藤，故不敢録。但近來說家所最宗尚，乃逐段分列經文之傍，以備學人參照耳。

一、佛法不可以文字求，乃謂非如文士呫嗶揣摩、雕琢字句爲工，點染聲韻爲格也。若前後倫次，淺深照應，乃心聲自肰之理，即世俗人稍知文義者，出言談吐，定有一番起訖頭緒，前後照應，况神靈至聖，一指毫端，放出天人世界、秘文靈象，而謂演說《般若》，反僅同于婆子之叮嚀、村夫之嘈啫乎。此予所最不敢信者。蓮池云：《金剛》文字，似重非重，不重而重，極難註脚。《金剛正眼》云：諸家所論十七分後，有言前之未盡者，有言我法粗細者，有言重問發菩提心者，有以非人而不出己者，有以引他爲自把柄者，俱在夢中說夢。此真報佛恩語也。不思經文本曰，聞是章句，受持讀誦，爲人解說，則佛說此經原自有章法句法可解可說，何致捕風縛影，各逞臆見乎。余謂此經語氣廻環操放之間，淺深層級，直是一筆極有規矩文章，頗與《大學》《中庸》相似。今姑以愚所見略陳之。若見非相之相，則見如來，此一語實全經宗旨也。與末後如如不動，并古偈全義相照應。如如不動，非相之相也。一切有爲法，應作如是觀，即見如來也。崑崙阿耨達池與大海尾閭呼吸相通，此其象矣，舍此無所謂彼岸者。若降心修行，則渡海之筏也。空相無住，則捨筏是。非降、修不能渡海，非空相、無住不能登岸。此如來實法全體，即諸佛衆生一切法也。何也。蓋諸佛衆生有過去、現在、未來之異相而無異心。過去心不可得，現在心不可得，未來心不可得。故過去者當如是知，現在者當如是見，未來者當如是信解，皆歸不生法相。譬如萬川印月，總是一月，月滿萬川，同歸無月，正所謂三世如來也。若乃降心者必先信心，故於信心之問獨詳降心，曰不取，曰無得，皆降心之無住也。修行者必先持行，故於奉持之問獨詳修行，曰成就第一，曰忍辱布施，皆修行之無住也。蓋降心爲解，修行爲行，解行成就，方爲到岍，然猶非捨筏之登。至於受持、讀誦，不知輕賤，但得阿耨多羅三藐三菩提不可思議功德，而後直是彼岍如來矣。然此特因空生之進問信持，而廣爲演說，實與首章無二義。譬如前殿、後殿，佛土雖殊，莊嚴則一，經傳異體，洵非誣耳。至如十七分後論現在佛法，以無我爲實，要見如來法即佛法也。二十一分後論未來衆生法，以平等爲實，要見佛法即衆生法也。三世一法，非彰明較著者乎。然三世之中，又兼三世。如問信心，曰衆生得聞，現在相也。問奉持，曰後五百歲，未來相也。佛法曰三心不可得，衆生曰是法平等，無有高下，則經緯三世，貫串無跡，雖織錦雕虫無以過是，蛛絲馬足不足爲喻，真神龍變化、出没非常之妙矣。洎乎三問既終，乃即二法雙結。如來三十二相，既不可見，并不可觀，幾於斷滅矣，故遂以莫作斷滅相挽定非相之相。佛無去來，又無塵界，亦幾於四相皆空矣。故又以是名我見、人見、衆生見、壽者見挽定非相之相。佛與如來皆有非相之相，而衆生皆在其中，兩佛同歸一相，三世原無二理，如如不動，宛然呈現，謂見如來，其誰不然。乃遂一語跌出牟尼寶光，千聖傳心要訣，只此一偈，全部《金經》宗旨，只了此一偈。如神龍之得珠歸海，忽肰大地雲收霧散，一片晴空，真天造奇文，自然靈筆，玉書金簡不足比其精，八會十華不足追其奧。而乃謂不當以文字求，抑何謬也。若乃段段以福果爲勸徵，又段段以空相爲究竟，層層淺深，尤有精意。如首章大法，福德之後，結以非相，其喻爲四虛空，蓋如來非相之相，正虛空象也。非四虛空不足以當如來實法之比擬，固有分量矣。若信心福德屬貪薄一邊，故以七寶布施較，而不取爲解中之解，則爲三千大千世界之七寶，無得爲解中之行。更進一層，則爲恒河沙三千大千世界之七寶，同爲七寶較量，奢約不同也。若持行福德屬瞋薄一邊，故以身命布施較，而般若第一爲行中之解，則爲河沙身命，忍辱布施爲行中之行。亦進一層，則爲盡日河沙身命，同以身命較量，而稀密不同也。然所謂布施者，皆世俗人之布施。至降修兩至，心行兼到，底于癡薄，出離三界，直爲荷擔如來菩提矣。乃即以佛所供養諸佛功德較，其爲不同更何如也。若乃十七分以後，皆就説法言，説法近于解而未及行，雖究竟實理，即解即行。然所謂實無有法，無法可説，莫作斷滅相，是名我、人等見，皆解一邊，故亦皆以七寶較。而無我法則以三千大千七寶，且曰無福德故，則又隱然一虛空同相也。平等法以須彌山七寶較，且曰譬喻、算數所不能及，則又隱然一不可思議同相也。如來無斷滅相，則亦以河沙世界七寶較，而且曰不受福德，則亦隱然一虛空同相也。佛於四相非見爲見，則亦以無量阿僧祇七寶較，而但曰其福勝彼，則亦隱然一不可思議同相也。至其所稱較量福德之人亦各有不同，如信心不取爲解之初，則布施七寶者稱人，以後信心無得及三層持行所較者，皆稱善男子、善女人，至解行兼後，則佛竟自舉以較矣。至佛法無我，衆生法平等，兩較福德，亦皆稱人。而如來無斷滅相較，獨稱菩薩，而佛法是名四相見，亦稱人。若首章言如來實法，則直以虛空較而無所稱。其中淺深顯然不苟，地位主客確有倫次，而説者滋無分別，竊恐未安。昔法達禪師誦《法華經》三千卷，六祖謂曰：汝但執口念爲功課耶，何異犛牛愛尾也。師曰：豈解義不勞誦經耶。祖曰：迷悟在人，損益由汝，所謂心迷《法華》轉，心悟轉《法華》。師嘗啓發，遂以偈頌曰：經誦三千卷，曹溪一句亡。未明出世旨，寧歇累生狂。故《楞伽》云：因語見義，如燈照色，菩薩亦爾，因語言燈，入離言説。余不敢以荃蹄爲魚兔，然魚兔未得，亦不敢夸言六經爲糟粕也。願與有志菩提者共證之。

一、儒與仙、佛皆言道矣。然道原於天，天一則道一，道根於心，心一則道亦一。經生家守古人傳習之末，不悟性命精微之要，妄分彼我，角立門墻，猥以釋氏爲異端。夫孔孟之所謂異端，豈釋氏哉。蓋釋有五戒，猶儒有五德，其似是而非者，謂之異端。儒之異端，猶釋之外道。故孔子所攻者，心逆而險，言僞而辨，行僻而堅，順非而澤，記醜而博，乃鄧析、尹何、少正卯之流，而老聃則目爲猶龍，伯夷、柳下惠則稱逸民。至宰嚭問道，獨指西方聖人。夫老聃即迦蘭仙人之類，而夷、惠則捨國太子、忍辱菩薩也，豈孔子之所謂異端乎。孟子所闢者，無父無君，鄉愿亂德，乃惰四支，縱耳目，好貨財，私妻子，不顧父母之養，正楊氏爲我之賊也，非以辭榮養生爲無父也。饔飧並耕，桐棺布被以市恩天下，譽則歸己，毀則歸人，正墨氏兼愛之巧也，非以遁世修性爲無君也。故庚、列、莊、慎清静虚無，與孟子同時，不聞有訾議，而伯夷、柳下且爲清和之聖，於陵仲子、匡章、徐夷猶欲倚門墻則招之，則孟子異端豈釋氏之謂乎。昔上古神人，吸風飲露，乘雲氣，御飛龍，遊乎四海之外，使物不疵癘而年穀熟，即儒傳之無懷、葛天，而釋教所謂梵仙也。夏、商以上，神靈鬼物之事顯著甚多。周穆之日，化人乃來，遺像於石，至秦世復見，由余識焉。故顔淵不飲酒，不茹葷，孔子謂祭祀之齋非心齋。莊子生不布施，死何含珠爲，施於人而不不[三]忘，非天布也，即不住相布施之義。而隱几喪偶，偕來忘我，魚樂蝶夢之類，直是不語禪機，指頭衆話，與柱拂舉梧何異。然則孔孟以前，曷常無釋教哉。若漢明求像，白馬西來，特流通貝文之始耳。今觀《四十二章經》曰：人事天地鬼神，不如孝其二親，二親最神。又曰：

六情已具，生中國難。奉佛道，值有道之君難。其理初不悖忠孝。迨魏、晋以還，崇奉既廣，其徒不純，不能闡揚大道，專以因果報應、供養布施恫愒人主，聚斂財寶，至唐世益甚。於是姚元之有外求之論，韓昌黎有迎骨之諫，要亦正教中刮磨淘汰之助矣，特其附會孔孟，指斥異端，不能無文士之習焉。而後之腐儒遂相牽引以爲扶翼道學之盟主。嗟乎，夫所謂道學者，豈有外於明心見性哉。今即《金剛》一經言之，無我相、人相、衆生相、壽者相，即喜、怒、哀、樂之未發也。一切衆生，我皆令入無餘涅槃而滅度之，即欲立欲達，我道一以貫之也。應無所住而生其心，即致知止善之學也。是法平等，無有高下，即天命之性也。實無我法，無法可説，即率性之道也。聞是章句，受持讀誦，爲人解説，即修道之教也。如如不動，即上天之載，無聲無臭也。非相之相，即《易》之無極，而不住相，即乾元用九之用也。種種福德果報，即禎祥妖孽之理，與《湯誥》福善禍淫，《洪範》休徵咎徵也。故屠緯真曰：儒與仙佛，其理實一，而造用成就微有不同。予謂究竟亦無不同也。孔子曰：朝聞道，夕死可矣。此實究竟之理，而性與天道特罕言之，蓋可以心得而不可以言傳，非鄙薄而外之也。所以宋世大儒言道者，往往取資義學，周、程、張、朱、蘇、陸、黄、秦，皆所不免，而近世爲尤甚。然近世儒者多以名爲累，必陰資其説而陽避其名，且操戈焉以掩蓋其竊取之陋。嗚呼，我不知何以爲毋自欺也。數百年來，惟管東溟先生一人，獨明目張膽言之，而天下卒未敢有昌明之者，則何也。非盡儒之彼見不銷，而亦由於釋之自晦其教也。蓋釋之宗與教，猶儒之率與修，誠與明，不可偏廢。而今之釋者好言宗旨，不屑教品，乃浮慕乎頓悟成佛之易，而不知實修實行，於是儒者愈疑其説之空虚誕遠而不可合，此道之所以不明也。發，書生耳，烏敢言道。顧常奉教先人，不肯以名實自遁。幼年讀性理諸書，中歲亦窺釋典，皆不能有所得。近自蟬蛻遊都，始簡筆墨，稍親鹿苑，縱觀象教，深信此道實出一源，而其所異者特威儀動作、語言文字間耳。夫威儀動作乃理道之粗跡，而語言文字亦風土之異音。苟得其精，何必以粗跡爲表見。苟見其同，何必以異音爲真假。每見近世法喜皈依，必以離家出俗爲異。夫難提尊者，道玄居士，豈盡離家出俗乎。但得五戒精意，何處非最上菩提。又見近世支那撰述，必以梵義方言爲體。夫白馬《四十二章》，青牛五千餘文，豈盡梵義方言乎。但合迦文真旨，何妨我用我法。故余於此，直將最淺近語，敷演真諦，務使雅俗共賞，儒釋叅同，庶幾稍符廣爲人說之教，以彰明大道同源之理云爾。

校勘記

〔一〕「洹」，底本作「泹」，據文意改。

〔二〕「不」，疑衍。

附記

發竊意，此豈亦三生石上一公案耶。蓋予生平惟好古，無他長，尤敬佛書，深信此種道理天壤間實實有之，心性中實實具之。顧惑溺舉業家，雕蟲纛楮，虛靡四十餘春如一咉也。辛丑歲，嘗夢高山絕壁間有石像，幅巾袈裟朱履者，仰視之，輒自喜爲前世因，傍揭聯句曰：胸含萬嶺千秋雪，目送長江一片雲。覺而異焉，自是頗有問徑蔗園意。因爾焚棄筆墨，爲玄水之遊，放袋叉手，實自還其本來也。無何浪迹京邑，又復十載，幸奚囊中《南華》一帙、《宗鏡》一卷不致放廢，時從塵氛喧會之側，展閱一二，真不啻清涼散，蕩滌心胸矣。及見諸世故升沉得失，倏忽遷變，人情巇險同於芒刃，益深省悟。歸而杜門息慮，遂多暇日。乃以《金經》課誦，修嗣續因，則又恒苦目疾，每學禪坐冥搜，或於夜分晨清理會大意。

竊見其中前後層次，極有淺深照應，章法段落直與儒書不異，不知何故從來注疏零碎疊複，茫無貫串，因以己意試爲疏之。初亦非欲問世，不意一二月間屢感異夢，如佛像天書，星斗雲漢，及彩筆雕墨，贈買扇籍等事，凡數十見。嘗一夕三四夢，稍合瞑，即形僧佛異像者，於是不禁自驚自疑曰：豈比鹵莽杜撰，果有當于密諦乎，何遂煩幽貺若此。自是更覓諸家舊德疏論及各譯原本證之。不意杜撰所見亦時時穎露於前人，特相沿成說，不肯離窠脱臼，而三世因緣則直與彌勒偈符契。於是遂不自揣，張膽而言，謬成章句，然猶未敢孟浪災梨也。九月朔旦，以筳卜之天及大士，得吉。既望，又以龜卜之神，得從。十一月朔，又有恒修長老爲予跪請大悲籤，得句云：夢中說夢獲多才，身外浮名總莫猜。水遠山遥難駐足，貴人一指笑顔開。蓋予於沉迷説海之際，得破疑城而直出者，實始正眼夢中說夢之句，不意佛語首及之，婉如面命，更可異也。於是率爾授梓，究未決其孰爲莊生孰爲蝴蝶矣。恒修，南昌人，行脚禾中，冬夏不著芒鞵，人號赤脚和尚。近歲募修三塔寺大悲閣、鐘樓，里人多敬信之。癸丑，又屬修天寧佛閣，師以鐘樓未完，有待也。七月大風，佛閣東倚欲頽，里人急呼匠揞之，尚尚未用力。是夕，師禪坐閣中，至夜分，異香齎鬱，如數百人邪許者，柱斗間格格有聲，心知爲神助也，閉目不動。迨天明起視，則東西皆中繩矣，惟南北尚稍倚。明日師爲予言之，里人皆知佛閣之神舁，而不知師坐其中也。師亦不與人言，蓋實修功行者。

　旹康熙十有二年歲在癸丑仲冬南至之七日智普又識。

章句

經曰：聞是章句，爲人演說。蓋章句者，演說之要領也。故諸經皆有品分，章句明別，學人易於尋伺。獨此《金經》文義奧衍而昭明分第，又非章句之真，故人多異解，茲特正之。

一、通序

法會因由分前半段，凡二十九字。

一、別序

法會因由分後半段，凡四十二字。

一、正宗

經一章，言如來法也。無相爲心法，布施爲行法，若見非相之相，爲如來實法。善現啓請分、大乘正宗分、妙行無住分，凡四百六十字。

説經之一章，言信如來法者，以不取無得爲實，應首章心法也。正信希有分、無得無説分、依法出生分、一相無相分、莊嚴淨土分、無爲福勝分、尊重正教分，凡一千一百二十二字。

説經之二章，言持如來法者，以般若布施爲實，應首章行法也。如法受持分、離相寂滅分、持經功德分，凡一千一百二十二字。

説經之三章，總言信持如來法者有非相之果，以應首章見如來實法也。能淨業障分，凡二百零七字。

説經之四章，言佛法無我，即如來法也。究竟無我分、一體同觀分、法界通化分、離色離相分、非説所説分前半，凡一千二十七字。

説經之五章，言衆生法平等，即佛法也。非説所説分後半、無法可得分、淨心行善分、福智無比分、化無所化分，凡三百六十九字。

説經之六章，言如來無相，亦非無相也。法身非相分、無斷無滅分、不受不貪分，凡三百七字。

説經之七章，言佛無法相亦無非法相，遂言古偈以結之，如來實法全矣。威儀寂靜分、一合理相分、知見不生分、應化非真分前半，凡四百二十一字。

一、流通

應化非真分後半，凡四十四字。

全經正文，凡五千一百六十字。

一、讀法

凡語意截然可斷者爲句。點在字傍。或語意趨下，語氣相聯而句長，姑作分斷者，爲讀。點在字下，音逗。

凡全經宗旨，前後相應要句用●，眼目用⬯◎。各章語意趨重要句眼目用◎。立言分別處用⬯，逐段義理初見處用○。逐句中著意，字眼不可忽處用⬮。凡佛語與須菩提語轉換處用「」。以上⬯○務爲標題醒眼，方便人尋伺要領，非同文士評隲浮華之例，讀者鑒之。

金剛般若波羅蜜經郢說

嘉興智普居士徐發詮次

標名

金剛[一]般若波羅蜜經 般音撥，若音惹。

金，西方之精。剛，堅也。般若，梵義智慧也。波羅蜜，梵義彼岸[二]，猶言至極處。此經宗旨，言人心有至堅之智慧，皆可以造道而至于極也。蓋人心清淨，原有真慧，但爲物欲所蔽，于是識蘊萌生，不得見道。若能空諸相而生于忍，如其真慧，歸諸清淨，則離此到彼，離塵作佛矣。

眉批[一]

【一】圭峰云，金剛極堅極利，無物可壞。堅以喻般若之體，真常清淨，不遷不變。利以喻般若之用，此慧顯時，五蘊皆空，斷一切有漏惑業。

【二】天台智者云，取相爲此岸，無相爲彼岸，智慧爲河，精進爲筏。

通序

如[三]是我聞。一時，佛在舍衛國祇樹給孤獨園，與大比丘衆千二百五十人俱。比去聲，凡比丘之比皆倣此。

通序，晉釋道安所定，昭明總下文爲法會因由分。按《釋迦譜》云，佛將涅槃，六群比丘問結集法藏，一切經初安何等語，佛曰：當安如是我聞，一時佛在某處而說是經。

因凡經皆有此起，故以爲通序也。今從之。如是我聞，猶言如此者乃我所聞。我，集經者自我也，譜云阿難。佛，釋迦牟尼[二]佛，梵義覺也，有自覺、覺人二義[三]。舍衛，國名。其國太子名祇陀，常舍所種樹之園與長者須達拏，給養孤獨貧人，故名祇樹給孤獨園。比丘，梵義有怖魔、淨戒、乞法、乞食等義[四]。大比丘，德高行修之稱。千二百五十人，統言一時所聞佛說法之衆有如此，《釋譜》鑿鑿有其目，不必泥。總見此經乃衆所共聞，非私撰耳。

眉批

【一】〔昭明〕法會因由分第一。昭明，蕭梁太子，自幼聰穎，能通釋典，別傳謂是佛轉世所生，有徵驗。持誦《金剛》至萬遍。每以其文義深奧，紆衍難明，乃就問答語氣稍可斷處，分之爲三十二段。每段舉其要目，作四字總綱標之。其分段雖未醇確，而標義扼要，非後人所及。法會，秖園之會，佛說法三百餘會，此其一也。

【二】《集解》：釋迦，此云能仁。牟尼，此云寂靜。

【三】長水云：佛訓覺，有悟、察二義。覺悟是照真本有，覺察是了妄本空。真妄既明，則能破和合識滅相續心，法身清靜也。菩薩雖亦照真了妄，未得究竟，猶帶薩埵之名。圭峰云：覺有三義，自覺，覺他，二覺理圓謂之滿。天台云：自覺異凡夫，覺他異二乘，覺滿異菩薩。

【四】《集解》：怖魔，能使魔王怖畏。從佛乞法，從檀越乞食，故亦謂乞士。食有四種不淨，活命當避。如合藥種樹，爲下口食。觀星占象，爲仰口食。咒術卜筭，爲維口食。曲媚豪勢，通致四方，巧言多求，爲方口食。離此四種，乃是清淨乞食。

别序

爾時，世尊食時，著衣持鉢，入舍衛大城乞食。於其城中，次第乞已，還至本處，飯食訖，收衣鉢，洗足已，敷座而坐。飯食之食，去聲。

別序，亦道安所定，專序祇園一時演法之由，故謂之別序。世尊，舉世所尊仰者，崇稱佛也。食時，當食之時。佛法過中不食，此午前也。衣，僧梨衣。鉢，所以貯食。次第乞，沿門乞，不擇貧富也。飯食，重造飯以食，所以蠲潔也。敷座而坐，垂衣於座，結趺而坐，即禪坐也。言此以見佛之行住有節，儀容有度，皆清淨持戒之相也。

正宗

凡佛説起至經義盡，謂之正宗，亦道安所定，諸經皆然。後人以經義淺長，文句繁衍，學人難於理會，乃有品分之分。故昭明於此經作三十二分，不過約取每段大意，標出四字，以便學人尋伺，原非章句。即天親菩薩二十七疑之例，特稍集其要耳。予見後人依傍二家太過，轉展誤謬，由於貪求實義，不辨語脉虛神，不知淺深要歸所在。故十七分後，問語重複，而解者遂多穿鑿。不知經文明曰聞是章句，爲人解説，則此經中原自有章法、句法。有章法、句法，則必有起伏段落，淺深層次，所謂語脉虛神，正實理之門户也。誰能不由門户而見堂奥者乎。予是以據本文之起伏段落，次爲八章，究實理之淺深層次，顯出三世一法，庶幾初學者尋門得路，然後登堂入室，不致竄越徑竇，庶有稗于詮解焉。若乃禪宗頓悟，一語半偈，便了生死，誠無藉此老婆子矣。

時二，長老須菩提在大衆中，即從座起，偏袒右肩，右膝著地，合掌恭敬而白佛言：希有世尊三。如來三善護念諸菩薩，善付囑諸菩薩。世尊，善男子、善女人發阿耨多羅三藐三菩提心，應云何住，云何降伏其心。佛言：善哉，善哉，須菩提，如汝所説，如來善護念諸菩薩，善付囑諸菩薩。汝今諦聽，當爲汝説。善男子、善女人發阿耨多羅三藐三菩提心，應如是住，如是降伏其心。唯然，世尊，願樂欲聞。長，上聲。降，平聲。樂，入聲。

此一節，問答初機莫逆之概也。長老，尊德之稱。須菩提，長老之名，梵義曰善見，亦曰善吉，亦曰空生。袒肩、膝地、合掌，釋儀也。希有世尊，世所無有之尊德也。如來，凡佛至極之號，真性自如，隨化而來，謂之如來。按佛本是如來轉化也。須菩提所問如來之號，實指過去如來言，故下文復以見如來正答其問也。護，愛護也。念，顧念也。故偈曰：加彼身同行。付，未得者付之。囑，已得者堅之。故偈曰：不退得未得。菩薩，梵義未入聖位之賢者。善男子，即比丘。善女人，即比丘尼。阿耨多羅三藐三菩提，梵義無上正偏正覺。無上，即無尚，莫以加也。正，不邪。偏，不隘。正覺，至正之智慧性。發此心，即修道之心。住，安住，猶言究竟歸棲之地。降伏，制之使不放逸。蓋心爲萬善之根，亦爲萬識之使，得其制則爲聖爲佛，失其制則爲業爲小人。爲聖爲佛，即究竟歸棲之地矣。善哉善哉，讚歎之詞。如汝所說，如汝所問如來法也。諦，審也。當爲汝說，當以如來法爲汝說也。如是住，如是降伏，先爲虛詞，如其所問應之，以見一一分辨也。唯然，應諾之聲。願樂欲聞，志所慕而心所喜之欲聞也。敘此以見佛之善教，須菩提勤學之意。

眉批

【一】〔昭明〕善現啓請分第二。啓，或作起，非。善現即須菩提名。〔彌勒〕巧護義應知，加彼身同行，不退得未得，是名善付囑。加彼，即舉斯心，加諸彼善，與人同意，已得道，未得道，皆使之不退轉。

【二】《集解》：希有，通今古言。世尊，合天下言。

【三】真性自如無礙曰如，真性隨所來現曰來。如爲本體來爲應用。圭峰曰：從如而來。長水曰：真、化不同。真佛迷時，背覺合塵，名如去。悟了，背塵合覺，名如來。化佛從真如起，來成正覺，而化衆生，今云自如而來，乃化身佛也。

佛二告須菩提，諸菩薩摩訶薩應如是降伏其心：所有一切衆生之類，若卵生，若胎生，若濕生，若化生，若有色，若無色，若有想，若無想，若非有想非無想，我皆令入無餘涅槃而滅度之。如是滅度無量、無數、無邊衆生，實無衆生得滅度者。此是降心之寔。何以故。須菩提，若菩薩有我相、人相、衆生相、壽者相，即非菩薩。相，去聲，後同。

此一節正答降伏其心也。摩訶薩，梵義大菩薩。一切衆生指下九種。卵、胎、濕、化皆以四大五陰和合而成，謂之欲界天。離欲界，但有色而已，謂之色界天。離色，謂之無色界天。又有空無處、識無處二天，謂之有想天。又無所有處，謂之無想天。又有頂一天，謂之非有想非無想天，以有細想而無粗想也。愚按，梵義如此，不敢强解。然以理推之，竊謂佛法惟心，心之靈明不生不滅，非儒家所謂形質之心也。故心之所見有清濁粗細，即有色想有無等天，而衆生之心入某天者，即爲某天之衆生。故釋典所言天人鑿鑿有相，天人不淨，亦墮惡道，所以同稱衆生，竝資佛度也。無餘涅槃，梵義謂煩惱既盡，五陰亦滅，但有真常自性曰涅槃，并真常亦無可證，曰無餘涅槃。滅是去其識蘊，度是脱其生死輪廻。《圓覺》所謂有性無性皆成佛道也。葢佛法慈悲，以度生爲用，見衆生現在瞬息，過去業報無窮，現在救濟，不如向後超度之恩深，故儒家以博施濟衆爲聖功，而佛家以無餘涅槃爲廣大，所見有不同耳。實無衆生得滅度者，言此滅度之真性本衆生所自具，不假造作，我亦隨順真性化度之，初無功用。故雖度盡衆生而不見爲度生。若見爲度生，即是著相，非菩薩矣。四相，該上九種在内。對我而言，謂之人，衆生皆是也。所憎惡者謂之衆生，所樂慕者謂之壽者。廣而言之，則六道爲衆生，諸天爲壽者。

約而言之，則賢愚愛憎而已。然此本所以答降心而言度生空相者。蓋度生爲降心之功用，而空相即降心之真體，非空相不足以見降心之自成，非度生不足以見降心之成物。成己成物，總爲一心之量，即體即用，乃爲第一之常。故偈曰：廣大第一常，其心不顛倒。利益深心住，此乘功德滿。蓋下文所謂無住布施即度生無相之心，而推之修行也，非有兩層，故曰功德滿。

眉批

【一】〔昭明〕大乘正宗分第三。佛法只一空相，但空非頑空，須從有爲處看出空，方是真能解空。件件從有爲處做，却不留一相，方是真能行空。全經只是此意。故曰：一切有爲法，應作如是觀。昭明以無相爲大乘正宗，後之不住，不住此無相也，見相，見此無相之相也。莫認頑空爲無相。〔彌勒〕廣大第一常，其心不顛倒。利益深心住，此乘功德滿。度衆生，是廣大心，無餘是第一義，涅槃是真常性，無相是不顛倒，實無衆生得滅度，是深心住。此詮降心也。發按，《宗通》云，問中安住、降伏并舉，今惟標降伏者何。蓋此經所重在般若智用，故以降伏爲綱宗。有此降伏之智，不但心不住時，能降伏之使住，即心得所住，亦能降伏之使無住。無住而住，是爲真住。故單言降伏，則安住在其中，單言安住而缺降伏，則安住不成，所以獨標降伏也。愚意降住理自一貫，肰問荅次第，不妨分説，所以彌勒亦分詮心住、行住。時説多將降住合講，極是溷人。

復〔二〕次，須菩提，菩薩於法應無所住行於布施。所謂不住色布施，不住聲、香、味、觸、法布施。須菩提，菩薩應如是布施，不住於相。何以故。若菩薩不住相布施，其福德不可思量。須菩提，於意云何，東方虚空可思量不。不也，世尊。須菩提，南西北方、四維上下虚空可思量不。不也，世尊。須菩提，菩薩無住相布施，福德亦復如是不可思量。須菩提，菩薩但應如所教住。

行，去聲。不，上聲。

此一節，正答應云何住也。法本無住，上言無相，其義盡矣。此特因空生有應住之問，故即以無住爲住答之，正佛理之圓玅也。其義實與儒家止善相近，故先言降伏而後言應住，亦如儒理先明親[三]而後止善。然須菩提問則先住而後降者，問者疑義未析，答者條理必貫耳。復次，又言也，文勢相連而別起一義也。後凡言復次，例皆倣此。法，佛法也。行，功行也。佛法雖止一心而必見諸行事，則布施而已矣。布施所該甚廣，約而言之，則一、施財，二、施法，三、施無畏，合而言之，則滅度衆生即布施也。但上以心言，故曰無相，此以行言，故曰無住，其理一貫。色、聲、香、味、觸、法，謂之六塵，亦曰六識。六識起于六根，即眼、耳、鼻、舌、身、意。言凡爲六根所感，一切布施，此正不住相布施也。然布施似于損己利物，故凡人不能無相。不知此不住相布施者，其果爲福德，如四維上下虚空之不可思量。則布施無相，福德亦無量矣，人奈何不爲修行哉。故又呼須菩提而告之曰：菩薩但應如所教住。蓋以無住爲住，乃真住也。實總結上文兩節之意，但文氣似貼應無住布施上，此亦佛語靈妙處，讀者勿以文害義，庶爲得之。

眉批

【一】〔昭明〕妙行無住分第四。妙行即無相之行，獨標出行有見，今人但知降即住，住即降，混話耳，誰識得行字乎。〔彌勒〕檀義攝於六，資生無畏法，此中一二三，名爲修行住。佛法有六波羅蜜，布施爲檀波羅蜜，其一也。肰一有攝六之義。布施又有三義，一、財施，即資生。二、法施，三、無畏施，故曰：一二三。上四句已詮降義，此四句專詮行施二字，恐人疑布施爲小行，不知一能攝六也。如舊説謂資生攝檀，無畏攝持戒、忍辱，法攝精進、禪定、般若，亦是。〔彌勒〕自身及報恩，果報斯不著，護存己不施，防求於異事。現在福爲自身所受，未來福爲報恩所感，皆法相外異相之事，言不求此二種果報，但勤一念行施而已。此正詮應如所教住住字義。舊説謂單釋不住色布施，不住聲、香、味、觸、法兩句，謬。復次，近説作復位解，大穿鑿。

初、斷行施住相疑。須[二]菩提，於意云何，可以身相見如來不。不也，世尊，不可以身相得見如來。何以故。如來所説身相，即非身相。佛告須菩提：凡所有相，皆是虛妄。若見諸相非相，即見如來。應空生所稱如來。

此一節，正答如來法也。蓋空生首問如來善護念付囑，其意本問佛法，特以佛因地有如來之號，故稱如來。佛亦即因地如來法應之，故全經所稱如來，皆屬過去之化身[三]。佛乃如來之應身，屬現在。現在有身相，過去無身相，其理甚易曉。佛正欲於淺近處引入妙義，乃即境而呼空生以問之，曰：可以身相見如來不。身相，化身之相也。過去即滅，故空生遂以實對，而却引如來所說身相即非身相爲證，則空生意中亦自有別領會矣，故佛亦乘機而正告之耳。如來所說，意是當時有此傳習之說，空生引以爲證。若謂如來即佛，不必分別，則此經專以三世異相之疑統歸一相，皆無從領會矣。觀此則空生意中亦未常以佛與如來混作一人。此章爲泛問因地如來法不必疑矣。凡所有相，皆屬虛妄，此正空相之實理，佛法之大源也。蓋佛法以一心之靈不生不滅，亘古不斷，故百年旦暮，形骸如寄，凡所有相，皆六根六塵，爲無明識蘊所熏染，則今現在雖有身有相，與過去之無身無相，訖何異乎。故曰皆是虛妄。然而形骸塵識之外，自有真性，乃實相也。實相無相，即爲法相。但凡人執相，故不能見法相，若能空諸相，則法相見矣。故又曰：若見諸相非相，即見如來。就眼前淺近，引入深義，以究無相宗旨，而即以完空生發問之意，正佛機之妙，文義雙絕者也。故偈曰：分別有爲體，防彼成就得。三相異體故，離彼是如來。三相，應身、化身、法身也。有爲，即指身相。須菩提謂不可以身相見，猶有過去、現在之見，故曰三相異體故。若泯三相之異，則見非相之相，即見如來，故曰：離彼是如來。偈語甚明，今人多誤解。

右經一章，言如來法也。無相爲心法，

布施爲行法，若見非相之相爲如來實法也。發謂《金剛般若波羅蜜經》之目，本佛所自名，經文可見。然方在演説之始而遂謂此經，於理未合，故先德多疑之，訖無定論。予觀《楞嚴》論諸實義盡，文殊亦請如何奉持，佛遂唱經目，後又言天獄諸趣及奢摩他魔事，皆推廣餘義，故温陵以結經分、助道分别之。今此首三節，實盡宗旨，末後説出見如來，尤有祖述憲章之意，以後反覆辨論，總不出此，故稱是經顯有了義。予因分此爲經，亦温陵之意也。

眉批

【一】〔昭明〕如理實見分第五。如如之理，有法相，無身相。能見如理，即是寔法。〔彌勒〕調伏彼事中，遠離取相心，及斷種種疑，亦防生成心，分别有爲體，防彼成就得，三相異體故，離彼是如來。調伏，用功夫也。彼事總指降住。此以後每不由空生問而佛自反問空生，故曰斷種種疑，總防其著相生成心也。天親菩薩二十七疑之分，實本此一句，乃爲平常人推求疑竇，當有此二十七種，原非文義淺深段落，只各從上文生出，不必遠求，故附本文。有爲體，是身相。三相，化身，應身，法身。正三世因緣要處，不可不分别，故曰異體故。離彼有爲之色身相，便得見如來法身相矣。前四句偈，舊説亦謂詮註布施不住相，謬甚。

【二】《金光明經》曰：云何化身。如來昔在修行地中，爲諸衆生修種種法，現種種身，是名化身。云何應身。謂諸如來爲諸菩薩爲無邊佛法，而作本故，具三十二相，八十種好，是名應身。云何法身。爲具諸善法故，唯有如如，如如智，是名法身。按此化身是過去，應身是現在，法身兼三世。

須〔二〕菩提白佛言：世尊，頗有衆生得聞如是言説章句，生實信不。

二、斷因果俱深難信疑。佛告須菩提：莫作是説。如來滅後，後五百歲，有持戒脩福者，於此章句能生信心，以此爲實。當知是人不於一佛二佛、三四五佛而種善根，已於無量千萬佛所種諸善根。聞是章句，乃至一念生淨信者，須菩提，如來悉知悉見，是諸衆生得如是無量福德。何以故。是諸衆生無復我相、人相、衆生相、壽者相，無法相，亦無非法相。何以故。是諸衆生，若心取相，則爲著我、人、衆生、壽者。若取法相，即著我、人、衆生、壽者。何以故。若取非法相，即著我、人、衆生、壽者。是故，不應取法，不應取非法。以是義故，如來常説，汝等比丘知我説法，知筏喻者。法尚應捨，何况非法。

三、斷無相云何得説疑。須菩提，於意云何，如來得阿耨多羅三藐三菩提耶，如來有所説法耶。須菩提言：如我解佛所説義，無有定法名阿耨多羅三藐三菩提，亦無有定法如來可説。何以故。如來所説法，皆不可取，不可説，非法，非非法。所以者何。一切賢聖皆以無爲法而有差別。此一語是下章四果、佛菩薩伏脉。

此一節，言信心以不取爲實也。言説章句，總指經文。然空生意自偏在非相之相即見如來上，蓋猶恐衆生疑不能見也。實信，深信此般若可以見如來也。後五百歲，據梵義有五五百歲。此後五百歲，乃末世法壞之際，故偈曰惡世。持戒、修福與信心爲實，有戒、定、慧三意，其次序如是耳。善根，不貪、不瞋、不癡也。淨信，清淨無相之信也。悉知悉見，佛心感通也。佛答之意，謂此法之實豈難信乎。雖彼惡世尚有信者，但此信者必種善根已久，故能清淨其信，有無量福德。何也。蓋信以不取相爲實也，無相不惟無四相，而且無法相，無非法相。蓋法即四相，四相即法，原無二體，故有法即有四相。若曰無法，則四相之障更何盡乎。所以法與非法皆不應取，譬如渡者捨筏，法之所以應捨也。然非筏何以得渡，則非法又豈可取乎。此信心之所以清淨爲實也。一切賢聖，學佛已到未到之謂，即下四果及佛與菩薩，皆以無爲法而有差别，言賢聖差别等級雖多，而總不出無爲法。佛意又謂，信心者何以不應取法乎。蓋法本無有定名也，何不即思如來之所得與所説安在乎。須菩提乃以佛所説之義推之，而知如來法果不可取、不可説，且原無法，原無非法，且不惟如來爲然，而一切賢聖高高下下皆然，則信心者以不取爲實，又何疑乎。

眉批

【一】〔昭明〕正信希有分第六。何況非法止。

【二】〔昭明〕無得無説分第七。正信，清淨信也。此二意雖兩層，不必分，蓋無得無説，正是淨信所以然。〔彌勒〕説因果深義，於彼惡世時，不空以有實，菩薩三德備。修戒於過去，及種諸善根，戒具於諸佛，亦説功德滿。降住是因，福德是果。身相是如來之因，非相即如來之果。三德，持戒，修，信心也。〔彌勒〕佛不見果知，願智力現見，求供養恭敬，彼人不能説。彼壽者及法，遠離於取相，亦説知彼相，依八八義則。差別相續體，不斷至命住。復趣於異道，是我相四種。一切空無物，實有不可説。依言辭而説，是法相四種。彼人依信心，恭敬生實相。聞聲不正取，正説如是取。彼不住隨順，於法中證智，如人捨筏船，法中義亦然。應化非真佛，亦非説法者。説法不二取，無説離言相。佛未見其果而先知有福德，以衆生願信智力發現而見之也。不能説，因恭敬無相，不自覺也。壽者，指四相。法是法相，説是取相，兩項各四相，故曰八則。下文即是。差別是我相，相續體是人相。不斷至命住，是壽者相。異道，衆生相。一切空無物，無法相。實有，無非法相。舊本下又有無相亦非無相六字，故又曰，不可説無相也。依言詞而説，非無相也。不住隨順，正指不取相。如來在因地爲化身，説法爲應身。非法，非非法，爲二。

須〔二〕菩提，於意云何，若人滿三千大千世界七寶以用布施，是人所得福德寧爲多不。須菩提言：甚多，世尊。何以故。是福德，即非福德性，是故如來説福德多。若復有人於此經中受持，乃至四句偈等，爲他人説〔三〕，其福勝彼。何以故。須菩提，一切諸佛及諸佛阿耨多羅三藐三菩提法，皆從此經出。須菩提，所謂佛法者，即非佛法。

此一節言不取之報。三千大千，言世界之多。七寶，謂金、銀、琉璃、珊瑚、碼碯、真珠、玻黎。然《釋迦譜》所謂七寶具足，又一、金輪，二、白象，三、紺馬，四、神珠，五、玉女，六、主藏臣，七、主兵臣，不必泥也。上言不取信心，乃貪絶也，故以七寶布施之福較量。從其類，如無相不住福報，以虛空較量，各有深意。是福德即非福德性，言本無求福之心，亦不取意。如來説福德多，就世人所見言。然不貪能捨，福德報之，原是實理。諸經説因果，皆是此意，但佛語不著一邊。此經指前問答如來法一章。蓋佛因過去逢事如來，今爲弟子演説者，實如來法也，故尊而名之爲經。前此須菩提只認是佛説，故但曰章句。自此以後，須菩提亦稱經矣。曰當何名此經，曰甚深經典，語氣可見。四句偈，一切有爲法四句也。此偈實該佛法之全體。相傳古偈人人稔知，故特於末後出之。乃至四句偈等，分明自首至尾之謂。一切諸佛即一切賢聖之意。要見一切賢聖皆以無爲爲體，而皆從此經出，則此經以非法爲法，其理貫矣。佛語前後照應，脈絡分明，但縈廻紆折，出没無迹，故不易曉耳。

眉批

【一】〔昭明〕依法出生分第八。依即皈依之依，言能皈依此實法，則諸菩提法皆佛法矣，故曰皆從此出。〔彌勒〕受持法及説，不空於福德。福不趣菩提，二能趣菩提。於實名了因，亦爲餘生因，唯獨諸佛法，福成第一體。二即持法、説法。持法，自了因也。説法，了衆生因也。唯獨，非唯如來法爲然，乃諸佛法皆從此經出，其福德皆成第一體也。

【二】《集解》：受持是自利行，爲人解説是利他行。菩薩從利他發心，爲大乘。

四、斷聲聞得果是取疑。須〔二〕菩提，於意云何，須陀洹能作是念我得須陀洹果不。須菩提言：不也，世尊。何以故。須陀洹名爲入流，而無所入，不入色、聲、香、味、觸、法，是名須陀洹。須菩提，於意云何，斯陀含能作是念我得斯陀含果不。須菩提言：不也，世尊。何以故。斯陀含名一往來，而實無往來，是名斯陀含。須菩提，於意云何，阿那含能作是念我得阿那含果不。須菩提言：不也，世尊。何以故。阿那含名爲不來，而實無不來，是故名阿那含。須菩提，於意云何，阿羅漢能作是念我得阿羅漢道不。須菩提言：不也，世尊。何以故。實無有法名阿羅漢。世尊，若阿羅漢作是念我得阿羅漢道，即爲著我、人、衆生、壽者。世尊，佛説我得無諍三昧，人中最爲第一，是第一離欲阿羅漢。世尊，我不作是念，我是離欲阿羅漢。世尊，我若作是念，我得阿羅漢道，世尊則不説須菩提是樂阿蘭那行者。以須菩提實無所行，而名須菩提，是樂阿蘭那行。

五、斷釋迦然燈取説疑。佛[三]告須菩提：於意云何，如來昔在然燈佛所，於法有所得不。不也，世尊，如來在然燈佛所，於法實無所得。

六、斷嚴土違於不取疑。須菩提，於意云何，菩薩莊嚴佛土不。不也，世尊。何以故。莊嚴佛土者，即非莊嚴，是名莊嚴。總承上六問。是故，須菩提，諸菩薩摩訶薩應如是生清淨心：即無得意。不應住色生心，不應住聲、香、味、觸、法生心，應無所住而生其心。

七、斷受得報身有取疑。須菩提，譬如有人，身如須彌山王，於意云何，是身爲大不。須菩提言：甚大，世尊。何以故。佛説非身，是名大身。無得是真得。

此一節言信心以無得爲實也。須陀洹，梵義入流，謂斷三界見惑已盡，可入聖流也。斯陀含，梵義一來，謂斷欲界九品[三]思惑中，前六品已盡，後三品尚在，須更來欲界一番受生也。阿那含，梵義不來，謂九品俱盡，更不來欲界也。阿羅漢，梵義無學，謂斷色界、無色界思惑俱盡，更不受三界生死，無法可學也。無所入，無不來，無往來，無所得，只無相一意。無諍，不惱也，謂不起衆生之煩惱。三昧，梵義正持，謂任緣一境，守正持之，離諸邪妄，故爲入定之正法。人心煩惱，皆自欲起，故得無諍三昧者，謂之離欲阿羅漢。阿蘭那，梵義寂靜，亦云無事，即無諍意。莊嚴佛土，言恭敬佛相也。蓋心上以佛土爲莊嚴而恭敬之，即是著相[四]，非真莊嚴。故偈曰：非形第一體，非嚴莊嚴意。清淨無相，爲第一體。譬如，取喻也，以明非實説。須彌山，釋典謂四天下之中，日月所環繞。王，尊稱。佛法不分有色無色、有想無想，皆謂衆生，故有獅王、蛤王、樹王、鵞王等名。佛意承上文，一切賢聖皆以無爲法而有差别，乃須菩提所知也。故以諸佛品地歷歷問之，自四果而上至于如來，自如來而下至于菩薩，精之則爲菩提，粗之則爲佛土，皆不可以作念有得[五]。于是總而結言之曰：是故須菩提諸菩薩摩訶薩，應如是生清淨心。不取即清淨心，蓋因諸菩薩實無所得如此，故不當有取。不住聲、香、味、觸、法，即是清淨。無所住而生其心，即是生清淨心。特恐人疑别有所謂清淨心，故復以經中不住無住，盤旋束定，而又以生其心，繳出能生信心之章旨，真天地至文也。山王一喻，總是不取無得意，而是名大身，又非真無取。故偈曰：如山王無取，受報亦復然。言雖受報而無取，則非無報可知。

今人因昭明於羅漢下分截，遂將清淨不住單頂莊嚴，而上文種種無處安頓，又鑿出許多疑端，强爲過文，甚是支離。

眉批

【一】〔昭明〕一相無相分第九。是樂阿蘭那行止。

【二】〔昭明〕莊嚴淨土分第十。兩段總是不取意，文勢一滾直下，斷不可分説。〔彌勒〕不可取及説，自果不取故，依彼善吉者，説離二種障。自成之果，無取相。善吉，即須菩提。言依彼所答身歷之果，以明不可取，不可説也。

【三】欲界九品，以貪、瞋、癡、慢四惑，分上中下，乃九地之初地。按《般若經》，斷三結名預流果，即須陀洹也。一、身見，謂執有我故。二、戒禁取，謂執持狗牛等戒，爲生天因。三、疑，謂不了諦。薄貪、瞋、癡，名一來果，即斯陀含也。於施無着，名貪薄。於乞者生慈，名瞋薄。施已回向菩提，名癡薄。斷順下分五結永盡，名不還果，即阿那含也。五結，即上身見，戒禁取，疑，并貪，瞋。斷順上分五結永盡，名阿羅漢果。上五結，一、色界愛，二、無色界愛。三、無明，謂心不了。四、掉，謂心躁動。五、慢，謂心自高。

【四】《集解》云：着相即是取，有所取即是有爲。

今言不作念、不着相，乃是得而無得，即無爲也。

【五】《宗鏡》云：法無動念，不可以有念求。又非無念，不可以無心得。如赤水求玄珠，罔象而得之。赤水玄珠見《莊子》。〔彌勒〕佛於然燈語，不取理實智，以是真實義，成彼無取說。要見此問亦是明不取意。〔彌勒〕智習唯識通，如是取淨土，非形第一體，非嚴莊嚴意。以智慧學習佛法者，不免取相于莊嚴佛土，不知無形相之般若正以不嚴爲嚴也，亦是明不取意。〔彌勒〕如山王無取，受報亦復然，遠離於諸漏，及有爲法故。山王無情識，故以喻無取。受報即大身，佛法大身亦屬果報。然此非言福報也，乃隱喻上文諸佛成果之意。

須〔二〕菩提，如恒河中所有沙數，如是沙等恒河，於意云何，是諸恒河沙寧爲多不。須菩提言：甚多，世尊，但諸恒河尚多無數，何況其沙。須菩提，我今實言告汝，若有善男子、善女人以七寶滿爾所恒河沙數三千大千世界，以用布施，得福多不。須菩提言：甚多，世尊。佛告須菩提，若善男子、善女人於此經中，乃至受持四句偈等，爲他人說，而此福德勝前福德。復〔三〕次，須菩提，隨說是經，乃至四句偈等，當知此處，一切世間天，人，阿修羅皆應供養，如佛塔廟，何況有人盡能受持、讀誦。須菩提，當知是人，成就最上第一希有之法。此是下章忍辱布施伏脉。若是經典所在之處，則爲有佛，若尊重弟子。

此一節言無得之報，而遂以第一希有，啓下文受持實相之義也。恒河，即洚河，梵語多辱河，譯者轉音，今北人亦轉爲渾河、黃河。以其沙數爲河之數，又以諸河之沙數爲三千大千世界之數，七寶滿之，甚言七寶之多耳，亦見無可取之象。蓋借喻義，故下又以實言告汝別之。無得，亦貪絕，故亦以七寶布施較量而勝之。復次以下，又言此經之勝，蓋不唯福德勝于財寶布施，而又能成就最上第一希有之法，則豈徒信心而已，更當知所以供養尊重也。隨說，隨舉一二義説之。天，諸天。人，世人。阿修羅，果報最勝，勢力無畏，能攝持世界，與天帝爭權，但瞋性最重，故次於天、人，却能爲佛護法。此種有胎、卵、濕、化四生。盡能讀誦，盡始盡終而讀誦之。最上，諸乘之上。第一，諸法第一。希有，世界所少。復次以下，正言一念淨信實相，此經隨舉一二義説之。一切天、人、阿修羅皆供養如佛塔廟，況其人能盡始盡終而讀誦者，必能成就最上第一希有，則淨信若是豈不宜哉。隱然逼出下章奉持之問矣。若是，猶言如是，即指上言成法受報如是。故此經不惟誦説當敬，即非誦説之時，而安置所在之處亦如有佛所在，當以弟子事師之意尊重焉。此正教人信心之實也。若尊重弟子，言若弟子之尊重本師，倒裝文法，如不也世尊一例。釋典極多此種文句，所謂釋教用逆也。舊説謂如佛之敬高第文殊、普賢等，謬甚。供養説法之人，尊重説法之地，兩意實一貫。

右説經之一章，言信如來法者，以不取無得爲實，應首章心法也。愚按：經文本曰我爲汝説，又曰聞是言説章句，又曰如我解佛所説義，又曰不能解我所説，前後不一而足，要見佛之所謂是經，原是崇奉如來祖述之意，而非自謂所説也。法不憍上，儒釋一理，今人學佛之心，豈不曰佛語即經乎。要之佛意原有不同，故前稱是經而後稱所説，亦如儒家稱引堯、舜、《詩》《書》之例。茲予於信心問後，別爲説經，亦以明佛尊法自謙之心耳。

眉批

【一】〔昭明〕無爲福勝分第十一。勝前福德止。

【二】〔昭明〕尊重正教分第十二。無爲，即不取意。要見此一段福報，原總完四果以下不取之旨。昭明眼光原清，則上二節雖分而意自貫耳。〔彌勒〕説多義差別，亦成勝校量。後福過於前，故重説勝喻。多義，即河沙等喻。前章只言信心不取，此章不取中又有無得意。義有不同，故後福過于前也。〔彌勒〕尊重於二處，因習證大體。彼因習煩惱，此降伏染福。尊重同于塔廟者，以修習能證廣大之體也。彼布施財寶，雖亦是因地修習，而煩惱未除。此修習般若者，能降伏無相，故有福報更勝也。按，隨説與盡能，原有兩層，塔廟與即爲有佛，亦有淺深，則二處乃言此兩種恭敬也，亦通。按《楞嚴經》，種種現前咸是第一波羅蜜，名尊重行。十行之第三品，則尊重弟子作高弟，與佛並觀，不作恭敬説，亦可。

爾〔二〕時，須菩提白佛言：世尊，當何名此經，我等云何奉持。佛告須菩提，是經名爲《金剛般若波羅蜜》，以是名字，汝當奉持。所以者何。須菩提，佛説般若波羅蜜，則非般若波羅蜜，是名般若波羅蜜〔三〕。須菩提，於意云何，如來有所説法不。須菩提白佛言：世尊，如來無所説。須菩提，於意云何，三千大千世界所有微塵是爲多不。須菩提言：甚多，世尊。須菩提，諸微塵，如來説非微塵，是名微塵。如來説世界非世界，是名世界〔三〕。須菩提，於意云何，可以三十二相見如來不。不也，世尊，不可以三十二相得見如來。何以故。如來説三十二相，即是非相，是名〔四〕三十二相。

此一節，言奉持以般若爲實也。般若，即上文第一希有之法。蓋佛法以智慧爲根本道。《神足經》云，般若波羅蜜是諸佛之母，故又名第一波羅蜜。凡人修行，須先照了本性無物，一切無明識蘊皆爲後起之塵網，然後可以空諸相，積功行。猶《大學》以致知格物爲先事，能致知，然後知止而能得。儒有知行，釋有解行，其理一也。般若即解耳，此經專教人以智慧空諸相，而空諸相即是智慧。若一著意，便屬有相，故又曰則非般若波羅蜜，是名般若波羅蜜。然既已立此名義矣，而又若不必有此名義，恐人疑惑，故下遂以如來無説證之，而以微塵世界三十二相驗之。要見般若之理如此，則奉持者當何如乎。微塵世界，形相也。佛真性中一切皆空，故山河大地皆非實相，空處正是實處。佛法如是，非喻煩惱之謂。三十二相，如來感果法身之相。法身原非耳目所及，故不可得見，此意亦淺近，然比初問色身見又進一層矣。言此以見世界微塵佛相，皆無真相，正是般若實相，則能奉持般若者，其果當何如乎。蓋已逆取較勝身命布施之意也。

眉批

【一】〔昭明〕如法受持分第十三。此摘受持二字，亦得章法要領，獨奈何今人一概抹倒，反謂昭明誤人。微塵世界，三十二相等句，總是詮解般若非般若意，即無法相也。舊説牽上施福較勝看，最爲葛藤。

【二】《宗通》云，金剛般若波羅蜜，離文字相，故無所説。離煩惱相，故非微塵。離人天相，故非世界。乃至離佛色相，故非三十二相。

【三】《楞嚴》云，因了發相從妄見生，山河大地諸有爲相，次第遷流，因此虚妄，終而復始。所謂世界非世界，亦是實理，何必作喻看。

〔彌勒〕苦身勝於彼，希有及上義。彼智岍難量，亦不同餘法。言此身命布施之苦行，而亦能勝之者，以般若爲希有最上之義也。朕彼苦行者，智岍亦難量矣，與餘法亦不同，葢忍辱之法也，所以下文云云。

【四】中峰云，四即非，乃掃跡之談。四是名，乃本具之義。爲空生問受持，故標名以方便受持。又恐受持處執着，故繼以掃跡也。

須菩提，若有善男子、善女人以恒河沙等身命布施，若復有人於此經中，乃至受持四句偈等，爲他人説，其福甚多。

此一節言奉持般若之報。承上言，所謂般若實義如此，故能奉持者，其福德勝于布施身命。葢布施身命者，但能空身命相耳。彼奉持般若者，能空微塵世界、三十二相，則身命其毫末矣，豈但能布施身命者可及哉。奉持般若，瞋絶也。故以身命布施較量，亦從其類。或曰：般若何以爲瞋絶。凡人瞋性只起于有身相。空相者無身，身且無之，何物可瞋。玩下忍辱布施，至于割截身體而不瞋恨，其理自明。故偈曰：苦身勝于彼，希有及上義。苦身即瞋絶之謂。然希有第一之上義又能勝之，則知希有義中已包瞋絶，故下文以第一忍辱竝論。

爾〔二〕時，須菩提聞説是經，深解義趣，涕淚悲泣而白佛言：希有，世尊，佛説如是甚深經典，我從昔來所得慧眼，未曾得聞如是之經。世尊，若復有人得聞是經，信心清淨，則生實相，當知是人成就第一希有功德。世尊，是實相者，則是非相，是故如來說名實相。世尊，我今得聞如是經典，信解受持，不足爲難。若當來世，後五百歲，其有衆生得聞是經，信解受持，是人則爲第一希有。何以故。此人無我相、人相、衆生相、壽者相。所以者何。我相即是非相，人相、衆生相、壽者相即是非相。何以故。離一切諸相，即名諸佛。

八、斷持説未脱苦果疑。佛告須菩提：如是，如是，若復有人得聞是經，不驚、不怖、不畏，當知是人甚爲希有。何以故。須菩提，如來説第一波羅蜜，即非第一波羅蜜，是名第一波羅蜜。須菩提，忍辱波羅蜜，如來説非忍辱波羅蜜。何以故。須菩提，如我昔爲歌利王割截身體，我於爾時無我相，無人相，無衆生相，無壽者相。何以故。我於往昔節節支解時，若有我相、人相、衆生相、壽者相，應生瞋恨。須菩提，又念過去於五百世作忍辱仙人，於爾所世，無我相，無人相，無衆生相，無壽者相。是故，須菩提，菩薩應離一切相，發阿耨多羅三藐三菩提心。不應住色生心，不應住聲、香、味、觸、法生心，應生無所住心。若心有住，則爲非住。是故，佛説菩薩心不應住色布施。須菩提，菩薩爲利益一切衆生，應如是布施。如來説一切諸相，即是非相。又説一切衆生，則非衆生。

九、斷能證無體非因疑。須菩提，如來是真語者、實語者、如語者、不誑語者、不異語者。須菩提，如來所得法，此法無實無虚。

十、斷如遍有得無得疑。須菩提，若菩薩心住於法而行布施，如人入闇，則無所見。若菩薩心不住法而行布施，如人有目，日光明照，見種種色。須菩提，當來之世，若有善男子、善女人能於此經受持讀誦，則爲如來。以佛智慧，悉知是人，悉見是人，皆得成就無量無邊功德。此是下章消滅罪業伏脉。解，去聲，支解之解如是讀。

此一節言奉持以布施爲實也。趣，向也。涕淚悲泣，因聞般若空相，至于世界身命皆空，故感而生戚。正是須菩提信心實相，後佛語不驚、不怖、不畏、忍辱、布施等謂，正破此意也。第一希有功德，即成佛也。蓋般若實相即是非相，般若非相即是離一切相。離一切相，即名諸佛，非第一希有功德而何。故佛以如是如是許之，而遂即其涕淚悲泣之意以醒之曰：所謂希有實相者，必聞是經而不驚不怖不畏者也。何也。蓋般若爲希有者，非僅能解而已，必見諸修行也。解則謂之第一波羅蜜，行則謂之忍辱波羅蜜。何也。非忍辱不能不住布施，非不住布施，何以成就希有之功德而爲佛乎。歌利，梵義極惡無道。時佛在山中修道，王常出獵，倦寢。王諸妃私來禮佛，佛爲説法。王覺而怒，問佛何名爲戒，意佛窺婦人非戒也。佛答忍辱爲戒。王即割佛耳，佛不動。又割鼻，亦不動。又截手足，亦不動。但見白乳湧出，感應四天王雨沙飛石，大風拔木，擲于王所。王乃怖畏，長跪懺悔。佛言我心無瞋，亦如無貪。王不信，即立誓：若真實無恨心，此身平復如故。設是願已，身即平復。忍辱仙人，大約同此意而不同時耳。兩引皆證無相之實行也。下乃以正意説應不應。應離相，故不應住，不應住布施，故割截忍辱而無瞋。可見忍辱爲布施之根本，則忍辱波羅蜜即第一波羅蜜矣。利益衆生，又是推言布施之實相也。真語，不僞，真性中語。實語，不虛，實理中語。如語，不變，如義中語。不誑，不異，不欺人耳。即指上忍辱等事。此乃佛過去時事，恐人不信，故自表其不欺，然仍以如來爲號。下又曰如來所得法，無實無虛，則又兼趨忍辱布施全理，正佛機圓妙，筆墨之靈也。明闇之喻，言實行如見實理，則布施即般若解行合一也。解行合一，非佛而何。故下遂以則爲如來成就功德，結還須菩提所謂成就第一希有功德即名爲佛之意，而奉持之實相亦完矣。近說于第一波羅蜜與忍辱波羅密處分作兩截，上下支離，文義遂不貫。

眉批

【一】〔昭明〕離相寂滅分第十四。寂滅乃空相至極處，以身命布施，非寂滅而何。肰非離相不能至此，猶言離相之極也。〔彌勒〕堅實解深義，勝餘修多羅。大因及清淨，福中勝福德。修多羅，梵義契經也。言此經能勝諸經者，正以第一希有功德之故。大因即第一。清淨，般若，即希有。〔彌勒〕能忍於苦行，以苦行有善，彼福不可量，如是最勝義。離我及恚相，實無於苦惱，共樂有慈悲，如是苦行果。爲不捨心起，修行及堅固，爲忍波羅蜜，習彼能學心。行雖苦而福報不可量，所以無我、無恚、無苦惱，又且思共樂而慈悲之。按，《法苑》謂佛既斷支體，不惟不惱恨，而且慈悲歌利之愚惡當以罪報，乃更爲之懺悔，仍不失樂果，故云云。苦行之始，只是一箇不捨心，推而廣之，身命亦捨，便是無生忍義。故佛以歌利事教學人，言習忍者必須如是耳。〔彌勒〕修行利衆生，如是因當識。衆生及事相，遠離亦應知。假名及陰事，如來離彼相，諸佛無彼二，以見實法故。果雖不住道，而道能爲因，以諸佛實語，波智有四種，實智及小乘，說摩訶衍法，及一切受記。以不虛說故，隨順彼實智，說不實不虛，如聞聲取證。對治如是說，時及處實有，而不得真如。無智以住法，餘者有智得。闇如愚無智，明者如有智，對法及對治，得滅法如是。於何法修行，得何等福德，復成就何業，如是說修行。人、我四相爲假名，衆生五陰和合而成，故曰陰事。道，修行也，即指利益布施。真，實，如爲三種，不誑、不異合爲一種。隨真性中實智說出，故不實而着相，亦不虛而無相。因彼聲聞取證者，或執言爲有，或離言爲無，故說不實不虛以對治其二執也。時及處，未詳所指，《集註》謂通指過、現、未來而言。無智有智，即下喻愚闇二意。修行有明闇，故福德亦不齊。諸家解斷疑者，以言說爲無體，恐未必肰。

須〔二〕菩提，若有善男子、善女人，初日分以恒河沙等身布施，中日分復以恒河沙等身布施，後日分亦以恒河沙等身布施，如是無量百千萬億劫以身布施。若復有人聞此經典，信心不逆，其福勝彼，何況書寫、受持、讀誦、爲人解說。須菩提，以要言之，是經有不可思議、不可稱量、無邊功德，如來爲發大乘者説，爲發最上乘者説。若有人能受持、讀誦、廣爲人説〔一〕，如來悉知是人，悉見是人，皆得成就不可量、不可稱、無有邊、不可思議功德。如是人等，則爲荷擔如來阿耨多羅三藐三菩提。何以故。須菩提，若樂小法者，著我見、人見、衆生見、壽者見，則於此經不能聽受讀誦、爲人解説。須菩提，在在處處，若有此經，一切世間天、人、阿修羅所應供養。當知此處則爲是塔，皆應恭敬，作禮圍繞，以諸華香而散其處。

此一節言奉持布施之報，而以最上大乘啓下文滅罪得菩提之意也。初、中、後謂一日三時。一日三時以恒河沙等身布施，極言布施之多耳。然此亦非誕語，只要善理會。假如出一言，發一語，但是利人，不思利己，便是若爲生民主及宰官者。起念作一善事，天下蒼生受惠，實有一日三時恒河沙布施之理，豈必投軀舍身巖方爲身命布施耶。發心菩提，廣運無涯，謂之大乘。超三乘之上，即大乘亦不能及矣，謂之最上乘。發，發此最上乘之心，故受持、讀誦、廣爲人説，即可得成就最上乘之功德，荷擔如來菩提法也。若樂小法者，見解未真，癡性未滅，四相森羅，豈能信奉乎。般若忍辱爲奉持實相，瞋絶也，故皆以身命布施較量而勝之，亦從其類。

右説經之二章，言持如來法者，以般若布施爲實，應首章行法也。

眉批

【一】〔昭明〕持經功德分第十五。前言無爲福應，此言持經功德，分疏亦了肰。〔彌勒〕名字三種法，受持聞廣説，修從他及内。得聞是修智，此爲自醇熟，餘者化衆生。以事及時大，福中勝福德，非餘者境界。唯依大人説，及希聞信法，滿足無上界。受持、聞信、廣説爲三種，皆從外得，以及内也。聞信是修智，廣説爲化衆生，而因以自成廣大之業，則受持亦全矣。大人即大乘人，希聞即最上乘。

【二】《大乘莊嚴論》云，聲聞乘與大乘有五種相違，一、發心異，二、教授異，三、方便異，四、住持異，五、時節異。聲聞乘皆爲自得涅〔三〕槃故，大乘皆爲利他故，所以聽受讀誦下，必兼爲人解説。

復〔二〕次，須菩提，善男子、善女人受持讀誦此經，若爲人輕賤，是人先世罪業，應墮惡道，以今世人輕賤故，先世罪業則爲消滅，當得阿耨多羅三藐三菩提。須菩提，我念過去無量阿僧祇劫，於然燈佛前，得值八百四千萬億那由他諸佛，悉皆供養承事，無空過者。若復有人於後末世，能受持讀誦此經，所得功德，於我所供養諸佛功德，百分不及一，千萬億分，乃至算數譬喻所不能及。須菩提，若善男子、善女人於後末世有受持讀誦此經，所得功德，我若具説者，或有人聞，心則狂亂，狐疑不信。須菩提，當知是經義不可思議，果報亦不可思議。至此方結完信持二問。

此一節總言信持成就及果報也。承上二章，言信心奉持之實義如此，福報如此，而人猶疑者，則以其癡性未絶也。人心有三毒：塵、障、蔽，轉展相生，故不能成佛。若貪、瞋雖薄而癡性不滅，猶墮邪見外道。世人責報現在，不知過去、未來總是一性，故報有先後，但見持經信佛之人未免輕賤，遂多疑之，此正是癡性種子。故信心奉持者，苟既純熟，而且又能不以現在爲疑，則其人慧力已定，般若已圓，是必真得菩提者，其福果更何可量哉。蓋得菩提即是佛果，故下遂以供養承事諸佛較量所不能及，而其成就可知，福德至極可知矣，不能具説。猶如虚空之不可言，狐疑不信，亦與癡爲類。蓋持經至此，心行皆純，信持皆空，直是一非相如來，故其果報至于不可思議，要即取譬虚空之意也。以上説經有三層信持，猶首章有三層實法，皆解行自然之理，亦聖教自然之序也。分之則淺深各見，合之則究竟一源，學者能由言相出離言説，庶爲得之。

右説經之三章，總言信持如來法者，有非相之果，以應首章見如來也。以上三章，語氣段落如是，實理照應如是。細分之，則信心不取，心法中之解也。其相虚，故以三千大千七寶較勝。三千大千，虚相也。信心無得，心法中之行也。其相實，故以恒河沙世界七寶較勝。世界，實相也。奉持般若，行法中之解也。其相虚，故以恒河沙身命較勝。恒河沙身命，虚相也。奉持布施，行法中之行也。其相實，故以三時身命較勝。三時，實相也。兩法各結以天、人、阿修羅皆當恭敬，而心法之恭敬則曰如佛塔廟。若尊重弟子，亦虚相也。行法之恭敬，則曰即爲有佛，作禮圍繞，以諸華香而散其處，亦實相也。若第三章總言果報，則消滅罪業虚相也，故曰當得菩提。亦心法之虚相，供養諸佛功德實相也，故曰算數不能及。亦行法之實相，各各雙行，皆兼解行虚實兩義。蓋釋之解行即儒之知行，《大學》必先致知而後能修齊治平，《中庸》必先慎獨而後能參贊化育，佛法必先降心而後能不住布施。其理一貫，昭如日月。近者諸家章句不明，故多誤解。此予特創而辨之，要亦自盡其書寫、讀誦、廣爲人説之勤已爾。

眉批

【一】〔昭明〕能淨業障分第十六。能言持奉此經者之能。〔彌勒〕受持真妙法，尊重身得福，及遠離諸障，復能速證法。成種種勢力，得大妙果報，如是等勝業，於法修行知。尊重，對輕賤説。離障，即消滅罪業。速證，即得菩提。大妙果報，所得功德也。言如此者，於此法中修行而知之也。毗奈耶偈云：假令經百劫，所作業不亡，因緣會遇時，果報還自受。又偈云，欲知前世事，今生受者是，要知未來因，今生作者是。按，因果報應佛書甚多，淺人厭聽，不知天道物理寔有之，即予目中所見現世報應已多，何必再俟没後，人奈何而不修行哉。

十一、斷住修降伏是我疑。爾〔二〕時，須菩提白佛言：世尊，善男子、善女人此處不復舉如來。發阿耨多羅三藐三菩提心，云何應住，云何降伏其心。佛告須菩提，若若字者，字是未然，口吻與前問過去不同。善男子、善女人發阿耨多羅三藐三菩提心者，當生如是心：我應滅度一切衆生，滅度一切衆生已，而無有一衆生實滅度者。切已指示，口吻亦與前不同。前得滅度，是就功效説。此云無寔滅度，是就我心説。何以故。須菩提，若菩薩有我相、人相、衆生相、壽者相，則非菩薩。所以者何。須菩提，實無有法發阿耨多羅三藐三菩提心者。

十二、斷佛因是有菩提疑。須菩提，於意云何，如來於然燈佛所，此方是佛自稱過去相。有法得阿耨多羅三藐三菩提不。不也，世尊，如我解佛所説義，佛於然燈佛所，無有法得阿耨多羅三藐三菩提。佛言：如是，如是，須菩提，實無有法如來得阿耨多羅三藐三菩提。須菩提，若有法如來得阿耨多羅三藐三菩提者，然燈佛則不與我授記：纔是明明説出。汝於來世，當得作佛，號釋迦牟尼。以實無有法得阿耨多羅三藐三菩提，是故然燈佛與我授記，作是言：汝於來世，當得作佛，號釋迦牟尼。

十三、斷無因則無佛法疑。何以故。如來者，即諸法如義。正是自解意。若有人言如來得阿耨多羅三藐三菩提，須菩提，實無有法佛得阿耨多羅三藐三菩提。須菩提，如來所得阿耨多羅三藐三菩提，於是中無實無虛。是故，如來説一切法皆是佛法。須菩提，所言一切法者，即非一切法，是故名一切法。須菩提，譬如人身長大。須菩提言：世尊，如來説人身長大，則爲非大身，是名大身。

十四、斷無人度生嚴土疑。須菩提，菩薩亦如是。若作是言，我當滅度無量衆生，則不名菩薩。何以故。須菩提，實無有法名爲菩薩。是故，佛説一切法無我、無人、無衆生、無壽者。須菩提，若菩薩作是言，我當莊嚴佛土，是不名菩薩。何以故。如來説莊嚴佛土者，即非莊嚴，是名莊嚴。須菩提，若菩薩通達無我法者，如來説名真是菩薩。

此一節，須菩提再問現在佛法，而佛言無我法也。前此須菩提本問佛法也，因佛屢稱如來，故疑佛別有法。至此乃即現在善男子、善女人而申問之。佛答一如前説，而但專其指曰實無有法。又曰一切法無我，蓋佛至此纔認如來是我矣。前此空生謂如來即佛，佛則推而遠之，今此空生疑佛有異，則又親而合之，不即不離，非一非二，正佛機妙用，所以破空生有相之疑也。故下遂證以然燈授記，當得作佛，則無法即佛法，佛法即如來法，又何異哉。諸法如義，言諸法如其真性，有儒家率性意。無實無虚，即真性之體。真性一切皆具，又一切皆空。真性一切無異，則一切法皆是佛法，又何疑佛與如來有二法乎。此佛法佛字，泛謂學佛之法。然所謂一切法皆佛法者，但就破疑而言，若論實義，則所謂一切法者亦無相矣，故又曰實無有法。人身長大，亦是喻意，言一切法爲佛法而又云非一切法者，譬如謂人身長大，非以形相爲大，乃以法相爲大也。是緊緊繳明上文之意，不必另作法身實講，方得譬如二字語氣。菩薩亦如是，正答空生所問現在菩薩，又就譬如之意而申言，亦不當作滅度衆生之我見，以合如來無四相之旨，要見無相故無法耳。文義廻環，上下一貫，不可離説，離説即非此經真面目矣。莊嚴佛土，亦是着相意。就現在學佛人言，故加我當二字作虚語以禁之。蓋空生所以重問佛法者，原爲現在祇園會上諸菩薩開門路也。故前既反覆以明實無有法，而此又兩呼菩薩若作是言以正之，良由諸菩薩看得今日别是一番境界，定與如來不同，皆由我見不淨之故。因我見不淨而遂别求我法，此空生重問之障蔽也。故又明言以結之，曰通達無我法者真是菩薩，亦可謂深切著明矣。

眉批

【一】〔昭明〕究竟無我分第十七。究竟二字，亦從須菩提重問上看來，無穿鑿想，却亦妥當。〔彌勒〕於內心修行，存我爲菩薩。此即障於心，違於不住道。於內心修行，對上於法修行知而言。法是受持、信、説等法，皆從他及內者。此下别起一端問，不復言持經意，故曰於內心修行，存我爲障。又照後結語通達無我法句，以見佛答之意專重此，與首章問答不同之同也。愚按，偈中內字不過對上他字説，猶言自修行耳，不必深看。即無我法，亦因須菩提重問疑佛有異法，故破之曰無。我法二字當連看，其意不過説做菩薩的不可自謂有我法耳，亦不必深求。今人于四相中摘取我字深看，謂前是粗我，此是細我，安在前此四相諸我反爲粗我耶。勉强求異，正自支離。〔彌勒〕以後時受記，然燈行非上，菩提彼行等，非實有爲相。言然燈所以授記者，以我然燈時修行，原未嘗增上有我相也。今菩薩菩提，亦當與此非上之行等。何也，蓋諸法寔非有爲也。〔彌勒〕彼即非相相，以不虛妄説。是法諸佛法，一切自體相，依彼法身佛，故説大身喻。身離一切障，及遍一切境，功德及大體，故即説大身。非身即是身，是故説非身。不達真法界，起度衆生意，及清淨國土，生心即是倒。非相相，即寔無有法。自體相，即非相相。法身佛，正指現在説法，言現在説法，我身即衆生身，現在身即過去身，故離一切障，遍一切境。非身即身，乃真法界也，反是即顛倒心矣。〔彌勒〕衆生及菩薩，知諸法無我，非聖自智信，及聖以有智。非聖，衆生。及聖，菩薩。自智信，本非真智而强自信。有智，有真實之智。言自凡夫衆生以至入聖之人，皆不可以有我，故以及字貫下。《集解》云：細看須菩提重問降住至此，乃是一氣説話，天親雖分疏四疑，不得犁然作四段，極得肯綮。

十五、斷諸佛不見諸法疑。須〔二〕菩提，於意云何，如來有肉眼不。如是，世尊，如來有肉眼。須菩提，於意云何，如來有天眼不。如是，世尊，如來有天眼。須菩提，於意云何，如來有慧眼不。如是，世尊，如來有慧眼。須菩提，於意云何，如來有法眼不。如是，世尊，如來有法眼。須菩提，於意云何，如來有佛眼不。如是，世尊，如來有佛眼。須菩提，於意云何，如恒河中所有沙，佛説是沙不。如是，世尊，如來説是沙。須菩提，於意云何，如一恒河中所有沙，有如是沙等恒河，是諸恒河所有沙數佛世界，如是寧爲多不。甚多，世尊。佛告須菩提，爾所國土中所有衆生若干種心，如來悉知。何以故。如來説諸心，皆爲非心，是名爲心。所以者何。須菩提，過去心不可得，現在心不可得，未來心不可得。

此一節言心無三世之別，以明無我法也。蓋須菩提所以疑佛有異法者，由于三世異見也，故以五眼無三世心破之。見障内色而不見障外者曰肉眼，内外俱明曰天眼，照了諸相曰慧眼，觀機設教曰法眼，普觀法界曰佛眼。恒河沙世界，甚言衆心之多，然五眼中實有此理，如華嚴會一毛孔中皆有一華世界是也。與信心不取章不同，如來悉知若干種心，正五眼所見也。然其所以能知者，非徒五眼之神通，由于法心與塵心不同。塵心有過去、現在、未來之異相，法心無相，故曰不可得。言佛心中清淨一常，不可得此三種塵心，故諸法如如，總是一法，總是一無法，何必以過去、現在之異而疑佛與如來有異法乎。故偈曰：依彼法身佛。依，倚着之義。言須菩提倚着現在報身相一邊，故疑有異，而佛乃倚着法身相爲言以破之也。偈意皆照三世而言，蓋須菩提問法因緣，實有三世異見，故佛屢以身相破之。自此以後更不一而足，孰誦偈句自見。

眉批

【一】〔昭明〕一體同觀分第十八。一體，實有三世意。經文本謂諸心不可得，而標目反謂同觀，豈非三世一法之謂乎。不信請看經文，何處是一體意。〔彌勒〕雖不見諸法，非無了境眼，諸佛五種實，以見彼顛倒。不見諸法，即無我法也。既曰無我，則四相皆空，焉得有三世。然了境眼自在，但能于境中了無境，故曰五種寔。顛倒，即若干種心。

十六、斷福德例心顛倒疑。須〔二〕菩提，於意云何。若有人滿三千大千世界七寶以用布施，是人以是因緣得福多不。如是，世尊，此人以是因緣得福甚多。須菩提，若福德有實，如來不説得福德多，以福德無故，如來説得福德多。

此一節言無我法福德也。無我法，與不取法同義，故其福德亦勝於七寶布施。福德無實，亦是無我不取意，不取法則法愈實，不取福德則福德愈多。無我法正是實法，無我福德是真福德也。然不言較勝，亦見佛法不自憍上之意。

眉批

【一】〔昭明〕法界通化分第十九。上言三世一法，故曰通化。〔彌勒〕佛智慧根本，非顛倒功德，以是福德相，故重説譬喻。三世心不可得，正是智慧根本，故其福德同于前信如來法者。福德無故，亦是不取無得意，故其福德亦同于信心不取無得者，故曰重説。正對前第八、第十一兩分看，如來與佛過去、現在顯有兩層，偈語何等精細。

須〔二〕菩提，於意云何，佛可以具足色身見不。不也，世尊。

十七、斷無爲何有相好疑。如來不應以具足色身見。何以故。如來説具足色身，即非具足色身，是名具足色身。須菩提，於意云何，如來可以具足諸相見不。不也，世尊，如來不應以具足諸相見。何以故。如來説諸相具足，即非具足，是名諸相具足。

十八、斷無身何以説法疑。須〔三〕菩提，汝勿謂如來作是念，我當有所説法，答重問意纔完。莫作是念。何以故。若人言如來有所説法，即爲謗佛，不能解我所説故。須菩提，説法者無法可説，是名説法。

此一節合言佛與如來皆無相，而且皆無法可説，結完實無我法之意。蓋上文既明無我法者，由于三世一相也。故遂以佛身現在之色相與如來法身之相並列而兩證之，曰我今雖得作佛矣，然所以得成就佛果者，在此有爲之色身能具足而自顯爲佛乎，不乎。蓋佛之所以爲佛者，原有法身在，而非此色相之身也。故須菩提遂以不應對，而佛之無我信矣。佛乃又呼須菩提而問之曰：如來雖過去不可得見矣，而三十二相、八十種好留傳人間，則法相自在也。汝以爲如來之法身，果在此諸相之具足乎，不乎。蓋如來諸相亦相傳應化之相，非真法相也，故須菩提亦以不應對，而如來之無法相又信矣。佛無我，則現在之佛即過去之如來。如來無法相，則過去如來之法即現在佛法，安所見爲我法者乎。此時佛纔顯言與如來合一之故，所以破空生重問之疑，故下曰莫作是念，我當有所說法。此我法正與前通達無我法者相應，而說法者尚爲謗佛，況謂有我法哉。其儆戒空生亦深且切矣。此處并不言福果，尤見佛不自增上之意。

右說經之四章，言佛法即如來法也。

自此以後，諸說謬誤多矣。無論滅度衆生，然燈無得，遠跡相同，即具足色身、具足諸相兩問，明明有佛與如來兩號，而說者不分別。況前此三問相見，皆謂學人得見如來不，今此見下不復有指，是言佛自呈見，故偈曰法身畢竟體，正詮色身問也。現在之佛，色身即法身，故曰法身畢竟體，又曰以非相成就，正詮諸相問也。如來以非相爲宗，則并所謂三十二相、八十種好之法身亦非真相矣，故曰以非相成就。蓋如來爲過去之佛，故以諸相爲法身，相雖稍異，而總爲法身，則總非不佛。然其所以成佛者，皆不在此，又非不在此，故曰：不離于法身。彼二非不佛，故重說成就，亦無二及有。下言無法可說，亦兼如來與佛並言，故曰：如佛法亦然。如，如來也，偈語簡文，率多此例。所說二差別，不離于法界，則豈可取爲說法乎。偈語亦甚明顯，今人多臆猜，總由佛與如來不分別故耳。

眉批

【一】〔昭明〕離色離相分第二十。諸相具足止。

【二】非說所說分第二十一。無相、無說本一貫，不必分。〔彌勒〕法身畢竟體，非彼相好身，以非相成就，非彼法身故。不離於法身，彼二非不佛，故重說成就，亦無二及有。論現在佛，以法身爲體，色身爲粗。論過去如來，以非相爲體，法身爲粗。然二皆有法身則皆佛矣，故兩並重說。然又皆以非具足爲具足，則二身皆無矣。舊說以三十二相，八十種好，分大小相爲二，殊穿鑿。合觀昭明標目，亦以色相二字竝舉，可知兩意確有分屬。〔彌勒〕如佛法亦然，所說二差別，不離於法界，說法無自相。如，如來簡文也。言如來與佛之法皆然，所說雖有過去、現在之差別，而總不離法界，故無可說也。上是分說佛與如來身相，此是合說如來與佛之法，原兩層意。

爾〔二〕時，慧命須菩提白佛言：世尊，頗有衆生於未來世聞說是法，生信心不。佛言：須菩提，彼非衆生，非不衆生。何以故。須菩提：衆生衆生者，如來説非衆生，是名衆生。

此一節言未來衆生法與佛無異也。須菩提既聞佛法與如來法無異，則過去、現在無異矣，而佛言三世心皆不可得，則豈未來亦無異法乎，故又疑而問之。慧命，猶慧性。前向上言曰慧眼，此向後言曰慧命。蓋佛言三世心不可得，本有結前啓後之機，而空生能悟，故曰慧命。非衆生，言真性與佛無異。非不衆生，不修真性，便與佛異耳。若能學佛，自空衆生之相，此真得衆生之性，完衆生之實者。《楞嚴》所謂根塵同源，縛脱非二也。蓋佛法與儒理只是一性。此性亘天地而不變，豈以世之久遠而有異乎。故佛荅只就衆生之名號上闡發，而未來不必言，其理自見矣。

眉批

【一】〔彌勒〕所説説者深，非無能信者，非衆生衆生，非聖非不聖。衆生，雖未即成聖而各有聖性者。一説古本無此六十二字，乃唐時僧靈幽入定，見佛壁上全經，多此六十二字，乃録而增之。肰彌勒偈中已有之，古本焉得無之。豈古本原有而唐時偶失之耶。益見三世之義，不可缺也。

十九、斷無法如何修證疑。須〔二〕菩提白佛言：世尊，佛得阿耨多羅三藐三菩提，爲無所得耶。佛言：如是，如是。須菩提，我於阿耨多羅三藐三菩提，乃至無有少法可得，是名阿耨多羅三藐三菩提。復〔三〕次，須菩提，是法平等，無有高下，是名阿耨多羅三藐三菩提。以無我，無人，無衆生，無壽者，修一切善法，則得阿耨多羅三藐三菩提。須菩提，所言善法者，如來説即非善法，是名善法。

此一節言佛本無可得之法，與衆生平等，以明佛無異之意也。須菩提因上言衆生非衆生，然則佛豈亦如衆生乎。故以得爲無得問。得爲無得，乃不着空相一邊，正佛法真體，故佛荅如是如是。乃至無有少法可得，乃至二字亦是先有後無意。平等無有高下，兼佛與衆生説，四相亦就佛與衆生人我間互看。

無字與前空相不同，此言無論人、我、衆生、壽者，凡修善法，皆可得菩提，正上章非衆生是名衆生意也。善法，修善心，行善行之法。就衆生言，若使易知，亦不外降心、布施，正衆佛無異耳。

眉批

【一】〔昭明〕無法可得分第二十二。計六十三字止。

【二】〔昭明〕淨心行善分第二十三。全經言法處甚多，然只標無住、無相、無我、無爲，而此纔拈無法，甚有分曉，蓋重問後所重在無法也。〔彌勒〕彼處無少法，知菩提無上，法界不增減，淨平等自相。有無上方便，及離於漏法，是故非淨法，即是清淨法。真性人人皆具，無增無減，故清淨平等。人人可成佛，故曰無上方便。然有相即屬有漏，故又以非淨爲淨。《壇經》曰，煩惱即是菩提，但在悟與不悟耳。故偈曰，誰知火宅內，元是法中王。又曰：前念迷，則佛是衆生。後念悟，則衆生是佛。人無二心，非離衆生而爲佛也。

二十、斷所說無記非因疑。須〔三〕菩提，若三千大千世界中所有諸須彌山王，如是等七寶聚，有人持用布施，若人以此般若波羅蜜經，乃至四句偈等，受持讀誦，爲他人說，於前福德百分不及一，千萬億分，乃至算數譬喻所不能及。

此一節言衆生平等法福報也。須彌山王，世界中獨尊者，有喻佛意。言衆生持經福德勝之，隱然見衆生成就，即能勝諸佛功德，則衆生非衆生可知矣。

眉批

【一】〔昭明〕福智無比分第二十四。上言修一切善法，乃般若正法，故特標出智字。〔彌勒〕雖言無記法，而說是彼因，是故一法寶，勝無量珍寶。數力無似勝，無似因亦然，一切世間法，不可得爲喻。寶法雖非言說可傳，而言說是學法之因，故說此般若法寶，諸法莫及。

二十一、斷平等如何度生疑。須〔三〕菩提，於意云何，汝等勿謂如來作是念，我當度衆生。須菩提，莫作是念。何以故。實無有衆生如來度者。若有衆生如來度者，如來則有我、人、衆生、壽者。須菩提，如來說有我者，則非有我，而凡夫之人以爲有我。須菩提，凡夫者，如來説則非凡夫，是名凡夫〔三〕。

此一節又合言如來不度衆生，亦無衆生受度，以見如來、衆生皆無我法，結完佛無異之意。實無有衆生如來度者，與實無有衆生得滅度者不同。前言無相是衆生不受度，此言無我是無衆生可度。則非凡夫，無凡夫之相，是名凡夫，有凡夫之實。《宗鏡·四禪》云：信正因果，能不忻厭而修者，是凡夫禪，爲第二，勝于外道有忻厭者。然無忻厭，亦是無我。若并無忻厭之相，亦歸無相，則真所謂非凡夫是名凡夫矣。此正人無我、法無我，人法俱空，即心自性也。

右説經之五章，言衆生法即佛法也。

按：須菩提問未來世衆生，緊貼上文未來心不可得發意，語脉機鋒，逼真一線。然昭明聯作一分，總入佛法中，故後人遂多誤解。此章法所以不可不明也。以下六節，又申言如來與佛皆無法相，無非法相，歸於古偈之實法，以完首章非相之相意。

眉批

【一】〔昭明〕化無所化分第二十五。化無所化，言衆生即佛，無可化也，與前我無度相不同。〔彌勒〕平等真法界，佛不度衆生，以名共彼陰，不離於法界。取我度爲過，以取彼法是，取度衆生故，不取彼應知。法既平等，何有衆生之度。特以假名及五陰和合，謂之衆生耳，寔皆不離法性，我何度哉。然所以取我度爲過者，以取法也。若佛不取法，雖有我而非有我，雖名凡夫，非世俗之凡夫矣。

【二】《楞嚴》曰，生死輪廻，安樂妙常，同是六根，更無他物。此凡夫之所以非凡夫也。

二十二、斷以相比知真佛疑。須〔二〕菩提，於意云何，可以三十二相觀如來不。須菩提言：如是如是，以三十二相觀如來。佛告須菩提，若以三十二相觀如來者，轉輪聖王則是如來。須菩提白佛言：世尊，如我解佛所説義，不應以三十二相觀如來。爾時世尊，而説偈言：若以色見我，以音聲求我，是人行邪道，不能見如來。

此一節言如來不可以相求也。不可以相見如來，前此空生蚤已會心，至此豈反迷悶。故唐譯曲爲回護，顛倒其文，世或信之。不知觀與見不同，見是外見，耳目所及，觀是内觀，心意所致。見是彼觸，形迹所起，觀是我設，虚空所造。故見淺而觀深，見粗而觀細。見則初學可除，而觀則慧命所不能盡。所以空生至此，猶曰如是，正明鏡之微塵不能逃于牟尼之照也。轉輪聖王，梵義四天下之王，亦有三十二相，故曰則是如來。言若但以相取，則輪王豈亦如來耶。反言以探之，使自思耳。此時空生頂門一針矣。故曰：如我解佛所説義，不應以三十二相觀如來。所説義指一向所説之法義。此一解字，有費許多心思意。蓋則是如來下不添一字，明明是一句不真不假的口角，故須菩提亦深思細勘而得之。所以須菩提下有白佛言三字，世尊上有爾時二字。大約經中若爾時，若復次，若白佛言，皆爲特起之例，或一意而兩翻兩時敘説。要知佛理深妙，原自有精思審言之候也。偈有四種：一、阿耨窣睹婆，二、伽陁，三、秪夜，四、緼馱南。初名不論長行、偈頌，但數三十二字爲一偈，四言八句也。此以五言，或亦有時代之不同耳。色，形相也。音聲，語言文教也。二語兼無相、無法意。邪道，非實法也。不能見如來，不能見如來之真法相也。蓋三十二相亦名法相，然乃報身之法相，非真法相，真法相則無相是矣。宗泐注云，問意謂可於應身相好中，觀見法身相否，正是此意。

眉批

【一】〔昭明〕法身非相分第二十六。法身二字，分疏極確，三言身相，而此獨標曰法身，淺深層次了然。〔彌勒〕非是色相身，可比知如來，諸佛唯法身，轉輪王非佛。非相好果報，依福德成就，而得真法身，方便異相故。唯見色聞聲，是人不知佛，以真如法身，非是識境故。福德，佛果也。佛果有真法身，非三十二相之色身也。三十二相，亦名法身，此處深一層說，故作色身而以非相爲真法身。《集解》：佛相是法身所現，轉輪王相依業因而生，凡聖雲泥，復何准的。此解甚明，然猶未得觀字義。觀且不可，法身亦何足據。認指爲月，尚隔一層。又見我求我之我，乃如來法身真常清淨之我，無形無相，無聲無臭，豈可以色見聲求。此我字看得細，正與觀字應。

二十三、斷佛果非關福相疑。須〔二〕菩提，汝若作是念，如來不以具足相故得阿耨多羅三藐三菩提，須菩提，莫作是念，如來不以具足相故得阿耨多羅三藐三菩提。須菩提，汝若作是念，發阿耨多羅三藐三菩提心者說諸法斷滅，莫作是念。何以故。發阿耨多羅三藐三菩提心者，於法不說斷滅相〔三〕。

此一節言如來雖無相而又非斷滅相，正無非法相之意也。凡佛說法，必兼有無兩義，故文亦隨滚隨掃，隨掃隨救。如首章，凡所有相，皆是虚妄，掃也，若見諸相非相，則見如來，救也。次章，不應取法，掃也，不應取非法，救也。全經語氣，純是此例。然畢竟未曾明言有處，以人心除無入有易，除有入無難。特於此處重說如來無法無相究竟之際，乃明言以告人曰不說斷滅相，其立教之意深且圓矣。故宗泐云，大乘所修福德之因，所得福德之果，但離取著之相，不同小乘斷滅之見，誠哉。

眉批

【一】〔昭明〕無斷無滅分第二十七。斷是我斷，滅是彼滅，分之亦細。〔彌勒〕彼如來妙體，即法身諸佛，法身不可見，彼識不能知。此四句，今本無，魏譯有之，正承上不可以相見來，恐人作斷滅念，故即就此不可見之妙體，言正諸佛之法身也。但此法身非三十二相之法身，故不可見。所以器識之人便謂諸法斷滅，正坐不能知此非相之相故耳。

【二】《宗鏡》云，但心相滅，非心體滅，如水因風而有動相，以風滅故，動相即滅，非水體滅。

須〔二〕菩提，若菩薩以滿恒河沙等世界七寶持用布施，若復有人知一切法無我，得成於忍〔三〕，此菩薩勝前菩薩所得功德。何以故。須菩提，以諸菩薩不受福德故。須菩提白佛言：世尊，云何菩薩不受福德。須菩提，菩薩所作福德，不應貪著，是故說不受福德。

此一節言如來法究竟之福報也。前諸福報信心不取章稱人，解之始也。其餘皆稱善男子、善女人，解行之間也。唯首章與此皆稱菩薩，蓋對如來法而言，解之盡，行之至也。前後不同如此。無我，無爲也。忍，無生法忍也。得成於忍，無爲中之有爲法也。此語亦兼有無。蓋凡夫持有易，持無難。菩薩學佛將成之人，持無易，持有難。故曰得成于忍。持有于無，非忍不克，此理最微。故偈曰：得勝忍不失，以得無垢果。言無我之後而得勝，真勝也。真勝不着一邊，此時以忍力持之而不失，便是佛果成就，其福德自然勝諸菩薩矣。此即儒家至誠無息久則徵之候。在此經爲金剛般若之真詮，一部全經之舍利，乃特於如來法盡處出之。千里來龍，結穴在此。不受福德，無福德相也。又以不應貪着拴定，而福德多意自在言外。蓋已成菩薩者，瞋、癡易絶，唯貪難免。有取、有得皆貪也，故亦以財寶較勝，而又單提貪著戒之。綿裏細針，用意深矣。

右說經之六章，言如來無相亦非無相也。

眉批

【一】〔昭明〕不受不貪分第二十八。〔彌勒〕不失功德因，及彼勝果報，得勝忍不失，以得無垢果，示勝福德相，是故說譬喻。是福德無報，如是受不取，是福德報應，爲化諸衆生。自然如是業，諸佛現十方。此是究竟福德，故一切法無我亦在福德上說。不受，即是無垢。爲化諸衆生，自然如是業，正言不貪之意。蓋自然之報原無菅心于其間也。諸佛，詮菩薩皆然耳。

【二】《般若經》云，菩薩修二種忍，謂安受忍、觀察忍。又無生法忍，謂令煩惱畢竟不生，及觀諸法畢竟不起。大約人心難制，未有不以忍成功者。儒理仁智必兼勇，亦是此意。故《阿含經》曰，大力者能忍。此《般若》之所以貴金剛也。

二十四、斷化身出現受福疑。須菩提，若有人言如來若來若去，若坐若卧，是人不解我所説義。何以故。如來者，無所從來，亦無所去，故名如來。

二十五、斷法身化身一異疑。須菩提，若善男子、善女人以三千大千世界碎爲微塵，於意云何，是微塵衆寧爲多不。甚多，世尊。何以故。若是微塵衆實有者，佛則不説是微塵衆。所以者何。佛説微塵衆，則非微塵衆，是名微塵衆。世尊，如來所説三千大千世界，則非世界，是名世界。何以故。若世界實有者，則是一合相。如來説一合相，則非一合相，是名一合相。須菩提，一合相者，則是不可説，但凡夫之人貪著其事。著，音灼。

此一節言佛不可以相求也。上既明如來無相非斷滅相矣，故此以下又言佛無相，亦非斷滅四相之見者，以同歸非相之相，如來即佛。至此纔顯去來坐卧，亦就現在言。蓋現在去來坐卧乃色身事，色身乃如來之應化而非如來之法身也，如來法身實無去來。故偈曰：去來化身佛，如來常不動。然佛既是如來化身，則實在法界中，其身雖與如來不一，却亦不異矣。故偈曰：於是法界處，非一亦不異。然此二句意非經文所有，乃彌勒恐人疑佛實與如來有異，故特爲補出。要之佛雖不自言，亦意中語也。世界碎爲微塵，喻言以法身爲化身也。故《集解》曰：界喻真身，塵喻化身。非微塵是名微塵，非世界是名世界，猶云非化身是名化身，非法身是名法身。蓋佛法惟心，微塵世界皆五陰和合而成，非心所有。微塵世界既空，則法身與化身又何在。故能不作世界相，乃是真法界，方得見如來，意謂衆生疑佛有去來，皆因以世界碎爲微塵之見耳。若能知世界非世界，微塵非微塵，則能空相，能知夫去來非去來，而佛之真相有在矣。一合相，猶云是和合相。蓋至此佛乃顯然以如來自認，而明告彼衆生不可着去來之相認如來。此又以世界並微塵實法證之，則佛真無我相矣。故此節與前不可以相觀如來節對照看，自肰結構也。

眉批

【一】〔昭明〕威儀寂靜分第二十九。此節正佛自言現在去來坐卧，故曰威儀寂靜。可見三世因緣，昭明早已覷破。〔彌勒〕去來化身佛，如來常不動，於是法界處，非一亦不異。就現在言，佛寔如來之化身，然已在法界中，雖是化身，寔與法身無異。觀此偈語以下四節，爲佛自道無疑。

【二】〔昭明〕一合理相分第三十。此正明上無去無來所以然，不必分斷。〔彌勒〕世界作微塵，此喻示彼義。微塵碎爲末，示現煩惱盡。非聚集故集，非喻是一喻。聚集處非彼，非是差別喻。但隨於音聲，凡夫取顛倒。非無二得道，遠離於我法。示彼義，言佛出世，示彼衆生，所以非一。煩惱盡，言佛寂滅則同歸法界，所以不異。化身非真性所聚集，故曰非微塵非世界。非字之喻，是一字之喻，言不異也。真性聚集處，非彼化身也，故曰非是差别喻。音聲，言教也，言但以我現在説法而遂認爲如來，即顛倒之見矣。彼二又指世界微塵之喻。化身、法身非不皆是佛，但須離我法之見，乃爲真佛耳。觀此偈論現在佛相甚明。

須〔二〕菩提，若人言佛説我見、人見、衆生見、壽者見，須菩提，於意云何，是人解我所説義不。不也，世尊，是人不解如來所説義。何以故。世尊説我見、人見、衆生見、壽者見，則非我見、人見、衆生見、壽者見，是名我見、人見、衆生見、壽者見。須菩提，發阿耨多羅三藐三菩提心者，於一切法，應如是知，如是見，如是信解，不生法相。須菩提，所言法相者，如來説即非法相，是名法相。

此一節言佛雖無法相，而又非實無衆生等斷滅見者，亦無非法相意也。見字與相字不同，相就觸言，見就性言。因前章言不可説一合相，恐人疑佛於四相斷滅，不知佛正以非四相爲四相〔三〕，故能度衆生而成佛。如《楞嚴》所謂五陰本如來藏妙真如性。若必欲斷滅四相之見，舍四相外，又何佛性。故曰：是名我見、人見、衆生見、壽者見。此意實與莫作斷滅相對照。如是知，知無法無非法也。如是見，見無法無非法也。如是信解，信解如是無法無非法〔三〕也。然文雖單結佛法，而義實兼三世，故與過去心不可得、現在心不可得、未來心不可得相應，正見佛與如來不一不二，衆生與佛平等無高下，所謂三世如來之實法也。佛説至此，八罽舍利和盤托出矣。然猶恐人偏執邊見，乃又以不生法相繳定空相，而又以非法相是名法相還出真相。文義雙精，理法兼到，遠有遠照，近有近應，虛有虛脉，實有實線。散之則頭頭是道，合之則究竟一源，粗之則節節斷續，精之則首尾一貫。真天地之至文，神靈之奇筆也。

眉批

【一】〔昭明〕知見不生分第三十一。知見，知識之見，非正見也。此章正言佛有正見以對不斷滅意，故與無相不同。〔彌勒〕見我即不見，無實虛妄見。此是微細障，見真如遠離，二智及三昧，如是得遠離。我字，該四相在內，簡文也。世俗分別之見，非真如之見，以分別相皆虛妄無實也。前言空相，此言是名見，蓋四相原是佛性所現，正不可作斷滅觀。故有相與無相，皆是微細障礙。能于四相中看出真如，則內見顯而外障離矣。二智，知與見也。三昧，信解也，非信解不能正持，故曰三昧。亦以如是不生法相而離障，乃爲真知、真見、真信解也。

【二】《宗鏡》：問無心，答：即心得無心。問即心是有心，云何得無心，答：不壞心相而無分別。不壞心相正是不絕四見，無分別正是無四相。

【三】《般若經》：舍利子白佛：若一切法皆無自性，都非實有，依何等事而可了知此是異生法，乃至如來法。佛言：諸菩薩修行般若，方便善巧，雖觀諸法皆無自性，都非實有，而依世俗發趣菩提，爲諸有情種種宣説，令得正解，遠離顛倒。此正可與如是知見信解參看。

二十六、斷化身説法無福疑。須〔一〕菩提，若有人以滿無量阿僧祇世界七寶持用布施，若有善男子、善女人發菩薩心者，結完十七分現在菩薩之問。持於此經，乃至四句偈等，受持讀誦，爲人演説，其福勝彼。云何爲人演説。不取於相，如如不動。

二十七、斷入寂如何説法疑。何以故。一切有爲法，如夢幻泡影，如露亦如電，應作如是觀。

此一節言佛法究竟之果報，而因以古偈結出全經實法也。三世佛法，徹上徹下，故以無量阿僧祇布施較勝。阿僧祇，劫世無數。菩薩心，指前章真是菩薩之心。云何福德之多，蓋以真如空相之人，演真如空相之法故耳。如如，一如真常之性，有者有之，無者無之，毫不造作，純然真靜。心靜則慧，性靜則得，所謂定水澄清，心珠自現。蓋真能具此法者，然後能演此法。福德之多，不亦宜乎。即《中庸》所謂苟不固聰明睿知達天德者，其孰能知之意。故偈曰：化身示現福，非無無盡福。諸佛説法時，不言是化身，言必有法身而後可以説法也。一切有爲法，言一切有相之法，只對前皆以無爲法而有差別。無爲兩字，反照便得。凡滅度衆生，不住布施，信心持誦，第一忍辱，無我無法，一切善法，生心成忍，知見信解皆是，但一住相便非。做盡許多事業，只不住相，方是無爲之爲，即無相之相矣。夢、幻、泡、影、露、電六事，皆空相也。然皆非無體之空，皆自有爲而入空。如夢非感不成，幻非術不顯，泡無水不起，影無質不現，露無天氣不降，電無地氣不升，皆自有而入無，自有爲以至無爲[三]。二義雙成，實佛法全體。故偈曰，非有爲非離，言雖非有爲而亦不離有爲也。又曰，諸如來涅槃，九種有爲法，妙智正觀故，言自古如來涅槃之法，皆從此九種有爲中，以妙智正觀而得也。妙智正觀，正是從有爲中看出無爲而得真常實相也。又彌勒偈見相及於識八句，是總釋古偈之義以結全經之宗旨也。見相，凡所有相。識，分別相。器身，形質之身。言分別有相，即如此九種之相，皆形質受用之事，而非真相。若能知此，便是正觀。遂將此正觀之法，觀于三世，皆如此九種之非真相，則於有爲法中而得無爲自在之真相，所謂無垢法也。無垢，即是清淨無相。此八句實總結全經三世一法之義。

右説經之七章，言佛無法相，亦無非法相，遂言古偈以結之，而如來實法見矣。愚按：法身非相以下七分，明明以如來與佛兩並雙收，顯出合一之義，故予分爲二章，以見佛與如來同歸實法。四句偈，即諸相非相之體，而能作如是觀者即見如來，首尾相應，實理如是，文義如是。舊説將有爲法三字看壞，註謂衆生界内造作遷流，但以一空字了之，不見佛法全體，故不知此偈之妙。不知本文明有法字，彌勒偈又添出中字、得字，何等明白。陳真諦譯本於如如不動下曰：恒有正説，應觀有爲法，如暗翳燈幻，露泡夢電雲。所謂恒有正説，豈非自古相傳之成説乎。應觀有爲法，豈非即指全經諸法乎。此予所謂一部《金經》只闡得此偈宗旨，非敢臆説也。

眉批

【一】〔昭明〕應化非真分第三十二。現在佛説法之身，乃應化之身，非真法相所在。觀昭明于三世三身，亦詳且悉矣。〔彌勒〕化身示現福，非無無盡福。諸佛説法時，不言是化身。以不如是説，是故彼説正。爲人説法，即是化身示現。然必不執相是化身，故其所説得如來之正法。此明是釋迦自言佛是如來化身也，故偈意亦如是。此正三世因緣究竟處。〔彌勒〕非有爲非離，諸如來涅槃。九種有爲法，妙智正觀故。見相及於識，器身受用事。過去現在法，亦觀未來世。觀相及受用，觀於三世事。於有爲法中，得無垢自在。非有爲，無法相也。非離，不離有爲，即不作斷滅相也。自古諸如來涅槃之法如此。妙智正觀，能于有爲中看出無爲也。觀，禪觀，見相及于識兩句，正詮妙智正觀。蓋以見相及識皆器身受用之理，觀于三世也。末又申言能以此理觀三世者，必能于有爲法中得無爲之果。蓋佛説此經，專以釋空生三世之見爲宗旨，故偈亦于末後總結出之。九種，古本如星翳燈幻，露泡夢電雲，故云。觀此，則此四句爲相傳諸如來之古偈無疑矣。

【二】《般若經》云：菩薩于一切法，徧攝有爲無爲，應修善巧。謂妙善身語意行，是名有爲。即以如是妙善身語意行，回向于菩伐若，是名無爲。菩伐若，梵義一切智。又有爲是積聚。五到彼岸，謂布施，持戒，忍辱，精進，靜慮。若由般若波羅蜜多無爲智故，回向一切智智，是名無爲善巧。按此無爲正從有爲中來，即所謂得無垢自在也。

流通

佛説是經已，長老須菩提，及諸比丘、比丘尼，優婆塞、優婆夷，一切世間天、人、阿修羅，聞佛所説，皆大歡喜，信受奉行。

流通分，亦道安所定。優婆塞、優婆夷，謂在俗男女，能敬奉三寶，受持五戒者。一、離殺生，二、離不與取，三、離邪淫，四、離妄語，五、離飲酒，謂之優婆戒。

金剛般若波羅蜜經

校勘記

〔一〕「眉批」以下，底本録於頁眉，據眉批位置及文意移至此，下同。

〔二〕「親」，底本作「新」，據文意改。

〔三〕「涅」，底本作「捏」，據文意改。

（李勁整理）